« L'AVENTURE CONTINUE »

SOLENN BARDET

PIEDS NUS SUR LA TERRE ROUGE

Voyage chez les Himbas, pasteurs de Namibie

ROBERT LAFFONT

ISBN 2-221-08426-8

À mes parents, Soizik et Henri
À Omuniangue
À Katjira Muniombara, l'homme de Kaoko.

« Quand on vit dans son rêve,
on n'a pas besoin de sommeil autour. »

Erik Orsenna, *L'Exposition coloniale*.

« Maintenant, nous sommes perdus. Le monde s'est retourné contre nous, car le monde n'a pas de lois. Ils disent que nous nous entêtons à essayer d'empêcher la construction de ce barrage. Ils peuvent prendre ma vie s'ils le veulent, je n'accepterai jamais ce barrage.

« Récemment, j'ai rencontré un monsieur. Ils ont dit que c'était le Premier ministre. Je lui ai dit que c'était une grande tuerie, un massacre. " Alors tue, si tu veux, mais ne fais pas semblant de demander la permission aux gens, tue-les au moins proprement. "

« Ce monsieur était furieux. Il m'a dit : " Mais pourquoi vous tuerais-je ? – Mais pourquoi tu tues la terre alors ? lui ai-je répondu. Cette terre a d'abord été occupée par les Boers. Ils nous ont colonisés et nous ont traités comme des esclaves. De l'autre côté, en Angola, il y a eu les Portugais qui nous ont aussi traités comme des esclaves. Or maintenant, il paraît que c'est un pays indépendant. Il paraît que tout le monde a droit à la liberté. Ceux qui étaient des esclaves peuvent maintenant reconnaître la tombe de leurs pères. Et toi, tu tues encore cela. Tu tues tout, de la vie du bétail jusqu'à celle des hommes. Où vont aller les Himbas ? Montre-moi la terre où l'on peut trouver des Himbas. Montre-moi la terre où l'on trouve un peuple tel que les Himbas, un peuple qui n'a pas reçu d'éducation, un peuple stupide, pauvre, un peuple qui ne se bat pas, et qui ne cherche pas la guerre comme les Himbas. " »

Katjira Muniombara, juillet 1994,
Omuramba, Kaokoland.

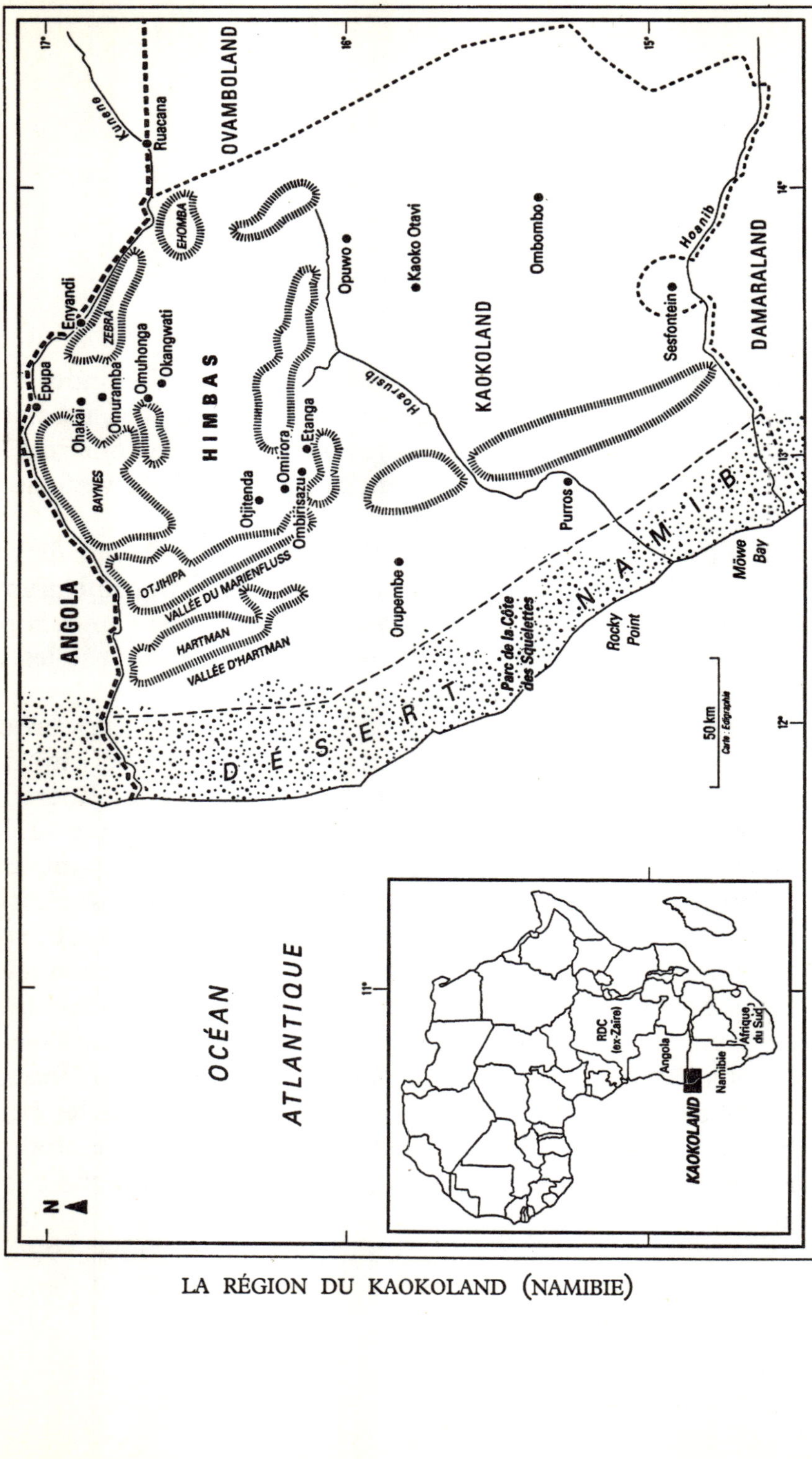

LA RÉGION DU KAOKOLAND (NAMIBIE)

Où une jeune Française
part à la recherche de son rêve...
et le trouve.

Déjà plus de dix heures que j'attends sur le bord de la piste. Le soleil commence à tomber, et toujours aucune voiture en vue. J'en ai marre.

Assise sur mon sac à dos, je dessine des vagues dans le sable. J'ai laissé derrière moi le dernier tronçon de route goudronnée. Pour la première fois depuis mon arrivée sur le continent africain, je me retrouve seule. Seule devant cette piste brune toute droite, sans fin, qui se perd dans l'horizon. Là-bas, au nord, derrière le rideau de poussière, c'est le Kaokoland. En langue herero, cela signifie « terre lointaine ». L'inconnu... Cette image, moi sur cette piste, seule, en route pour ces lointains inconnus... d'aussi loin que je me souvienne, je l'ai toujours rêvée.

Je ne connais rien du Kaokoland, encore moins que rien sur les gens qui y habitent. Dans la précipitation du départ, je n'ai pas eu le temps de me renseigner. Je sais seulement que là-haut, dans le désert, vivent des hommes et des femmes peints en rouge des pieds à la tête. Aucune peur, aucune appréhension. Je suis partie pour aller jusqu'au bout. Juste un étrange sentiment de nostalgie que je n'arrive pas à m'expliquer : quelque chose m'a quittée lorsque j'ai pris la route, une partie de moi-même que je ne retrouverai jamais. Une page est tournée, c'est irréversible.

Un bruit de moteur. Prise d'une soudaine frénésie, je me jette sur la piste, agite furieusement les bras. Bientôt, au milieu du nuage de poussière qui s'élève vers le ciel, je distingue un bolide blanc qui fend la plaine, à toute allure. Le véhicule s'approche, dans un dernier sursaut, freine enfin. C'est ma dernière chance. S'il refuse, je vais devoir dormir dans le fossé. Un visage d'ébène, parsemé de poils bruns, jaillit de la portière.

– Opuwo ?

– *Yes !*

– *OK ! Climb !*

À l'arrière du pick-up, sur le plateau, trois énormes femmes somnolent. Je case mon sac entre les jupons et les baluchons, trouve une petite place pour mes jambes. Les passagères ouvrent vaguement un œil, à moitié cachées par la couche de poussière qui recouvre leur visage. Ma présence n'a pas l'air de les perturber, c'est à peine si elles ont esquissé un geste à mon attention. Toutes trois portent le costume traditionnel herero : une longue robe lourde et pesante, style victorien, et une coiffe magnifiquement colorée. Un héritage de la colonisation laissé par les femmes des missionnaires...

Le vieux Land repart aussi brutalement qu'il s'est arrêté, dans un bruit de ferraille rouillée. Le dos collé contre la cabine du conducteur, calée entre les sacs, je regarde le paysage défiler. La piste vire du brun au rouge, puis redevient couleur de sable. Sur des dizaines de kilomètres, le même décor : des champs d'épineux, mornes et tristes, recouvrent la plaine à perte de vue. Dans le rétroviseur, j'aperçois le visage fermé du chauffeur. Lèvres serrées, front plissé, il garde les yeux rivés sur la piste. La voiture saute au-dessus des nids-de-poule, rebondit avec fracas, laissant une traînée de poussière derrière elle. Il commence à faire noir. Le vent froid et sec me fouette le visage, et m'amène les odeurs du bush. Un parfum suave et poivré, celui des acacias et de la terre trop sèche. Ballottée de droite et de gauche, je me laisse bercer par les cahots.

Soudain, un coup de frein brusque réveille tous les passagers. Une des femmes hereros, effrayée par le choc, crie. Une masse sombre, énorme, avance droit sur nous. Ébloui par les phares, l'éléphant s'arrête au milieu de la piste. Il piétine, balance sa trompe dans les airs, et lance un barrissement sourd et puissant. Les femmes regardent, les yeux écarquillés, immobiles. Pendant un instant, le monde semble s'arrêter. Le pachyderme hésite, tourne une fois sur lui-même, puis, comme il est apparu, disparaît dans les buissons.

La piste n'en finit pas, toute droite. J'essaie de lutter contre le sommeil. Malgré moi, mes paupières se ferment. Il n'y a rien à penser, juste à se laisser porter. Je laisse tomber ma tête sur l'épaule de ma voisine, et m'assoupis.

Il est près de minuit lorsque nous arrivons en vue d'Opuwo. En contrebas, dans la vallée, une série de petites lumières scintillent dans la nuit. Pour la première fois depuis le début du trajet, les femmes semblent remarquer ma présence.

– Regarde ! On arrive, dit l'une d'elles en prenant mon bras.

Une dernière colline. Sur une dizaine de mètres, le Land retrouve le contact avec la route asphaltée. À nouveau la terre et les ornières, le véhicule s'engage dans un dédale de ruelles. Pas une ombre, pas un bruit. La ville dort. Le moteur s'arrête. Le conducteur me parle.

– *Where are you going to sleep?*

– *Don't know* [1].

Sans me demander mon avis, la plus jeune des femmes prend ma main et m'intime l'ordre de la suivre. La nuit est trop sombre pour que je puisse distinguer quoi que ce soit. La femme s'arrête devant une petite case de terre séchée et pousse du pied une lourde porte métallique. Du menton, elle me fait signe de m'allonger contre le mur. Elle dépose une couverture sur mes épaules. Quelques minutes après, enroulée dans un épais manteau de laine, elle me rejoint sur la natte, et s'endort.

Je n'ai aucune idée du lieu où je me trouve. Le vent

1. – Où vas-tu dormir ?
– Sais pas.

s'engouffre par les interstices laissés entre la porte et les murs de torchis et fait trembler le toit de tôle. Je sens le souffle froid de l'altitude contre ma joue. Dans quel monde vais-je me réveiller ? La silhouette furtive de l'éléphant flotte dans ma tête comme un présage. Bon ? Mauvais ? Peu importe. Je sais que je suis en route pour ce qui sera la plus grande aventure de ma vie. Ce voyage est tout pour moi. Des années que je ne vis plus que pour cela. S'il le faut, je suis prête à ne pas en revenir.

Pourquoi suis-je partie ? Tous, c'est ce qu'ils n'ont cessé de me demander. Pourquoi ? Ce mot résonne maintenant en moi comme un écho. Mais les paroles sont si creuses lorsqu'il s'agit d'expliquer ces choses-là. Je suis partie parce que je ne voulais plus faire autrement. Je suis partie pour vérifier la réalité de mes rêves. Pour me prouver que j'ai eu raison de croire que la vie pouvait être autre chose que cette fadeur insipide et rebattue que j'ai lue sur tant de visages. Je pars car la vie doit être belle et intense, comme une symphonie, et je ne veux plus de limites pour la contrarier.

Je ne suis pas capable de dire ce qui a provoqué en moi ce besoin de prendre la route. Rien, dans l'histoire de ma famille ou dans mon entourage, n'a pu m'encourager dans cette voie. Est-ce uniquement les livres ? Aujourd'hui, il me semble que cet appel de l'ailleurs a toujours été là, en moi. Même enfant, j'ai toujours su qu'un jour je partirais.

Mon plus lointain souvenir remonte à une version pour enfants des *Mille et Une Nuits*, publiée dans la collection Rouge et Or. Je devais avoir six ou sept ans lorsque je l'ai lue, cachée sous mes couvertures, à la lueur d'une lampe de poche, persuadée que c'était une lecture interdite puisque je l'avais subtilisée dans la chambre de ma sœur aînée. J'enviais le roi Shāhriyār d'avoir une si bonne conteuse pour embellir ses nuits. Les intrigues inventées par Shahrāzād me laissaient entrevoir une richesse que je n'arrivais pas à retrouver dans l'univers de ma vie. Ma mère avait beau me raconter une histoire tous les soirs, avant d'éteindre la lumière, jamais elle ne pourrait imaginer de telles aventures.

Puis il y a eu des rencontres. Monfreid et Livingstone, Burton et Speke, Karen Blixen, Loti. Toutes ces longues heures, allongée sur la moquette verte de ma chambre, ou dans les couloirs trop sombres de la bibliothèque municipale, durant lesquelles je m'imaginais kidnappée par une bande de pirates, au large de Madagascar, en canoë sur le Zambèze, poursuivie par des trafiquants d'ivoire, ou avec les Pygmées du Congo, en train de terminer les préparatifs d'une chasse à l'hippo. Je regrettais de ne pas être la fille de Tarzan, ou la petite sœur de Mowgli. Ma naissance avait posé des cadres autour de mon avenir, le seul fait d'être née en France, en 1975, dans une ville, m'interdisait de pouvoir vivre leur vie. Le peuple de la Jungle avait déjà eu du mal à accepter un petit d'homme élevé par des loups, comment aurait-il pu s'intéresser à moi ? Le dessin animé de Walt Disney, au lieu de me faire rêver, m'a renvoyé ma première frustration. Pourquoi donc n'a-t-on qu'une seule enfance ? À moins d'un miracle, il était déjà trop tard. Ma vie ne serait jamais qu'une demi-mesure, une suite de compromis entre mes rêves et la réalité. Lourde de ce premier échec, j'essayai de rabaisser mes ambitions. J'optai pour un petit cabanon – pas une ferme, comme Karen Blixen – juste une cabane isolée sur le sommet d'un plateau, quelque part entre la Zambie et la Tanzanie, pas trop loin d'un fleuve. Dans un rayon de plusieurs centaines de kilomètres carrés, je connaissais tout le monde, et tout le monde me connaissait. Là, nul besoin de Shahrāzād pour sublimer les veillées. Même dans les moments les plus difficiles, la vie souriait toujours. D'instinct, je sentais que je pourrais y trouver mon harmonie.

Je ne sais pas si c'était volontaire, ou simplement un pur hasard. Toujours mes lectures m'ont poussée vers l'Afrique. Mon Afrique... Rapidement, elle a dépassé le cadre géographique. Elle est devenue une formule magique, symbole d'intensité et de passion, une terre cruelle qui, justement, par sa dimension excessive m'apportait la sérénité. Ce simple mot, Afrique, remplissait à lui seul tous les vides de mon existence. En allant à sa rencontre, je sentais que je trouverais quel sens donner à ma vie.

Les années ont passé. Tous ces héros prenaient une telle place dans mon cœur que ma vie de lycée m'apparaissait comme une simple illusion. Je me suis plongée dans les récits d'Isabelle Eberhardt, et surtout, dans les pages de René Caillié et de Lawrence d'Arabie. Ces deux hommes m'ont fascinée par la force de leur volonté. L'un comme l'autre, ils avaient su, par leur seule obstination, imposer leurs rêves dans la réalité de leur époque. Ma réalité à moi, c'étaient les nuits que je passais en croupe derrière Lawrence. Peu m'importait qu'il n'y ait eu aucune femme dans *Les Sept Piliers de la sagesse*. Désormais, il y avait moi. Nous parcourions parfois, en l'espace de quelques heures, plus de deux cents kilomètres à dos de chameau. Je le vivais avec tant d'intensité que le matin, au réveil, j'en avais encore mal aux fesses.

Le plus dur a été l'attente. Attendre de pouvoir partir. Car, bien sûr, mes parents ne voulaient pas laisser leur fille de quinze ans aller seule au bout du monde. À seize ans, j'étais encore trop jeune. Trop jeune pour avoir le droit de vivre? René Caillié, au même âge, avait déjà embarqué pour Saint-Louis. Il apprenait le Coran et préparait son long voyage pour Tombouctou. Et moi, je n'avais encore rien fait. La nuit de mon anniversaire, assise sur le bord de la fenêtre de ma chambre, je regardai le ciel et je pensai que j'aurais voulu être orpheline, comme René Caillié, pour pouvoir partir, tout de suite, sans regarder en arrière, sans famille à faire souffrir, sans parents pour pleurer ma disparition.

À dix-sept ans, enfin, j'ai pu approcher mon rêve. Juste l'effleurer, du bout des doigts. Un géographe suisse m'a laissée l'accompagner dans une de ses expéditions en Afrique australe. Un beau voyage : Namibie, Botswana, Zimbabwe, Afrique du Sud. Mais une Afrique de carte postale. Il fallait faire de la route, pour s'en mettre plein les yeux, et nous n'avions aucun contact avec les gens que nous croisions. Moi, j'aurais voulu rester six mois à chaque endroit, et connaître le nom de chacun des enfants qui me souriaient. Et puis, je n'étais pas seule. Le vrai voyage, celui où l'on essaie d'aller jusqu'au fond de soi-même, ne peut se faire qu'en solitaire. J'en suis revenue frustrée, mais avec, malgré tout, la certitude que les images de mes rêves existaient bien, quelque part. Il fallait seulement les provoquer pour qu'elles se dévoilent à moi.

J'ai eu dix-huit ans cette année. Mon départ était une telle évidence que mes parents, malgré leurs peurs, n'ont pas cherché à me retenir. Cela n'aurait servi à rien. Je n'avais déjà que trop attendu.

J'ai rempli des dossiers et j'ai obtenu deux petites bourses de voyage. Après l'achat du billet d'avion, il me reste trois mille francs en poche. Mon but officiel : retourner en Namibie, l'ancien Sud-Ouest africain, et rejoindre le Bushmanland, région que j'ai rapidement traversée l'année précédente. C'est là que vivent les Bochimans, ces petits hommes qui ont joué dans *Les dieux sont tombés sur la tête*, au milieu du désert du Kalahari. Un voyage que j'ai organisé des mois à l'avance, que j'ai pensé et médité pendant des jours et des jours. Peut-être trop pensé...

Pour ne pas trop empiéter sur mon budget, déjà très limité, je suis descendue de l'avion à Johannesburg. Une semaine d'attente pour attraper le bus qui rejoint la Namibie. J'étais partie à la recherche des images qui ont habité mon adolescence, pour me laisser griser par le vent. Je me suis retrouvée à Soweto, chez une famille xhosa, enfermée dans une pièce avec une demi-douzaine de gamins qui passaient leurs journées devant des feuilletons américains. Interdiction de sortir seule : c'est trop dangereux pour une petite Blanche comme moi.

À Windhoek, la capitale namibienne, les choses ne sont guère plus réjouissantes. Deux organisations rivales se jalousent les Bochimans, se les disputent, les protègent tant et si bien qu'elles ont exigé de moi un laissez-passer officiel pour pénétrer dans le Bushmanland. Un pasteur protestant, directeur de la première mission, m'envoie balader en me conseillant de rentrer chez mes parents.

Un soir, Raphaël, un Français de Windhoek rencontré à l'Alliance française, me montre des photos de son dernier safari. Il revient du Nord. Sur le papier, une femme, la peau rouge, luisante comme du beurre, sourit au photographe. Elle n'est vêtue que d'une petite peau de chèvre qui lui ceint les reins. Sur ses cheveux, nattés et enduits de la même peinture rouge, est posée une coiffe en cuir qui fait penser aux oreilles d'une vache. De lourds colliers en métal pendent sur sa poitrine. Elle a un regard tendre et doux. Ses lèvres, légèrement entrouvertes, laissent croire qu'elle va se mettre à parler. C'est une femme himba. Elle vit dans le Kaokoland, tout au nord de la Namibie, dans ce qui est, paraît-il, l'endroit le plus reculé du pays.

Raphaël me parle des Himbas comme de l'une des dernières tribus authentiques d'Afrique. Il semblerait qu'aucun Blanc n'ait encore vraiment vécu avec eux. Avec un regard pétillant d'émotion, il me raconte toutes les difficultés qu'il a dû affronter pour arriver là-bas et en rencontrer quelques-uns. Il me parle aussi de leur bonté et de leur joie de vivre. Sur la photo, la femme me sourit toujours...

L'appel est là, dans ce sourire. Soudain, je sais ce que je dois faire. Pourquoi m'entêter à prendre un chemin qui ne me tente même plus ? C'est là-haut, à la frontière angolaise, que je veux aller.

Raphaël me jette un regard effaré.

– T'es tarée ! Y a rien, là-haut, rien !

– Justement !

– Mais comment tu feras pour manger ? Et pour communiquer ? S'il t'arrive quelque chose ? C'est le bout du monde !

Je n'en ai aucune idée. Je m'en moque. Je me sens revivre, je suis pleine d'énergie, et c'est la seule chose qui compte.

À l'aube, j'étais sur le bord de la route, à la sortie de Windhoek. Il m'aura fallu deux jours pour parcourir les huit cents kilomètres qui me séparent d'Opuwo, la ville du Kaokoland. Avant de partir, j'obtiens un nom : celui d'un certain Curt Leyre, chef des rangers à Opuwo. Il s'occupe de la conservation de la nature et devrait connaître assez bien la région pour me donner quelques renseignements. Afin d'être aussi légère que possible, j'ai laissé une partie de mes affaires à Windhoek. Dans mon sac à dos, le strict nécessaire : un jean, un short, deux tee-shirts, un duvet, une petite pharmacie, un peu de matériel de camping, un cahier, et l'appareil-photo. En dépit des conseils avisés de Raphaël, je n'ai pas voulu me charger d'une tente. Les nuits sont trop belles ici.

Le vent fait claquer les toits de tôle. Il n'est pas encore midi, mais la piste est déjà brûlante. Des ondes de chaleur s'exhalent du sol chauffé à blanc et rendent flous les tourbillons de poussière qui s'élèvent vers le ciel. Sur le versant de la colline, les cases en tôle ou en terre s'entassent les unes sur les autres, pêle-mêle. Opuwo. Capitale du Kaokoland. Dernier point de civilisation avant le bout du bout du monde. Du vent, de la poussière, et des détritus.

À peine une heure que je suis levée. Et déjà, la langue pendante comme un chien assoiffé. L'air est si sec que les muqueuses des yeux et du nez me brûlent. Une forte odeur de graisse rance et de bouse de vache semble avoir envahi toute la ville. La femme qui m'a offert l'hospitalité pour la nuit a disparu avant même que je me réveille. J'erre au milieu des ruelles de terre, à la recherche du fameux Curt Leyre.

Devant chaque case, des femmes hereros, enveloppées dans de longues jupes de tissu coloré, assises à même le sol. Elles parlent fort, pour se faire entendre de l'autre côté de la rue. Le sol, parsemé d'ornières, est dur et terne, recouvert d'une croûte si épaisse qu'il est incapable d'absorber la moindre goutte d'eau. En bas de chaque pente, des flaques de boue dans lesquelles trempent des canettes vides et des débris de bouteille. Des cochons noirs se roulent dans les mares, ânes, chèvres et poules se promènent librement, entre les cases et les femmes. La poussière est telle que, par moments, on ne distingue que des ombres qui glissent dans le brouillard.

Au détour d'un chemin, j'aperçois deux silhouettes rouges. Elles marchent dans ma direction, lentement, en traînant les pieds. Une petite jupette en peau de chèvre couvre leurs hanches et balance de droite à gauche, au rythme de leurs pas. Des pieds à la tête, elles sont couvertes d'une graisse rouge qui les fait ressembler à des statues de glaise, comme sur la photo de Raphaël. Je m'arrête, fascinée. Ce sont les premières femmes himbas que je vois. Elles semblent venir d'un autre monde, tout droit sorties d'un de mes livres de classe sur la préhistoire. Leurs bras et leurs chevilles sont ornés de lourds bracelets en cuivre, en forme de spirale. Entre leurs seins, nus et tombants, pend un long coquillage blanc accroché à un collier de métal. Je suis mal à l'aise. Elles me paraissent si différentes que, mue par une sorte de pudeur, je n'ose les observer. Pourtant, je ne peux m'en empêcher. À travers les lourdes tresses qui encadrent leur visage, épaissies par un amalgame de graisse et de peinture rouge, elles croisent mon regard. Je me sens voyeuse. J'ai honte.

Je ne sais comment m'y prendre pour trouver Curt Leyre. Personne ne parle anglais, et les rares à qui ce nom semble évoquer quelque chose m'envoient dans toutes les directions. Je monte la colline, tourne à droite, à gauche, la redescend, monte à nouveau. La ville est un vrai labyrinthe, je me perds dans ses dédales, aucun point de repère, et personne pour me donner des indications compréhensibles. Je ne sais même pas s'ils ont compris ce que je cherchais. Un jeune garçon vient finalement à mon aide. Il me plante devant une baraque rectangulaire, toute simple, identique en tout point aux autres maisons de la même rue. Un vieux Land Cruiser beige est garé devant l'entrée.

Je m'apprête à frapper aux murs – la porte de la maison a disparu – lorsque je me retrouve nez à nez avec un homme qui fait deux fois ma taille. Sortant au même moment, il m'est littéralement rentré dedans.

– Ah ! c'est toi, l'Européenne qui me cherche ? demande-t-il brusquement, apparemment troublé par le choc de la rencontre.

– Heu... Oui, sans doute, comment vous savez que... Vous êtes Curt Leyre ?

– Il est pas là. Je le remplace.

Il me tend une main large et calleuse.

– Moi, c'est Patt. Patt Johnson.

Nous restons quelques instants sur le seuil de la porte, à nous dévisager. Grand et baraqué, l'homme est plutôt du genre imposant. Un peu gras, peut-être. En tout cas, un buveur de bière. Sous une apparente nonchalance, on sent un corps nerveux, une force latente, trop importante pour être dissimulée. Ça le rend maladroit. Il a une bonne tête, toute ronde, avec des joues d'enfant et un petit sourire malicieux. Plutôt sympathique, a priori. Obligé de baisser la tête pour me regarder, il me sourit avec gêne. Il est torse nu, vêtu d'un simple short terreux, et ne sait pas que faire de ses mains. On dirait qu'il cherche à se montrer galant, mais qu'il ne sait pas comment.

– Bon, eh bien... je sais pas... tu veux entrer ?

Je pénètre dans une grande salle vide et sombre. À l'autre extrémité de la pièce, deux petites fenêtres grillagées, recouvertes à moitié par un lambeau de toile cirée, laissent passer un mince filet de lumière. L'inventaire est rapide : aucun meuble, mis à part un vieux divan taché, et une bonne couche de poussière. Dans le plafond, un trou béant laisse la charpente à nu. Je croise le regard de l'homme. Il explique, mi-gêné, mi-amusé :

– On a fait une petite fête, y a pas longtemps. On avait un peu bu... On a joué à qui sauterait le plus haut pour faire le plus grand trou...

Je souris, mécaniquement, et ajoute, pour dire quelque chose :

– Je vois... On s'ennuie pas à Opuwo, alors !

– Ouais ! Ça dépend. Faut voir ! Assieds-toi. Tu veux une bière ? Du thé, cigarette ?

Patt s'agite frénétiquement. Il débarrasse le sofa des bouteilles vides, ramasse les mégots, s'énerve contre le réchaud à gaz. À voir son empressement maladroit, on pourrait croire qu'il n'a pas reçu de visiteur depuis des années.

Un cliquetis métallique me fait tourner la tête. Caché derrière le sofa, un homme recharge sa batterie de revolvers. Je le regarde faire, intriguée. Pas vraiment le même gabarit que Patt. Petit, malingre, blanc comme un cachet de Nivaquine, il semble plutôt maladif. De dos, on dirait un gamin assis au milieu de ses jouets. Il me lance un rapide signe de tête, ramasse son artillerie et, toujours sans un mot, prend la porte. J'interroge Patt du regard.

– T'inquiète pas, il est taré !

– C'est qui ?

– C'est Verner, il vient d'arriver, il va bosser ici, maintenant. Comme ranger. Mais il est putain de jeune, il sort juste de l'école !

Le Land Cruiser démarre en trombe dans l'allée. Patt ne peut réprimer un sourire.

– T'en fais pas. Il revient que le mois prochain. Au fait, t'as un endroit pour dormir ? J'ai une chambre pour toi, si tu veux.

Le langage désinvolte et familier de l'homme m'a mise à l'aise. Aussi, je n'hésite pas. De toute manière, je suis à la rue. En un instant, la chambre du fond est libérée, mes affaires mises à laver. Patt farfouille dans un tas de vêtements en vrac et en ressort, triomphant, un paréo et une veste militaire.

– Tiens, ça devrait faire l'affaire. Y a du savon dans la douche. Fais comme chez toi.

Ma nouvelle chambre ne paie pas de mine. C'est une pièce vide, quatre murs et toujours beaucoup de poussière, mais c'est plus que ce que je n'aurais jamais pu espérer. La salle de bains est inutilisable. La baignoire est en miettes, et le conduit du lavabo a disparu. Une sorte de douche a été arrangée dans un placard. J'aime autant. Dans ce genre d'endroit, je n'ai pas peur de déranger l'ordre des choses.

Lorsque je sors de la douche, soigneusement enroulée

dans mon nouveau paréo, Patt est affalé sur le sofa, une bière à la main. L'après-midi touche à sa fin. Une étrange mélopée s'élève du dehors, et à travers les fenêtres ouvertes, emplit la pièce vide. Comme une douce plainte, un brin mélancolique.

– Au fait, tu m'as toujours pas dit ce que tu viens faire ici, dans le Kaokoland ! lance-t-il brusquement, pour engager la conversation.

Je rougis. J'ai presque honte de lui dire.

– Eh bien... En fait, je sais pas trop. Je voudrais me trouver un coin, pas trop loin d'un campement himba. Un endroit où je peux apprendre à connaître ces gens, mais en même temps vivre indépendante. Donc, il faut qu'il y ait de l'eau, ou un puits pas trop loin. Tu pourrais peut-être m'aider ?

Pour cacher mon embarras, je me mets à ricaner. Cet homme vit ici, à Opuwo, depuis plus de six ans à ce qu'il dit. Il passe ses journées dans le bush, connaît sans doute le Kaokoland sur le bout des doigts, et côtoie les Himbas tous les jours. Comment lui avouer que je suis venue ici pour vivre la grande aventure de ma vie et me trouver moi-même ? C'est ridicule. Un délire d'Européenne en mal d'exotisme.

J'ajoute :

– C'est pas un travail. C'est comme ça... Juste pour moi...

Patt se contente de sourire, d'un petit sourire malicieux. Tailladé par deux profondes fossettes, son visage a un air enfantin, presque angélique, qui contraste avec deux petits yeux bleus perçants. Je lui suis reconnaissante d'avoir attendu avant de m'interroger. Il semble faire partie de ces gens qui sentent les choses, qui les comprennent sans avoir besoin de mots. Avec lui, je peux parler avec les yeux.

– T'as pas de voiture ? demande-t-il, avec l'air de celui qui connaît déjà la réponse.

– Non.

– Pas d'interprète ?

– Non.

– Tu parles pas herero ?

– Non.

– Afrikaans ?

– Non plus.

– Je suppose que t'as pas d'argent non plus ?

– Pas beaucoup, non.

Une minute de silence. Il me dévisage, longuement, un éclair presque tendre dans les yeux, un long sourire sur les lèvres.

– Ça va pas être facile, conclut-il en décapsulant une nouvelle bière.

Je hausse les épaules. Un regard complice. C'est tellement aberrant que nous éclatons de rire. Patt lève sa bouteille.

– Bienvenue dans le Kaokoland !

Il réfléchit un instant, et reprend :

– Y a peut-être un endroit. Etanga... Ouais, ça serait le mieux. C'est un grand campement himba. Vetamuna, le grand chef, habite là-bas en ce moment. Et puis, y a une petite école pas très loin, et un dispensaire. Je crois que, récemment, quelqu'un y a même ouvert un *bottle-store*, un débit d'alcool. L'instituteur ou l'infirmier pourront peut-être te servir d'interprète, de temps à autre. Faudra que t'en parle à Curt, Curt Leyre. Il connaît bien les Himbas de cette région. Il a des relations spéciales avec eux.

– C'est où, cet endroit ?

– Une centaine de kilomètres au nord-ouest d'Opuwo. Mais c'est une putain de piste !

– Et comment j'y vais, là-bas ?

– Ça, j' sais pas. C'est un problème. Faudra voir, demain.

– C'est comment ?

– Tu verras bien.

– Et y a vraiment pas d'autre endroit possible ?

– Non.

Instinctivement, je fais entièrement confiance à cet homme. Je sens qu'il a compris ce que je cherche. Je voudrais qu'il continue à me parler de ce campement, Etanga. Mais il ne semble pas du genre bavard. Il a dit ce qu'il avait à dire, il faut lui arracher chaque mot supplémentaire. Mon impatience a l'air de l'amuser, car il ne se dépare pas de son petit rire moqueur.

– Écoute, ça fait longtemps que je suis pas allé là-bas. Ça fait deux ans. La dernière fois, c'était en 91. Le directeur de l'école était assis sur la colline, sur l'unique chaise. Ça faisait plus de deux mois qu'il attendait, il faisait rien d'autre. Il avait bien une dizaine d'élèves, mais il n'avait pas de table, pas de chaise, pas de papier, pas de crayon, pas de livres, rien ! Ses élèves couraient la brousse toute la journée, et lui, il attendait ! Si c'est encore comme ça, il aura peut-être du temps à te consacrer. Je crois qu'il parle un peu anglais.

Je m'enfonce dans mon fauteuil, à la fois excitée et détendue. Je ne m'attendais pas à ce que cela soit si facile. En moins d'une journée, tout s'est décidé.

C'est un vrai plaisir de discuter avec Patt. Rien ne semble l'étonner. Ma présence, même, dans cette maison, est déjà devenue complètement naturelle. Rapidement, la conversation se fait plus intime. Il m'avoue qu'il ne supporte plus cette ville. Il devrait bientôt déménager à Sesfontein, un petit village damara situé à la frontière sud du Kaokoland. Avec le policier, il y sera le seul habitant blanc.

– Tu vois, y a trop de monde, ici ! explique-t-il.

– Trop de monde ? Tu rigoles !

– Oui, trop de monde ! Tu peux jamais être tranquille. Y a des voisins, toujours quelqu'un qui passe dans la rue... Non seulement c'est une ville, mais en plus, c'est une ville affreuse ! Il y fait chaud, l'été y a pas un pet d'air, c'est plein de moustiques, plein de poussière, c'est moche, et y a rien à faire. Et une fois qu'on y est, impossible d'en sortir ! Si t'as pas un quatre-quatre et un bon plein d'essence, t'es coincé ! D'ailleurs, tu sais ce que ça veut dire *opuwo* ?

– Ben... non. Tu sais, j' connais pas grand-chose, ici.

– Bon ! en herero, ça veut dire « la fin ». C'est fini, y a plus ! Opuwo ! À la fin des années trente, quand les « sudafs » ont voulu installer un poste de commissionnaire dans le Kaokoland, ils voulaient le construire beaucoup plus au nord.

Mais ils se sont fait jeter par les chefs himbas et hereros qui leur ont dit « *Ayé ! Opuwo !* Construisez votre bureau ici, mais n'allez pas plus loin, ça suffit ! *Opuwo !* » Voilà !

Il s'exprime lentement, en ponctuant chacun de ses mots. Entre chaque phrase, il prend le temps d'apprécier quelques gorgées de bière.

– Les gens deviennent fous, ici. C'est comme cette baraque. Elle est maudite : le premier occupant s'est pendu dans le salon. Il avait engrossé une jeune Herero. Tu comprends, ça se faisait pas à l'époque. Il était bon pour l'enfer, plus personne voulait lui parler. Après, c'étaient deux vieilles filles. L'aînée a pas mis six mois avant de tourner complètement cinglée. Un jour, elle a eu une crise, elle a poignardé sa sœur à l'entrée de la cuisine. Y avait encore plein de sang, c'est pour ça que j'ai découpé la moquette à cet endroit. Et c'est pas fini ! Ensuite, c'est un curé qui a emménagé. Il foutait des crucifix partout !

Patt éclate de rire. Il fait nuit noire, au-dehors. Pas un bruit.

– Je devrais pas te raconter ça. Tu vas faire des cauchemars !

Qui se douterait, en voyant ce rectangle de ciment à moitié abandonné sous la poussière, que cette maison a eu une histoire si mouvementée ? Depuis hier, j'ai l'impression d'avoir été projetée dans l'un des livres qui a bercé mon enfance. Je ne voudrais pas être ailleurs. Je m'endors le sourire aux lèvres, satisfaite.

À l'arrière de la maison de Patt, une mince bande de terrain communique avec la cour du fameux Curt Leyre. Cet homme commence à m'intriguer. Il est, paraît-il, grand ami de Vetamuna, le plus vieux, le plus respecté et le plus sage des chefs himbas. Tout autour de sa maison, Curt a construit des baraquements en tôle qui hébergent quelques Himbas de passage à la ville.

Assise en tailleur dans la terre du jardin, je regarde les Himbas vivre, de l'autre côté de la barrière de bambou. Plusieurs hommes sont allongés, à même le sol, sous l'abri de métal. Leur peau n'est pas enduite de la peinture rouge qui recouvre le corps des femmes, mais ils portent sur la tête un étrange chignon enveloppé d'un morceau de tissu. Ils ne font rien, ils semblent dormir. De jeunes enfants, nus, le crâne rasé, jouent entre leurs jambes. Quelques mètres en retrait, une femme laisse couler entre ses doigts rouges une fine poudre blanche. Elle la jette dans un vieux bidon d'essence rouillé, qu'elle pose ensuite sur un feu. Un nourrisson luisant de graisse rouge est accroché dans son dos. Elle hurle quelque chose. Un homme lui répond, en criant encore plus fort.

Je les regarde longtemps. J'essaie d'imaginer les paroles qu'ils échangent, ce qu'ils pensent, sous leurs coiffures bizarres. Mais il y a quelque chose de si différent dans leur attitude que, malgré tous mes efforts, je n'arrive pas à leur attribuer des sentiments semblables à ceux que je connais. Leurs yeux sombres reflètent un univers trop étrange au mien.

Patt me rejoint sur le perron, une tasse de thé à la main.

– J'ai une bonne nouvelle pour toi, annonce-t-il d'un ton joyeux. Je t'ai trouvé une voiture qui va à Etanga. L'hôpital va ravitailler le dispensaire la semaine prochaine.

Une seconde de surprise. Je sursaute, légèrement, assez pour montrer ma déception.

– Dans une semaine seulement ? Y a pas un moyen pour y aller avant ?

– T'as plutôt de la chance, tu veux dire. Parfois, pendant un mois, pas une seule voiture ne prend cette piste.

Patt me dévisage. Il attend ma réaction.

– C'est pas grave, dis-je, optimiste. Je vais en profiter pour faire connaissance avec la ville. Qu'est-ce qu'il y a à faire, ici ?

– Rien.

– Il a répondu du tac au tac, sans hésitation.

Incrédule, j'affiche une moue dubitative. Je ne veux surtout pas me laisser influencer par l'ennui et la langueur qui semblent avoir envahi cet homme. Je mets mes sandales, et traverse la pièce vide. Il me regarde faire, moqueur.

– Bonne chance, lance-t-il simplement, lorsque je franchis le pas de la porte.

Je commence ma visite par le centre-ville : une station-essence, une boulangerie fermée, deux épiceries aux rayons vides et quelques débits d'alcool, les bottle-stores. C'est tout. Deux ruelles, toutes deux désertes.

Plus loin, parallèlement à la route principale, c'est l'hôpital, un grand bâtiment blanc cerclé de hauts grillages. Aucun bruit, aucune activité apparente. Quelques femmes hereros attendent, assises par terre, à l'entrée, sans parler. De temps à autre, au loin, comme une apparition, une silhouette rouge semble flotter sur la poussière. Une femme herero sort en courant d'une case, empêtrée dans ses jupons, et court après une poule.

Je m'enfonce dans la pénombre des ruelles. Je croise un groupe d'hommes, quelques adolescents en short qui me dévisagent, sans un sourire. J'arrive à la décharge, remonte la colline, pour observer la vue. Opuwo est cernée sur trois côtés par de hauts plateaux rocailleux. Un nuage jaunâtre et poudreux surplombe la ville, couvercle étouffant pris entre les rochers. Le site d'Opuwo semble avoir été choisi exprès pour lui permettre d'être envahi par la poussière.

En moins d'une demi-heure, j'ai arpenté, dans les deux sens, toutes les rues de la ville. Je rentre à la maison, un peu dépitée, en traînant les pieds. Sur le bord du chemin, je tombe sur un groupe de femmes himbas. Elles parlent fort, et font des gestes dans ma direction. Je crois comprendre qu'elles m'interpellent. Ce sont les premières qui m'adressent la parole. Ravie, je me dépêche de leur rendre un sourire, et m'accroupis devant elles, pour engager un semblant de conversation. J'ai du mal à leur donner un âge. La plus vieille a la peau fripée comme du papier crépon. Ses yeux sont d'un bleu clair et vitreux, ce qui lui donne un regard singulier. Du bout des doigts, elle me caresse le bras, puis enfonce brusquement sa main dans ma poche. Sa voisine fait sonner des pièces de monnaie dans sa main. Je comprends. Déçue, je retourne mes poches vides, et hoche la tête, en signe de négation. Toutes, alors, se mettent à hurler dans mes oreilles. Le ton est agressif, le regard haineux. Je me lève, après avoir murmuré un timide « sorry » du bout des lèvres. Les imprécations de la vieille femme me poursuivent sur plusieurs centaines de mètres.

Je retrouve Patt assis dans son fauteuil, dans la grande pièce vide. Il entame son deuxième paquet de cigarettes. Il ne fait rien. Son sourire se veut ironique.

– Une cigarette ? propose-t-il en me tendant son paquet.

Il n'a pas besoin de me demander ce que j'ai trouvé au-dehors, il le sait déjà. Je m'assieds dos au mur, les genoux repliés contre mon ventre. Je ne veux pas croire qu'il n'y ait vraiment rien à faire ni à voir dans cet endroit. Je refuse l'idée d'avoir parcouru plus de dix mille kilomètres pour finalement m'ennuyer.

– Mais il doit quand même bien y avoir des balades à faire, dans les alentours, non ?

Il ne prend même pas la peine de répondre. Il arbore encore, toujours, cet éternel sourire malicieux. Je l'amuse. J'insiste.

– Tu sors jamais, toi ? Tu vas jamais te promener ?

Le même sourire moqueur. Je ris. Ce rire qui me prend parfois, lorsqu'il n'y a rien d'autre à faire. Après plusieurs minutes, Patt se lève, et rapporte un paquet de cartes topographiques qu'il étale soigneusement sur la poussière du sol.

– Tu vois, là, ce point, c'est Opuwo. Seul téléphone et seul poste d'essence d'une région de cinquante mille kilomètres carrés. Pour te donner une idée, c'est grand comme la Suisse. Tout autour d'Opuwo, c'est moche. C'est que de la poussière. Et à pied, déjà, il faut presque une journée pour sortir de cette cuvette et dépasser les plateaux. Pour rejoindre le fleuve Kunene qui fait la frontière avec l'Angola, au nord, c'est entre cent trente et cent soixante-dix kilomètres de piste, plus de quatre heures de route. La première ville, au sud, est à plus de deux cent cinquante kilomètres.

Je me penche sur le papier. Je n'ai encore jamais regardé de près une carte du Kaokoland. Vers l'ouest, après plus de deux cents kilomètres à vol d'oiseau, on tombe sur la partie la plus reculée du désert du Namib, inaccessible à cet endroit.

– Ici, on compte pas en kilomètres, mais en heures de conduite, ajoute Patt. Et sans quatre-quatre, tu dépasses pas Opuwo.

Je plie les cartes, allume une cigarette. Patt réintègre son fauteuil. Il éclate de rire en me voyant faire la moue.

– Cherche pas ! T'es tombée dans un trou d'ennui.

Je remets mes sandales, et retourne dehors.

Je ne veux toujours pas croire Patt. Mes lectures m'ont appris que, partout, il y a toujours quelque chose à voir et à apprendre. C'est une question d'état d'esprit. Dix fois, je retourne traîner dans les rues. Dix fois, ma recherche se solde par un échec. Rien, vraiment, ne mérite plus de cinq minutes d'attention. Le peu de gens que je croise se moquent de ma présence, ils me regardent avec des yeux vides et, de toutes les manières, ils ne parlent pas anglais.

À la nuit tombée, Patt n'a toujours pas bougé de son fauteuil. Il fixe le plafond. Il entame maintenant son troisième paquet de cigarettes, et vient d'abandonner le thé pour la bière.

Je ne comprends pas. Comment cet homme peut-il rester comme cela, sans rien faire ? Je l'interroge.

– Tu t'ennuies pas ?

Sourire mi-narquois, mi-désabusé de Patt.

– Oh ! c'est une question d'habitude !

– Mais quand même, t'as pas un peu l'impression de perdre ton temps, ta vie ?

Il ne répond pas.

– Mais comment tu arrives à vivre comme ça ? Pourquoi tu ne cherches pas à faire quelque chose ?

Patt laisse échapper un léger soupir, à peine perceptible.

– Tu sais, je passe déjà vingt jours sur trente dans le bush. Bien sûr, que j'aimerais être ailleurs, mais pour l'instant, je suis ici, c'est tout. J'ai vécu huit ans dans le désert du Namib, sur la côte des Squelettes. Il m'arrivait parfois de ne pas voir qui que ce soit pendant plus d'un mois. On apprend à s'ennuyer...

Il ajoute, en riant :

– Et puis, cette semaine, je suis obligé d'être à Opuwo. Tu n'as peut-être pas remarqué, mais de huit heures à cinq heures, je travaille ! Enfin, disons que je suis de service, mais comme il n'y a rien à faire...

Le lendemain, Patt ne quitte pas son fauteuil de la journée. Je passe de longues heures assise sur les marches du perron, à espionner les Himbas de la cour de Curt. Je n'arrive toujours pas à m'habituer à leur présence. Tous leurs gestes me sont si étrangers. Je n'ose même pas aller vers eux. Qu'aurais-je à leur dire ? Ils me semblent si différents que je crains leur regard. Traverser la cour, me planter devant eux, la main tendue, et leur dire qu'ils me fascinent ? Ils me regarderaient sans doute comme un ovni, et me crieraient des paroles auxquelles je serais incapable de répondre. Ce n'est pas ainsi que j'ai rêvé notre première rencontre. Pas dans ce cadre. Elle doit être une évidence. Ici, elle serait ridicule et pathétique. Il me semble que dans un endroit plus reculé, dans un petit campement de bouse séchée ou par hasard, au détour d'un sentier perdu dans les montagnes, le contact sera plus facile. Je préfère attendre.

Je tourne en rond, comme un lion en cage, cherchant désespérément à m'occuper. Patt reste là, placide, à me regarder m'agiter en vain. Pour passer le temps, nous parlons. De tout et de rien, de nous, du Kaokoland, de la vie, de l'ennui. Des mots, entrecoupés de longs silences et de quelques éclats de rire. Le paquet de cigarettes vole d'un bout à l'autre de la pièce. Les bouteilles vides s'entassent sous le sofa. Patt ne pense même plus à manger. Je dois lui rappeler que mon jeune estomac ne peut plus attendre pour qu'il trouve enfin le courage d'ouvrir une boîte de corned-beef.

Les jours passent. Lentement. Terriblement lentement. Jamais je ne me suis autant ennuyée de ma vie. J'ai déjà épuisé toute la collection d'Astérix, seule littérature de la maison. J'ai passé des après-midi à espionner les Himbas de la court de Curt, et j'ai beau chercher, à Opuwo il n'y a vraiment rien à faire. La présence de Patt, pourtant des plus discrètes et des plus agréables, arrive même à m'énerver. La proximité de cet homme que je connais à peine me gêne. Je ne voudrais pas qu'il me voie ainsi. Je passe maintenant de longs après-midi enfermée dans ma chambre. J'écris, à mes amis, en France. Ils me manquent. Je ne sais plus ce que je suis venue faire ici. Un soir, je plonge ma tête dans mon sac de couchage, et je pleure, à gros sanglots. Je n'arrive plus à me contrôler. Je pleure d'ennui, de tristesse, de solitude, mais aussi de rage contre moi-même. Je m'en veux d'être venue ici. Ce n'est pas étonnant que ce coin reste aussi isolé : il n'y a rien à en tirer. Je m'en veux d'avoir tant rêvé et tant idéalisé ce voyage. J'ai voulu jouer à la dure à cuire, aller le plus loin possible, là où personne ne va jamais. Pour quoi? pour m'ennuyer.

Pendant la journée, je fais les cent pas entre le sofa et la cour de Curt. Les Himbas font la sieste, sous leurs abris de tôle. Je les regarde, dépitée. Ils n'ont pas besoin de moi pour vivre, eux. Alors j'attends, désespérément, j'attends l'événement. Sans doute suis-je trop aveuglée par mes désirs d'évasion pour comprendre qu'à Opuwo, l'événement, c'est moi.

L'aube commence à poindre. Les poules caquettent sous ma fenêtre. Je m'étire dans mon lit, jette un rapide coup d'œil au-dehors. Le ciel, d'un bleu d'une pureté inégalable, devrait me remplir de joie. Mais je n'arrive pas à sourire, ce matin.

Au travers des vitres poussiéreuses, j'entraperçois la silhouette de Patt qui s'affaire autour de son Land Cruiser. Qu'est-ce qui lui prend? C'est la première fois que je le vois s'activer de si bonne heure. Je m'enfonce encore un peu plus dans mon duvet. À quoi bon le rejoindre? À quoi bon se lever, même? Les journées sont déjà assez longues comme ça. Si je pouvais me rendormir quelques heures...

Une voix grave me sort de ma paresse.

– Alors ! Qu'est-ce que tu fabriques ?

Comme tous les matins, Patt m'apporte une tasse de thé au lit. Il a dû remarquer mes yeux rouges, car ces derniers temps, il redouble d'attentions.

– Alors, tu viens, ou quoi ?

Encore à moitié endormie, je grommelle :

– Mmm ? Venir ? Où ça ?

– Mais au fleuve Kunene, pardi ! Enfin, tu fais comme tu veux, mais si tu veux venir avec moi, ça me dérange pas.

Je ne me le fais pas répéter deux fois. J'enfile mon short, saute sur la banquette avant. La voiture démarre en trombe. Quitter Opuwo, enfin !

Le Land grimpe le versant de la colline, les baraques entassées rapetissent. Devant nous, une large vallée, envahie par les épineux, parsemée çà et là de hauteurs. Sur les bords de la piste, un berger isolé nous lance de grands saluts du bras. Nous filons vers le nord, vers le fleuve frontière, le fleuve Kunene. Avec l'Orange, qui sépare la Namibie de l'Afrique du Sud, c'est le seul cours d'eau permanent du pays.

Je laisse tomber mon bras par la fenêtre ouverte. Ma main s'envole, fouettée par le vent. Rouler. Bouger. J'en avais tant besoin. La cigarette à la bouche, les yeux fixés sur la piste, Patt conduit à toute allure. Les kilomètres défilent, les épineux succèdent aux épineux, les collines aux collines. Un paysage sec et aride, dans les tons jaune et gris. Nous traversons un premier oued. La voiture plonge, lutte contre le sable. Victorieuse, elle remonte enfin la pente. Sur vingt mètres, des acacias centenaires donnent à ce tableau désolé une touche de verdure.

Encore quelques kilomètres de terre, puis la piste se rétrécit. Bientôt, ce n'est plus qu'un amas de cailloux aux tranchants acérés. Les roues s'enfoncent dans les nids-de-poule. Un coup d'accélérateur : le véhicule sursaute, franchit l'obstacle, retombe plus brusquement encore. Sous l'ampleur des cahots, je suis projetée contre le toit. En équilibre précaire entre le précipice et le versant de la montagne, le Land bringuebale dangereusement. Le visage de Patt reste de marbre.

Nous n'atteignons le fleuve qu'en début d'après-midi. Le ruban bleu, bordé de palmiers, serpente entre les collines. Vision enchanteresse. Après des centaines de kilomètres de caillasse, c'est le jardin d'Éden. L'endroit est désert. Nous avons mis plus de quatre heures pour faire cent trente kilomètres.

Exténuée, je ne pense qu'à me rafraîchir et me précipite vers l'eau. En face, c'est l'Angola. J'aurais voulu aller faire un tour sur la berge opposée. Une voix sage m'arrête.

– Si j'étais toi, je vérifierais avant qu'il n'y ait pas de traces de crocos. Ils pullulent, ici.

– Des crocodiles ! Tu plaisantes ? Ça existe que dans les films.

– C'est toi qui vois...

Pour ne pas paraître inconsciente, je fais semblant d'inspecter le banc de sable. Comment veut-il que je reconnaisse des empreintes de crocodile ? Je n'en ai jamais vu.

– C'est bon, y a rien du tout ! J'vais me baigner !

– Fais quand même attention !

Patt se trempe à peine le bout des pieds, et retourne sous les palmiers préparer un feu pour le thé. Une vraie Anglaise, cet homme. Apparemment, où qu'il aille, il ne part jamais sans sa théière, ses sachets de *Rooïbos tea*, sa timbale et ses allumettes.

La baignade est un vrai délice. L'eau est fraîche et limpide. Par précaution, je ne m'éloigne pas trop de la rive. Lorsque je rejoins le sable, Patt a déjà rangé la bouilloire. Il efface ses traces autour de lui.

– Mais qu'est-ce que tu fais ?

– Il faut rentrer ! Dans deux heures, il fait nuit.

Un mouvement de surprise. Rentrer, déjà ? Sur le coup, cela me paraît aberrant. Huit heures de voiture, un plein d'essence pour une malheureuse tasse de thé et une petite demi-heure au bord du fleuve. Je commence à comprendre pourquoi Patt aime autant rester assis dans son fauteuil. Mais pourquoi est-il venu ici, alors ? Rien ne l'obligeait à sortir d'Opuwo. Simplement pour le plaisir de me voir sourire ?

Pour me faire comprendre qu'il n'est pas qu'une larve scotchée à ses bières et à son sofa? Je ne sais que penser.

La nuit est déjà tombée depuis longtemps lorsque nous arrivons à Opuwo. En dépit de notre fatigue, cette petite excursion s'avère bénéfique, pour tous les deux. Pour la première fois, je suis heureuse de retrouver la maison de Patt et les quelques habitudes que j'y ai déjà.

Mon esprit est plus clair, aussi. L'eau du Kunene lui a fait du bien. Il était temps : dans deux jours, je pars à Etanga. Je commence seulement à réaliser ce que cela signifie concrètement. Jusque-là, cela faisait encore partie du domaine du rêve. Et puis, c'était loin. J'étais trop occupée à m'ennuyer à Opuwo pour y penser vraiment.

Patt me conseille judicieusement d'emporter une caisse de nourriture avec moi. Je n'y aurais pas pensé toute seule. Je ne sais pas trop ce qu'il pense de mon projet. Tous les gens que j'ai croisés jusqu'ici sont persuadés que c'est de la folie pure et que je ne tiendrai jamais le coup. Patt se rend bien compte que je n'ai aucune expérience de la vie du bush. Je suis tellement maladroite dans tout ce que je fais. A-t-il confiance en moi? En tout cas, il ne cherche pas à me décourager, et j'apprécie.

Emmitouflée dans la veste militaire de Patt, je sors dans la cour profiter des étoiles. Des petits feux scintillent derrière la barrière de bambou. Quelques silhouettes de Himbas sont rassemblées autour des foyers, les mains tendues vers les flammes. Les nuits sont encore froides, à cette période de l'année. Fin juin, le thermomètre peut approcher le zéro degré.

Patt s'affaire dans la cuisine. Il a décidé de faire un coq au vin, ce soir. « *French cooking!* » Décidément, je ne sais pas ce qui lui prend aujourd'hui. Je ne l'ai encore jamais vu dépenser autant d'énergie en une seule journée.

Un bruit de moteur attire mon attention. Une paire de phares puissants éclaire la cour de Curt. Les faisceaux lumineux tournent sur eux-mêmes, une fois, deux fois, puis s'arrêtent net dans la direction des feux. En moins de deux secondes, la Ford est entourée de Himbas. Un homme blanc en sort, et serre, une à une, toutes les mains qui se tendent vers lui. Je l'entends parler en herero. Il se trouve en pleine lumière, et je distingue très nettement son visage : un visage dur et sec, très allongé, qui se termine par une longue barbe grise. Il n'y a aucun doute. C'est lui, le fameux Curt Leyre.

Je retourne aux côtés de Patt lui demander confirmation.

– Ouais ! C'est bien lui. Mais fais gaffe, quand même !

– Faire gaffe ? Pourquoi ?

– Tu verras, il est un peu spécial. Surtout avec les femmes...

Curt nous a déjà rejoints dans la cuisine. Il salue Patt d'un signe de tête, part dans le salon, revient sur ses pas. Il passe devant moi, m'examine de haut en bas, avec un regard de glace. La pipe à la bouche, il s'adresse à Patt.

– Nom de Dieu ! Ces putains de Hereros !

Patt, le nez dans ses casseroles, ne réagit pas. De taille moyenne, plutôt mince, Curt doit friser la cinquantaine. Il est si sale que je ne saurais dire si ses cheveux sont réellement gris, ou si c'est simplement la poussière. Sa peau est brûlée par le soleil. Sous des sourcils broussailleux, deux petits yeux profonds, bleu d'eau, toujours en éveil, qui me mettent mal à l'aise. Son short, troué en plusieurs endroits, laisse apparaître la peau de ses fesses. En tout point, le type même du broussard, avec une particularité : une paire d'oreilles de taille impressionnante. Il range sa pipe dans sa poche, et recommence à faire les cent pas entre la cuisine et le divan. Puis brusquement, il vient vers moi. Un étrange rictus qui ressemble à un sourire dévoile une mâchoire large comme trois fois la mienne, noire de tabac.

– Alors c'est toi la Française qui va à Etanga ?

– Mmm... oui...

Il tire une bouffée sur sa pipe, passe ses doigts noirs de terre dans sa barbe, et répète à plusieurs reprises :

– Hum ! Je vois... je vois...

Il ne tient pas en place. Il sort dans la cour, revient à nouveau sur ses pas, et s'adresse maintenant à Patt :

– Qu'est-ce que tu fous avec les bières ? J'ai soif ! C'était une putain de chasse ! J'suis crevé. Ce soir, j'vais dormir. Ces Hereros, ils me bouffent !

Et il se lance aussitôt dans des histoires de chasse, de pannes de voiture au milieu de nulle part, de fonctionnaires incompétents, de putains de Hereros, et de bien d'autres choses que je n'arrive pas à suivre. Curt a un accent très marqué. Il parle une sorte d'argot du bush, et je ne comprends pas tout ce qu'il dit. Sa voix est grave. Entre chaque phrase, il laisse un temps de silence, comme pour donner plus d'effet.

Patt ouvre à peine la bouche. Il se contente de décapsuler les bières que Curt avale à une cadence impressionnante, et d'ânonner quelques « *Yes, yes, you're right...* » pour paraître attentif. Les histoires que racontent Curt sont pourtant passionnantes. Elles me plongent dans un monde encore si étranger. Mais il est intarissable. Il parle tout seul, sans se soucier de nous le moins du monde. Patt et moi échangeons quelques regards complices en bâillant : voilà déjà plus de trois heures qu'il répète que c'est sa dernière bière ! Il est plus de deux heures du matin, et il n'a toujours pas décollé. Patt a l'air de s'ennuyer à mourir. Je les salue et leur annonce que je vais me coucher. Curt semble soudain remarquer ma présence. Cet hideux rictus le reprend.

– Demain ! Demain, tu viens quand tu veux. Je vais voir ce que je peux faire pour toi. J'ai plein de livres, tu pourras les consulter. Mais pas ce soir, j'suis crevé. Demain !

Un éclat de rire cynique le secoue alors que je passe la porte. Je l'entends ajouter :

– Ha ha ! Sacrés Himbas, va ! J'te parie qu'elle ne tiendra pas deux jours. Attends-toi à la voir rappliquer à la fin de la semaine.

Patt ne répond pas.

Le soleil est déjà levé, les poules gloussent toujours sous les fenêtres et Patt roupille encore. J'en profite pour lui apporter sa tasse de thé au lit. Il m'avoue que ses bâillements répétés n'ont eu aucun effet : Curt n'est pas parti avant cinq heures du matin.

– C'est toujours comme ça, marmonne-t-il entre ses dents.

Il est à peine sept heures lorsque Curt arrive, sans prévenir. La pipe à la bouche, toujours pas lavé, il nous traite de paresseux.

Il part pour la journée. Un des chefs hereros du sud du Kaokoland veut lui parler de ses problèmes de pâturages. Il me laisse les clefs de sa maison, et met sa bibliothèque à ma disposition. Il est si gentil ce matin que, malgré son éternel rictus, ses oreilles décollées et son odeur marquée, j'ai du mal à reconnaître le Curt de la veille.

Sous le regard intrigué des Himbas, je traverse la cour, ouvre un à un les lourds cadenas qui bloquent l'entrée de la maison. En pénétrant dans la cuisine, une forte odeur me prend aux narines. Il y fait très sombre, mais mes yeux s'habituent bientôt à l'obscurité. Une demi-douzaine de conserves ouvertes moisissent sur la table, qui grouille de cafards. La pièce suivante, le salon, croule sous des piles de livres. Le sol en lino beige est caché par un amoncellement d'objets de toutes sortes : défenses d'éléphant, dents de crocodile, crottes de rhino, statuettes, bijoux traditionnels. Je ne sais par où commencer.

Je m'installe sur une peau de koudou, avec une première pile de livres. Certains sont très vieux, couverts d'ocre et de terre. La majorité des textes traitant des Himbas ne sont que des photocopies de volumineuses thèses d'anthropologues datant des années soixante. Survolant la plupart des documents, j'y apprends l'essentiel : les Himbas sont en fait des Hereros. Voilà pourquoi, tout simplement, ils parlent la même langue. Ils sont semi-nomades, tirent l'essentiel de leur subsistance de leurs troupeaux. La moindre des choses à savoir. Trop honteuse de mon ignorance, je n'avais pas osé demander ces renseignements à Patt.

Comme tous les peuples hereros, les Himbas font partie

du groupe linguistique bantou. L'histoire raconte qu'ils seraient originaires de la région des grands lacs. On ne sait trop encore pourquoi ni comment, les voilà en Angola au début du deuxième millénaire. Poussant toujours leurs troupeaux plus vers le sud, les Hereros traversent le fleuve Kunene pour la première fois au XVIe siècle. Là, ils n'ont guère le choix : les éleveurs ovambos et namas sont déjà installés sur les meilleures terres. La majorité des Hereros poursuit sa migration jusqu'au centre de la Namibie. Seul un petit groupe de résistants décide de rester et de s'installer dans le Kaokoland : ce seront les Himbas. L'extrême sécheresse du milieu les oblige à opter pour un style de vie nomade. Les campements sont de petite taille, très dispersés.

Apparemment, les Himbas n'ont pas eu la vie facile. Du fait de leur isolement géographique et social, ils sont la proie désignée des bandes de voleurs de bétail. Au milieu du XIXe siècle, ils sont attaqués et dépossédés de leurs troupeaux par les Namas, et se replient en Angola. Pour survivre, ils mènent une existence de chasseurs-cueilleurs. Rien de plus dégradant pour des pasteurs. Il paraît que c'est de cette époque qu'ils tirent leur nom actuel : dans la langue des Ngambwes, une ethnie d'Angola, *himba* veut dire mendiant.

Les difficultés ne s'arrêtent pas là. Ils traversent à nouveau le fleuve Kunene et regagnent le désert du Kaokoland dans les années vingt. Jour après jour, année après année, ils reconstituent patiemment un cheptel impressionnant. En 1970, ils sont les pasteurs les plus « riches » d'Afrique : plus de cent trente mille têtes de bétail, des centaines de milliers de moutons et de chèvres. Mais les calamités ne cessent de pleuvoir sur le Kaokoland. En 1980, une terrible sécheresse s'abat sur toute l'Afrique australe et décime une nouvelle fois leur cheptel. Au même moment, l'armée indépendantiste de la SWAPO [1] et l'armée sud-africaine ouvrent un front de guérilla dans le Kaokoland. Pendant sept ans, les Himbas sont les otages involontaires d'une guerre qu'ils ne comprennent pas. Depuis l'indépendance et le retour de la paix, les Himbas ont

1. South West African People's Organization.

une fois de plus reconstitué leur cheptel et repris leur vie nomade.

Je passe la journée entière dans les papiers de Curt. Beaucoup de choses s'éclairent dans mon esprit. En fait, les Himbas et les Hereros ont presque exactement la même culture et les mêmes traditions. Voilà pourquoi ils vivent si bien ensemble, et partagent tant de choses de la vie de tous les jours. Les Hereros sont juste plus « civilisés ». Presque sédentaires, ils participent à l'économie de marché, et ont subi davantage d'influences extérieures que les Himbas. D'ailleurs, lorsqu'un Himba se « modernise », il troque ses habits de peau contre des habits hereros. Il y aurait aujourd'hui environ dix mille Himbas qui vivent entre le sud de l'Angola et le Kaokoland. Mais leur grande mobilité rend leur recensement plus qu'approximatif.

Curt me surprend à la tombée de la nuit allongée au milieu du salon, tous ses livres étalés autour de moi. J'étais tellement absorbée par un ouvrage regroupant des textes des premiers explorateurs qui ont découvert le Kaokoland que je ne l'ai pas entendu entrer. Il ne peut réprimer un sourire, un vrai, cette fois. Il insiste pour me garder chez lui, me met de force une bouteille de bière dans les mains.

– Alors, comme ça, tu vas à Etanga...

C'est vrai, j'avais oublié. Il paraît que Curt a des relations « très spéciales » avec les Himbas d'Etanga.

– Il y a une femme qui vient d'Etanga, dans la cour. Je te la présenterai tout à l'heure.

Aussitôt, il éclate de rire. Un rire profond, qui dévoile ses amygdales, et qui le secoue de haut en bas. Je ne sais pas trop comment réagir, si je dois rire aussi. Il lui faut plusieurs minutes pour retrouver son calme.

– Ah ! ces sacrés Himbas ! Écoute ! Je suis un vieil homme, mais je connais ce dont je parle. Alors crois-moi ! Surtout, surtout, ne t'installe pas à l'intérieur de leur campement. Plante ta tente plus loin, dans le lit de la rivière. Sinon, tu seras constamment envahie, tu n'auras pas un moment d'intimité, et ces putains de Himbas, ils peuvent être sacrément fatigants !

La pipe à la main, il fait de grands gestes, levant le poing en l'air pour donner plus d'importance à chacun de ses mots. Avec ses oreilles immenses, tellement décollées qu'elles pourraient se rabattre sur ses joues, il me fait penser à un vieil éléphant prêt à charger. Il remet sa pipe encore allumée dans sa poche, la ressort aussitôt, et appelle quelqu'un au-dehors. Une femme himba d'âge mûr passe timidement le visage par l'encadrement de la porte. Il la fait asseoir dans la cuisine, sur une chaise apparemment réservée à cet usage puisque couverte de graisse rouge, et lui parle. Avec douceur. Une telle douceur que je ne reconnais pas sa voix. Même ses yeux se font plus tendres. La femme lui répond. Je ne comprends pas ce qu'ils disent, mais je sens une grande intimité entre eux. C'est la première fois que je me retrouve face à une Himba, de cette manière. Malgré moi, je ne peux m'empêcher d'être intimidée. Pourquoi ? Je m'en veux. C'est juste une femme, comme moi, comme ma mère, comme cinquante pour cent des gens sur cette planète. Pourquoi, simplement parce qu'elle est peinte en rouge et vêtue d'une peau de chèvre, je n'arriverais pas à me comporter avec elle comme avec n'importe qui d'autre ? Toutes ces images qu'on trimballe dans notre tête... J'ai beau me dire que c'est un être humain, comme les autres, je sais qu'au fond de moi je la considère comme une extraterrestre.

Curt nous présente l'une à l'autre. La femme sourit, gênée.

– C'est normal, tu l'intimides ! commente Curt.

L'embarras est réciproque. Je suis surprise, et rassurée. Oubliant la femme himba, Curt me nomme en herero, les uns après les autres, tous les bijoux qu'elle porte. La femme baisse les yeux. Les mains posées sur les genoux, elle chiffonne sa peau de chèvre avec ses doigts. Curt continue à énumérer ses parures. Il sort un vieux cahier fripé d'un tiroir, et me montre une liste de mots hereros qu'il a établie.

Avec la même tendresse dans le regard, Curt renvoie la

femme. Je suis touchée du geste qu'il a fait pour moi. A-t-il senti le besoin de me donner un « premier contact » avant mon départ ? Lui ne fait plus la différence, il vit avec les Himbas depuis plus de douze ans. Je ne le pensais pas capable d'avoir de si délicates attentions.

– Bon, alors t'as compris ! Ne t'installe pas dans l'enceinte du kraal [1] ! Ils insisteront, je sais, mais je sais aussi ce que je dis ! Ça créera des problèmes. Dès que tu sortiras ta propre nourriture, tu devras partager avec la femme de la case d'à côté, et ça amènera la jalousie dans le campement. Et on n'est pas des Himbas à manger leur putain de bouillie de maïs tous les jours !

Encore une fois, il éclate de rire. Ce rire qui me met mal à l'aise.

– Tu pourras essayer, tu vas le faire, je sais, mais ne te leurre pas ! Tu n'es pas une Himba. Ne joue pas trop longtemps à ce jeu-là !

Les bières défilent. Déjà trois heures, sans exagération, que son ragoût cuit sur le feu. Il n'a pas l'air d'être encore sur le point de le servir. Il parle. Il a oublié. Je n'ai rien mangé depuis ce matin. Ma tête commence à tourner. À chaque fois que j'essaie de me lever pour rejoindre la maison de Patt, il coince une nouvelle bouteille entre mes mains.

– Je vais y aller, maintenant, dis-je pour m'échapper. Je tombe de sommeil.

– Allez, tiens, une dernière !

Cinq fois déjà qu'il fait le coup ! Il en connaît des choses, ce vieil homme, mais quelle ventouse ! Le voilà maintenant lancé dans ses histoires de rangers. Il ne s'adresse même plus à moi, je dors à moitié sur ma chaise. Je le quitte, à quatre heures du matin.

– Reviens demain ! Et si tu veux j'ai un matelas dans le salon...

J'ai comme l'impression que ça ne lui plaît pas trop que j'habite chez Patt.

---

1. Mot afrikaan désignant ici un village indigène.

La veille du grand départ est arrivée. Tous mes bagages sont pliés, mon sac bouclé. Je suis prête.

Une dernière fois, je fais l'inventaire. Je pars pour un mois. J'ai rempli un carton de nourriture : riz, sucre, conserves, lait en poudre, quelques pommes et une bonne dizaine de tablettes de chocolat. Ce n'est pas très équilibré, mais le chocolat, c'est important. Je sens que j'en aurai besoin pour mon moral. Quant au reste... il faudra que ça me suffise, je suis déjà trop chargée. Je n'ai pas oublié les cigarettes : quatre cartouches, on ne sait jamais ce qui peut arriver. Patt m'a prêté sa petite tente igloo. Je pourrais y laisser mes affaires et quitter mon campement sans trop de risque d'être cambriolée. Je lui ai aussi emprunté son paréo... Cela fera plus « couleur locale » que mon unique jean déjà râpé.

Je suis tendue. N'ai-je rien oublié ? L'impression de me trouver au bord d'un gouffre. Demain matin, je vais sauter, et j'ai peur qu'il y ait de la casse. J'appréhende. N'ai-je pas trop confiance en moi ? Tout le monde me regarde comme une folle. Ils sont persuadés que je ne tiendrai pas deux jours. Ils ne me connaissent pas, mais s'ils avaient quand même raison... Curt sait de quoi il parle. De toutes les manières, il est maintenant trop tard pour reculer. D'ailleurs, je me sens d'autant plus forte que personne ne croit en moi. Rien que pour les embêter, je serais capable de rester deux mois chez les Himbas.

Je dors peu cette nuit-là. Et mal. Je dois faire des rêves étranges, car malgré le froid, je me réveille plusieurs fois en sueur. Je me relève pour écrire une dernière lettre à un ami très cher. La veille de mon départ de France, il m'avait promis qu'il viendrait me rechercher si je l'appelais au secours, ou si je ne donnais pas de nouvelles. C'est le moment de tester sa parole. Je dessine une vague carte de la Namibie, avec une croix noire pour Opuwo, et une croix rouge désignant Etanga. En dessous, ces quelques mots : « Si tu n'as pas de nouvelles avant le 1er septembre, viens me chercher ! » J'ai prévu large, c'est dans plus de deux mois. Ça lui laisse de la marge. J'écris aussi une carte à mes parents. Ils ne savent toujours pas que j'ai changé mes projets et que j'ai abandonné le bushmanland pour le Kaokoland.

La voiture de l'hôpital doit venir me chercher à huit heures. À six heures, mes affaires sont déjà entassées dans l'entrée, prêtes à être embarquées. Je tourne en rond. Patt se moque de moi.

– L'heure africaine, tu connais ?

Je m'impatiente. Puisque de toute façon je dois partir, je voudrais que cela se fasse tout de suite. Si j'attends trop, qui sait si j'aurai encore l'envie et la force de partir ?

La voiture arrive à midi.

Sur le pas de la porte, Patt me tend une main calleuse.

– Fais attention à toi. D'accord ?

Je m'efforce à un sourire enthousiaste.

– T'inquiète pas, tout ira bien. Je serai de retour dans trois ou quatre semaines.

– Oui... peut-être à très bientôt...

Il me jette un long regard, inquiet et moqueur à la fois. Je claque la portière. L'infirmier met le moteur en route. Je ne veux pas me retourner. Il ne faut pas, surtout pas. La voiture démarre. Ça y est. Je suis partie.

Les yeux collés à la fenêtre, j'essaie de mémoriser la route et les changements du paysage. Un rempart de collines, rendues grises et tristes par la couverture d'épineux, succède aux hauts plateaux qui entouraient Opuwo. Attirés par le bruit du moteur, de jeunes Himbas sortent des buissons à notre approche. De loin, avec leur peau noire luisant sous le soleil, leur crâne rasé et leur longue natte de jeune berger dressée vers le ciel, on dirait de petits diablotins qui sortent de leur boîte. Ils nous suivent sur plusieurs centaines de mètres, en courant de toutes leurs jambes et en agitant leurs grands bras. Ils ne s'arrêtent que lorsqu'ils sont à bout de souffle, exténués. Le chauffeur n'y prête pas attention. Il continue à la même allure. Je brise son silence.

– Il y a combien de véhicules qui passent sur cette piste, en moyenne ?

– Oh ! À peu près un tous les quinze jours. Moi, je passe une fois par mois.

Deux semaines sans doute que ces gens n'ont pas entendu le bruit d'un moteur. J'imagine leur frustration lorsque l'unique voiture de passage ne daigne même pas ralentir.

Il faut plus de quatre heures pour rejoindre Etanga à partir d'Opuwo. Une petite centaine de kilomètres. Le paysage est d'une monotonie sans nom : des collines, encore des collines, et toujours des collines, toutes les mêmes. Derrière chacune, je m'attends à voir se détacher de la brousse d'épineux le petit village d'Etanga. En vain. Je scrute les buissons pour y voir apparaître un signe d'habitation.

Le voyage semble sans fin. À certains moments, j'aimerais qu'il le soit réellement. Depuis tout à l'heure, je ne cesse de penser au moment fatidique : lorsque le chauffeur va s'arrêter, me dire de descendre, et repartir en sens inverse. J'ai beau essayer, je n'arrive pas à imaginer la scène. Qu'il ne se dépêche pas, surtout, je ne suis pas pressée.

Soudain, au détour d'un virage... deux malheureuses petites cabanes de tôle, posées sur une butte de terre, brillent sous le soleil.

Le chauffeur affiche un sourire rayonnant.

– On arrive !

La voiture escalade un dernier versant, et pile net sur le sommet de la colline. Le moteur est à peine coupé qu'une nuée d'enfants, maigres et presque nus, nous entoure. Une dizaine de vieilles femmes himbas sont assises par terre, à quelques mètres. Une grande inspiration. J'ouvre la portière. Les yeux sont fixés sur moi. Tout se précipite. Je ne sais plus que faire. Le chauffeur dépose mon sac dans le sable, me donne une petite tape sur l'épaule. Avant que je n'aie eu le temps de réaliser quoi que ce soit, la voiture a disparu dans un panache de poussière. Je suis seule.

Je promène mon regard autour de moi. C'est laid. Sur

une misérable colline de caillasse et de ronces, deux minables petites maisons de tôle se battent en duel : l'école et le dispensaire. Autour, ces mêmes collines aux couleurs tristes, pas un seul endroit dégagé, par un seul ton chaud. Rien. Le groupe de vieilles femmes m'apostrophe en herero. Je ne comprends pas un mot de ce qu'elles racontent. Leur visage, pas vraiment sympathique, n'annonce rien de bon. Je leur réponds par un timide « *moro* ! », le bonjour herero. Elles se mettent alors à crier de plus belle en me montrant du doigt. Les enfants, quand ils ont vu que la voiture repartait sans moi, se sont tus et éloignés de quelques mètres. Je les entends murmurer dans mon dos. Je ramasse mon sac. Tous ces regards posés sur moi, qui m'observent et me jugent, sont trop lourds à supporter. Ils me déshabillent.

Je me retourne plusieurs fois pour m'assurer que je ne suis pas suivie. Je veux être seule. Dès que je suis hors de portée des regards, je me mets à courir, de toutes mes forces. Mes pieds s'enfoncent dans le sable meuble et profond d'un lit de rivière. Une petite falaise de granit me barre le passage. Je prends plaisir à escalader les blocs et à étirer mes membres endoloris par les secousses de la piste. Arrivée sur le promontoire qui domine la colline, je peux embrasser d'un seul coup d'œil Etanga et ses alentours. Aucun doute possible. C'est vraiment laid !

Comme un animal, je ressens le besoin de marquer mon nouveau territoire. Il faudra bien que l'on vive ensemble, lui et moi. Je m'accroupis et laisse couler un jet d'urine sur les pierres. Le liquide jaune forme une petite flaque, s'infiltre dans le sable. Bientôt, il ne reste plus que quelques taches sombres d'humidité. Je les regarde s'estomper. Je ne rêve pas. C'est bien moi qui suis là, ces traces de pas derrière moi, ce sont les miennes. Je me répète : « Il va falloir faire avec, c'est tout, c'est simple, tu vas faire avec, et puis voilà ! » En même temps, je me pince les lèvres pour ne pas pleurer. Je voudrais crier.

Je redescends de mon promontoire à contrecœur. Je n'ai pas le droit de me laisser aller, pas encore. Avant toute chose, je dois me présenter aux deux principaux habitants de la colline.

Attablé à un large bureau, l'infirmier est occupé à siroter à petits coups une tasse de thé au lait. Il est enroulé dans une longue blouse blanche. Je crois qu'il s'ennuie.

Il parle anglais. En deux mots, je lui explique qui je suis et ce que je viens faire ici. C'est-à-dire, bien sûr, « *to learn about Himba traditions* ». Kovera – c'est son nom – hoche la tête pensivement, visiblement intéressé, mais trop fatigué pour questionner. Il esquisse un geste pour m'offrir un thé, lève un bras vers le placard. À mi-chemin, il le laisse soudain retomber sur le bureau. Trop fatigant. Et puis à quoi bon ? Il vient d'Opuwo. De père et de mère herero. Ça fait déjà plus de deux mois qu'il est là, il lui reste encore un mois à faire, et si j'ai bien compris, il a depuis longtemps perdu l'espoir de s'y plaire. Il attend la relève.

Je lui demande son aide. Quelqu'un doit m'accompagner pour m'introduire auprès de Vetamuna Tjambiru, le grand chef des Himbas. Etanga est la « capitale » de son territoire, et je ne peux décemment m'installer ici sans lui en demander l'autorisation. Kovera accepte sans difficulté de jouer l'interprète.

– Mais pas tout de suite. Je travaille, là, tu vois ! Je ferme mon cabinet à cinq heures.

À l'école, c'est un tout autre personnage qui me reçoit. Mister Kavari, le directeur, est un homme très occupé. Il sort de son attaché-case un agenda en cuir rouge. En se grattant le menton, il feuillette les pages les unes après les autres.

– Mmm... C'est que je suis très pris. J'ai encore un rendez-vous ce soir... Voyons... Tout de suite, là, j'aurais peut-être deux minutes.

Mister Kavari est un Herero, si petit et si chétif que, de loin, on pourrait le confondre avec un gamin de dix ans. Après moult réflexions, il se décide quand même à perturber le cours d'éducation biblique. Ce n'est pas tous les jours qu'on reçoit des visiteurs, à Etanga. Fier comme un paon,

Mister Kavari me présente à ses élèves. Cette école, c'est un peu son œuvre, il ne cache pas sa satisfaction. Une trentaine d'enfants sont maintenant scolarisés. Comme les Himbas restent encore réticents à envoyer leurs enfants à l'école, Mister Kavari a choisi de montrer l'exemple en emmenant avec lui une dizaine de jeunes enfants de son village, âgés de six à dix ans. Les autres élèves, d'une vingtaine d'années, sont de jeunes Himbas des campements environnants.

Une fois de plus, je dois expliquer qui je suis, d'où je viens. Sous la direction du directeur, les garçons me font une petite présentation de leur savoir. Heureusement, le *timing* serré met fin à ces présentations embarrassantes. Mister Kavari me raccompagne dans la cour, avec des formules de politesse à n'en plus finir.

Cinq heures viennent de sonner à la montre de Kovera, l'infirmier. Il se défait de sa longue blouse blanche, revêt un vieux tee-shirt, et me fait signe de le suivre. Nous coupons à travers les broussailles. Il s'aide, pour écarter les ronces sur son passage, d'un long bâton de marcheur. Après plus d'un kilomètre, nous rejoignons un chemin plus fréquenté, martelé d'empreintes de pieds nus.

Je répète dans ma tête le discours que je vais faire au grand chef. J'y pense depuis longtemps, mais les premières phrases sont les plus difficiles à formuler. Je n'ai pas le droit à l'erreur : le bon déroulement de mon séjour dépendra sans doute de cette entrevue. Les récits d'explorateurs que j'ai lus dans mon enfance me reviennent en mémoire. Je n'ai évidemment pas oublié de me munir des cadeaux traditionnels : deux kilos de sucre et un kilo de sel, soigneusement cachés au fond de mon sac. C'est peu, pour un grand chef, mais c'est à la mesure de ma faible bourse. Quand il me verra arriver seule, avec mes joues de gamine, sans voiture, il comprendra.

Annoncé par les meuglements du troupeau, le kraal d'Etanga ne tarde pas à apparaître. Très classique par son organisation, il est cependant plus grand que tous ceux que j'ai pu apercevoir jusqu'ici. Une large palissade circulaire de branches et de ronces en délimite l'espace. À l'intérieur, une dizaine de huttes rondes diposées en cercle et, au milieu, l'enclos dans lequel le bétail est enfermé pendant la nuit.

Une hutte se distingue des autres par sa grandeur et le soin que l'on a apporté à sa construction. C'est la case du chef du village. Entre l'enclos du bétail et cette dernière, des pierres posées debout en demi-cercle cernent l'emplacement du feu sacré. Une ligne imaginaire relie ces trois éléments, ligne sacrée que les étrangers, à moins d'y avoir été invités, n'ont pas le droit de franchir. La voix grave de Curt me revient en mémoire : « Tu n'es pas chez toi, clamait-il. Alors respecte leurs coutumes. Ne traverse jamais, au grand jamais, la ligne sacrée, sauf si d'eux-mêmes, ils t'en donnent la permission. Ils ne te feront pas de remarques ouvertement, mais ils n'en penseront pas moins. Il ne faut pas qu'ils te prennent pour une ignorante. » Prévenue, je prends garde d'en faire le tour.

Un vieil homme est assis devant le feu sacré. Étonnamment petit et malingre. Ses jambes pendent comme deux malheureux bouts de bois morts du vieux pliant dans lequel il a calé son dos arqué. Sur son visage osseux, sa peau noire fripée comme celle d'une momie laisse apparaître de larges tâches blanches et roses. Ses yeux vitreux sont striés de vaisseaux éclatés. Son regard est celui d'un aveugle, fixe et insistant. Vetamuna Tjambiru, le grand chef himba dont le territoire occupe plus de la moitié du Kaokoland ! On m'avait dit qu'il était vieux, mais mon imagination n'allait pas si loin.

Intimidée par le grand âge de mon interlocuteur, je le salue avec respect. Un jeune homme à la taille de géant, sculpté dans de l'ébène, se tient à ses côtés, nonchalamment appuyé sur une lance. Il me décoche un grand sourire, découvrant une rangée de dents incroyablement blanches. Encouragée par ce signe de bienvenue, je m'apprête à entamer mon discours lorsque Kovera, supposé tenir le rôle de l'interprète, se plante devant le vieillard et lui déclame une longue tirade. Pour toute réponse, le vieux chef crache, tousse, crache encore, et baragouine quelques mots d'une voix caverneuse.

Impatiente, je secoue le bras de mon interprète.

– Dis-lui que je suis venue...

– C'est fait. Je lui ai tout dit.

– Ah ! Mais dis-lui quand même que...

– Ça y est, j'te dis. Je lui ai parlé.

Je reste penaude, les bras ballants. Avec son zèle déplacé, Kovera m'a gâché mon effet. Plantée comme une nigaude, je cherche ce qu'il peut bien me rester à dire, histoire de jouer un autre rôle que celui d'un poteau.

– Et qu'est-ce qu'il a répondu ?

– Que ça le dérangeait pas.

– C'est tout ?

– C'est tout.

Désemparée, je sors de mon sac les paquets de sucre et de sel. Ils me semblent soudain bien petits. Avec toutes les démonstrations de respect dont je suis capable, je présente mes maigres cadeaux au vieux chef et les dépose à ses pieds. Le vieil homme les prend sans un mot et les range sous son siège. Pas le moindre remerciement. Pas un signe de satisfaction.

Depuis le début de l'entretien, le jeune homme à l'allure de guerrier ne cesse de me lancer des sourires de plus en plus avenants. Il était resté à l'écart pendant la « discussion ». Voyant que Vetamuna n'a plus rien à dire, il nous fait signe d'approcher. Incrédule, il me bombarde de questions. Kovera traduit enfin la totalité du discours.

– Mais comment ! Tu es toute seule ? Tu n'as donc pas de parents ? Pas de voiture non plus ? Pas de bétail ? Mais tu es très pauvre, alors ! Et comment tu es arrivée ici ?

Je demande à Kovera de lui expliquer : la voiture qui m'a déposée, et qui est repartie, je vais rester ici pour quelques semaines. Le jeune homme pousse des hauts cris.

– Mais tu ne peux pas rester toute seule ! Tu vas t'installer là, entre les deux cases.

Il désigne du doigt un espace vide, à côté de la case du chef. Je me laisserais bien tenter... Les conseils de Curt prennent finalement le dessus dans ce débat intérieur. Même à distance, je n'ose pas encore lui désobéir. Le jeune homme me lance un regard chargé de sollicitude.

– Mais tu vas avoir peur, toute seule. Il peut t'arriver quelque chose. Il y a des serpents, dans le le lit de la rivière.

Le jour commence à tomber, il faut partir. Kovera s'impatiente. J'aurais aimé parler plus longtemps avec le jeune homme. Il doit avoir à peu près mon âge, peut-être deux ou trois années de plus. Son sourire me réchauffe le cœur. En riant, il se désigne la poitrine, et dit :

– *Ami*, moi, Ngavikupe !

Ce doit être son nom.

Je retourne vers Vetamuna pour le saluer. Il dort. Décidément, mon arrivée ne lui fait guère d'effet. Je ne comprendrai que plus tard qu'il était alors occupé à mourir.

Le soleil a déjà disparu derrière la montagne. À mi-chemin entre l'école et le village, j'ai repéré un arbre dans le lit de la rivière qui pourra me donner une ombre suffisante pour les heures chaudes de la journée. Je décide d'y établir mon campement.

La petite tente de Patt semble bien ridicule dans l'immensité de la nuit étoilée. J'ai laissé ma lampe-torche allumée dans mon sac, et c'est à la lueur d'une allumette que je commence à ranger mes affaires. Je rentre mon sac à dos dans la tente, déroule mon duvet dans le sable, cherche des yeux ma caisse de nourriture : elle n'est pas là ! Je me mets à quatre pattes et, à tâtons dans l'obscurité, décris des cercles de plus en plus grands autour de la tente. L'aurais-je laissée dans le dispensaire ? En pensée, je revois la voiture de l'hôpital repartant pour Opuwo : je l'ai oubliée dans le coffre !

Terrassée par ma bêtise, je reste accroupie dans le sable. Heureusement, le carton s'était avéré trop petit, et j'avais rempli les vides de mon sac à dos par quelques denrées en vrac. J'en fais rapidement l'inventaire : une douzaine d'oignons, deux bâtons de viande séchée, un kilo de riz, un peu de sel, et une boîte de cookies au chocolat. Mon séjour à Etanga risque fort d'être écourté. En tout cas, voilà un prétexte tout trouvé pour rentrer sans perdre la face. Peut-être qu'inconsciemment, je n'attendais que ça...

Un vent glacé s'est mis à souffler. Je commence à avoir vraiment froid. Enroulée dans mon duvet, j'essaie en vain de faire un feu. La nuit est si noire que, pour ne pas me perdre, j'ai préféré ne pas trop m'éloigner, et je n'ai récolté que quelques piteuses branches de bois mort, à moitié rongées par les termites. La boîte d'allumettes y passe entièrement. Même pas capable de faire un feu ! Je ne suis pas fière. Pourquoi ce besoin de courir le monde et de jouer à l'aventurière ? Je m'imaginais sans doute qu'à peine arrivée en brousse j'allais me transformer en femme d'action accomplie.

Je grelotte. Ce froid est terriblement pénétrant, c'est une horreur, j'ai froid partout. Mais pour rien au monde je n'irai m'enfermer dans ma tente. Voilà des années que je rêve d'un tel bivouac à la belle étoile, sous le ciel africain. Je ne vais pas m'en priver quand il est là, sous mes yeux. La Voie lactée est si brillante. Sans même enlever mes tennis, je m'enfourne tout habillée dans mon sac et m'allonge sur le sable glacé. Le bilan de cette journée est plutôt négatif : le grand chef m'a à peine regardée, je n'ai rien mangé depuis la veille au soir, et je réalise que je suis incapable de me débrouiller seule. Il doit être sept heures et demie du soir au grand maximum, je préfère m'endormir tout de suite. Il est des moments où il vaut mieux ne pas trop penser.

Un toussotement me sort de mon accablement. Une silhouette sombre se dresse devant moi. Malgré l'obscurité, je distingue les traits fins d'un homme d'âge mûr. Un petit pagne de tissu coloré lui ceint les reins. Une large machette pend à sa ceinture. Un compagnon envoyé par le ciel pour m'aider à supporter la solitude de cette première nuit ? Si j'écoutais mon cœur, je lui sauterais au cou.

L'homme se baisse, et me tend un petit objet. C'est une pipe, une vulgaire pipe. Je lui donne une poignée de tabac, et il disparaît dans les ténèbres, sans plus de cérémonie.

Déçue, je retourne dans mon duvet. Les avertissements du jeune homme, Ngavikupe, résonnent dans ma tête. « Il y a des serpents, dans le lit de la rivière ! » Si c'était vrai ? Je n'ai qu'une phrase dans la tête, que je me répète comme un leitmotiv : « Mais qu'est-ce que je suis venue faire dans cette galère ? » Le froid se fait plus intense chaque minute. Plusieurs fois dans la nuit je me surprends à piquer un sprint autour de ma tente. Il n'y a que ça qui marche. Et encore, pas pour bien longtemps.

Le petit matin me découvre encore grelottante dans mon sac. Lorsque, enfin, je trouve le courage de m'en arracher, je ne peux réprimer un cri. Une douleur aiguë me traverse le dos. Impossible de bouger.

J'essaie une autre position. Allongée à plat ventre dans le sable, je tente de passer au stade supérieur, à quatre pattes. Je serre les mâchoires, la douleur est trop forte. Un lumbago en plein Kaokoland ? Je ne comprends pas, c'est trop absurde. La tête me tourne. Je commence à voir flou. Je me recouche.

Il n'y a rien d'autre à faire. Allongée dans le sable, j'attends. J'attends que le mal passe.

Le soleil commence à monter. Je tremble de froid, ma tête est brûlante. Mes membres sont lourds, engourdis. Je ne les sens plus, je les devine. Un régiment d'araignées au corps velu est en train de livrer bataille dans ma cervelle. Tout bouge. J'attends encore.

Deux corps noirs s'avancent dans l'oued. Ils s'arrêtent devant mon duvet. Vus de ma position horizontale, ils me paraissent immenses. Ils se baissent, me tâtent le ventre. Leur regard me traverse, leur visage se rapproche. Je sens leur souffle sur mes joues. Leur natte se dresse sur leur crâne rasé comme deux terribles cornes. Menaçantes, elles me pointent, tournoient, se dirigent sur moi... Elles attaquent. Par dizaines. Je ferme les yeux.

L'après-midi est déjà bien avancé lorsque je reviens à moi. Un petit garçon, assis à mon côté, me tient la main. Je secoue la tête. Où suis-je ? Dans le sable, sous un arbre. Dans le lit d'une rivière.

Je remue les orteils, les yeux, la bouche, les oreilles. C'est bien moi, pas de doute. À Etanga. Le garçon me parle doucement, en herero. Comme tous les jeunes Himbas, il porte quatre tresses sur son crâne rasé : deux pointées vers l'avant, deux dirigées vers l'arrière. Autour de son cou, un lourd collier de perles enduit d'un mélange d'herbes et de graisse. Je lui rends son sourire. Je ne dois pas rester ainsi. Mon corps se laisse aller, il faut que je l'oblige à m'obéir. L'enfant m'aide à me lever, j'avale deux cachets d'aspirine, et je pars vers les collines.

Je traverse plusieurs lits de rivière. Pour ne pas marcher au hasard, je suis les traces laissées par le passage du bétail. La chaleur est écrasante. Alors que j'ai passé toute la nuit à attendre le soleil, maintenant, je le fuis.

Après moins d'un kilomètre, j'aperçois un attroupement. Sur le bord de l'oued, un groupe de Himbas est occupé à donner à boire aux troupeaux. Un puits de six à sept mètres de profondeur a été creusé dans le sable. Je m'approche, et salue timidement quelques femmes qui se reposent à l'ombre. Une volée de «*Moro!*» me répond. Sur leur invitation, je m'assieds à leurs côtés. Je sais que, si je ne veux pas rester toute seule, c'est à moi de faire le premier pas. Mais excepté bonjour, je ne connais toujours pas un mot de herero.

Tour à tour, les hommes se relaient pour descendre au fond du trou. Dans le puits, il n'y a que quelques centimètres d'eau. L'homme est obligé de gratter le sable et d'attendre que la nappe phréatique remonte avant de pouvoir remplir son bidon. Il le lance ensuite à un de ses compagnons, qui le lance à un troisième, qui verse enfin le précieux liquide dans un tronc d'arbre creux. Armées d'un bâton et d'une poignée de cailloux, les femmes tentent de faire régner la discipline dans le troupeau. Elles courent dans tous les sens pour faire revenir les bêtes fugitives.

Pendant que j'observe la scène, fascinée, les Himbas ne me quittent pas des yeux. Les femmes se sont rapprochées. L'une d'elles me touche les cheveux. Elle approche son visage du mien, me fixe dans les yeux, et commence à me parler en herero. Je lui fais entendre que je ne comprends pas. Elle répète en me criant dans les oreilles, une fois, deux fois. Moue d'incompréhension de ma part. Les hommes arrivent, tous s'y mettent. Je répète en anglais : « *But I don't understand, I don't understand!* » Je parle dans le vide. Ils crient. Ils semblent fâchés, parce que je reste silencieuse. Une vieille femme, si vieille qu'elle n'a presque plus de tresses sur la tête, vient vers moi. Elle titube. Elle doit être soûle. Tout en vociférant, elle commence à me tirer les cheveux. Un jeune homme s'interpose, mais se fait sèchement renvoyer. Je cherche le regard des autres. Je n'y lis rien, que du vide. Leur éclat est trop différent de ceux dont j'ai l'habitude. Je me sens rejetée. Inutile, surtout. Je les salue timidement et reprends lentement le chemin de mon campement.

Est-ce parce que je n'ai pas mangé depuis plus de deux jours, que j'ai à peine fumé ? Est-ce la fièvre ? Je me sens lasse. Et désespérément lucide. Un monde s'écroule. Le monde de mes rêves. Le décalage est évident. Aberrant. Le décalage entre mes fantasmes, mes expectatives, et la réalité. Comment ai-je pu être aussi naïve pour m'imaginer que – parce que j'avais fait tant de kilomètres et d'efforts pour arriver chez eux – les Himbas m'accueilleraient les bras grands ouverts ? Dans mes rêves, ils m'attendaient. Au pire, ils comprenaient au moins que nous étions faits pour nous entendre. Dans la réalité, bien sûr, je ne suis qu'une étrangère. Une intruse qui vient s'immiscer dans leur vie, et qui dérange. Qu'est-ce que je suis venue chercher ici ? J'ai besoin d'amour. Tellement besoin d'amour. Est-ce pour ça que je suis partie, pour trouver un nouvel amour, de l'amour tout neuf ? Et donc forcément plus beau, plus grand et plus fort que celui qu'on me donne en France. Toujours ce besoin d'être aimée, partout où je vais. Tellement besoin d'être aimée que les miens ne me suffisent plus, il me faut l'être aussi par ceux qui, de tous les gens que je connais sur cette planète, ont le moins de choses en commun avec moi. Comment ai-je pu croire un instant que des étrangers pourraient, en quelques jours, m'aimer autant que ma propre famille ?

Dois-je essayer de rentrer à Opuwo ? Non. Même si ce

n'est pas une partie de plaisir, j'ai certainement des choses à apprendre ici. Je n'ai pas fait tout ce chemin pour abandonner si rapidement. Et puis... j'ai quelque chose à prouver à Curt et à tous ceux qui sont persuadés que je ne tiendrai pas le coup. L'orgueil, parfois, peut rendre très fort...

Je franchis la distance qui me sépare de mon campement sans m'en rendre compte. Ngavikupe, le grand jeune homme qui se tenait hier aux côtés du chef Vetamuna, est assis à l'ombre de ma tente. Je reconnais tout de suite sa longue natte pointue comme un dard et sa silhouette longiligne. Mon cœur se met à battre. À Etanga, c'est le premier à m'avoir gratifié d'un sourire. Le premier à m'avoir donné un peu d'amour... Sa présence est un réconfort.

Il me tend un pot rempli de lait. Le liquide est encore chaud et crémeux. Apparemment, il l'a apporté spécialement pour moi, car il me fait signe de tout boire. Il y a là plus de deux litres. J'écoute mon ventre se réchauffer puis se gonfler. Un vrai délice. Ngavikupe sourit avec moi. Il me tâte le front, les mains, et sort de son pagne une petite branche d'arbre séchée. On a dû lui dire que j'ai été malade. Peut-être même était-il là, à côté de moi, lorsque je délirais. Il me donne une partie des feuilles à mâcher. Il met le reste dans sa bouche, le mastique pendant quelques minutes, et forme des petites boulettes dans sa main. Après y avoir ajouté un peu de salive, il applique chacun des tas sur mon front et mes tempes.

Nous parlons peu. Juste quelques mots, de temps en temps, que Ngavikupe essaie de me faire répéter. Mes premières bribes de vocabulaire sont « lait », « cheveux », « bois » et « tabac ». Ngavikupe essaie d'écrire mon nom dans le sable. D'après ce que Kovera, l'infirmier, m'a raconté, Ngavikupe serait déjà allé une année à l'école. Il a dû abandonner pour s'occuper du bétail de Vetamuna, son grand-père. Avec difficulté, il écrit « S.O.L.E.N.A. ». Je ne corrige pas. Depuis que je suis arrivée dans le Kaokoland, c'est ainsi que tout le monde m'appelle. La plupart des prénoms hereros se terminent par un *a*, au pire par un *e*, et finir un mot sur une consonne n'est pas dans leurs habitudes de prononciation.

Nos ombres s'allongent. Ngavikupe me fait comprendre qu'il doit conduire son troupeau vers de nouveaux pâturages avant la nuit, et il disparaît dans les fourrés. Je reste longtemps, à regarder ses traces de pas dans le sable. Je supporte mal la solitude ces temps-ci.

Mon regard est attiré par une petite déchirure dans la toile de ma tente. Je défais le cadenas, ouvre la fermeture Éclair. Je ne peux retenir un cri de surprise. Une main étrangère a touché à mon bagage. Je suis très désordonnée, mais je sais reconnaître mon fouillis entre mille. Frénétiquement, j'éparpille mes affaires autour de moi. Mon kilo de riz et mes deux bâtons de viande séchée ont disparu. Un sac de tabac a été ouvert et vidé de moitié.

Assise en tailleur dans le sable, comme une petite fille au milieu de ses jouets cassés, je constate l'étendue des dégâts. J'en ai assez. C'est trop pour aujourd'hui. Avec l'oubli du carton de provisions dans la voiture de l'hôpital, c'est même beaucoup trop. Pour me remonter le moral, j'engloutis voracement ma boîte de cookies au chocolat. Un haut-le-cœur me prend, et je vomis à l'entrée de ma tente ce qui était mon unique gâterie.

Puis la colère revient. Qui a fait ça ? Cela s'est forcément passé entre le moment où j'ai quitté ma tente pour aller au puits et l'instant où Ngavikupe est arrivé. Une petite demi-heure, au plus. Il faut que j'avertisse Vetamuna. En tant que grand chef de la région, ne se doit-il pas de veiller sur le bien-être de ses hôtes ? Il sera sans doute très gêné, mais saura faire en sorte que cela ne se reproduise plus. Et j'y gagnerai sans doute plus de respect que si je reste les bras croisés, à me laisser voler sans rien dire.

En moins de deux secondes, j'ai retrouvé mon énergie. Comme une furie, je me précipite au dispensaire. Il me faut un bon interprète. C'est indispensable pour une affaire de cette importance, je ne peux pas me permettre le moindre contresens. Je piétine d'impatience en attendant que Kovera ait fini ses consultations. Enfin, cinq heures ayant sonné, il me permet de le traîner jusqu'au kraal.

Vetamuna est toujours assis à la même place. Excepté sa vieille épouse qui moud du maïs derrière la case, le kraal est désert. En voyant le visage endormi et le petit corps malade du vieillard, j'ai un instant de doute. Mes malheurs valent-ils vraiment que je le réveille ? Mon égoïsme prend le dessus. Après l'avoir longuement salué je lui raconte, avec toute la diplomatie dont je suis capable, les détails de ma mésaventure.

Son visage reste de marbre. Il répond évasivement, en ouvrant vaguement un œil :

– Oui, ce sont des choses qui arrivent... C'est humain. Tu n'avais qu'à pas dormir si loin des gens, aussi. Qui ne serait pas tenté, lorsque l'on sait que personne ne pourra vous dénoncer ?

En somme, c'est uniquement ma faute. Moi qui m'imaginais qu'il allait réunir le conseil sur-le-champ. Le vieux chef africain, symbole de justice et de sagesse, dont chaque parole est comme une parabole, et qui règle tous les problèmes de son peuple. Encore un mythe !

Je suis déçue. Et profondément vexée qu'il ne s'intéresse pas plus à moi. Je cherche Ngavikupe du regard, mais il n'est pas là. Fièrement, j'assure Vetamuna que je n'attendais rien de lui et que, d'ailleurs, je savais bien qu'il ne pourrait rien faire. Je n'étais venue que pour le mettre au courant et l'avertir de mon prochain déménagement.

À la tombée de la nuit, un étrange cortège défile dans le lit de la rivière. Devant mon découragement, l'infirmier a appelé à la rescousse tous les « grands garçons » de l'école. En tête, quatre jeunes Himbas portent la tente à bout de bras. Ils sont bientôt rejoints par tous les enfants qui, armés d'un unique oignon ou d'une simple cuillère, suivent en file indienne. Lorsque j'émets le désir de participer, moi aussi, à mon déménagement, je me fais vertement réprimander, dans un anglais sommaire.

– Tu vas pas bien ! C'est à nous de porter ça ! On est des hommes grands et forts. Toi tu es une femme, et tu es petite !

La petite tente verte semble voler au-dessus des fourrés, disparaît entre les arbres, réapparaît sur le versant de la colline. Le reste de mes affaires suit, à la queue leu leu, dispersé sur plusieurs centaines de mètres. Pour satisfaire tout le monde, j'ai été obligée de défaire mon sac et de distribuer les objets un par un.

À la tête de la procession, je prends le commandement des opérations. Je fais signe à la colonne de s'arrêter à une petite centaine de mètres de l'école. Aussitôt, tous les bras se baissent, et chacun dépose son fardeau. Sur le flanc de la colline, une petite clairière laisse apparaître dans la végétation de l'oued un espace de sable fin et clair. Cet emplacement – qui est assez près du puits pour que je puisse facilement me ravitailler en eau, et relativement proche de l'école pour que les enfants puissent remarquer un éventuel rôdeur – a en outre l'avantage d'être entouré de ronces. Cela m'évitera les intrusions aussi fréquentes qu'importunes du bétail.

Rapidement, mon campement prend forme. Les plus jeunes enfants nettoient le sable des branches mortes et des bouses de vache, tandis que les plus vieux partent à la recherche de grosses pierres pour me constituer un foyer digne de ce nom. J'ai à peine le temps de réagir que, déjà, une fillette a pris mon unique casserole, qu'elle ramène quelques instants plus tard remplie d'eau. Tous ensemble ces enfants sont une véritable mère pour moi. Ils se meuvent comme de petites fourmis, chacun affairé par son travail, avec un sourire si rayonnant que je ne peux que les imiter.

Le feu crépite. Un jeune garçon de six ou sept ans s'est institué d'office mon protégé. Depuis plusieurs heures déjà, il ne me lâche pas la main. Maintenant, il se blottit contre moi. Les enfants ont amassé une large réserve de bois de mopane, assez pour durer toute la nuit. Les flammes, immenses, caressent de leur lueur les arbres de la clairière. Un morceau de chèvre séchée passe de main en main. Les yeux pétillants de plaisir, les fillettes se mettent à chanter. La meneuse donne le rythme en claquant des mains. Elle peut aller très haut dans les aigus. Les autres suivent sur un ton plus bas et répètent les syllabes comme l'écho. La meneuse se lève et esquisse quelques mouvements de danse. Elle traîne ses pieds d'avant en arrière dans le sable. Puis c'est tout son corps qui prend la cadence. Ses épaules se trémoussent. Penchée en avant, elle bat des mains de plus belle. La poussière vole. Ses fesses rebondies vibrent avec la musique, remuent tant et si bien que le morceau de tissu qui lui ceint les reins, tendu à l'extrême limite de son élasticité, semble prêt à se fendre.

Collés les uns aux autres, les mains tendues vers le feu, nous regardons la fillette bouger avec les flammes. Plus tard dans la nuit, les enfants me donnent ma première leçon de herero. Tour à tour, ils s'appliquent à écrire leur nom sur mon cahier rouge. Dans leurs yeux, je ne lis que la joie. La joie de donner. Pour la première fois depuis mon arrivée, devant ces petits corps grelottant de froid, je comprends la valeur du partage. Mon cœur n'est plus seul, il est même en bonne compagnie, et il n'en faut pas plus pour le tenir au chaud.

Six heures tapantes. La cloche de l'école retentit sur la colline. Le soleil est à peine levé, une nouvelle journée s'annonce à Etanga.

Frigorifiée dans mon sac de couchage, je n'ose encore me lever. Kejavanga, mon petit protégé de la veille, ouvre un œil timide. Il se blottit contre moi et plonge sa tête dans ma chemise. Il s'est endormi sur mes genoux, hier soir. Les enfants nous ont amené une couverture supplémentaire, et il est resté dormir avec moi. Il a presque le même âge que mon petit frère, Tistou. Et il n'a plus de parents. Moi, momentanément, je n'ai pas de famille. Tout naturellement, j'ai envie d'être un peu sa grande sœur. Il a besoin d'être cajolé. On se complète.

À travers le panneau de ronces qui me protège, j'aperçois les frêles silhouettes des enfants. Ils courent dans tous les sens pour se réchauffer. Emmitouflés dans des couvertures trop grandes, ils ressemblent à de petits fantômes affolés. Les grands garçons ont déjà allumé le feu et rempli la grande marmite dans laquelle cuit la bouillie du matin.

Une silhouette connue escalade le versant de la colline. Ngavikupe s'avance à grandes enjambées, une main plaquée contre son cache-sexe de tissu bleu. Il n'y a pourtant pas un souffle de vent ce matin. Mais j'ai déjà remarqué que tous les Himbas étaient obsédés par l'idée que leur petit pagne puisse s'envoler.

Avec son sourire que je commence à bien connaître, Ngavikupe me secoue frénétiquement la main. Il est venu prendre des nouvelles de ma santé. Il est aussi venu m'annoncer qu'il part en fin d'après-midi à la recherche de nouveaux pâturages, et qu'il ne sera pas de retour avant quelques jours. Auparavant, il tient à me présenter quelques amis.

L'un derrière l'autre, nous prenons le chemin du kraal. Je commence tout juste à me repérer au milieu de toutes ces collines si semblables. Plusieurs fois en cours de route Ngavikupe s'arrête. Du bout de son bâton de marcheur, il me fait remarquer une petite touffe d'herbe verte au pied d'un buisson.

– Tu vois ! Il y a de l'eau, là ! Il faudra creuser, arrive-t-il à me faire comprendre avec des gestes.

Le petit kraal d'Etanga se confond si bien dans la poussière et les broussailles que, seule, je ne l'aurais certainement pas retrouvé. Plusieurs femmes sont assises à même le sol, à l'ombre des cases. Cette fois-ci, leur visage est plutôt accueillant. Ngavikupe me prend par le bras et, tour à tour, me présente à chacune d'elles. Les mains se tendent en riant. Une des femmes, apparemment la plus âgée, apportée une pierre devant le feu et me fait signe de m'y asseoir. Les quelques tresses qui pendent sur ses épaules flétries n'arrivent pas à cacher son crâne dégarni. Délicatement, elle passe la main dans mes cheveux. Elle semble apprécier. Son sourire s'agrandit. Elle montre qu'elle voudrait les couper pour les rajouter sur sa tête. Les femmes éclatent de rire, mais Ngavikupe prend un air outré et fait mine de lui taper sur les doigts. Il hoche la tête de droite à gauche en murmurant : « Atatatatata ! »

Régulièrement, les femmes prennent soin de replier leur

petit pagne en peau de chèvre entre leurs cuisses. Sans doute pour éviter que la poussière ne ternisse l'éclat de leur peau ocre. Je comprends que la conversation porte sur moi, mais une fois de plus, je ne peux y participer. Frustration. Revenues du puits où elles se sont abreuvées, vaches et chèvres errent en toute liberté dans le kraal. Les femmes se contentent de leur jeter des cailloux sur le flanc lorsqu'elles s'approchent trop près des cases. Extrêmement précis, le geste est accompagné par un claquement de la langue contre la partie supérieure du palais.

Je passe un long moment à observer la coiffure des femmes. L'une d'elles est assise à quelques centimètres de moi, et c'est la première fois que j'ai une aussi belle occasion. Les cheveux crépus sont en fait rasés près de la racine. De longues mèches, tournées sur elles-mêmes comme des dreadlocks [1], puis enduites d'un épais mélange d'ocre et de graisse, sont collées sur le crâne par un amalgame de beurre et de terre rouge. Certaines nattes semblent faites de cheveux naturels, mais d'autres ont la texture de crins de cheval. Le haut du front est soigneusement rasé. Un bandeau de cuir noué à la limite de la chevelure retient la petite coiffe de peau.

De temps à autre, une jeune femme désigne un objet du doigt et m'en donne la signification en herero. Je répète consciencieusement ces premiers mots de vocabulaire avant de les écrire dans mon petit carnet rouge. Mon oreille n'est pas habituée à ces sonorités différentes, et j'ai du mal à les retenir. Invariablement, mes exercices de prononciation donnent lieu à des éclats de rire. Les femmes prennent un air désolé, et hochent la tête avec un sourire empreint de compassion.

Les femmes du campement sont très douces avec moi. Est-ce parce que je suis accompagnée de Ngavikupe ? Kovera m'a avoué qu'il était considéré dans toute la région comme un jeune homme modèle. Déjà, je surprends le sourire amusé des femmes lorsque Ngavikupe me réserve son attention. Dès qu'il s'éloigne de quelques mètres, elles me font signe de le

1. Dreadlocks : petites nattes, comme en font les rastas.

suivre. Ngavikupe... mon protecteur. Son amitié est sans doute la meilleure des recommandations.

La vieille femme retire du feu un bidon de ferraille. Elle plonge ses doigts noirs dans l'eau bouillante, et en retire quelques graines de maïs qu'elle dépose dans mes mains. Elles sont encore croquantes. Voulant l'imiter, je fais de même... et me brûle. Hilare, le petit groupe se répand en moqueries. Les enfants répètent mes gestes maladroits. La vieille femme ausculte ma main avec un air désolé. Toujours attentionné, Ngavikupe m'apporte une belle bouse de vache toute fraîche, pansement idéal.

La journée passe vite. J'observe, j'essaie de me familiariser avec ce qui m'entoure. Je n'ai pas le temps de m'ennuyer, il y a tant de choses à découvrir. Mais c'est tellement frustrant de ne pas comprendre ce qui se dit, surtout lorsque l'on me parle. Cela m'oblige à rester très détachée.

Lorsque le soleil commence à faiblir, Ngavikupe me raccompagne sur la colline de l'école. Il partira ensuite directement vers les pâturages. Malgré mon insistance, il ne veut pas me laisser rentrer toute seule. Il doit avoir peur que je me perde en route. Sur leur demande, je promets aux femmes de revenir dans la soirée. En attendant, je veux me renseigner au plus vite sur la possibilité de trouver un interprète capable de me suivre dans mes déplacements. Continuer des dialogues de sourds tels que j'en ai eu jusque-là n'a pas grand sens. La présence de Ngavikupe a quelque chose de terriblement réconfortant, mais cela ne suffit pas. Lorsque je ne comprends pas ce qu'on me dit, il répète doucement les mots, ou essaie de me faire deviner avec des gestes. Si je ne saisis toujours pas, il fait signe que ce n'est pas grave. Nous irons voir l'infirmier plus tard, lui pourra nous servir d'interprète. Lorsque je suis seule, il arrive fréquemment que les Himbas s'énervent contre moi, parce que je ne réagis pas. Ils me crient leurs mots étranges dans la figure, comme si j'étais sourde. Il ne leur vient pas à l'idée de m'aider d'un geste ou d'une mimique. Je n'ai alors souvent aucune idée de ce qu'ils peuvent bien me raconter. Je continue mon chemin, et passe certainement pour une mal élevée.

Le garçon marche vite, sans un mot, enveloppé dans les ténèbres. Spontanément, il s'est proposé de m'accompagner au village de Vetamuna. Il me tient la main pour m'éviter de trébucher. Les oreilles en éveil, j'essaie d'identifier les bruits de la nuit. Le vent fait chanter les buissons, qui s'entrechoquent dans un cliquetis sec et doux. Au loin, à peine visibles, quelques maigres feux percent difficilement l'entrelacs de ronces. Les hurlements des chacals résonnent dans l'obscurité. J'aime ces premiers instants de la nuit africaine. C'est un nouveau monde qui naît, magique, mystérieux, dans lequel tous les sens se mettent en alerte. Les moindres sensations sont décuplées.

Le kraal de Vetamuna repose dans la plaine, paisible. Les vaches ne sont pas encore rentrées. Seules quelques voix étouffées sortent de la case du chef. Par l'étroite porte, un maigre feu lance une lueur de vie sur le campement désert.

Nous devons nous mettre à quatre pattes pour entrer dans la case. Petits igloos de terre et de bouse séchée, les cases himbas ne comportent qu'une seule ouverture. À travers l'épaisse fumée qui envahit constamment l'intérieur de la hutte, j'ai du mal à reconnaître le visage des femmes. Elles ont toutes ôté leurs lourds bijoux. Leur peau huilée scintille dans la pénombre. Les couleurs dansent avec les flammes : tons chauds, nuances brique, terre des corps et des parois se brouillent dans le flou de la promiscuité. Collée à moins de vingt centimètres du feu, la forme d'un petit corps se dessine sous une couverture râpée. Les yeux fermés, les lèvres serrées dans un rictus de souffrance, Vetamuna attend que les soubresauts de sa poitrine se calment pour s'endormir.

Le garçon discute avec les femmes à voix basse. Adossée contre la paroi de la case, pliée en deux, j'essaie vainement de trouver une position confortable. De temps à autre, un éclat de rire plus fort trouble le recueillement dans lequel semble être plongé le village. Les femmes m'interrogent sur ma famille, sur mes parents. Et sur mes cheveux. Comme d'autres déjà avant elles, elles se réservent une mèche pour le jour où je les couperai. Pour être sûres que je n'oublierai pas, elles tiennent à ce que j'inscrive leur nom dans mon cahier rouge. Le garçon traduit en chuchotant.

– Mais dis-leur que je ne me couperai jamais les cheveux ! Ou alors, ce sera pour me coiffer comme les Himbas et j'en aurai besoin pour faire mes propres tresses.

Les femmes ne désespèrent pas.

– Alors, un jour, on sera très gentilles avec toi, et on insistera pour que tu restes dormir avec nous. Et dès que tu dormiras, hop ! Avec ce couteau, on te rasera la tête. Et si tu bouges, hop ! On te la coupera. Comme ça, on pourra aussi prendre tes yeux.

En disant cela, elles miment si bien chacun des gestes que je pourrais me passer d'interprète. Je prends un air catastrophé, mets mes mains autour de mon cou pour le protéger, et fais mine de me sauver. Un gamin me rattrape par le pied, et un éclat de rire général secoue toute la case. Vetamuna, recroquevillé dans son coin, continue de tousser et cracher tant et plus. Au-dehors, des meuglements et des martèlements de sabots annoncent le retour du bétail. Les femmes se lèvent. Munies d'un bâton et d'un pot à lait, elles se dirigent vers l'enclos pour la traite du soir.

Les journées s'écoulent, les unes après les autres, au rythme lent du bétail. Peu à peu, des habitudes s'installent.

Mon nouveau campement à proximité de l'école est idéal. Je manque parfois d'intimité, mais la présence des enfants est une vraie douceur. Les plus jeunes viennent souvent s'asseoir à l'ombre de ma tente. Ils peuvent rester là des heures à observer chacun de mes gestes. Bien sûr, il y a toujours la barrière de la langue. Ceux qui n'ont suivi qu'une ou deux années de cours sont tout juste capables de me demander : « Bonjour ! Ça va ? » Mais avec les quelques mots que nous avons en commun et des gestes, nous arrivons à nous comprendre. Il ne faut qu'un peu de patience. Et pour s'amuser, il n'est pas nécessaire de parler. Nous faisons des courses dans le sable de l'oued. Je leur apprends à jouer aux « allumettes », aux « petits carrés » et, à ceux qui savent lire, au pendu. Kejavanga, ma petite mascotte, préfère mon cahier rouge et mes crayons de couleurs. Rapidement, les enfants apprennent à respecter les quelques mètres carrés qui entourent ma tente. Ils les considèrent comme étant en quelque sorte mon territoire et dès que je leur fais signe que je veux être seule, ils déguerpissent dans l'oued.

Lorsque l'air vif du matin se réchauffe, je ramasse mon petit carnet rouge, et pars faire le tour des campements. Dès les premiers jours, cela devient une routine. De toutes les manières, il n'y a pas grand-chose d'autre à faire, ici. Certaines femmes sont capables de rester une demi-journée devant leur case sans bouger.

Les Himbas commencent peu à peu à me connaître. Ils ont maintenant compris que je ne parlais pas herero, et s'adressent à moi avec douceur, en essayant de faire le plus de gestes possible. Ils s'habituent à m'avoir autour d'eux, présence silencieuse, mais souriante, qui va, qui vient, au gré des rencontres. J'apprends qu'entre eux ils m'appellent « celle qui marche tout le temps ». C'est aussi le nom qu'ils utilisent en premier lorsqu'ils m'appellent, mais comme je ne réponds pas, ils crient alors *Ozondjize Onzonde*, « Longs cheveux ». Je me sens toujours seule et étrangère, mais je commence à m'amuser avec eux. Je suppose que pour eux je suis aussi une distraction.

Dans chaque case, il y a toujours quelque chose à manger pour moi : un bol de lait caillé, un plat de bouillie de maïs, ou un morceau de viande de chèvre. Les démonstrations d'agressivité des premiers jours n'ont plus jamais lieu. Je crois qu'au début la plupart des Himbas n'avaient pas réalisé que j'étais venue toute seule, et sans voiture. Depuis qu'ils ont compris ma situation, ils ne cessent de s'apitoyer sur mon sort. Les femmes me caressent les cheveux et me sourient avec compassion. Dix fois dans la journée, on me demande où sont mes parents.

– Ben, en Europe !

– Et tes frères et sœurs ?
– En Europe !
– Et ton bétail ?
– Bétail ? J'en ai pas.

Cris de stupeur, puis de consternation. On me regarde comme une bête curieuse. Puis on hoche la tête en murmurant tout bas « Atatatatata ! » et on me fait promettre de venir chercher du lait lorsque j'ai faim. Le même scénario se répète, avec quelques variantes, dans chaque campement. Peu à peu, je prends goût à ce que l'on me plaigne. Dans un sens, c'est un peu la seule forme d'amour que je reçois. Ma situation n'est pas facile. Elle est même très précaire, car je suis totalement dépendante de la pitié et de la générosité des autres. Alors, c'est un peu légitime...

Je suis une enfant, je suis seule, je n'ai rien. Surtout, j'ai le temps. C'est cela qui fait toute la différence. Les Blancs qui connaissent un peu les Himbas se comptent déjà sur les doigts d'une main. Aucun n'a vraiment vécu avec eux, comme eux, et tous avaient un objectif précis lorsqu'ils allaient leur rendre visite. Moi, je n'ai rien d'autre à faire que palper le temps avec eux. Ils le sentent. Pour cela, je suis différente des autres Blancs.

La déprime des premiers jours est maintenant complètement passée. Les journées ne sont pas aussi belles et exaltantes que je les avais rêvées, mais je ne pense plus une minute à rentrer à Opuwo avant la date prévue. J'ai le sentiment de faire tout simplement ce que j'ai à faire. Même si parfois je m'ennuie, si ma présence semble vaine, je sens que tout cela est utile et nécessaire. Une étape indispensable. Je dois passer par là, c'est tout, il n'y a pas à chercher plus loin.

Étrange, la rapidité avec laquelle je passe d'un état d'esprit à un autre. Sans doute y a-t-il tellement de choses nouvelles à apprendre et à ressentir dans ce monde étranger que je n'arrive pas à gérer les sensations et les sentiments qui me traversent, si fugitifs. En quelques secondes, je passe d'un état de béatitude et de profond contentement à un ennui presque insoutenable. Il m'arrive souvent de me « dédoubler ». D'un côté, le sentiment de vivre quelque chose d'extraordinaire, que peu de gens de mon âge ont la chance de connaître. En même temps, cet extraordinaire est d'un banal ! Une partie de moi-même, purement parisienne je suppose, me regarde grignoter un morceau de chèvre dans une case enfumée, entourée de corps rouges aux coiffures étranges. Si l'on m'avait décrit cette scène quelques mois auparavant, j'en aurais rêvé pendant des jours et des jours. Je n'aurais pas pu m'imaginer plus heureuse. C'est vrai, je suis heureuse, dans cette case enfumée. Mais c'est tout simplement la vie. Il n'y a là rien d'extraordinaire.

Il y a presque toujours un des grands garçons pour m'accompagner dans mes promenades. Même si leur vocabulaire anglais est très limité, leur aide m'est précieuse. Les discussions peuvent parfois durer des heures, mais au moins y a-t-il un espoir de se comprendre. Rien de plus énervant que de s'entendre répéter dix fois la même chose et de ne pas avoir une seule idée de ce dont on vous parle ! D'autant plus que les Himbas ont des intonations qui me sont étrangères. Ils parlent fort. Ils ont souvent l'air de se laisser emporter. Mais ce que je crois être de la colère contre moi n'est souvent qu'une simple question anodine, voire des mots de bienvenue.

Dès les premiers jours, j'affiche une nette préférence pour Hoveka, un grand garçon filiforme aux membres trop longs et au crâne crépu. Il dit avoir tout juste mon âge, dix-huit ans. Rien n'est moins sûr, vu la façon très approximative dont sont établis les papiers d'identité des Himbas, mais cette similitude semble lui faire plaisir.

– On est presque comme frère et sœur ! Hein, Solena ?

– Oui, Hoveka, presque mais pas tout à fait quand même.

En chemin, tandis que je lui explique ses leçons d'anglais, il me fait réviser mon vocabulaire herero. Il se sent très concerné par mes progrès. À chaque fois que j'écorche un mot, il se met à pouffer de rire en se tenant le ventre. Il doit s'arrêter sur le bord de l'oued pour reprendre son souffle.

Mais Hoveka a un secret : quoi qu'il se passe, par tous les temps, sur tous les chemins, il est toujours de bonne humeur. Il est incapable d'ouvrir la bouche sans sourire jusqu'aux oreilles. Peut-être n'est-ce qu'une question de morphologie. Son sourire n'est d'ailleurs pas des plus esthétiques : il fait jaillir ses incisives pointues limées dans la plus pure tradition himba et met en évidence les deux trous de sa mâchoire inférieure. C'est que le sorcier n'y a pas été de main morte ! Mais quand Hoveka est secoué d'une crise de fou rire, il est irrésistible. Et puis, sitôt calmé, il devient le plus gentil des garçons, prêt à tout pour faire plaisir.

Nos balades sont toujours prétexte à me faire découvrir la nature. Tout doucement, Hoveka s'efforce de m'éveiller à ses secrets. Il m'apprend à reconnaître « l'arbre qui tue le ventre », celui dont la sève amère provoque de terribles maux d'estomac et dont l'écorce tachetée porte des épines si pointues et si résistantes qui, si l'on n'y prend garde, peuvent vous lacérer un bras jusqu'à l'os. Il y a aussi ce qu'Hoveka appelle « l'arbre à dent ». En mâchonner une branche tous les soirs vous garantit une dentition blanche et saine et remplace le meilleur des dentifrices. Notre marche est sans cesse interrompue par toutes sortes d'observations. J'apprends les différentes utilisations du mopane, l'arbre dont les feuilles ressemblent à des ailes de papillon et qu'on trouve dans tout le Kaokoland. Avec son écorce, on fait des cordes, des paniers et l'armature des colliers. Son bois, dense et parfumé, donne d'excellentes braises pour la cuisine. C'est aussi un très bon matériau pour sculpter des pots, cuillères ou cannes de berger. Et surtout, c'est l'arbre sacré des Himbas, celui qui alimente le feu sacré et qui permet de communiquer avec les ancêtres. Entre deux fous rires, Hoveka ramasse des racines rafraîchissantes que nous suçons tout au long de la journée.

Il y a toujours beaucoup de monde de passage, à Etanga. De par la présence du chef Vetamuna, de l'école, du dispensaire et du bottle-store, Etanga joue un peu le rôle de « capitale régionale ». Outre le kraal principal, sur chacune des collines voisines est installé un petit campement temporaire. Les huttes y sont plus rudimentaires, il n'y a pas de feu sacré. Ce ne sont parfois que deux cases côte à côte, à moitié en ruine, sur un sommet débroussaillé. Les familles restent là une semaine, un mois, le temps de soigner un enfant, d'attendre le retour de l'homme parti avec le troupeau vers des terres plus vertes, ou tout simplement pour retrouver les amis et s'amuser. En ce début de saison sèche, Etanga est un des rares endroits où il y ait encore de l'eau en relative abondance. Les troupeaux des villages alentour, dans un diamètre de parfois plus de cinquante kilomètres, viennent s'y abreuver tous les deux ou trois jours, avant de repartir vers leur zone de pâturage.

La compagnie d'Hoveka est particulièrement utile lorsque je pénètre dans un kraal inconnu, car de nombreux membres de son matriclan sont en ce moment dans la région d'Etanga. Le système de parenté himba a la particularité d'être double : chaque Himba appartient à la fois à un matriclan, par sa mère, et à un patriclan, qu'il tient de son père. Des règles et obligations très précises régissent ces deux appartenances. Refuser l'hospitalité à un membre de son matriclan serait, d'après ce que m'explique Hoveka, beaucoup plus grave que de laisser une femme qui a ses règles traire les vaches. Aussi les parents d'Hoveka sont-ils obligés de lui faire bon accueil.

Au cours de ces rencontres, mue par une volonté inexplicable, il m'arrive souvent de vouloir prendre des notes. Toujours ce terrible besoin de rentabiliser mon temps ! Graver quelques mots sur le papier pour avoir l'impression que ma journée a été utile et productive. Mais en général, j'ai à peine le temps d'écrire trois mots sans queue ni tête. Dès que je sors mon carnet rouge, les femmes s'empressent autour de moi et caressent de leurs doigts les lettres tracées au crayon noir. S'ensuit inévitablement une longue traînée ocre, dont la graisse épaisse traverse plusieurs feuillets. Certaines trouvent cela amusant, et répètent l'opération. Tant qu'à faire de la décoration, je m'y mets aussi. Je vais chercher ma peinture au niveau de leur cou, là où la couche est la plus épaisse. Sous le regard ravi des femmes, je l'étale copieusement sur mon cahier. Les enfants participent aussi, et cela se termine généralement par une bataille d'ocre et de graisse, mon visage aussi rouge que celui d'une Himba.

L'après-midi, pendant les heures chaudes de la journée, les Himbas viennent souvent me voir sur les marches du dispensaire. Ils savent que Kovera, l'infirmier, est un bon interprète. Ils vont avoir une chance de pouvoir vraiment parler avec moi.

Ce sont surtout les hommes qui défilent. Les femmes préfèrent que j'aille leur rendre visite dans leur campement. C'est d'ailleurs aussi bien comme cela, car les discussions tournent toutes autour du même sujet : ma vie sexuelle et sentimentale. Jamais elle n'a intéressé autant de monde. Les demandes en mariage se succèdent à une cadence étonnante. Je leur assure pourtant que j'ai un ami, dans mon pays.

– Mais ça ne vaut rien, puisqu'il ne t'a même pas suivie ici ! rétorquent les Himbas.

Soit ! Ils sont tellement pleins de bon sens qu'il n'est pas toujours facile de répondre. Il m'arrive d'avoir plus de dix propositions dans l'après-midi. C'est flatteur, mais c'est presque trop. Les Himbas sont très directs. Parfois, un homme vient me saluer. Il me regarde droit dans les yeux et dit, de but en blanc :

– Je veux coucher avec toi.

Bien sûr, c'est une des premières phrases de herero que j'apprends. Je ne me souviens pas d'un seul homme qui ne m'ait pas proposé une nuit avec lui. Qu'il soit marié ou non ne change rien. Bien souvent, les épouses elles-mêmes viennent m'assurer qu'elles seraient ravies de me voir partager la couche de leur mari. Mais j'ai trop de prétendants pour prendre tout cela vraiment au sérieux. Je choisis d'en faire plutôt un jeu. Les spectateurs viennent nombreux écouter les arguments que j'oppose aux tentatives de persuasion. Kovera, ravi de ne pas s'ennuyer tout seul, se fait un plaisir de traduire.

Un vieux Himba, maigre et boiteux, insiste avec obstination. Il a déjà trois femmes. Il est bossu et sa jambe gauche, raide et difforme, s'articule à l'envers. J'essaie de négocier.

– Si je me marie avec toi, je ne veux pas que ta première épouse me fasse travailler comme une esclave, comme ça se fait chez les Himbas. Je ne travaillerai pas pour elle.

– D'accord, d'accord ! Si jamais elle n'est pas correcte avec toi, je l'enverrai dans un autre campement, loin.

– Et puis, tu sais, dans mon pays, l'homme et la femme sont égaux. La femme n'a pas à obéir à l'homme. Si on se marie, il faudra que cela soit pareil, car je ne suis pas habituée à être gouvernée par un homme.

– D'accord, d'accord !

– Et puis aussi, je suis encore jeune, et toi, tu es un peu vieux. Je n'ai pas encore beaucoup vécu, moins que toi, alors il faudra que tu me laisses très libre, si tu veux que je reste heureuse. Et bien sûr, tu veux que je sois heureuse, n'est-ce pas ?

Sans discuter, le vieil homme accepte toutes mes conditions. Il est pendu à mes lèvres.

– Bon ! Eh bien... j'y réfléchirai !

Le visage du vieil homme change du tout au tout. Il me regarde avec une moue de mépris, hausse les épaules, et repart claudiquant après avoir crié :

– Pff ! Toutes les mêmes !

Les enfants, qui ont assisté à la discussion, éclatent de rire dès qu'il tourne le dos.

Plus les jours passent, plus je peux me permettre de faire la difficile. Je me prends au jeu de la petite princesse qui trône sur les marches du dispensaire et qui passe ses journées à écarter ses soupirants, les uns après les autres. Je ne culpabilise pas une seconde, je ne joue pas avec des sentiments. Ce sont les Himbas qui m'ont mise à cette place-là, et ils se prêtent au jeu avec autant de plaisir que moi.

Quand la fraîcheur du soir revient, je vais souvent traîner avec les garçons près du bottle-store. Je n'aime pas trop m'y aventurer seule. Saouls, les femmes comme les hommes peuvent facilement devenir agressifs. Leur seule préoccupation est de me soutirer quelques pièces de monnaie pour pouvoir continuer à boire. Toute discussion est impossible. Et je suis mal à l'aise quand je suis obligée d'arracher de force leurs mains de mes poches.

Heureusement, les garçons de l'école restent sobres, pour la plupart, et jouent leur rôle de protecteurs à merveille. Ils ne me quittent pas des yeux. Dès qu'un groupe de soûlards se fait trop remarquer, ils me prennent par le bras et me font redescendre la colline. Tout juste s'ils ne me collent pas un bandeau sur les yeux pour me cacher ce triste spectacle.

Tous les Himbas ne boivent pas. La colline du bottle-store est aussi un lieu de rencontre. L'équivalent de l'arbre à palabre de l'Afrique de l'Ouest. C'est là que je retrouve, tous les trois jours en début d'après-midi, mon ami Ngavikupe. Il passe désormais la plus grande partie de son temps à Ombirisazu, un petit campement himba situé à plusieurs heures de marche d'Etanga. Là-bas, il y a de l'herbe. Mais pas d'eau. C'est pourquoi Ngavikupe doit faire des aller et retour à Etanga pour désaltérer ses bêtes dans le puits de l'oued. Je m'arrange toujours pour être là quand il arrive. Nous passons l'après-midi ensemble. Même si nous avons du mal à nous comprendre, il y a une réelle complicité entre nous. Quand ses bêtes ont bu, il reprend le chemin d'Ombirisazu.

Je grimpe alors sur un rocher, et m'installe de manière à pouvoir contempler l'horizon qui s'ouvre à moi. Je regarde la croupe des vaches se perdre dans les buissons, le berger se faufiler entre les ronces. Son corps élancé dépasse de plusieurs têtes l'entrelacs d'épineux, diminue jusqu'à ne plus devenir qu'un minuscule point noir, puis disparaît dans la blancheur éblouissante du soleil. Il va droit en direction du couchant.

Assise sur mon rocher, je rêve à ce qu'il peut bien y avoir là-bas, derrière ces lointains inconnus. Le petit monde d'Etanga, avec son école, son dispensaire, son bottle-store et ses collines tristes, me paraît bien étriqué. Déjà, cela ne me suffit plus. Ngavikupe, libre et fier, muni de son seul bâton de berger, avance, seul, vers l'horizon. Un impérieux besoin de l'y suivre me prend aux tripes.

Le soleil est retombé dans le ciel. Le cercle rouge a disparu derrière la montagne. Comme une main caressante, ses rayons doux se perdent dans les buissons. Et Ngavikupe n'est toujours pas là.

J'ai déjà préparé mes affaires : un oignon, une gourde et mon petit magnétophone. L'oignon, c'est « au cas où ». Cela peut paraître ridicule, mais psychologiquement, cet oignon est d'une importance capitale. C'est la seule forme de sécurité que j'emmène avec moi. En cas de problème, j'aurai au moins ça à manger. J'hésite longtemps à prendre mon duvet. Il fait si froid la nuit ! Mais les Himbas se passent fort bien d'un sac de couchage polaire garanti moins dix degrés centigrades. Je peux faire comme eux.

Je commence à m'impatienter. Depuis que Ngavikupe m'a annoncé que je pouvais l'accompagner à Ombirisazu, je ne tiens plus en place. Les enfants me regardent courir d'un bout à l'autre de la colline avec des yeux étonnés.

Soudain, un éclat de voix me fait tourner la tête. On m'appelle. À califourchon sur son âne, Ngavikupe dévale le versant au petit trot. Deux jeunes athlètes le suivent en courant. Avec un petit claquement de langue, Ngavikupe fait stopper son âne devant moi.

– Vite ! Il est déjà tard, et c'est très loin !

Déjà, j'ai appris à me méfier de leur appréciation des distances. Je préfère m'assurer. Je demande :

– Très loin ? Loin comment ?

– Pas très très loin, mais très loin.

– Ah ! En effet, dans ce cas...

Je lui fais signe de m'attendre un instant, et cours à mon campement chercher un oignon supplémentaire. Il vaut mieux être prudent.

Ngavikupe semble pressé. Avec prestance, il enfourche son âne. Ses deux compagnons m'aident à me glisser derrière lui et se partagent mes affaires. L'un porte ma gourde qu'il accroche à sa ceinture, l'autre mes deux oignons qui le laissent perplexe. D'une voix autoritaire, Ngavikupe donne le départ.

– *Ngatuyende*, allons-y !

Il se cambre, brise une branche sur son passage, et fouette notre monture. Les deux jeunes hommes nous précèdent en marchant. Leurs foulées sont longues et souples, détendues. Leurs pieds nus s'arrêtent à peine sur les roches coupantes. L'un d'eux porte un long bâton posé sur l'épaule, aux extrémités duquel pendent des calebasses et des pots de bois. Leur balancement épouse les pas du marcheur, et accentue la cambrure des corps. Légers comme le vent, les deux Himbas sont de loin plus rapides que notre âne trop chargé.

Ngavikupe s'en rende compte. Il crie pour avertir ses compagnons, et stoppe la marche du groupe. Avec ses dents, il dénude un tronc de mopane de son écorce et confectionne un mors. Il me tend ces rênes improvisées, son bâton, et prend la tête de la marche. Avec une galanterie sans pareille, il casse sur son passage les ronces qui sont à ma hauteur.

Nous avançons en file indienne. Malgré de nombreux coups de bâton, j'ai du mal à faire trotter l'âne à leur allure. Têtu, l'animal fait exprès de frôler les buissons, les épines déchirent ma chemise et s'accrochent dans mes cheveux. Ngavikupe m'aide en claquant de la langue pour le faire venir. Je ne distingue même pas le sentier qui se perd entre les ronces et les cailloux. La dernière lueur du soleil couchant fait briller la peau nue des jeunes hommes. Dans l'obscurité, tout est couleur de feu. Les premières étoiles apparaissent. Un son grave et mélodieux s'élève, résonne dans le silence de la nuit. Les garçons se sont mis à chanter.

Combien de temps marchons-nous ? C'est une notion qui n'existe plus. Une lueur rouge, surgie de nulle part, clignote dans la nuit. Des murmures de voix. Ngavikupe ralentit, fait stopper mon âne.

Autour d'un maigre feu, une dizaine de corps accroupis

sont recroquevillés les uns sur les autres. Les éclairs des flammes rendent plus chaleureuse encore la coloration ocre de leur peau luisante. Les pères tiennent serrés les jeunes enfants contre leur poitrine, et essaient eux-mêmes de réchauffer leur corps presque nu en se rapprochant le plus possible du foyer. Le bois crépite, des étincelles s'envolent, tourbillonnent au-dessus des crânes rasés avant d'être absorbées par l'air glacé.

Le petit groupe échange des rires étouffés. Des mains accueillantes se tendent, on s'écarte pour nous laisser une place autour du feu. Les femmes, belles comme des sculptures, m'adressent des sourires empreints de bienveillance. Un jeune garçon me prend la main et y frotte ses doigts, pour se réchauffer. D'une pureté sans fard, le ciel scintille de toutes ses étoiles. Je souris béatement. Ai-je jamais rêvé d'autre chose ? J'ai l'impression d'être projetée à des siècles de là. La sérénité qui émane de ce tableau me fait sentir toute, toute petite.

Nous allumons notre feu à une centaine de mètres du groupe, derrière l'enclos du bétail. Ngavikupe a déniché quelques côtes de chèvre séchées. Il en fait griller une partie à même les braises, et me tend l'autre moitié qu'il me conseille de mettre à l'abri dans un arbre.

– Pour toi ! Pour demain. Quand tu auras faim.

Le morceau de viande, qui sent déjà fort, rejoint ma gourde et mon oignon sur la plus haute branche d'un mopane. Mieux vaut prendre ses précautions avec les hyènes et les chacals. Pour tout dîner, les trois jeunes hommes et moi partageons quelques côtes à moitié calcinées.

Les gamins nous ont rejoints autour du feu. Avec leur tête rasée surmontée par les tresses noires, ils me font penser à de petits pirates miniatures. Un garçonnet s'amuse à m'effleurer le poignet du doigt. Il me lance un regard curieux, puis retire sa main et la cache entre ses jambes en pouffant de rire.

Pour animer la soirée, je sors de ma poche mon petit magnétophone. Je ne m'en suis pas encore servie. La magie de l'enregistrement va-t-elle avoir de l'effet sur les Himbas ? Après leur avoir montré la cassette que je glisse à l'intérieur, j'entonne les premières mesures de « Il était un petit navire ». Une des seules chansons que je connaisse entièrement par cœur. Le silence se fait. Dix paires d'yeux ébahis me regardent. Jamais ma voix de fausset n'a eu d'auditeurs aussi attentifs.

Je repasse la cassette. Les garçons restent bouche bée. C'est un concert de « Oh ! », « Ah ! » exclamatifs avant que toutes les mains ne se tendent vers la boîte noire. Ngavikupe, qui a observé tous mes gestes avec attention, a tout de suite compris le truc. Je lui laisse l'appareil. Aussitôt, c'est la cohue. Tous veulent essayer. Ils se bousculent, crient. Ngavikupe est obligé d'user de toute son autorité pour faire régner un semblant d'ordre.

Un des jeunes hommes apporte un arc étrange. Long de plus d'un mètre, cet « arc à bouche », *outa*, est l'instrument par excellence des bergers solitaires. Le jeune Himba effleure le bois de ses lèvres, tout en aspirant et modulant l'air de sa bouche. Avec une petite baguette, il frappe délicatement la corde en boyau de chèvre. Un son sec et doux s'élève. Harmonieuse mélodie que le vent ferait naître dans les branches. Se sachant enregistré, le jeune homme s'applique. Les autres trépignent d'impatience, mais respectent le silence. Lorsque je repasse la cassette, les commentaires fusent dans toutes les directions, donnant libre cours aux rires et aux moqueries.

Tour à tour, les enfants essaient leur voix. Des feux s'allument entre les buissons. Sorties de je ne sais où, des femmes s'avancent en file indienne. Bientôt, hommes et femmes arrivent de tous les côtés en se trémoussant déjà au rythme de la musique. Avant même que je n'aie le temps de réaliser ce qui se passe, une fête s'organise.

Un cercle s'est formé autour de moi. Les femmes d'un côté, les hommes de l'autre, debout. Impressionnés par le visage sévère de Ngavikupe et l'appareil qu'il tient entre les mains, ils n'osent d'abord se laisser aller. Les hommes ricanent, les bras ballants. Les plaisanteries se mêlent aux hurlements des gamins dans un brouhaha inextricable. Quelques femmes claquent timidement des mains.

Ngavikupe se fâche. Il prend son rôle très au sérieux. D'un geste autoritaire, il impose le silence et donne le signal du départ. Quelques claquements de mains retentissent. Comme un véritable chef d'orchestre, Ngavikupe remue les bras pour motiver sa troupe. Des paroles étranges s'élèvent. Éclairés par les flammes, les visages s'illuminent.

– Ayeeayayooo, ayeeayayooo !

Encore et toujours, les femmes répètent ces syllabes magiques. Les hommes leur répondent sur un ton plus grave.

– Ooyoyoo, ooyoyoo...

Le rythme est donné par le claquement des mains. La cadence s'accélère. Les femmes crient, lancent des grognements rauques, frappent leurs mains l'une contre l'autre jusqu'à se briser les os. Leur corps se plie, leur poitrine s'agite. Au milieu, un homme, les bras écartés, saute, martèle le sol de ses pieds, comme s'il voulait écraser une colonie de scorpions. Il s'arrête, le regard fixe. Il reste quelques instants aussi immobile qu'une statue, la tête tournée vers le ciel, les jambes fléchies, les bras cassés, l'un levé au-dessus de sa tête, l'autre à la hauteur de la poitrine. Puis il reprend ses bonds, s'effondre, et rejoint enfin le cercle des chanteurs. Le rythme se ralentit. Les cris se calment. Les femmes, tour à tour, scandent des mots que tous reprennent.

C'est le bétail, que cet homme vient de danser. Ces différentes postures dans lesquelles il s'immobilisait représentent une partie de son troupeau : des vaches toutes différentes, chacune avec une paire de cornes particulière, que symbolisent les bras du danseur.

Le magnétophone est bien vite oublié. Les uns après les autres, les hommes et les femmes se jettent au milieu, bondissent avec frénésie. Membres cassés, mouvements saccadés. Parfois, il arrive que l'un s'avance, esquisse deux ou trois sauts, et retourne aussitôt dans le cercle. Il essayera à nouveau plus tard. Ce n'était pas le bon moment.

La nuit est déjà bien avancée. La féerie des premiers instants s'est changée en douce rêverie. Allongée contre terre, je regarde ces corps rouges frémir, se fléchir, puis bondir au-dessus de ma tête. La chaleur des flammes me caresse les jambes. Est-ce un rêve, la réalité ? Je ne sais toujours pas. Il n'y a plus de repères. La magie qui m'entoure n'a rien de semblable avec tout ce que j'ai connu auparavant. Ces images qui tournent autour de moi... ce sont celles après lesquelles je courais depuis tant d'années. Celles que j'ai rêvées tant de nuits... Elles sont là, je les ai trouvées.

Des centaines de petits yeux jaunes s'avancent dans les fourrés. Le troupeau rentre au village. Ngavikupe se penche sur moi. Il me maintient la tête et me fait boire dans un vieux bidon plusieurs litres de lait encore tiède. Je sens le liquide crémeux se diluer dans mon corps, mon ventre se gonfle, mon sang se réchauffe. À côté du feu, Ngavikupe a nettoyé un petit emplacement sur lequel il a étendu plusieurs couvertures. Il m'aide à m'y allonger, et me borde délicatement, comme un bébé. Comme par enchantement, les danseurs ont disparu. Quelques silhouettes s'effacent dans les buissons. Des murmures se font entendre en direction des cases. La magie n'est pas encore tombée. Je suis comblée.

Le soleil survole déjà les montagnes quand je me réveille. Le vent s'engouffre dans les épineux. Majestueux, le rideau de hautes montagnes qui nous sépare des sables du Namib jette son ombre noire sur la plaine. Au loin, vers l'est, la montagne d'Etanga paraît minuscule et se perd dans l'azur du ciel.

Le campement est encore endormi. Sous la lumière du jour, je reconnais à peine le théâtre des événements de la veille. Trois malheureuses cases de branchages semblent avoir été construites à la va-vite et posées là, au milieu de nulle part, n'importe comment. Seul le sable piétiné garde encore les traces des danses de la nuit. Aussi loin que mon regard se porte, aucune piste, aucun signe d'habitation. Le campement est perdu au milieu d'une mer d'épineux.

Collée contre le feu, une masse informe se tortille sous une couverture écossaise. Un orteil apparaît. Suit un pied.

Une jambe. Puis deux, trois. La couverture se soulève et Ngavikupe et ses deux compagnons apparaissent, les yeux gonflés de sommeil. Je réalise qu'ils ont dû se partager une couverture à trois alors que j'en ai eu trois pour moi toute seule. Et j'ai eu froid...

Peu à peu, le campement reprend vie. Hommes et femmes sortent des cases en bâillant, emmitouflés dans leurs couvertures. J'identifie les visages des danseurs. Ils viennent s'asseoir autour du feu, me lancent un regard complice. En riant, chacun se rappelle les événements de la veille. Je passe une partie de la matinée à faire écouter les enregistrements. Les femmes reconnaissent leur voix et, avec une timidité feinte, se cachent les yeux en riant. Toutes veulent écouter leur chanson plusieurs fois. Les hommes se fâchent, les femmes doivent aller traire les vaches.

Lorsque le campement a retrouvé son calme, Ngavikupe et moi repartons pour Etanga. Cette fois-ci avec le troupeau. Avec sa galanterie habituelle, Ngavikupe est allé chercher son cheval dans le lit de la rivière. C'est beaucoup plus confortable que l'âne. Il m'aide à grimper dessus et prend les devants de son pas souple et rapide. Il marche calmement, d'une bête à l'autre, essayant de ramener dans le flot principal celles qui s'écartent trop de la direction d'Etanga. Du haut de ma monture, je domine le troupeau. Ngavikupe, tache noire apparaissant et disparaissant entre les buissons, se démène de vache en vache. Bercé par le pas du cheval, mon esprit erre, et apprécie. Lorsque Ngavikupe est là, je n'ai à me préoccuper de rien.

Nous n'arrivons sur la colline de l'école qu'en fin d'après-midi. Je suis épuisée, couverte d'ocre et de terre, la chemise déchirée, mais heureuse. Voilà seulement vingt-quatre heures que j'ai quitté Etanga, mais j'ai le sentiment de revenir d'un long voyage. Les retrouvailles sont d'ailleurs à cette image. Les enfants se précipitent sur moi, me tâtent les bras, le visage, m'assaillent de questions. Kejavanga, ma petite mascotte, s'accroche à mes jambes et ne me quitte pas d'une semelle. Je leur raconte tout : la marche, la fête improvisée, la gentillesse avec laquelle Ngavikupe s'est occupé de moi. Ils hochent la tête, émerveillés par mes prouesses, et apparemment fiers de moi comme seul un père peut l'être.

– Tu as marché tout ce chemin!

– Comment? Tu as même réussi à monter le cheval de Ngavikupe!

Pendant que je réponds aux questions, les fillettes essaient de me laver le visage avec leur salive. Ce qu'eux font tous les jours, le plus naturellement du monde, leur apparaît chez moi comme un véritable exploit.

Soudain, tous se taisent. Kejavanga pose son doigt sur sa bouche, et me fait signe de tendre l'oreille. D'abord, je n'entends rien. Puis je perçois un léger ronronnement. Mon sang ne fait qu'un tour. Un moteur! Donc une voiture! Peut-être Patt, ou Curt? Les enfants ont déjà dévalé la colline et poussent des hurlements de sauvages. Je dégringole la pente à mon tour. Mon cœur bat à se rompre. Comme des fous, nous courons à en perdre haleine pour rejoindre la piste.

Brusquement, deux voitures beiges, chargées comme des mulets, apparaissent derrière les rochers. Les enfants poussent leur cri de guerre. Les voitures passent à quelques dizaines de mètres de nous. Je m'arrête, reprends mon souffle pour pouvoir les saluer quand ils vont descendre de leur véhicule. Les bolides ont déjà disparu dans l'oued. Ils n'ont pas même ralenti. J'ai à peine eu le temps d'apercevoir le conducteur de la deuxième voiture, un Blanc aux cheveux roux. Impossible! Ils n'ont pas dû nous voir, ou ils n'ont plus de freins.

Dans un dernier espoir, nous reprenons notre course effrénée. Sur plusieurs kilomètres, nous suivons les traces de pneus. Nous coupons à travers les ronces pour gagner du terrain. Peine perdue. Une volute de poussière s'élève vers le ciel, pollue la plaine.

J'ai du mal à le croire. Ils nous ont vus, et ils n'ont pas daigné s'arrêter! Etanga ne vaut donc même pas la peine que l'on ralentisse?

Je rentre en traînant les pieds. Les enfants me suivent en

silence. Je regarde autour de moi : quelques huttes en bouse de vache décrépies, des champs d'épineux, et là-bas, sur la colline, deux malheureuses cabanes de tôle qui se perdent dans la poussière. Kejavanga me prend la main. Je le fais grimper sur mes épaules, et je ne peux réprimer un sourire. Qu'ils aillent au diable, ces touristes !

Cahin-caha, la petite troupe grimpe la colline.

Tous les deux jours, Ngavikupe et moi repartons à Ombirisazu. Parfois en âne, plus souvent à cheval les derniers temps. Mon derrière, encore trop délicat, a mal supporté de monter l'âne à cru pendant de si longues heures. Il est couvert de plaies. Le trot du bourricot commence à devenir vraiment douloureux.

Nous quittons Etanga en général en milieu d'après-midi. Arrivés à Ombirisazu quelques heures après la nuit, ce sont à chaque fois les retrouvailles, dans une ambiance de plus en plus chaleureuse. Au coin du feu, chacun se raconte les dernières nouvelles, les plus vieux narrent des histoires que, sur leur demande, j'enregistre sur mon petit magnétophone. Je n'y comprends rien, mais j'espère bien un jour découvrir de quoi ils parlent. Je me sens bien dans ce campement. Le matin, dès que les femmes ont fini de traire les vaches, Ngavikupe et moi reprenons le chemin d'Etanga, cette fois-ci avec le troupeau. Nous arrivons au puits dans l'après-midi, assez tôt pour que toutes les bêtes aient le temps de boire avant la nuit. Le lendemain, nous repartons à nouveau pour Ombirisazu. Une belle petite routine. Toujours en mouvement. C'est important. Ne jamais dormir deux fois de suite au même endroit. Ça m'équilibre. Quel que soit mon état d'esprit en partant, lorsque j'arrive au campement après un ou deux jours d'absence et plusieurs heures de marche, je suis toujours en paix.

J'aime ces longues marches nocturnes avec Ngavikupe. Ne pas se soucier du chemin, se contenter de suivre, répéter des gestes mécaniques, laisser son esprit s'abandonner au rythme des balancements de la marche. Instants magiques, privilégiés, qui resteront à tout jamais gravés dans mon cœur. En croupe derrière mon guide, je m'efforce de régler mon souffle sur les pas du cheval. La peau cuivrée du jeune Himba dégage une enivrante senteur d'herbes aromatiques, de terre et de sueur. L'odeur légèrement poivrée des peaux noires. Le parfum du bush. Les acacias dévoilent leur ombre majestueuse sous les rayons de la lune. Les cris des chacals se taisent pour laisser la place aux hurlements de la hyène.

Mister Kavari, le directeur de l'école, m'a rappelé tout à l'heure que nous sommes aujourd'hui le 14 juillet. J'essaie un instant d'imaginer le défilé et toutes ses parades. Une pensée pour ma famille, qui doit être quelque part en Bretagne. C'est trop loin. J'ai beau me forcer, les images qui flottent devant mes yeux sont irréelles. Le vent souffle de plus belle. Ngavikupe stoppe le cheval, déroule autour de nos épaules la couverture sur laquelle il était assis. Nous repartons.

Un feu brûle dans une case. Je ne sais plus déjà vers quels horizons s'est envolée ma rêverie lorsque Ngavikupe me fait signe d'y entrer. Les parois sont couvertes de vêtements de peau et de bijoux. Regroupés dans un coin, les calebasses et les pots sont de la même couleur que les flammes. La femme est seule avec ses enfants. Les autres membres du campement sont restés passer la nuit à Etanga. Avec une grossière aiguille en os, elle est occupée à recoudre une peau de chèvre. Les joues hautes, les lèvres rondes, elle a un visage beau et joyeux. J'ai plaisir à la reconnaître, elle et ses enfants, et à serrer des mains connues.

Adossée contre la case, je sirote mon bidon de lait frais, en regardant les étoiles. Parfois, je ne sais plus où est l'illusion...

– Attention ! La grosse brune ! Elle va sortir !

Le bétail est très énervé, ce matin. Les autres Himbas ne sont toujours pas revenus d'Etanga, Ngavikupe et la jeune femme sont seuls pour traite les vaches et mettre de l'ordre dans le troupeau. Les vaches se mettent à courir dans tous les sens, la grosse brune en question saute par-dessus le tronc d'arbre qui tient lieu de barrière et sème la panique dans l'enclos des veaux.

Je n'ai pas vu ce qui s'est passé exactement. Ngavikupe est entré dans l'enclos, a couru après la grosse brune... Il revient en boitant, le visage contorsionné de douleur. Il soulève légèrement son pagne et me montre, au niveau de la hanche, une énorme marque déjà jaune, rouge et bleu. La blessure est profonde, le sang coule, et la hanche commence à gonfler. Il a reçu un coup de sabot. Il n'a pas poussé un cri.

Je ne peux pas faire grand-chose. J'essaie de laver la plaie, mais sans eau chaude ni savon, pas facile d'enlever la couche d'ocre, de graisse, et de tout le reste qui protège sa peau. De plus, la blessure est trop près du sexe et Ngavikupe, très pudique, ne soulève son petit pagne que du bout des doigts. Très rapidement, il commence à avoir de la fièvre. J'essaie de réduire l'hématome en passant dessus plusieurs couches d'un baume magique que m'a donné un coopérant français de Windhoek. « De la magie des Noirs, m'a-t-il affirmé. La plus efficace ! » En tout cas, pas des plus rapides. Le miracle se fait attendre.

Ngavikupe dort une partie de la journée. La femme est allée conduire le bétail à Etanga, et je m'occupe des enfants qui ne tiennent pas en place. Comme le jour de la fête, ils recommencent leur étrange manège : ils s'amusent à me toucher du doigt, puis s'enfuient en courant se cacher, comme s'ils avaient violé un terrible interdit. Le jeu se transforme rapidement en jeu du chat et de la souris.

Dans l'après-midi, Ngavikupe me fait appeler, du fond de sa case. Il veut que je lui tienne compagnie. Comme notre conversation est encore assez réduite, entre deux silences, il m'apprend de nouveaux mots de herero, et je lui apprends quelques rudiments d'anglais. La journée passe, le soleil retombe. Je pars avec les enfants chercher du bois de mopane, celui qui sent bon et brûle longtemps, pour éclairer la nuit.

Nous passons la soirée recroquevillés autour du feu. Ngavikupe, encore fiévreux, s'impatiente. Les femmes ne sont toujours pas rentrées, le bétail non plus. Nous n'avons rien à manger. Elles ont dû rester faire la fête à Etanga. Pour remonter le moral du groupe, je sors mon oignon que j'avais heureusement gardé en réserve, le fais cuire dans les braises, et le partage en huit. Chacun a droit à une part avant d'aller se coucher. Ngavikupe me lance un regard reconnaissant.

Ngavikupe me réveille avant l'aube. Il souffre trop, et n'arrive pas à dormir. Il veut rentrer de suite au dispensaire. Sa plaie a encore enflé et devant ses yeux brillants, je ne peux qu'approuver sa décision. Les femmes sont rentrées au campement très tard dans la nuit, saoules. Sans un bruit, nous quittons le kraal endormi.

Il est inutile de décrire combien le trajet du retour est pénible. Ngavikupe est vraiment mal en point. Il boite de plus en plus à chaque pas. Nous n'avons pas pris l'âne, il n'aurait pas supporté les secousses. Il fait nuit. Il fait froid. Nous n'avons absolument rien. Pas même une gorgée d'eau. Seule, je serais incapable de retrouver Etanga. Je n'ai pas peur. Même s'il est malade, j'ai toujours une confiance absolue en Ngavikupe et tant qu'il est à mes côtés, vivant, je sais que je suis en sécurité. Mais moi, je ne peux rien pour lui. Je le vois souffrir, je suis complètement impuissante. Inutile.

Nous arrivons au dispensaire vers midi. Plus de six heures de marche, sans avoir bu ni mangé depuis la veille. Dans l'état de Ngavikupe, c'est presque de l'héroïsme. Il continue encore à me sourire.

Trois jours déjà que je n'ai pas quitté Etanga. J'ai des fourmis dans les pieds et je me ronge les ongles.

Entre chaque séjour à Ombirisazu, j'étais toujours contente de retrouver Etanga. Etanga, c'était du monde avec qui parler, de l'animation, un minimum de confort, comme la possibilité de me laver le visage et le plaisir de boire de l'eau qui n'ait pas un goût de graisse rance. C'était surtout la joie de retrouver les enfants, les garçons de l'école, de leur raconter tout ce que j'avais fait sans eux et d'écouter tout ce qu'ils avaient fait sans moi, de serrer Kejavanga dans mes bras. À chaque fois, je retrouvais ma famille et ma maison. C'était mon port d'attache. Mon repos. Mon luxe. Comme je repartais le lendemain, je n'avais pas le temps de m'en lasser. Mais avec l'immobilisation de Ngavikupe, c'est aussi la fin des allées et venues à Ombirisazu, le retour aux vieilles habitudes ; et l'ennui.

Lorsque l'on commence à bouger, on ne peut plus s'arrêter. Le mouvement génère une énergie qui elle-même génère le mouvement et ainsi de suite. Passer du nomadisme à un style de vie sédentaire donne l'impression de rouiller et de régresser. J'ai besoin de remuer. De faire marcher mes muscles endurcis par les longues marches. D'avancer. Ce n'est pas seulement physique. Pour rester clair et fonctionner, mon esprit a besoin d'être bercé. Le mouvement de la marche ou le balancement du pas du cheval me mettent dans un état de contentement et de satisfaction.

Rester assise à regarder les femmes passer le temps ne m'a jamais vraiment suffi, mais cette fois-ci, cela devient carrément insupportable. Etanga n'est pas un endroit pour s'installer. Il y a trop de monde de passage pour cela ; les relations y sont superficielles. Et ma première impression demeure : Etanga est sans aucun doute le lieu le plus laid du Kaokoland. En discutant avec les Himbas, j'entends parler de toutes sortes de cérémonies et de rites fascinants qui restent ici invisibles. J'en ai l'eau à la bouche. Je ne tiens plus en place. Je dois aller plus loin.

Mais partir n'est pas si facile. Il y a d'abord le problème de la langue. Et puis, sans carte, sans rien, je suis bien incapable de me retrouver dans ces étendues épineuses et ces collines qui se ressemblent toutes. Kovera essaie de me faire abandonner mes projets de « folle femme blanche ». « Si tu te perds, et tu te perdras, personne ne pourra te retrouver avant deux ou trois jours. D'ici là, tu auras déjà bien eu le temps de te faire dévorer par une hyène ou un léopard », précise-t-il.

Soit ! Il me faut un guide, qui puisse en même temps expliquer aux Himbas qui je suis et ce que je fais ici. Ngavikupe va mieux, mais il n'est pas encore en état de m'accompagner. De plus, il ne peut pas abandonner le bétail de Vetamuna. Mister Kavari, le directeur, ne permettra jamais à un seul de ses élèves de manquer l'école. Alors que faire ?

J'essaie tout de même de recueillir des informations sur les éventuelles cérémonies qui pourraient avoir lieu dans la région. Les indications des Himbas sont pour le moins contradictoires. Les quelques renseignements qui se recoupent parlent d'une célébration qui aurait déjà dû avoir lieu il y a plusieurs mois, à une ou deux journées de marche. À mon grand désespoir, j'apprends que pendant mon absence à Ombirisazu, sans même prévenir, plusieurs festivités se sont organisées dans les alentours d'Etanga. Deux bœufs ont été sacrifiés. Et je n'ai toujours pas vu un seul homme étrangler une chèvre !

Désespérément, j'essaie de me créer des occupations. J'avais organisé une séance de chant pour enregistrer les fillettes de l'école. À l'aube, alors que j'arrive avec mon petit magnétophone, Mister Kavari me reçoit avec un sourire rayonnant de blancheur.

– Ah ! Solena ! Je suis content de te voir. Écoute ! Les enfants sont en retard sur leur programme, alors je leur ai mis un cours supplémentaire. On fera ça un autre jour, d'accord ?

Je ris jaune.

Plus tard, en début d'après-midi, je pars avec les grands garçons à la chasse aux serpents. Cela fait plusieurs semaines déjà qu'ils se vantent de pouvoir trouver, mater et tuer n'importe quel reptile. Je les mets au défi. Au dernier moment, ils essaient maladroitement de retarder le départ, prétextant des devoirs familiaux. Je suis obligée de me fâcher.

– Alors ! Vous êtes des hommes grands et forts, oui ou non ?

Le garçon tremble de peur en faisant semblant de fouiller dans les buissons. Son compagnon ricane bêtement, les yeux au ciel. Je ne suis pas dupe. Il ne peut pas y avoir de serpents là où ils cherchent. Excédée, je les quitte en les traitant de froussards.

Il devait être écrit quelque part qu'il n'y aurait que des déceptions cette journée-là. Un jeune instituteur herero qui aide parfois Mister Kavari à l'école doit aller rendre visite à une femme qui vient tout juste d'accoucher. Ne sachant pas où se situe son campement, je lui demande si je peux l'accompagner. Il me donne rendez-vous au bottle-store, et promet de m'attendre. Lorsque j'arrive au sommet de la colline, une demi-heure en avance sur l'horaire prévu, l'instituteur n'est déjà plus là. Un groupe de Himbas m'assure qu'ils l'ont vu partir dans la direction opposée au soleil, il y a déjà un bon bout de temps. De moi, il n'a pas été question.

Un Herero en blouse verte s'approche, avec ce que je crois naïvement être de l'intérêt pour mon malheur. Son haleine empeste l'alcool. Je l'ai déjà rencontré plusieurs fois. À Opuwo, il m'avait déconseillé de partir, affirmant que j'étais bien trop jeune pour aller dans un endroit comme Etanga et que je ferais bien mieux de retourner chez mes parents. Je l'avais envoyé au diable. Il a le regard faux. Il parle vite, et beaucoup, dans une langue qu'il croit à tort être de l'anglais. Il en tire beaucoup d'orgueil, mais cela ne l'empêche pas de rester complètement incompréhensible.

Il pose sa main sur mon épaule. Un peu dans le genre dragueur qui jouerait la carte du protecteur.

– Ouh là ! Petite Blanche, te mets pas dans cet état. C'est pas grave, il va revenir.

Il n'a même pas réagi à ma moue de dégoût et à mon mouvement de répulsion. Je prends un ton méchant pour lui répondre.

– Je m'en moque qu'il revienne ! Ce que je voulais, c'était partir avec lui.

– Eh ben c'est tout simple, t'as qu'à suivre ses traces.

– Hein ! T'es marrant, toi. Et comment je fais, pour retrouver ses traces ? Et d'abord, me touche pas comme ça !

– Tu regardes par terre, et si tu trouves des empreintes de chaussures avec des semelles, c'est que c'est lui.

Il se baisse, et observe le sol.

– Tiens ! Regarde, là !

En effet, une empreinte de « chaussure avec semelle » comme en porte l'instituteur se détache sur la poussière blanche. Mais à côté, une dizaine d'empreintes du même genre indiquent qu'il n'est pas le seul à posséder ce type de chaussures. Zélé, le Herero a déjà parcouru plusieurs centaines de mètres, les yeux rivés sur les pierres.

– Il est passé par-là, tu vois ! C'est simple.

Je reste soupçonneuse quant aux résultats, mais décide tout de même de le suivre. Nous marchons plusieurs kilomètres. Nous avons quitté le chemin, et il y a tellement de caillasse que je ne distingue plus rien. Cette recherche ne rime à rien. Il y a belle lurette déjà que l'instituteur doit être de retour. Je cherche à revenir sur mes pas, mais le Herero s'obstine. Il me rattrape par le bras, et m'oblige à l'accompagner.

Vingt minutes plus tard, il s'arrête.

– Voilà, maintenant, on ne voit plus rien. C'était peut-être pas lui, en fait. Mais tu peux toujours essayer de marcher par-là, si tu veux le trouver.

Et il dit ça le plus naturellement du monde ! Entre chacun des mots qu'il avale, il m'envoie son haleine d'alcoolique dans la figure. Ses yeux rouges sont éclatés. Je remarque qu'il ne tient même pas droit. Ulcérée, je pars en serrant les dents. Ma tête bourdonne. Je n'en peux plus. C'est dit, je ne resterai pas un jour de plus ici. Demain matin, à l'aube, j'aurai quitté cet endroit. Même s'il me faut remuer des montagnes pour cela. Cette décision prise, je me sens forte et invincible. Je franchis les kilomètres qui me séparent de l'école comme une furie, sans même m'en rendre compte.

Dans le lit de la rivière, je tombe sur Hoveka, mon plus fidèle compagnon parmi les garçons de l'école. Je suis tellement excitée que je crois qu'il a du mal à me reconnaître.

Je lui explique mon plan. Mister Kavari s'est absenté pour trois jours, pour assister à un de ses fameux meetings à Opuwo. Pourquoi ne pas en profiter ? L'occasion est toute trouvée... Hoveka sourit. Il a compris. Si nous ne sommes pas rentrés pour son retour, comme cela risque fort... tant pis. Je lui promets une petite somme pour le dédommager, et nous nous donnons rendez-vous pour le lendemain, derrière l'école, au lever du soleil. Hoveka semble aussi enthousiaste que moi. Il veut que nous partions aussi avec Vecumba, son frère de circoncision et meilleur ami. Je ne le connais pas, mais je n'ai rien contre, bien au contraire. Je suis tellement contente d'emmener Hoveka avec moi. De tous les garçons de l'école, c'est celui dont j'ai, jusqu'ici, le plus apprécié la compagnie. Sa bonne humeur semble inaltérable. Nous n'avons guère passé plus d'un après-midi d'affilée ensemble, mais il paraît facile à vivre, amusant, il a de la repartie. Surtout, il n'a pas de complexe parce que je suis blanche.

Je mets Kovera, l'infirmier, dans le secret. Il est bon que quelqu'un sache où je vais. D'après les informations que j'ai pu recueillir, il semblerait qu'une cérémonie se prépare du côté d'Omirora, un petit kraal himba situé au nord-ouest d'Etanga. Je n'ai pas réussi à savoir à quelle distance est ce village. Pour certains, c'est « très très loin » ! Si loin qu'ils doutent que je puisse marcher jusque-là. Pour d'autres, c'est juste à quelques heures de marche. Nous irons tout de même, nous nous renseignerons sur cette fameuse célébration, et, si jamais elle n'a pas lieu, nous continuerons vers les montagnes.

Comment elle transforme un prétendant possessif et jaloux en un père tendre et compréhensif

Le soleil commence à peine à montrer ses premières lueurs. La gelée matinale ne s'est pas encore estompée. Sur la colline de l'école, deux silhouettes sombres se réchauffent autour d'un feu. Je ramasse mon sac, ferme la tente. Les deux garçons sont prêts, ils m'attendent. Un dernier regard, une cigarette. Autour de nous, tout est silence. La colline dort encore. Nous échangeons un regard complice.

– Prêts ? dis-je en murmurant. Alors *Indjeje tuyende*, allons-y !

Sans un bruit, nous nous glissons derrière les baraquements en tôle. Surtout, ne pas alerter les autres garçons de l'école... ils poseraient des questions et iraient ensuite tout raconter à Mister Kavari.

Hoveka et Vecumba n'ont pris absolument aucune affaire avec eux. Ils sont torse nu. Pas même de poche où ranger leurs mains. Nous marchons en file indienne, vite, et en silence. De toute manière, il fait trop froid pour parler. Hoveka a pris la tête de la petite colonne. Son corps porte de nombreuses boursouflures, au niveau des bras et des épaules. Des cicatrices laissées par les épines. Son petit pagne vert à fleurs rouges virevolte de droite à gauche, au rythme de ses pas. Conscient de vivre à cheval entre deux cultures, Hoveka tient à alterner cache-sexe himba et short à l'occidentale. Avec une régularité sans faille, il porte chacune de ses tenues un jour sur deux. Pour venir avec moi, il a privilégié son côté himba et laissé son short à l'école.

Afin de gagner du temps, nous avons abandonné la piste, et coupons à travers les épineux. Tout en marchant, j'observe Vecumba. Il semble plus réservé que son camarade. Plus timide, plus doux aussi. Tout comme Hoveka, son regard est franc et intelligent. On y sent le bonheur d'exister. De temps à autre, le garçon jette un regard derrière lui, dans la direction de la colline de l'école. Un léger sourire creuse ses joues rebondies. Apparemment, il n'attendait que cette occasion pour faire l'école buissonnière. Il me plaît. Je crois que nous allons faire une bonne petite équipe.

Les collines succèdent aux collines, les pierres roulent sous nos pas. Les garçons sautent de rocher en rocher. Leurs sandales, taillées dans un simple morceau de pneu, semblent avancer toutes seules. J'ai du mal à suivre leur allure. Hoveka se moque de moi.

– Hi hi ! Regarde ta tête ! Toi rouge comme femme himba ! Donne ton sac !

– Non, ça va. J' peux le porter.

– Mais oui, donne ton sac ! Toi fille, toi petite. Toi faible. Nous hommes grands et forts !

Le regard d'Hoveka se veut provocant. Il s'amuse. Vecumba se pince les lèvres pour ne pas éclater de rire. J'adore ça. Je fais gonfler mes minables biceps, et les lui mets sous les yeux.

– Non, mais ta tête va pas bien ! Regarde ça ! Je suis peut-être une fille et petite, mais tu vas voir si je suis faible. Je peux porter mon sac.

Malgré tout mon orgueil et ma volonté réunis, je me laisse rapidement distancer. Hoveka jubile.

– Ha ha ! Tu vois, toi petite, toi faible !

Il a un sourire désarmant. Je ne me fais pas prier. Le sac change d'épaules...

Le soleil commence à réchauffer l'atmosphère. Nous avons contourné la grande montagne et sommes sortis du territoire d'Etanga. Après chaque colline, je me retourne et regarde derrière moi. J'essaie de me souvenir des particularités du paysage et de me fixer des repères. Au cas où j'aurais à refaire le même chemin, seule, en sens inverse.

Parfois, nous tombons sur un kraal, au sommet d'une colline. Les hommes n'en reviennent pas de cet étrange trio qui sort des buissons, comme ça, sans rien, sans prévenir.

– Une Blanche qui marche ! s'exclament-ils. Mais c'est le monde à l'envers !

Hoveka et Vecumba sont tout fiers de raconter mon histoire. Ils me présentent à tout le monde, parlent de moi pendant d'interminables minutes. Les questions fusent, on me parle. On répond aussi à ma place. Je ne comprends rien. Pas un traître mot. Je passe de main en main, on me touche, on veut voir. Si j'étais un tant soit peu paranoïaque, je m'imaginerais animal de cirque qu'on promène et qu'on montre à la ronde. Avant de repartir, les femmes nous offrent quelques gorgées de lait aigre et quelques grains de maïs grillés.

Nous marchons encore longtemps. Peu à peu, les arbustes disparaissent, les épineux laissent la place à des champs d'herbes hautes et jaunes, courbées par le vent. Régulièrement, Hoveka me fait grimper sur de petits monticules pour que je puisse me rendre compte de notre progression. Tout au long du chemin, il commente et raconte l'histoire des arbres, des rochers que nous apercevons. Au fil des kilomètres, il devient bientôt bavard comme une pie. Le rythme de notre marche s'en ressent. Je comprends vite son petit jeu. S'il veut capter mon attention, c'est avant tout pour ralentir l'allure du groupe. Il en a assez de marcher.

Affalé sur un rocher, les yeux fermés, les bras en croix, Hoveka tente une première expérience.

– Quand Himba fatigué et soleil très chaud, Himba toujours s'allonger sur pierres, toujours, toujours. Comme ça ! C'est tradition des Himbas.

Malgré moi, je ne peux pas m'empêcher de rire. Mais je ne dois pas le laisser faire. Étrangement, alors que je suis complètement ignorante, je me sens responsable de notre petit groupe. Sans Hoveka et Vecumba, je ne serais qu'une petite fille perdue au milieu des ronces, mais c'est moi qui prends le commandement des opérations. Comme je n'ai aucune idée de la distance qu'il nous reste à parcourir avant la nuit, j'estime que nous ne pouvons pas nous permettre de faire de pause.

Je lance un regard complice à Vecumba.

– Ah non ! Décidément, Hoveka n'est pas un homme grand et fort !

Pris à son propre jeu, Hoveka bondit sur ses pieds. Il se remet en marche en sautillant, léger comme un paon, son éternel sourire de clown sur les lèvres.

Le jour tombe. Nous longeons le bord d'un plateau. Soudain, Hoveka tend le bras et, désignant au loin un groupement de petites ruches, couleur de miel, pousse un cri de triomphe.

– *Tara !* Regarde, Solena ! Omirora, le village. Bientôt on arrive !

Nous nous adossons tous les trois contre le tronc d'un vieil acacia et contemplons le panorama qui s'étend devant nous. D'après les informations que nous avons pu recueillir en route, c'est bien dans ce village que doit avoir lieu une cérémonie, dans un ou deux jours. Hoveka me pousse du coude en riant.

– Le dernier arrivé est faible et petit !

– D'ac !

Les deux garçons dévalent le versant en courant. Leurs bras trop longs s'agitent dans l'air comme des moulinets, pour ralentir leur course. Je les laisse prendre un peu d'avance. Je préfère rester un peu en retrait, pour ne pas trop avoir l'air de m'imposer. À quelques centaines de mètres, le petit kraal d'Omirora repose, paisiblement. À moitié cachées par la barrière de ronces, des silhouettes de femmes s'affairent autour de l'enclos à bétail. Les volées de rires légers se font plus distincts à mesure que j'avance.

Une demi-douzaine de femmes de tous âges sont assises à l'ombre de la case principale. Hoveka et Vecumba sont déjà affalés au milieu du campement. Timidement, prudemment, je m'avance. Les femmes ont abandonné leur travail, et les mots, les cris fusent dans tous les sens. Assis dans la poussière, Vecumba discute avec les jeunes filles en riant. Hoveka, décontracté, a fermé les yeux et entame une sieste. Tous sont tellement à l'aise que leur assurance et leur désinvolture déteignent sur moi. Sans montrer le moindre étonnement, les femmes se sont levées, et forment un cercle autour de moi. Elles me touchent en riant, me font répéter les salutations himbas. Mises en confiance par leurs sourires, je lance le « tjuuuu » aigu et flûté, comme le sifflet d'une locomotive, des femmes himbas. Éclat de rire général. Tout en prenant mes mains avec tendresse pour me féliciter, elles répètent mes paroles en imitant mon accent. Nouvel éclat de rire. L'accueil de ces femmes est si simple et si naturel que j'ai l'impression de déjà les connaître. Aucune gêne. Aucune retenue. Nous rions avec notre cœur et notre corps, comme ça, je suis bien.

Une femme d'une quarantaine d'années, grande et fière, taillée comme une guerrière, s'approche. En murmurant des mots doux dans mon oreille, elle me caresse les cheveux, passe son doigt sur mes joues, derrière ma nuque. Avec le dos de sa main, elle souligne tous les contours de mon visage. Je me laisse ausculter de la sorte. Elle essaie de dérouler mes cheveux entre ses doigts et pousse des petits cris admiratifs. Hoveka, qui s'est soudain réveillé, vient me traduire, amusé.

– La femme elle dire beaucoup beaucoup entendre parler de toi. Elle dire très contente tu viens la voir et c'est vrai quoi Himbas disent, toi cheveux vraiment comme poils de queue d'un cheval.

Il ajoute, sur le ton de la confidence :

– Cette femme, elle maman Ngavikupe !

– Hein ? C'est pas vrai !

– Oui oui, fille préférée Vetamuna, maman Ngavikupe.

Une bouffée de douceur m'envahit et inonde mes veines d'une chaleur suave. Il n'y a pas de hasard. Mon étoile est toujours avec moi, elle avait tout préparé. L'accueil des femmes, leur naturel et leur spontanéité, et cette étrange coïncidence... retrouver ici, dans ce kraal que rien ne m'avait désigné, la maman de mon premier ami himba, mon guide et mon protecteur. Comme si tout m'attendait ici, je ne pouvais pas aller ailleurs. Parfois, tout est trop simple, trop beau. Il est des événements, des enchaînements, que même dans son imagination on a du mal à rêver. Ils ont l'effet de l'alcool. Ils saoulent de plaisir.

Je serre les mains qui se tendent, une à une. Il n'y a pas un seul homme au campement. Même si elle est loin d'être la plus âgée, Katjaimbia, la maman de Ngavikupe, semble être la meneuse des femmes. Elle me présente chacune d'entre elles, et s'applique à me faire répéter leurs noms. Vakaouta, une superbe jeune femme d'une vingtaine d'années aux formes pulpeuses, est sa fille, la demi-sœur de Ngavikupe. Assise dans la terre, un nourrisson pendu à son sein, Vakaouta attrape un vieux baril d'essence dont le fond a été remplacé par une peau de chèvre tendue. À l'intérieur, un bâton de métal qu'elle frotte entre ses mains. En sort un son rauque et sourd, comme le ronronnement d'un moteur hésitant. La poitrine de la jeune femme s'agite au rythme des soubresauts du tambour, et bientôt, de sa gorge s'élève un long râle grave et saccadé. Son bras rebondit en sursaut contre son flanc, en même temps qu'elle reprend sa respiration, et donne une nouvelle énergie à sa voix. Pratiqué uniquement par les femmes, ce chant guttural s'inspire des meuglements d'une vache furieuse.

Pour la maman de Ngavikupe, je sors de mon sac le petit magnétophone, et y glisse la cassette enregistrée à Ombirisazu. Hoveka me lance un petit signe de tête et cligne des yeux d'un air complice. Intriguées, les femmes se regroupent autour de moi. Lorsque les premières notes se font entendre, elles poussent des « hiiiii ! » de surprise. Tout de suite, elles reconnaissent les voix de leurs camarades, de membres de leur famille. Katjaimbia, la maman de Ngavikupe, reste clouée sur place. Elle a entendu la voix de son fils. D'un geste autoritaire, elle impose le silence. Un sourire posé sur les lèvres, les yeux dans le vague, elle écoute, les oreilles tendues. Elle est ailleurs. Partie. Puis son regard redescend sur terre, et se pose sur moi avec une infinie tendresse. Comme s'il voulait me faire comprendre l'importance de cet instant, Hoveka me glisse à l'oreille en murmurant :

– Dans les chansons, eux parler de toi. Eux dire toi cheveux très très longs. Eux dire toi pas monter très bien l'âne, eux bien voir ça nouveau pour toi, mais toi très courageuse, toi jamais te plaindre et toi rire toujours. Les femmes elles raconter aussi ton cœur est bon et elles vouloir garder toi pour faire toi vraie Himba.

Jamais je n'aurais pensé, en enregistrant ces chants, qu'ils me serviraient plus tard de lettre d'introduction. Katjaimbia me tient les mains et répète en souriant le nom de son fils. Elle m'interroge : comment je l'ai rencontré ? comment va-t-il ? a-t-il bien pris soin de moi ? Elle veut tout savoir.

Le campement d'Omirora est le mieux tenu qu'il m'ait été donné de voir jusqu'ici. Il ne comporte que cinq cases, mais toutes semblent comme neuves. Leur forme arrondie est parfaite, et les parois faites d'un mélange de bouse et de terre sont encore lisses et uniformes. L'enclos du bétail, au centre, est haut d'au moins deux mètres. À l'extérieur du kraal, à une petite centaine de mètres du village, deux cases plus sommaires sont pour l'instant réservées aux jeunes femmes célibataires.

Sans que nous n'ayons rien demandé, on nous a libéré une case, à l'intérieur même du campement. Comme s'il allait de soi que nous allions nous installer ici pour quelque temps. Je n'ai même pas à me poser de question. Mon chemin se fait tout seul.

Notre case n'est pas une case traditionnelle. Hoveka m'explique que les Himbas ne sont pas de très bons bâtisseurs. En théorie, la construction des cases est le rôle des femmes, mais il arrive souvent qu'elles délèguent ce travail à des Angolais de passage. Sans famille, sans aucune possession, fuyant leur pays en guerre, ces hommes vont de campement en campement. Ils y passent une semaine, un mois, ou plusieurs années, échangeant la force de leurs bras contre un peu de nourriture, parfois une chèvre, rarement plus. Ils sont les hommes à tout faire, les hommes de toutes les corvées.

– Quand un Himba dire « angolais », ça est presque comme si il dire « esclave », commente Hoveka.

Seule exigence de ces travailleurs : comme ils ne supportent pas de vivre dans une case continuellement envahie par la fumée, dans laquelle on ne peut même pas se tenir debout, ils se construisent eux-mêmes leur propre case, à l'intérieur du campement. De forme carrée, à toit plat, la case des Angolais est bâtie avec de larges pieux attachés entre eux par des cordes d'écorce de mopane tressées. Un espace d'une dizaine de centimètres sépare chaque poteau, ce qui permet à la fumée de s'échapper.

C'est une case de la sorte qu'on nous a libérée. Épuisés, Hoveka et Vecumba s'y réfugient avec un plat de bouillie de maïs que leur ont abandonné les femmes. Ils ne tardent pas à s'assoupir, vautrés l'un sur l'autre. Les femmes se sont regroupées autour du feu de Katjaimbia pour discuter. J'observe longuement son visage, à la lueur des flammes. Elle a des pommettes hautes, une mâchoire volontaire. Sans doute à l'image de son père, le grand Vetamuna, avant qu'il ne commence à trop vieillir. Son visage carré, à la fois sensuel et osseux, garde des traits fins. Tout son corps est empreint d'une beauté amazone. Katjaimbia se lève et me tend sa propre pierre pour m'asseoir, la plus belle et la plus confortable. À ses côtés, Vakaouta, sa fille, essaie de calmer son nourrisson en le faisant sauter sur ses genoux. Ces gestes simples me remplissent d'une joie paisible. Je me rappelle les premiers jours, à Opuwo, lorsque je me cachais derrière la barrière de bambou pour observer les Himbas de la cour de Curt. Qu'étais-je pour eux, alors ? Une sauvage, une vraie ! Ils me semblaient tellement différents que je n'osais même pas imaginer pouvoir un jour me sentir à l'aise avec eux. Et pourtant... nous sommes tous autour du feu, jambes contre jambes, Vakaouta me fait des grimaces pour me mimer des mots de herero que je ne comprends pas, nous rions, et je suis vraiment bien.

Vers huit heures, deux heures à peine après la tombée de la nuit, le village commence peu à peu à s'endormir. Les enfants rentrent dans les cases, les femmes se séparent, retournent devant leur feu respectif. Quelques murmures, quelques rires étouffés. Hoveka et Vecumba ont déjà commencé à préparer notre couche. Maniaques, les deux garçons s'ingénient à ôter du sol en terre battue les épines et la petite caillasse.

Vakaouta et deux autres de ses compagnes, jeunes mères célibataires comme elle, viennent nous rejoindre. Maezuva, le seul jeune homme du village, vient juste d'arriver, en même temps que le troupeau. Nous lui libérons une place entre les membres enchevêtrés, dans le minuscule espace laissé entre les parois de branchage, le poteau central et le feu. Maezuva a décrété qu'il resterait dormir avec nous. Véritable mime, il se transforme soudain en lion, montre des doigts crochus, et pousse un rugissement sauvage. Puis il se met à cajoler tendrement un bébé imaginaire. Hoveka rit tellement qu'il n'arrive plus à parler. C'est Vecumba qui traduit.

– Il dire il rester dormir avec toi. Si lion entrer dans la case, pas problème, il te protéger toi. Il toujours là te protéger toi. Toi surtout pas avoir peur.

Maezuva a des joues bien rondes, une voix cassée, et une magnifique natte qui pointe vers le ciel. Il boite légèrement. Il s'est brûlé la jambe, un jour alors qu'il était un peu gai, en dansant trop près des flammes.

Tard dans la nuit, les rires résonnent encore dans notre petite cabane. Sous les moqueries des jeunes femmes, Maezuva essaie d'apprendre son premier mot d'anglais. Il s'embrouille entre les *good* et les *bye*, butte sur les mots. Hoveka et Vecumba se plaisent à répéter leurs mots fétiches : *telegraph*, *communication*, *Kunene region*. Ils ne savent pas ce que ces mots signifient vraiment, mais ils aiment leur sonorité. Ils les prononcent comme des formules magiques. À chaque mot, un nouvel éclat de rire, si facile. Je ne sais comment cela se fait. J'ai des crampes aux joues, cela fait des mois que je n'avais pas ri comme cela.

Les femmes refusent de partir avant que je ne me sois couchée. Vakaouta me prend la main et répète souvent mon nom, « Solena, Solena », d'une voix douce. Tout le monde bâille. J'ôte mon jean pour m'enfoncer dans mon duvet, en un tour de passe-passe qui ne dure pas plus de deux secondes. Tous les regards se fixent en même temps sur mes jambes blanches. Petits cris admiratifs. Maezuva se répand en compliments. Vakaouta me félicite en me donnant une petite tape dans le dos, comme soulagée. Qu'espéraient-ils donc tous trouver sous mon pantalon? Rassurées, les jeunes femmes disparaissent à quatre pattes par l'étroite ouverture.

Emmitouflée dans mon duvet, je cherche le sommeil. Nous sommes tellement serrés les uns contre les autres que je ne peux pas bouger d'un centimètre. Si je me tourne d'un côté ou d'un autre, je me retrouve à embrasser un des garçons. Un hennissement me fait lever la tête. Dehors, sous le clair de la lune, un cheval monté pénètre dans le village. L'homme saute à terre, prend son cheval par le mors, et fait le tour du village en longeant l'enceinte de ronces. Je l'observe à travers une fente laissée entre les pieux de la case. Il accroche la corde de sa monture à un arbre, puis s'accroupit auprès du feu de Katjaimbia. Intriguée, je questionne Hoveka.

– Qui est-ce?

– C'est Omuniangue Tjuharo, l'homme de Katjaimbia, le père de Vakaouta. Lui homme important, faire partie grand conseil de la communauté.

À moitié endormi, Hoveka m'a répondu dans un murmure. Je ne distingue pas les traits du cavalier, mais les flammes découpent une silhouette longue et sèche. Il avale quelques gorgées de lait, et pénètre dans la case. Coincée entre les deux garçons, je m'endors en essayant d'imaginer son visage.

Une vache noire passe le museau à travers l'ouverture de la case. Je n'ose pas bouger, de peur de réveiller les trois dormeurs qui ronflent encore. Dans le flou de la brume matinale, quelques silhouettes féminines sortent des huttes, enveloppées dans de larges couvertures. Le buste droit, la tête haute, elles ne marchent pas. Elles semblent glisser sur l'eau.

Devant le feu de Katjaimbia, je reconnais le cavalier de la veille. Accroupi sur ses talons, il se frotte les mains au-dessus des braises, pour se réchauffer. Émergeant délicatement de sous les couvertures, j'enjambe les corps endormis. Je reste quelques instants debout devant ma case, immobilisée par le froid, à regarder alentour. L'homme observe chacun de mes gestes. Son visage est dans l'ombre, et je n'arrive pas à deviner son expression. Je traverse le kraal, me plante devant lui, la main tendue.

– *Moro! Perivi?* Salut, ça va? *Ami*, moi, Solena!

Sans perdre une seconde, l'homme me saisit la main et la secoue vigoureusement, me retournant les formules de salutation.

– Iiiiih! *Moro moro moro, Ozondjize Ozonde*, Longs Cheveux! *Perinawa!*

Le sourire aux lèvres, il me regarde intensément. Son regard me fouille, me traverse. Une lueur amusée éclaire ses yeux d'un bleu laiteux. Lui rendant son sourire, je m'assieds à ses pieds. L'homme n'est plus tout jeune. Il doit avoir une cinquantaine d'années. Ses muscles sont encore bien dessinés sous sa peau sèche. Ses cheveux, relevés dans une espèce de chignon, sont enserrés dans une toile de jute; la coiffure des hommes mariés. Sous un grand front de politicien, il garde un regard tendre et doux. Son menton est celui d'un chef, les traits de son visage sont droits, durs. Deux yeux malicieux et un sourire de séducteur adoucissent ce côté un peu trop sévère. Derrière son oreille, il a coincé un rayon de vélo, avec lequel il peut se gratter le crâne sans déranger sa coiffure. Omuniangue Tjuharo... Je me souviens avoir entendu plusieurs fois son nom, à Etanga. Un fin orateur, redoutable quand il siège au conseil, craint par ses adversaires. Un homme intelligent, rusé, ambitieux. On m'a dit de lui : « Les hommes l'évitent, les femmes l'adorent... »

L'un à côté de l'autre, nous réchauffons nos mains au-dessus du feu. Quelques *nawa!*, à nouveau des salutations, quelques petits rires. Nous n'allons pas plus profond dans la discussion. Pourtant, je n'ai pas encore envie de me relever. Je le regarde dans le fond des yeux. Coquins et malicieux. Nous rions.

– Hoveka ! Vecumba ! *Indjo !* Debout ! Tout de suite !

Omuniangue a mis ses mains en cône autour de sa bouche et a hurlé, en direction de notre case, d'une voix puissante et autoritaire. Lourds de sommeil, les deux garçons arrivent en se traînant. Omuniangue leur ordonne de s'asseoir. Subitement, son visage devient plus sévère. Les présentations, formelles, commencent.

– Hoveka, dis-je. Dis-lui que je suis venue de très très loin, bien au-delà de la grande mer, pour rencontrer les Himbas et apprendre leurs traditions. Dis-lui que je suis venue dans ce village, car j'ai entendu dire qu'il allait y avoir une cérémonie. J'aimerais vraiment pouvoir y assister, je n'ai encore jamais vu de cérémonie himba. Alors, je viens lui demander son accord. C'est possible ?

Hoveka me fait répéter plusieurs fois. Il tend l'oreille, concentré, le visage un peu tiré. Il n'a pas l'air très à l'aise. Quand il croit avoir compris, il traduit. Je guette la réaction d'Omuniangue. Il plonge sa main dans les cendres du foyer, et retire avec ses doigts une braise qu'il pose sur sa pipe en os de chèvre. Il hoche la tête d'un air satisfait. Hoveka traduit sa réponse.

– Homme dire bien, très bien. Pas problème, toi habiter dans le village, il dit très heureux. Toi voir, sera très belle fête. Beaucoup monde, étrangler bœuf.

D'après Omuniangue, la cérémonie doit débuter demain ou après-demain. Une fête qu'il organise en l'honneur de sa fille chérie Vakaouta. Une preuve d'amour paternel, en quelque sorte. Hoveka commente, intransigeant.

– Pffut ! C'est juste il vouloir manger la viande du bœuf. Prétexte !

Vecumba, qui jusque-là était resté dans son coin, ne peut s'empêcher de rire. Je reprends.

– Eh bien, dis-lui que je le remercie et que je serai vraiment très heureuse d'assister à la cérémonie. Ce sera la première fois que je verrai la mise à mort d'un animal.

Entre chaque échange, plusieurs minutes s'écoulent. Le temps pour Hoveka ou Vecumba de me faire répéter, qu'ils traduisent en herero, qu'Omuniangue réfléchisse, et que sa réponse fasse le trajet inverse. Omuniangue cure sa pipe. Les garçons dessinent des formes dans le sable. J'observe. Brusquement, Omuniangue sursaute, bondit sur ses talons. Il a laissé tomber sa pipe dans la poussière et me regarde avec des yeux exorbités. Comme si j'étais d'un autre monde. Un instant, je crois avoir commis une faute. Il se penche vers Hoveka, lui murmure quelques mots à l'oreille. Le garçon se met à glousser. Il se cache le bas du visage avec la main pour ne pas avoir l'air de se moquer. Ayant pris une grande respiration, il retrouve l'usage de la parole.

– Omuniangue il pas croire toi jamais vu homme étrangler un bœuf.

– Ben si, pourtant, c'est vrai. Tu peux lui dire.

– Je lui avoir dire, mais lui pas croire.

Les yeux écarquillés, Omuniangue continue à me dévisager. Il hoche la tête de droite à gauche, incrédule.

– Omuniangue demander si toi jamais vu opération, alors ?

Par opération, les Himbas entendent le moment où l'on dépèce la bête pour lire l'avenir dans ses entrailles.

– Ben non, bien sûr !

Omuniangue fronce les sourcils, sceptique. Il m'examine longuement, se penche vers moi, puis dans un murmure – comme s'il s'agissait d'un secret – me demande, dans un herero sommaire :

– *Ongombe niee ?* Toi pas posséder bétail ?

Je lui explique que là où je vis, dans les villes, on n'en voit même jamais. Il faut aller dans la campagne. Et encore, maintenant, beaucoup de troupeaux sont élevés dans des grandes maisons carrées d'où ils ne sortent jamais et où on leur amène leur nourriture.

Omuniangue se gratte le crâne sous le chignon, avec son rayon de vélo. D'un air attendri, il marmonne entre ses lèvres et fait claquer ses doigts : « Atatatatatata ! »

Dès que les femmes ont fini de traire les vaches, Omuniangue envoie Maezuva, l'unique jeune homme du village, au puits avec le troupeau.

– Je suis fatigué, a-t-il décrété. Et puis, je veux parler avec Longs Cheveux.

Clin d'œil complice. C'est réciproque. Parler avec lui a été pour moi un véritable plaisir. Nous éprouvons l'un comme l'autre le besoin de faire plus ample connaissance.

Installé à l'ombre de sa case, Omuniangue étale une couverture sur le sable. Les femmes se sont regroupées. Heureux comme des papes, Hoveka et Vecumba parlent haut et fort. Ils se savent indispensables. Sans eux, personne ne peut communiquer avec moi. D'ordinaire, tout le monde les traite de paresseux et de fainéants. On les accuse de perdre leur temps à l'école. Pour la première fois ce matin, Omuniangue a admis que c'était utile. Il a même avoué qu'il les enviait. Vautrés sur la couverture comme deux pachas, Hoveka et Vecumba entourent mes jambes de leurs bras, comme pour montrer que nous sommes inséparables. La pratique de l'anglais développe une intimité particulière entre nous trois. Nous avons nos propres blagues, nos propres plaisanteries. Même en compagnie d'autres Himbas, nous nous moquons et commentons les paroles et attitudes des uns et des autres. Insolents à souhait, nous pouvons rire de tout et n'importe quoi, sans fâcher personne. Un vrai délice.

Omuniangue se racle la gorge. D'un geste de la main, il met fin au bavardage des femmes.

– J'ai entendu dire que tu portais avec toi des voix de Himbas...

Hoveka me lance un sourire complice. Pour Omuniangue, je sors à nouveau ma petite boîte noire. La voix de Vakaouta résonne dans l'appareil, plus grave que de coutume. Mes piles commencent à s'épuiser. Dubitatif, Omuniangue approche le magnétophone de son oreille, et secoue son poignet en murmurant entre ses lèvres le « Atatatatata ! » habituel.

Une fois de plus, chacun immortalise sa voix. Omuniangue me fait découvrir l'*ombimbi*, le chant de la virilité. Il gonfle son torse et, du ton le plus grave, il crie un mot. D'une seule voix, Hoveka et Vecumba y répondent par un *djo* ! puissant. Ils couvrent leur bouche de leur main pour lui donner une résonance plus mâle.

Mon tour arrive. C'est désormais une tradition, j'entonne les premières mesures de « Il était un petit navire ! ». Les questions fusent.

– Mais qu'est-ce que ça veut dire, « oématelo » ?

Je leur explique qu'un matelot est un marin, un homme qui travaille sur un bateau. Peine perdue ! Ce dernier mot est bien sûr inconnu des Himbas. Je sors mon petit carnet, et dessine un trois-mâts, ballotté par les flots tumultueux.

– C'est un peu comme une maison qui flotte sur l'eau, dis-je. Elle avance avec la force du vent.

– Et il y a des gens dessus ? demande Vakaouta.

Les femmes se penchent de plus près sur mon dessin. Elles espèrent y trouver l'explication. Hoveka et Vecumba sont complètement perdus. Ils n'arrivent plus à traduire. Suis-je bête ! Les Himbas ne connaissent pas la mer ! Hoveka et Vecumba n'ont même jamais vu un fleuve de leur vie, ils ne sont jamais allés jusqu'au Kunene ! Dans le vocable himba, il n'existe qu'un seul mot pour dire ruisseau, rivière, fleuve ou océan.

– Oh si, j'ai entendu parler de ça, une fois, riposte Omuniangue. Il paraît que c'est encore plus grand que le fleuve Kunene. Il y en a en Angola.

J'essaie de leur faire imaginer une mare si grande que l'on n'en verrait pas les bords, si large que l'on peut avancer dessus sans voir la terre pendant des mois, si profonde que le dernier de quarante hommes empilés les uns sur les autres garderait la tête sous l'eau. Omuniangue décortique mon dessin.

– Je ne comprends pas. Pourquoi ils vont sur l'eau, ces hommes ?

– Ben, pour pêcher, pardi.

– Pêcher ?

Hoveka et Vecumba ne s'y retrouvent plus. Ils ne comprennent absolument rien, ce n'est pas dans leur vocabulaire. Je dois prendre les mots un par un, pour leur en expliquer le sens. Après plusieurs vérifications, Vecumba traduit en herero. Aussitôt, un frisson parcourt l'assemblée. Les femmes prennent un air dégoûté.

– Quoi ! Ils mangent du poisson ? Pouah ! Mais c'est comme manger du serpent, faut être un animal, pour faire ça !

La tentation est trop grande. Je me régale.

– Oh ! vous savez, il y a aussi des gens qui mangent des serpents. Il paraît que c'est pas mauvais...

Regard terrifié d'Omuniangue. Les femmes se cachent le visage. J'ai toujours du mal à m'arrêter à temps, un défaut sans doute.

– Ben oui, ça existe ! Dans certains endroits du monde, y a même des gens qui mangent leurs morts, alors !

J'aurais mieux fait de me taire. Les femmes me lancent un regard de glace. Pour Omuniangue, c'est trop. Il me tape sur l'épaule.

– Ah ! tu nous fais marcher !

L'atmosphère se détend, une volée de rires soulagés vient éclairer les visages. Je ne me sens pas très fière. Quel besoin avais-je encore de provoquer ? Chercher à épater en jouant de leur ignorance... trop facile.

Omuniangue sourit. Il prend mon bras, entoure mon poignet avec ses doigts. Impudique, il relève la manche de ma chemise.

– Atatatatatata ! murmure-t-il, avec un air faussement effaré.

– Omuniangue dire toi vraiment très fragile, et ta peau vraiment très blanche, traduit Hoveka.

Omuniangue se lève. D'un geste tendre, il rajuste mon foulard sur ma tête.

Six jours seulement que je suis à Omirora. Et l'impression que je vis ici depuis des semaines.

Il ne se passe rien de particulier. Cependant, il y a quelque chose, dans ce village. Je ne sais pas encore quoi. Une évidence. Une vérité qui a décidé à ma place, sans même me consulter, que ma route s'arrêtait ici, que je n'avais pas à aller plus loin. Peut-être est-ce le lieu, si retiré. Peut-être est-ce le rythme de vie, si lent. Sans doute plutôt sont-ce les gens. Des affinités. Des complémentarités. Un heureux hasard qui nous a placés sur le même chemin, pour quelque temps.

Jamais encore je n'ai été plongée aussi profondément dans l'univers himba. Ombirisazu n'était qu'un campement temporaire, ses habitants n'arrêtaient pas de faire des aller-retour à Etanga. C'était une étape. Omirora est un microcosme à part entière. Il se suffit à lui-même. Un monde autonome, qui ne compte qu'une dizaine de personnes, et dans lequel, très rapidement, j'ai la sensation d'occuper une place.

Je n'ai qu'une idée très vague du lieu où je me trouve. Aussi loin que porte ma vue, ce n'est qu'une étendue sans fin d'épineux. Aucun village. Aucune habitation. Aucune autre trace de vie humaine. Je ne saurais même pas dans quelle direction marcher pour atteindre la première piste. En dehors d'Omirora et de ses habitants, il n'y a plus rien d'accessible. Pourtant, je ne me sens pas perdue.

Spontanément, entre tous les feux du village, c'est celui d'Omuniangue que j'ai choisi. J'aime être assise à ses côtés. J'ai du mal à définir ce qui s'est passé entre nous. Dès la première rencontre, j'ai eu confiance en cet homme. La manière dont il me regarde. C'est comme s'il avait compris qui j'étais, vraiment, au fond de moi-même. Il ne sait pas d'où je viens, il ne connaît rien de ma vie, mais ses yeux reflètent l'image de la Solenn que j'ai le sentiment d'être, dépouillée de tout vernis social. Je ne sais pas ce que je représente pour lui, mais nous recherchons tous deux la compagnie de l'autre. Parfois, de manière très exclusive. Tout de suite, ce lien privilégié qui nous rapproche devient officiel. Pour tous les habitants du village, c'est même une évidence. Comme si cela n'avait pas pu être autrement.

Katjaimbia, sa femme, et Vakaouta, sa fille, semblent particulièrement ravies de cette nouvelle affection qui se crée. De toutes les femmes du campement, elles sont celles avec lesquelles je m'entends le mieux. Pleines d'attentions touchantes, elles ne font qu'encourager ma sympathie pour Omuniangue. Elles me libèrent toujours une place à ses côtés. Pendant des heures, nous réchauffons ensemble nos mains au-dessus des flammes. Le nourrisson de Vakaouta passe de bras en bras, les doigts se croisent au fond du pot de bouillie de maïs. Assis sur ses talons, Omuniangue agite la main en l'air et prend sa voix autoritaire.

– Hoveka ! Vecumba !

Les deux garçons arrivent en courant. Ils ont un peu peur d'Omuniangue. Même s'ils ne sont pas toujours d'accord avec lui, même s'ils se moquent de lui derrière son dos, ils lui obéissent toujours sans discuter.

– C'est normal, il est un peu vieux. Pas très très vieux, mais un peu. C'est le respect, me répète continuellement Hoveka, lorsque je lui conseille de se rebeller.

Omuniangue en profite. Il prend toujours un ton sévère pour leur parler. Il est sûrement un peu jaloux de la complicité qui existe entre nous.

Sur son ordre, Hoveka traduit.

– Omuniangue dire il avoir marre parler à toi à travers nous. Maintenant, tous les matins, il apprendre toi dix mots de herero, et toi apprendre lui dix mots de ta langue.

– Et si dans deux jours tu ne parles pas herero couramment, je te tuerai ! fait rajouter Katjaimbia, l'œil pétillant.

J'ai pourtant fait de gros progrès dans l'apprentissage de la langue himba, ces derniers temps. Hoveka et Vecumba sont d'excellents professeurs, très pédagogues, puisque, avec eux, tout se fait dans le rire. Je suis maintenant capable de tenir, seule, de petites conversations sur des sujets aussi fondamentaux que le bétail, le froid nocturne ou mon estomac. Bien sûr, cela reste insuffisant pour une réelle communication. Dans un sens, la remarque d'Omuniangue me fait plaisir. Je ne suis pas la seule à être frustrée. Cela signifie qu'il a vraiment envie de me parler, de me connaître.

Mais tant que Hoveka et Vecumba sont avec moi, je n'ai aucune raison de me plaindre. Les conversations sont laborieuses, mais elles sont possibles. En quelques jours, ils ont fait d'étonnants progrès en anglais. J'ai aussi pris l'habitude de parler comme eux, sans conjugaison ni préposition, dans un anglais un peu primitif. Nous avons maintenant moins de problèmes de compréhension.

Le premier jour, je me suis fâchée. Ils parlaient de moi à tout le monde, mais ne me traduisaient pas un seul mot. Lorsque les Himbas me posaient des questions, ils répondaient à ma place. Sans doute très justement. Mais du coup, j'étais incapable de suivre. Ensuite, bien sûr, lorsqu'ils avaient compris que je ne parlais pas herero, les Himbas s'adressaient directement aux garçons. Plus rapide et moins fatigant. Tout le monde ne parlait que de moi, mais je n'avais aucun contact.

– Ça va pas du tout, ça ! Je ne vous ai pas demandé de m'accompagner pour parler à ma place. Vous êtes là pour m'aider ! Il doit toujours y avoir un de vous deux à côté de moi, au cas où j'aurais besoin de parler à quelqu'un, ou si quelqu'un veut me parler.

Je leur en demande beaucoup. Rien de plus affreux que d'être l'ombre de quelqu'un. Mais s'ils sont venus avec moi, c'est avant tout pour jouer le rôle de l'interprète. Sans leur aide, je ne peux rien faire. C'était essentiel qu'ils comprennent ce point dès le premier jour. Maintenant, ils remplissent leur rôle à la perfection. Hoveka, plus bavard et plus social, commence en général les traductions. Vecumba, patient et plus discret, prend la relève lorsque Hoveka se lasse, qu'il commence à bâiller trop bruyamment, ou qu'il tombe tout simplement dans une crise de fou rire incontrôlable. Parfois, les yeux d'Omuniangue me disent qu'il est fou de rage d'être dépendant de ces deux crétins qui ne cessent de ricaner. Tant pis. Que ça lui plaise ou non, toute la sympathie que j'ai pour lui ne remplacera jamais le bon temps et les éclats de rire avec Hoveka et Vecumba.

Dans la journée, nous partons tous les trois nous promener. Cela me fait du bien de quitter le village quelques heures. Bien sûr, Hoveka, paresseux légendaire, se fait toujours un peu prier.

– Mais il fait trop chaud, Solena !

– Quoi ? Trop chaud ? Tu t' paies ma tête ! T'es un homme, non ? Et en plus, t'es un Himba ! C'est pas toi qui m'as dit que les Himbas ne craignaient pas la chaleur ?

Voilà, j'ai compris comment les prendre. Mi-riant, mi-souriant, les deux garçons daignent enfin se lever.

– Atatatata, Solena ! Mais t'es pire qu'un homme !

– Ah oui, tu crois ?

Personne dans le campement, pas même Hoveka ni Vecumba, ne comprend vraiment l'intérêt que je peux trouver dans ces promenades exploratoires. Un jour, nous rentrons plus tard que de coutume, après la tombée de la nuit. Je raconte à Omuniangue que nous avons marché jusqu'au grand rocher. Je l'ai escaladé. Une vue imprenable sur toute la plaine. Omuniangue se gratte les cheveux sous sa coiffe avec son rayon de vélo.

– Alors, y a pas de rocher non plus, dans ton pays ? demande-t-il avec l'air de celui qui s'attend à tout.

– Oh si, bien sûr !

Omuniangue fronce les sourcils. Quelque chose le perturbe.

– Tu connaissais déjà les rochers, et tu as marché tout l'après-midi pour voir ce que tu connaissais déjà ?

Cette fois-ci, c'est moi qui suis prise de court.

– Ben... oui mais... je ne connaissais pas ce rocher-là.

Omuniangue me dévisage longuement. Le coin des lèvres légèrement retroussé dans un sourire charmeur, il hoche pensivement la tête. À voix basse, il murmure quelques mots qui font pouffer de rire Hoveka. Malgré toutes mes prières, les deux garçons refusent de traduire.

Tout ce que je fais est observé dans le moindre détail et minutieusement analysé. C'est une sensation très étrange que d'être un objet d'étude. Comme si je vivais en permanence avec une multitude de miroirs autour de moi. Il y en a partout, dans tous les angles. Et tous reflètent une image différente. Avec certaines images, il est possible de jouer, c'est moi qui les crée, j'en ai conscience, et j'en décide vaguement les contours. D'autres images me laissent stupéfaite. Jamais je n'aurais pu les imaginer. Tous ces reflets de moi-même sont passés à travers un filtre dont la couleur et la texture me sont encore inconnues. Je commence à peine à en percevoir le mécanisme. Les conclusions que les Himbas tirent de mes attitudes ou de mes actions m'apprennent quelque chose à la fois sur eux et sur moi. Cela me rappelle qu'ils possèdent un univers différent du mien. D'autres références. J'ai parfois tendance à l'oublier.

À l'heure du crépuscule, les femmes se dirigent vers l'enclos du bétail, munies de leur pot à lait. Accroupie sur mes talons, le dos appuyé contre la paroi de ma case, je regarde les vaches. Elles sont encore bien grasses. Leurs cornes sont majestueuses, provocantes. Une image me vient à l'esprit. Je pense au trident de Poséidon. Certaines bêtes ont vraiment l'air d'être coiffées d'une fourche, d'une arme aux pouvoirs magiques. Un éclat de rire me fait tourner la tête. Les femmes réunies autour d'Omuniangue rient à gorge déployée. Hoveka me renseigne.

– Omuniangue dire on voit bien qu'y a pas de bétail, d'où tu viens, pour que tu restes à regarder les vaches comme ça !

Je ris aussi. Jamais je n'aurais pensé qu'une rêverie aussi insignifiante pouvait capter leur attention et méritait d'être interprétée.

Étrangement, en dehors des longues conversations au cours desquelles les Himbas tentent de comparer nos deux différentes cultures, je pose très peu de questions. J'observe, j'observe, j'essaie de mémoriser, de capter l'atmosphère, mais je m'interroge peu. Je n'y pense pas. Tout autour de moi est normal, puisque c'est ainsi que les gens vivent. En fait, c'est surtout moi qui parle des « traditions de chez moi ». On m'appelle souvent, d'un côté ou de l'autre du kraal, pour que je raconte « des histoires de mon pays ». J'adore ça. J'essaie d'aborder toutes sortes de sujets, mais les questions recentrent toujours la conversation autour des mêmes thèmes : le bétail et la pluie en Europe, ou l'éducation des enfants, la répartition des rôles entre l'homme et la femme dans un couple. Avec Omuniangue, plus curieux, je parle pendant des heures. Je lui raconte le premier homme qui a marché sur la Lune, la fusée Ariane, les Papous chasseurs de têtes, le métro, l'emploi du temps des fonctionnaires du service public français, les pompes à essence et les étoiles filantes. La conversation ne vient jamais directement sur moi ni sur ma famille. Pour Omuniangue et les siens, il suffit de savoir que mes parents sont loin, très loin. Je suis un peu comme une orpheline. Une enfant abandonnée. Sans doute est-ce pour cela qu'ils se sentent si responsables. L'impression que, pour eux, je suis arrivée ici vierge de tout passé, ignorante de tout. Si je fais des erreurs, des choses qui les choquent, c'est leur faute. Je suis ici pour apprendre la vie, la vraie, et c'est à eux de me la faire connaître.

Par contre, s'ils sont très tolérants pour les erreurs que je peux commettre par rapport aux traditions himbas, ils attendent de moi que je respecte certaines règles qu'ils attribuent aux Blancs. Omuniangue ne cesse de me faire des remarques sur ma chemise qui commence, il est vrai, à être si sale que je n'ose la décrire. Avec un sifflement apitoyé, il soulève ma manche du bout des doigts.

– Atatatatata! Il va falloir que tu rentres à Etanga, ou même à Opuwo, pour laver et recoudre tout ça!

– Ben pourquoi? J'en ai pas besoin, je peux rester comme ça. Est-ce que tu laves ton pagne, toi? Non! Je peux faire comme toi.

– Oui, mais toi, tu es blanche. Tu dois rester belle et propre.

Même chose lorsque je m'apprête à m'asseoir par terre, Omuniangue m'arrête en me prenant par le bras.

– Non, ne t'assois pas par terre, tu vas te salir!

– C'est pas grave.

– Tu es trop blanche pour t'asseoir par terre.

Il se lève, et ramène un vieux baril d'essence cabossé que je coince entre mes jambes.

Toutes ces attentions sont touchantes, mais aussi un peu

aberrantes. Voilà près d'un mois que je porte la même chemise et plus de dix jours que je ne me suis pas lavé le visage. Inutile d'essayer de rester propre, ici. Tout ce que je touche est couvert d'ocre et de graisse. Cela pose d'ailleurs quelques problèmes lorsque je veux écrire, ou tout simplement prendre mon appareil-photo. Mais dois-je refuser de serrer des mains sous le prétexte que je ne dois pas me salir ? Le contact physique est trop important.

Chaque matin, juste après avoir fini de traire les vaches, les jeunes femmes se regroupent dans l'une des cases. Dès les premiers jours, elles insistent pour que je vienne les rejoindre. Moments d'intimité féminine. Hoveka et Vecumba sont poliment priés d'aller faire un tour ailleurs. Lorsque tous les individus de sexe masculin se sont éloignés de son champ de vision, Vakaouta ouvre son sac à trésor. Les fillettes se sont regroupées autour d'elle, le cou tendu en avant pour essayer d'apercevoir quelques reflets dorés. Doucement, elle sort tous ses bijoux, les étale les uns à côté des autres, sur la peau de vache de ses parents. Avec une grande sensualité, elle les passe autour de son cou. Ses compagnes lui donnent un avis, en riant. Vakaouta se caresse le ventre, les épaules. La paume claire de ses mains passe le long de ses bras, dans l'arc de son cou. Ses lèvres tremblent. Elle se retient d'éclater de rire. D'une voix à la fois suave et comique, elle murmure, tout bas : « Iiiia, iiiia, *ami omuwa omuwa otjinene,* je suis belle, belle... » Les yeux écarquillés, les fillettes rigolent en se cachant le visage. Elles n'ont pas encore leurs règles et ne font donc pas encore partie de ce monde de la séduction. L'une d'elles touche le collier de Vakaouta du bout des doigts, comme si elle brûlait un terrible interdit et attend, soumise, que la punition tombe. Vakaouta ne dit rien. Avec une fausse timidité, la fillette se pare du lourd collier de cuivre, et se pavane en prenant des attitudes de femme fatale.

J'ai appris récemment que la crème de beauté que les femmes himbas se passent sur le corps ne sert pas uniquement à les protéger des rayons d'un soleil trop brûlant, c'est aussi un moyen pour elles d'identifier leur peau à la robe du bétail. Les vaches rousses sont en effet réputées pour être les plus belles et les plus résistantes. « Lorsque homme dire toi belle comme vache, très grand compliment, surtout si c'est vache rousse », m'a certifié Hoveka.

Vakaouta a ouvert les deux petites cornes de bœuf dans lesquelles elle conserve précieusement la poudre d'hématite et la graisse tirée du lait des vaches sacrées. Elle mélange les deux produits avec le bout de ses doigts, dans le creux de sa paume. Puis elle étale la mixture onctueuse sur chacun de ses effets personnels. Elle graisse l'intérieur de sa peau de chèvre et l'assouplit en la tordant entre ses mains. Vakaouta me fait toujours longuement admirer ses bijoux, en prenant soin de me faire éviter le plus possible tout contact avec la peinture rouge. Elle les tient en l'air, les tourne, pour que je puisse les admirer sans les toucher, sans me salir. Ce matin, j'ai envie de jouer. Je trempe mon pouce dans la corne de bœuf. Devant elle, j'étale la pâte rouge sur mon visage. Avec le bout des doigts, je dessine des rayures à l'indienne sur mes joues et sur mon front. Vakaouta me regarde d'un air inquiet d'abord, un peu ahurie. Elle n'ose pas intervenir. Soudain, elle éclate de rire, et sans prévenir, se jette sur moi, me renverse sur la peau de vache. Avant même de réaliser quoi que ce soit, je me retrouve enduite d'ocre et de graisse rance de la tête aux pieds.

– On va faire de toi une vraie Himba, répètent les jeunes femmes ravies.

Vakaouta et ses deux amies s'affairent. En un tour de main, elles se défont de leurs lourds colliers et me les accrochent autour du cou. Vakaouta enlève sa ceinture de corde et de perles en fer et me la passe autour des reins. Son *ohumba*, le lourd coquillage blanc réservé aux femmes fécondes, suit le même chemin. Pour cette première séance d'habillage, Vakaouta tient à ce que je garde ma chemise et mon jean sous la peau de chèvre. Étrange, pour quelqu'un qui est habitué à vivre la poitrine nue. Est-ce parce qu'elle me croit pudique, ou tient-elle à éviter cette tentation aux garçons ? Depuis que je suis arrivée à Etanga, tous – pas seulement les femmes – lorgnent mes seins vêtus avec curiosité. Dans l'intimité du couvert épineux, Vakaouta m'a un jour demandé à les voir. Elle est restée plusieurs minutes à les palper, comme fascinée, puis a soigneusement reboutonné ma chemise et m'a recommandé de les garder cachés.

Attirée par l'animation, Katjaimbia, la maman de Ngavikupe, ne tarde pas à nous rejoindre. Elle me prête son *erembe*, la fameuse petite coiffe en peau de bœuf que les femmes portent sur la tête et qui rappelle les oreilles d'une vache. En vain, elle tente de passer autour de mon front son *ondengura*, un lourd collier circulaire constitué de spirales de métal. Mais ma tête est trop grosse, j'ai trop de cheveux. Elles doivent se mettre à trois pour me l'enfoncer sur le crâne et le faire descendre sur mon cou. Vakaouta me maintient les épaules, tandis que Vahendeka me tire les cheveux en l'air. J'ai les larmes aux yeux. Ma tête est sur le point d'exploser quand le collier s'abat enfin sur ma nuque, comme un coup de massue. Il ne me reste plus qu'à me raser le haut de la tête et à me rajouter quelques tresses pour que le déguisement soit complet. Je préfère en rester là.

Encore abrutie par la pose du dernier collier qui m'a comprimée la tête, je sors de la case en titubant. Je dois bien avoir, au bas mot, dix kilos de bijoux sur moi. Voyant combien je suis maladroite avec mon nouvel attirail, Vakaouta me prend la main et me fait traverser le village. Elle me donne des conseils pour « ressembler » à une Himba : marcher doucement, un pied devant l'autre, comme un mannequin, la tête haute, le dos droit, les épaules en arrière. Bientôt, je remarque qu'il suffit de laisser aller son corps, sans effort. Le poids des bijoux commande et dirige mes muscles. Les ornements de métal qui pendent dans mon dos me tirent en arrière et le poids de la lourde ceinture accentue tout naturellement le déhanchement.

Assis à l'ombre de sa case, à l'autre bout du campement, Omuniangue a observé la scène avec attention. Il applaudit bruyamment, me fait signe d'approcher. Très fier, il répète, en connaisseur :

– Mmm ! *Omuwa, omuwa*, très belle, très belle...

Il me fait tourner sur moi-même, me fait marcher autour de lui pour observer ma démarche, m'ausculte sous toutes les coutures. Toute contente de mon nouvel habit, je m'exécute de bonne grâce. Sur son ordre, Vecumba court chercher mon appareil-photo. Omuniangue appelle tout le village et, en me tenant par la taille, prend fièrement la pose.

Je garde mon déguisement jusqu'à la nuit tombée. Toute la journée, il n'est question que de mon habit himba. Les jeunes femmes insistent pour que je me rase le haut de la tête. Vakaouta revient plusieurs fois à la charge.

– Solena ! Laisse-nous faire de toi une vraie Himba !

Armée d'un long coupe-coupe, elle se précipite sur moi. Je hurle comme un chacal et prends mes jambes à mon cou. Toujours partants pour ce qui n'est pas sérieux, Hoveka et Vecumba se joignent au jeu. La poursuite se termine par une crise de fou rire générale dans le sable de l'oued.

Cette anecdote apparemment sans importance va cependant modifier quelques menus détails dans le déroulement de mes journées au sein du campement. Jusque-là, je n'avais jamais pu approcher de près le troupeau. Mes vêtements et mon odeur, différente de celle des femmes, effrayaient les vaches. Plus d'une fois, en voulant observer la manière dont Vakaouta tirait le lait, j'ai semé la panique. Selon Katjaimbia, les vaches sont particulièrement attentives au port de l'*erembe*, la petite coiffe qui surplombe la tête des femmes.

– C'est comme ça qu'elles reconnaissent une femme himba ! m'explique-t-elle.

Après ce premier essai vestimentaire, Katjaimbia, voyant que – contrairement à ce que lui a appris son expérience des Blancs – je ne suis pas dégoûtée par l'esthétique himba, me confectionne mon propre *erembe*. Avec en prime mon nouveau maquillage et la forte odeur qui s'en dégage, nous devrions réussir à tromper le troupeau. Je vais pouvoir apprendre à traire.

Doucement, nous nous approchons d'une grosse vache noire tachetée de blanc, réputée pour son calme relatif.

Katjaimbia me tient la main. Il n'est pas rare de recevoir un coup de sabot, et elle m'incite à la prudence. Pendant que Katjaimbia parle à la vache, d'une voix douce et chantante, pour déjouer son attention, je m'accroupis entre les pattes de l'animal. Le pot coincé entre les genoux, j'essaie maladroitement de tirer sur les pis. Des crampes me traversent les jambes et, plusieurs fois, la vache essaie de s'échapper. Après plusieurs essais, un mince filet blanc vient remplir le font du pot.

Chaque matin, je mets mon *erembe*, et répète l'expérience. Je suis une piètre fermière. Jamais je n'arrive à remplir plus du tiers du pot. Les femmes en rapportent plus d'un par vache. Mais quoi que je fasse, Omuniangue est content. Il me félicite, et raconte à tout le monde combien je sais bien traire les vaches. La vie chez les Himbas est pour moi d'une injustice trop facile...

Assise en tailleur dans ma case, j'essaie d'écrire quelques mots sur mon cahier rouge.

« Fin juillet. Omirora. Journée fou rire avec Hoveka et Vecumba. Encore ! Omuniangue est un pince-sans-rire épatant ! »

Sans faire de bruit, Maezuva, le jeune homme à la jambe blessée, s'est approché de moi. Il passe sa tête par-dessus mon épaule, enroule sa main autour de mon stylo.

– Longs Cheveux, prête-moi ton crayon !

Soupir. À chaque fois que je prends mon cahier, c'est la même chose.

– *Indja Katiti*, attends un peu. J'écris. Après, je donner toi crayon.

Maezuva s'assied docilement à côté de moi. Le nez penché sur ma feuille, il observe avec attention chacun des signes que je trace.

– Solenaa ! *Indjoooo* ! Viens, maintenant !

La voix d'Omuniangue résonne dans tout le village. Nouveau soupir. Depuis que je suis arrivée à Omirora, je n'ai pas encore réussi à écrire plus de cinq lignes à la suite. En général, deux lignes par jour. C'est peu. J'écris sur mon cahier : « Nouvelle interruption Omuniangue. Fatigant. »

Hoveka et Vecumba sont déjà assis autour d'Omuniangue. Avec son sourire de charmeur, l'homme me prend la main et me fait asseoir sur le bidon d'essence.

– Viens, je veux te parler.

Avant même qu'Omuniangue n'ait ouvert la bouche, Hoveka est mort de rire. Pauvre Omuniangue. Il est devenu la tête de Turc des deux garçons.

– Dis-moi, Longs Cheveux, commence Omuniangue. Tu connais Nuyok ?

– Nuyok ?

– Oui, Nuyok, tu connais ?

– Nuyok ? New York, tu veux dire ?

– Oui, Nuyok ! Eh bien là-bas, à Nuyok, tu vas pas me croire, le soleil, il se couche dans l'eau.

– Hein ?

Il me faut plusieurs minutes pour comprendre ce qu'Omuniangue veut dire. Comment peut-il connaître New York, d'abord ?

– Comment ça le soleil se couche dans l'eau ?

– Oui, le soleil se couche dans l'eau. À Nuyok, le soleil se couche dans l'eau.

Hoveka glousse tellement qu'il en vient presque à suffoquer. Soudain, je comprends. Dans le bureau de Mister Kavari, il y a une carte postale d'un coucher de soleil dans la baie de New York. Omuniangue aura pris le reflet du soleil pour l'astre lui-même. Je ne peux réprimer un léger sourire, mais calmement, je lui explique. Avec un récipient d'eau, j'essaie de lui faire une démonstration du phénomène de reflet. Omuniangue jette un regard noir à Hoveka, mais écoute avec le plus grand sérieux. Au-dessus de nous, le ciel si clair, si pur. Le calme de la nuit est parfait. Omuniangue reste longtemps silencieux. Après un long moment, il se lève.

– Je suis fatigué, maintenant. Va dans ta case avec tes amis.

Tout en parlant, il me prend la main, et y dépose un long baiser. C'est la première fois que je vois un Himba faire cela.

Comme tous les soirs, toute la jeunesse d'Omirora se retrouve dans notre hutte. Instants de réel plaisir. Avachis les uns sur les autres, nous rions, nous rions. Je ne saurais même pas dire de quoi. J'ai rarement eu autant de crises de fou rire que lors des soirées passées dans cette petite case.

Vakaouta et Vahendeka se sont emparées de mon petit magnétophone. Elles passent et repassent les enregistrements de chants himbas. Je leur ai fait écouter une fois mon unique cassette de « musique de mon pays », un mélange de Deep Purple, Barbara, Mozart et Peter Tosch. Ça les a laissés plutôt froids. Seul Peter Tosch a réussi à capter assez leur attention pour que Vakaouta daigne esquisser quelques mouvements de danse.

Nous rions. Hoveka se moque de l'ignorance d'Omuniangue. Maezuva, avec un talent hors pair, imite un à un tous les membres du campement. Entassés les uns sur les autres, les membres enchevêtrés, nous pourrions ne former qu'une seule masse secouée de rire sous la lumière des flammes. Pourtant, ce soir, je n'arrive pas à être avec eux. Il me manque quelque chose.

Le vent souffle. La nuit est sans lune. Excepté notre case, tout le kraal est endormi. Je me lève, enjambe les corps.

– Où vas-tu, Solena ?

– Je reviens tout de suite, vous inquiétez pas !

Je franchis la haie de ronces, m'enfonce dans les buissons, en direction de la croix du Sud. La nuit est sombre. Après quelques pas, le kraal d'Omirora n'est même plus visible. Je me mets à courir, droit devant moi. Seule, me retrouver seule ! Chose, paradoxalement, si rare ici ! Ce soir, j'en ai trop besoin.

Courir, à l'aveuglette, à en perdre haleine. Loin de ce kraal. Hors de vue. Les épines s'accrochent à mes vêtements, déchirent ma chemise. Je veux sentir le vent s'engouffrer dans mes cheveux, qu'il me fouette le visage. Sentir mon énergie s'épuiser contre les éléments. Pendant plusieurs minutes, je continue cette course folle. Je butte sur un rocher, m'y laisse tomber de tout mon long. Les bras en croix, je m'efforce de faire coïncider les formes de mon corps avec celles de la pierre. De mon menton, je la caresse, afin d'en ressentir toutes les aspérités. Je reste là, à écouter mon souffle. Longtemps.

Je pense à mes amis, à ma famille. Où peuvent-ils être, en ce moment ? En Bretagne, sans doute, au bord de la mer. La mer... Toute une partie de mon enfance. Je revois en pensée la courbe des vagues, la mousse blanche de l'écume, les corps salés... De l'eau ! Avoir de l'eau, tout autour de soi, s'y enfoncer et, pendant quelques secondes, oublier le temps, s'allonger contre le sable, regarder les quelques rayons de soleil qui arrivent à percer la masse liquide. S'oublier. Durant quelques instants illusoires, faire partie de cet autre monde, s'endormir. Puis la lutte, dans un dernier souffle, pour remonter à la surface. Elle semble sans cesse s'éloigner. La tête explose, la gorge brûle. Enfin, après un ultime assaut, les grandes retrouvailles avec ce ciel dont on s'est momentanément coupé. Le meilleur moyen pour sortir de ce monde et le retrouver avec des yeux neufs. J'ai presque oublié...

Tout cela est si loin, une vision aux contours flous comme la fumée. Comme le passé d'une autre. Il ne m'appartient plus. Moi, où suis-je, dans ce monde ? Je me sens perdue, ce soir. Vidée. Dépouillée. L'impression d'avoir perdu ma place dans ma société en essayant de découvrir celle des Himbas. Serai-je encore la même, lorsque je retrouverai la France ? Je n'arrive plus à m'imaginer vivre. J'ai effacé mes marques. Je n'ai plus rien. Je ne sais plus pourquoi je suis partie. Je ne sais plus ce que je suis venue chercher ici. Je comptais revenir de ce voyage enrichie, forte d'une nouvelle expérience, ayant « roulé ma bosse », seule en Afrique, et désormais capable de tout affronter. Et je ne sais même plus qui je suis.

Tout doucement, je me laisse envahir par le cafard. Mon estomac se glace au contact de la roche froide. Des visions de noyés. En images, les dernières années de ma petite vie jaillissent dans ma tête. Tout ce qui fait que je me retrouve ici, sur cette pierre, aujourd'hui. Pourquoi sont-ils partis, ces êtres qui ont hanté mon adolescence ? Eberhardt, Monfreid, Loti, Lawrence. Chacun à leur manière, ils m'ont façonnée. Lawrence surtout. Thomas Edward Lawrence, alias Lawrence d'Arabie... De treize à seize ans, je n'ai vécu qu'à travers lui. En lui. Il était le maître. L'idéal. Celui qui avait vécu l'absolu. Pour le trouver moi aussi, je devais me dépouiller de tout ce qui me rattachait à mon existence concrète. Tenter, autant que ma petite existence de lycéenne me le permettait, de vivre et ressentir la même vie. Me fondre en lui. Je voulais être lui. Pour mieux l'approcher, mieux le sentir, je devais subir les mêmes privations. Je me lançais des défis insensés : cesser de boire et de manger pendant trois jours. Comme lui, faire souffrir mon corps, pour mieux l'oublier. Faire abstraction de toutes ses entraves. Que seule ma volonté puisse me gouverner. Trop souvent, j'échouais... et je me méprisais. Je n'étais pas à la hauteur. Pourtant, lorsque je regardais les cartes de l'Afrique, je n'arrivais pas à concevoir que je n'y avais encore jamais mis les pieds. Non ! J'avais vécu la prise d'Akaba, j'avais ressenti les brûlures du soleil, les raids forcés et les frottements de la selle m'avaient arraché des cris.

J'étais épuisée, mais me faisais un point d'honneur de ne le montrer à personne. Argh ! Parfois, je le haïssais, ce corps. Ce corps trop faible, qui trop souvent tombait malade. Ce corps qui aussi faisait de moi une femme, dans un monde où seuls les hommes semblaient pouvoir aller au bout de leurs rêves. Je n'étais pas encore une femme, mais j'allais le devenir, un jour. Une malédiction ? Même si j'oubliais mon corps, les autres ne l'oublieraient pas. Même si j'arrivais à devenir Lawrence d'Arabie, le monde ne me laisserait pas l'occasion de le vivre. J'ai cherché une solution dans Isabelle Eberhardt. En vain. La plupart du temps, elle jouait l'homme. Comme si être une femme était une tare qu'il fallait à tout prix cacher.

Et puis il y a eu un voyage, à San Francisco. Seize ans, seule. Aujourd'hui encore j'y pense comme un cyclone, un tourbillon violent qui m'a saisie hors de mon rêve pour me projeter dans une réalité plus étrange encore. L'Amérique m'a montré que le possible n'a pas de limites. Les rêves ne sont pas faits pour s'échapper, mais pour agir et créer. Je ne pouvais plus me contenter de vivre par procuration un destin qui n'était pas le mien. Chaque jour devenait une aventure, la mienne. Il me fallait sentir, toucher, palper. Je devenais boulimique d'expériences et de sensations.

Je me suis mise à écouter mon cœur, et mon corps. Ils parlaient bien. J'ai compris que je n'étais pas faite pour être Lawrence d'Arabie. J'étais faite pour être Solenn, avec tous ses défauts et toutes ses faiblesses. Là était ma force.

Nous nous sommes fâchés, Lawrence et moi. À cause de lui, j'avais négligé toute une dimension de l'existence. Le réel. Le sensuel. Il m'avait fait croire que tout ce qui avait trait au corps était vil et inutile. En élève obéissante, j'avais refusé les baisers des garçons, même les plus chastes. Je n'avais eu que du mépris pour tous ceux qui semblaient y trouver du plaisir. Je n'étais pas d'accord. En laissant vivre mon corps, je comprenais aussi mieux mon cœur.

J'ai vécu cette séparation avec Lawrence comme un véritable divorce. Une déchirure. Mais nécessaire. Pendant plusieurs mois, j'ai gardé un fort ressentiment contre lui. Un mélange d'amour et de haine, comme avec un amant que l'on a aimé, et qui vous a abandonnée, ou déçue. La vie a continué, les images se sont superposées, et il a été relégué dans un coin reculé, mais cher et paisible, de ma mémoire.

J'ai continué à écouter mon cœur. Chaque jour, il me criait de partir. C'était simple. Il n'y avait pas à se poser de questions. Il suffisait d'attraper un sac et de prendre la route, sans trop regarder en arrière.

Une étoile filante. Je fais un vœu. Celui de savoir toujours être à l'écoute de ce que le monde cherche à m'apprendre. Mon corps n'est plus que glaçon. Je me souviens, soudain : Omirora ! Le village. Omuniangue. L'impression qu'il s'est écoulé une éternité depuis que je l'ai quitté. L'espace d'un voyage.

Avec une extrême lenteur, je me remets sur mes pieds. Faire durer encore ces quelques instants de solitude volée. Ils n'en ont que plus de valeur.

Des cris percent le lourd silence de la nuit. Je tends l'oreille. Il m'a semblé reconnaître la voix d'Hoveka. Que se passe-t-il ? J'accélère le pas. Les cris se font plus distincts. Une petite lumière perce l'obscurité et virevolte entre les épineux.

– Solena ! Solenaaa !

La lumière avance toujours, droit sur moi. Les appels retentissent à nouveau.

– Solena ! Solena !

Je hurle :

– Yaoooo !

Quatre silhouettes sombres surgissent des buissons. La lumière se pose sur mon visage, m'éblouit. Deux corps noirs se jettent sur moi. Hoveka et Maezuva. Avec frénésie, ils me tâtent les bras, la figure. Les deux jeunes hommes ont le souffle court. D'une voix saccadée, ils répètent « Solena, Solena... » Vecumba et Vakaouta s'approchent à leur tour. Ils rient, comme soulagés. Vecumba met ses mains en cône autour de sa bouche et hurle en direction du village : « Ça y est ! On l'a retrouvée ! » De sa main droite, il brandit en l'air ma lampe-torche.

Hoveka et Maezuva me saisissent chacun fermement par un bras.

– T'étais où ? demande Maezuva. T'es folle ! Tu aurais pu te faire manger par une bête sauvage, te faire piquer par un serpent !

Il me fait les gros yeux et fait mine de me battre. Sa main s'arrête juste à temps, à quelques centimètres de mon visage. « Méchante enfant ! » ajoute-t-il en riant. Il serre mon bras de plus belle.

Sur le chemin, Hoveka n'arrive pas à cesser de rire. Entre deux gloussements, il m'explique ce qui s'est passé.

– Omuniange est venu dans la case pour te voir encore habillée en Himba, pour ses beaux rêves il a expliqué. T'étais pas là, il a attendu un peu, et puis il est devenu rouge comme les femmes himbas. Il a dit on est des bébés et des mauvais garçons, pas capables de veiller sur toi, et toi tu vas sûrement te perdre parce que c'est pas ta région et c'est la faute à nous. Il a réveillé tout le village, et il a obligé tout le monde à te chercher. Nous, on a pris la lampe-torche ; les autres sont partis de l'autre côté, avec des branches en feu.

De toutes les directions, des silhouettes émergent des buissons, alertées par les cris de Vecumba. Omuniangue arrive en courant. Il prend ma tête dans ses bras, la pose sur sa poitrine.

– Atatatata, Solena ! Faut pas sortir, la nuit. Très dangereux ! S'il t'arrive quelque chose, personne te retrouve avant demain matin.

Il jette un regard noir aux garçons. D'une voix douce, il reprend :

– Qu'est-ce que tu faisais, dehors ?

– Je... je regardais les étoiles !

– Tu regardais les étoiles ? Mais... tu peux les voir d'ici !

– Non, c'est pas...

Son visage s'éclaire. Il éclate de rire.

– Ah ! je vois... Tu voulais regarder les étoiles TOUTE SEULE !

Le sourire jusqu'aux oreilles, Omuniangue me prend par la main, et m'emmène derrière la case. Il me fait signe de m'asseoir.

– Tu vois. Là, tu seras tranquille pour regarder les étoiles. Tu n'as pas besoin d'aller plus loin.

J'ai pris avec moi le magnétophone. J'écoute le concerto pour clarinette de Mozart. À l'intérieur de la case, j'entends Vakaouta remarquer, avec compassion : « Elle est triste ! Elle écoute les voix de son pays. Ça lui manque. »

Je m'ennuie. Omuniangue a dû quitter le village à l'aube, car je ne l'ai pas encore vu de la matinée. Les femmes sont parties garder le bétail. Maezuva est allé rendre visite à un parent malade. Le campement est désert, rien à faire. La journée va être longue.

Quand donc va avoir lieu cette cérémonie que tout le monde me promet ? Tous les matins, je questionne Omuniangue.

– Demain, demain, si tout va bien.

Chaque jour, la même réponse. Se moque-t-on de moi ? Je ne suis même plus sûre d'avoir bien compris le motif de la fête. Un jour, on me dit qu'il s'agit d'un rite de passage pour une jeune fille qui vient d'avoir ses règles. Le lendemain, on m'assure que c'est pour la circoncision du dernier fils d'Omuniangue. Que croire ? Et surtout, combien de jours à attendre ?

Je m'ennuie. Parfois, je peux passer des heures assise devant ma case, à regarder les ombres avancer sur le sable, sans voir le temps passer. Mais aujourd'hui, j'ai trop d'énergie à dépenser pour rester en position de Bouddha.

– Hoveka, Vecumba, ça vous tente, une petite promenade ?

Les deux garçons sont allongés sur une peau de bœuf qu'ils ont tirée à l'extérieur de la case. Ils se récitent leur cours d'éducation biblique. Dans quelques semaines, Mister Kavari va leur donner une interrogation écrite. Tout en mâchonnant une racine de mopane, Hoveka s'agite dans un nouveau fou rire.

– Pourquoi tu ris comme ça, Hoveka ?

– J'ai trouvé comment je vais t'appeler. Je vais t'appeler Pharaon, maintenant.

– Hein !

– Oui ! Toi têtue et volontaire comme Pharaon. Tu es notre Pharaon, à Vecumba et à moi.

D'abord prise d'un éclat de rire, je m'arrête net. Je réalise que mon pouvoir est trop fort pour que j'en abuse, je dois faire attention. Je les sermonne le plus sérieusement possible.

– Espèces de crétins, on a le même âge. Et puis sans vous, je ne peux rien faire, ici, je suis perdue. C'est moi qui suis dépendante de vous deux. Et vous êtes libres. C'est pas parce que je suis capricieuse que vous êtes obligés de faire ce que je vous demande. Non mais !

Devant mon air mi-gêné, mi-réprobateur, Hoveka s'empresse de me rassurer.

– C'est pas grave, tu sais. Toi très bon Pharaon, pas comme le méchant Pharaon de l'histoire. On aime bien t'obéir, ton cœur est bon.

Comme si c'était la première fois, je reste un long moment à regarder les deux garçons. Appuyés l'un sur l'autre, riant sous le soleil, ils respirent la joie de vivre. Ils se complètent, inséparables.

Le soleil est à la verticale lorsque nous sortons de la plaine et atteignons le sommet d'une colline. Nous avançons en file indienne, Hoveka en tête. Je ne sais où il nous mène. Comme il le dit si bien lui-même : « Normal, ce n'est pas ta région ! »

Dans la vallée, un petit village reçoit les rayons de l'astre. Il brille comme un bijou. Vues d'en haut, les cases ressemblent à des meules de foin doré.

Nous dévalons le versant en courant. Avant de pénétrer dans le campement, nous marquons un temps d'arrêt. Le kraal est comme mort. Rien ne bouge. Pas un bruit. On entendrait ramper un scorpion. Comme moi, Hoveka et Vecumba sont mal à l'aise. Je sens une présence qui nous observe. Silence pesant.

Prudemment, Hoveka s'avance. Il appelle. Pas même d'écho. Le vent fait claquer une plaque de tôle. L'enclos est vide, mais la bouse de vache encore fraîche. Quelques heures au plus. Les cendres fument encore. Nous n'osons parler. Sans le vouloir, je marche sur la pointe des pieds. Hoveka jette un regard à droite, à gauche. Il se risque à déplacer les branches d'épineux qui ferment l'une des huttes. À l'intérieur, deux peaux de chèvre accrochées aux parois. Des calebasses. Vecumba et moi faisons le guet.

Un craquement me fait sursauter. Un dos rond apparaît à l'entrée d'une case, de l'autre côté du kraal. Maladroitement, la silhouette bossue essaie de repousser les branches qui bouchent le passage. C'est une vieille femme. Dans un effort surhumain, elle se laisse tomber à terre.

Je m'approche avec respect. La peau de ses genoux est flasque et tombante. Ses seins ressemblent à du papier crépon. L'iris de ses yeux est recouvert par un liquide bleuâtre, visqueux. Ses bras nus sont couverts de cicatrices. En été, lorsque le soleil frappe, les bracelets de cuivre des femmes, enroulés sur toute la longueur de l'avant-bras, chauffent tellement que le métal leur brûle la peau et les marque à vie.

Nous nous asseyons à côté d'elle. Prendre le temps de l'écouter. Avant chaque mot, la vieille femme se racle la gorge et crache dans la poussière. Sa voix est si faible qu'il faut nous pencher pour la saisir. Les habitants du village sont partis ce matin en direction des montagnes, pour trouver de nouveaux pâturages. Il n'y a plus d'herbe, ici. Quand ils seront installés dans un endroit convenable, ils viendront la rechercher. Elle nous raconte qu'avant, dans sa jeunesse, elle pouvait courir derrière les troupeaux et porter deux chevreaux dans chaque bras. Un sourire à peine perceptible éclaire son visage ridé. Maintenant, elle n'est même plus capable de marcher seule.

Sa belle-fille lui a laissé de l'eau et un peu de nourriture. Nous nous assurons qu'elle n'a besoin de rien, et nous enfonçons à nouveau dans les buissons, laissant le village et la grand-mère abandonnés derrière nous. Nous marchons longtemps. Les arbustes se font plus nombreux, les épines plus douloureuses. Hoveka se lasse. Il me raconte comment, petit, il faisait de grands sourires aux Blancs. C'était pendant la guerre. Quelques unités de l'armée sud-africaine avaient établi leur base dans le Kaokoland. Hoveka traînait souvent par là. Les soldats lui donnaient des couvertures et du sucre. Il ramenait les couvertures à sa famille, et gardait le sucre pour lui. Mais un jour, les indépendantistes de la SWAPO lui ont tendu une embuscade.

Il marchait dans le lit d'une rivière. Eux étaient cachés derrière les arbres. Ils se sont jetés sur lui, l'ont ligoté, et l'ont accusé de pactiser avec les Blancs, l'ennemi. Ils ont voulu l'emmener. Son père a dû payer deux belles vaches pour retrouver son fils.

– J'étais grand comme ça seulement ! conclut-il en désignant un petit arbuste qui doit approcher des un mètre vingt. J'ai essayé de me défendre, mais j'étais pas encore un homme assez grand et fort ! J'en ai mordu un dans la poitrine. Il a saigné, et il a commencé à me taper. Beaucoup de Himbas ont été tués, à l'époque-là. La SWAPO volait le bétail et les petites filles, pour en faire des femmes à eux. Ils battaient les vieux, ils emmenaient les hommes. Aujourd'hui c'est fini, ils sont partis. Les Blancs aussi. Maintenant c'est les touristes viennent voir le Kunene.

Vecumba ajoute d'un air détaché :

– Et y a aussi homme blanc près d'ici.

– Comment ? Un homme blanc ?

J'attrape Vecumba par le bras.

– Attends ! Répète ce que tu as dit ?

– Oui, homme blanc. Il a maison juste derrière la colline, là-bas. Il chercher cailloux.

– Un homme blanc ! Tu pouvais pas le dire plus tôt ! On y va ?

– Si tu veux.

Un homme blanc ! Une maison ! Mon cœur se met à palpiter à la vitesse d'un astéroïde. Peut-être aussi une terrasse ? Une table ? Des chaises ? Qui sait, peut-être même des rafraîchissements ? Du jus de pamplemousse !

– Hé ! Solena, attends-nous ! Pourquoi tu cours ?

Mon cœur bat à se rompre. Peut-être est-il tout seul... peut-être même n'est-il pas tout seul, peut-être a-t-il des invités ? Des gens d'Europe. Il est sans doute en train de leur offrir des petits gâteaux, voire un peu de chocolat, avec un verre de brandy-soda. S'il n'en a pas, je me contenterai d'un jus de fruits, avec un peu de glace. Pilée, la glace, si possible. Le pick-up joue Mozart : l'adagio du concerto pour clarinette. Je l'entends déjà...

– Hé, Solena ! Attends !

Je m'arrête une seconde, reprends mon souffle. Un

rapide coup d'œil sur ma toilette. Je me recoiffe, prends garde de laisser s'échapper quelques mèches rebelles. Je réalise soudain que je sens très fort. Tant pis, ils comprendront. J'essaie quand même d'arranger ma chemise, qu'elle me couvre au moins les seins. J'essuie mon visage avec des feuilles de mopane.

Nous sortons des buissons, et débouchons sur une petite clairière. Une pauvre petite tente rapiécée est plantée au milieu. Un homme noir est allongé, nu, sous un arbre, à côté d'un vieux baril de pétrole rouillé. À notre vue, il se précipite sur une couverture râpée qu'il enroule autour de ses reins. Je me tourne vers Hoveka.

– Mais ! Mais...

– *Mmmmorro*, esquisse l'homme du bout des lèvres, visiblement honteux d'avoir été surpris en tenue d'Adam.

– Mais... Hoveka, la maison... il ne devait pas y avoir aussi une maison, ici ? Et des Blancs ? Et du jus de pamplemousse ?

– Oui. La voilà, sa maison.

Je m'écroule sur le baril d'essence, sans force. Le sol est jonché de détritus. Mal à l'aise, le pauvre Noir essaie maladroitement de faire tenir son bout de couverture sur ses hanches. J'ai soif. La gorge me brûle. Je rassemble mon courage pour poser une dernière question.

– Et le Blanc ?

En balbutiant, dans un mauvais herero, le Noir nous explique que son patron est parti depuis plusieurs semaines. Il devrait déjà être de retour. Chargé de garder ses affaires, son aide ovambo n'a plus rien à manger. Il n'a rien bu depuis la veille. Il pose ses mains sur ses côtes faméliques.

– Je suis content que vous soyez là. Je ne suis pas d'ici, et je commençais à désespérer.

Une rapide inspection des lieux. Il n'a pas laissé grand-chose, ce Blanc qui abandonne ses travailleurs : un lit de camp, quelques caisses de bois, et, plus intéressant, un petit miroir. Des semaines que je n'ai pas vu mon image. Je lance quelques grimaces à mon reflet. J'ai du mal à le reconnaître.

Mon visage est si crasseux que mes traits sont devenus invisibles. Seuls les yeux, plus clairs, ressortent. Avec le soleil, j'ai pris l'habitude de les plisser. Cela me donne un regard dur, intense. J'ai maigri, mais j'ai l'air en bonne santé.

Nous ramenons l'Ovambo affamé à Omirora. Au village, les enfants m'ont réservé une surprise : une pintade ramassée au fond d'un puits. Une aubaine. Depuis que je suis à Omirora, je me nourris presque exclusivement de lait. Mon estomac réclame désespérément quelque chose de consistant pour ne pas se liquéfier complètement. J'accepte ce cadeau sans gêne : je sais que les Himbas ne s'abaissent pas à manger du petit gibier. Cela montrerait qu'ils n'ont pas assez de bétail pour subvenir à leurs besoins.

La pintade se débat toujours. Je me sens gauche. Mis à part les mouches que j'écrasais avec un crayon contre la fenêtre du salon, les jours de pluie, dans la maison de mon grand-père, je n'ai jamais tué un animal. Volontairement, j'appelle à moi toutes les images qui peuvent m'énerver. Ce beau jeune homme qui aurait dû m'attendre dans son rocking-chair. Il avait les traits de Robert Redford dans *Out of Africa*, un peu plus jeune. C'est ridicule. J'en ai rien à faire de cet homme, d'ailleurs. Pourquoi tant d'excitation pour un Blanc ? Je ne suis pas bien, ici, avec Omuniangue et tous les autres ? J'ai couru après une chimère blanche alors qu'autour de moi il y a tout ce dont j'ai pu rêver pendant des années. Mes racines me manquent donc tellement ?

D'un coup sec et rageur, je tranche le cou de la volaille. Le sang gicle. Mon couteau n'est pas aiguisé, et je dois m'y prendre à plusieurs reprises pour détacher la tête. La lame crisse contre les tendons. Je plume la bête avec frénésie. Avec hargne. Déjà, je me sens mieux.

Après plusieurs heures de cuisson, la viande est encore coriace. Trop fraîche, sans doute. Et sans goût. Peu importe. L'Ovambo et moi y plantons nos dents avec délice. Longtemps que ma mâchoire n'a pas servi.

Un bruit de sabots. Plus rythmé que celui du bétail. La longue silhouette d'Omuniangue, en croupe sur son grand cheval, se détache sur la lueur du couchant. Il porte sur son dos un sac d'une forme étrange. Sa voix mâle retentit dans tout le village.

– Hoveka ! Vecumba ! Longs Cheveux ! Venez voir ! Tout de suite !

– Yaooh !

Nous accourons. Je m'apprête à m'asseoir par terre, quand Omuniangue m'attrape par le bras. Il murmure avec malice :

– *Ayé, kako !* Pas comme ça !

Il se retourne, attrape le mystérieux paquet. Il prend son temps pour dénouer la ficelle. Délicatement, il ouvre le sac, écarte le tissu. Ses gestes mesurés semblent calculés pour faire durer le suspense. Un sourire cachottier sur les lèvres, il en sort fièrement... une chaise !

– C'est pour toi. C'est TA chaise ! dit-il en me regardant avec des yeux si tendres que, l'espace d'un instant, je voudrais me blottir dans ses bras. Je ne veux plus que tu t'assois par terre. Je ne veux plus que tu te salisses et que tu te fasses mal. Tu dois rester belle. Je veux que, partout où tu ailles, tu sois bien assise.

Il attend ma réaction. Je ne sais que dire. Même Hoveka est ému. Je l'ai senti dans le son de sa voix lorsqu'il traduisait. C'est un petit pliant. La toile a dû être beige dans le temps. Elle est maintenant couleur ocre, maculée de taches de graisse. Sans me quitter des yeux, Omuniangue l'installe, me fait asseoir dessus. Il pose mes mains sur les accoudoirs. Une chaise. Avec celle de Vetamuna Tjambiru, le grand chef himba, sans doute la seule du Kaokoland. Où a-t-il pu la trouver ?

– Mais Omu... Omuniangue... je... je peux faire comme toi, m'asseoir comme toi, dans le sable.

– Non ! À partir d'aujourd'hui, tu emmèneras partout ta chaise avec toi ! Il se penche et me murmure dans l'oreille, comme s'il s'agissait d'un secret : C'est plus pratique pour regarder les étoiles !

Comment le remercier ? Je lui prends les mains, lui

donne un baiser sur la joue. Il rougit comme un gamin. Avec un rire gêné, il me tend timidement l'autre joue.

– Solena..., répète-t-il doucement.

Hoveka et Vecumba, soudain devenus graves, hésitent entre rester ou nous laisser seuls. Je serre le bras d'Hoveka.

– Je ne veux pas que tu repartes. Je veux que tu restes ici, à Omirora, continue Omuniangue d'une voix de plus en plus tendre.

Je ne réponds pas. Il doit comprendre mon silence, car il ajoute, sur un ton plus triste :

– J'ai envie de pleurer quand je pense que tu dois repartir si loin.

Le soir, dans la case, Hoveka et Vecumba me raillent.

– Il t'aime, Omuniangue !

– Tu vois comme il te regarde ! Il amoureux de toi !

Je nie. Cela me fait peur. À quoi joue-t-il ? J'ai du mal à comprendre. Cela n'a rien à voir avec toutes les déclarations d'amour que les Himbas m'ont faites jusqu'ici, et qui étaient avant tout des blagues. Omuniangue semble tellement sérieux. Ce n'est pourtant plus un gamin...

– Mais non, tu racontes n'importe quoi. Il m'aime bien, c'est tout. C'est une affection toute paternelle.

– Il doit t'aimer beaucoup, pour attendre si longtemps ! poursuit Hoveka.

– Attendre quoi ?

– Ben, te demander en mariage ! Il a donné une grande chèvre pour cette chaise !

Je fais semblant d'en rire. Ils me narguent de plus belle.

– Il amoureux de toi ! Il amoureux de toi !

Kozumui Tjuharo, le frère aîné d'Omuniangue, est arrivé ce matin. C'est un tout petit homme, au visage ridé et aux jambes arquées. Il est arrivé sur son âne, au petit trot, un béret sur la tête et un quartier de viande de bœuf enroulé autour du cou. Il a un sourire de coquin. Même lorsqu'il ne parle pas, tous les plis de sa figure sont figés dans un large sourire.

Kozumui est le chef d'Omirora. C'est le gardien de l'*okuruwo*, le feu sacré. C'est lui qui, à l'intérieur du campement, fait le lien entre les esprits des ancêtres décédés et les vivants. Sans lui, aucune décision importante ne peut être prise dans le village. Omuniangue ne reprendra cette responsabilité qu'à la mort de son frère. Lorsque Omuniangue mourra à son tour, la charge du feu sacré reviendra à son frère cadet, puis au fils aîné de Kozumui.

Le retour de Kozumui marque la reprise de tous les rituels religieux. Lorsqu'elles ont fini de traire les vaches, les femmes déposent le produit de leur traite à ses pieds, devant le feu sacré. Kozumui goûte le lait de chacune des vaches. Il soulève les pots, les uns après les autres, et les présente aux ancêtres.

Le vent souffle. La nuit commence à tomber, apportant avec elle des bouffées de froid cinglant. Pour cette première soirée avec Kozumui, tous les habitants du campement se sont regroupés autour du feu sacré. Malicieux, Kozumui ne cesse de me faire des clins d'œil.

– Atatatatata, a-t-il fait lorsque je lui ai serré la main la première fois. Si seulement j'étais arrivé avant Omuniangue !

Omuniangue ne dit rien. Il semble soucieux. Il ramasse des poignées de sable qu'il laisse couler entre ses doigts. Maezuva se lève, ajoute quelques branches de mopane dans le feu. Personne n'ose troubler le silence. L'instant est solennel. Je suis sur mes gardes. Je sens que je suis concernée.

Omuniangue aspire une grande goulée d'air. Avec le sérieux d'un patriarche, il demande à Hoveka et Vecumba de traduire très exactement ses paroles.

– Solena, commence-t-il. Nous sommes tous très heureux que tu sois ici. Tu as encore beaucoup de choses à apprendre, et nous allons veiller sur toi. J'ai pris une décision. Demain, tu viendras garder le bétail avec moi. D'accord ?

Je retiens un soupir de soulagement. Je m'attendais à une autre question, plus dérangeante. Un éclair passe dans les yeux trop sévères d'Omuniangue, les coins de sa bouche se relèvent.

– C'est vrai, tu veux bien? Hoveka et Vecumba iront creuser un puits, et on partira tous les deux, juste tous les deux.

Moue d'Hoveka. L'idée ne lui plaît guère. Kozumui, discret, observe la scène d'un air amusé. Omuniangue rallume sa pipe en os de chèvre, tire quelques bouffées. Son regard se perd dans la nuit. Un silence.

– Mais... tu es trop fragile pour marcher. Il faudra prendre l'âne.

Un temps d'arrêt. Il réfléchit. Avec son rayon de vélo, il se gratte le crâne, sous le chignon. Hoveka me pousse du coude. Il me murmure à l'oreille, en anglais :

– Fiuuu ! Il être très sérieux, t'as vu ?

– Non, reprend Omuniangue. Non, l'âne n'est pas assez beau pour toi. Tu prendras le cheval. On mettra la chaise sur l'âne, et je marcherai à côté.

Son visage prend un air de concentration extrême. Laborieusement, il commence à compter sur ses doigts. Hoveka se régale. Il répète, imitant le ton et les gestes d'Omuniangue.

– Un homme. Une femme. Un cheval. Un âne. Une chaise. Cinq ! Ça fait cinq pour garder le bétail ! Tu te souviendras, Solena !

Je rejoins son rire. Omuniangue ne se rend même pas compte de l'insolence d'Hoveka. Il sourit, dans son rêve. Il me prend les mains, et répète dans un murmure :

– Je suis content, maintenant, si content.

Un ange passe. Omuniangue me regarde dans les yeux. Autour de nous, tous les habitants d'Omirora. Ils écoutent, silencieux, spectateurs immobiles figés dans l'attention. Les flammes du feu sacré lancent des éclairs sur les corps brillants. Omuniangue reprend d'une voix grave, avec un sérieux presque naïf :

– Solena ! Tu seras ma femme !

Hoveka éclate de rire, sans retenue.

– Je veux que tu deviennes ma troisième épouse !

Ce que je redoutais est arrivé. Je regarde les femmes, puis Katjaimbia, Kozumi. Leurs visages ne laissent apparaître aucun sentiment. Cela se joue uniquement entre Omuniangue et moi.

– Hum... Hoveka, dis-lui que je suis très honorée, mais... j'ai bien peur que cela ne soit très difficile, fais-je timidement remarquer.

Omuniangue sursaute.

– Pourquoi ? Toute la communauté t'a acceptée, y a pas de problème.

Il semble si sûr de lui. Comment lui faire comprendre, sans lui faire de peine ?

– Hoveka, dis-je. Dis-lui qu'il faut d'abord qu'il aille demander la permission à mon papa, et mon papa habite très loin... très très loin...

Hoveka n'est pas concentré. Il lui faut d'interminables minutes pour comprendre. Tout le monde est accroché à ses lèvres. Lorsqu'il a traduit, Omuniangue pousse un soupir de soulagement.

– C'est rien. J'suis encore un homme fort, j'peux marcher.

– Mais c'est vraiment très très loin, tu sais. Si tu marches, tu seras peut-être mort avant d'arriver.

– Eh ben, je prendrai mon cheval !

– C'est la même chose. Ton cheval mourra certainement bien avant d'arriver chez mon papa !

– Comment t'as fait pour venir, toi, alors ?

– J'ai pris l'avion, mais ça coûte très cher. Faut beaucoup d'argent.

– Y a pas de problème. J'suis un homme riche, je vendrai mon bétail.

Le dissuader, habilement. Il faut que j'y arrive.

– Mais tu sais, là-bas, faut aussi beaucoup d'argent pour vivre. Pour tout, faut payer, même pour dormir dans un endroit. On n'a pas le droit de dormir comme ça, sous un arbre.

– Ça non plus, c'est pas un problème. Je prendrai mes huit plus gros bœufs dans l'avion.

Hoveka glousse tant et plus. Je lui écrase le pied. Ce n'est pas le moment de jouer.

– Et puis mon papa, il demandera vraiment beaucoup de bétail pour moi. Il m'aime beaucoup, tu sais, il sera tellement triste de me voir partir si loin.

– Je t'ai dit que je suis un homme riche. Et de toute manière, toute la communauté se cotisera. On veut tous que tu restes ici. Et j'ai entendu dire que là-bas, dans ton pays, il y a une machine dans laquelle on peut parler à ses amis, même s'ils sont très loin. Alors je leur dirai dans cette machine de m'envoyer du bétail.

Il a réponse à tout. Je suis à court. Ça m'apprendra, aussi, à avoir trop cherché son affection. Je ne sais plus quoi lui dire pour qu'il comprenne, enfin.

– Omuniangue, tu ne me connais pas beaucoup. Je ne pense pas que je ferais une très bonne petite femme. Tu vois bien, je sais à peine traire les vaches. Ça encore, je pourrais apprendre, avec du temps. Mais j'ai pas l'habitude d'obéir à un homme. Même à mes parents, j'obéis pas. J'irai toujours me promener, toute seule, et je ferai pas le travail des femmes. Toi, tu te fâcheras, et moi je partirai, parce que j'aime pas qu'on me gronde. Ça pourra pas marcher.

– Alors, tu ne veux pas?

La voix d'Omuniangue est soudain devenue grave et triste. Timidement, je réponds :

– Non, pas vraiment.

Il prend sa tête dans ses bras, cache son visage avec ses mains. Il semble effondré. À travers ses doigts, je vois deux petites larmes couler sur ses joues. Sans doute par pudeur, les femmes se lèvent et se dirigent vers les cases. La conversation a duré plus d'une heure. Elles n'ont pas prononcé un mot.

Nous sommes seuls. Je n'y avais jamais vraiment pensé. Pourrais-je tomber amoureuse d'un homme d'ici? Dans mes rêves, l'homme de ma vie est toujours blanc. Pas seulement parce que celui que j'aime est français. Le sentiment est plus vaste, plus conditionné. Les barrières sont encore nombreuses entre les Himbas et moi.

Je regarde celui pour qui tout est possible. Petite silhouette recourbée sur elle-même, seul devant le feu sacré,

Omuniangue ressemble à un enfant abandonné. Il me fait mal. Je voudrais pleurer, aussi. Tout cela est ma faute. Que suis-je venue faire ici ? Semer le trouble, comme d'habitude. Ce n'est pas ce que je voulais. Et je suis là, à le regarder pleurer, assise sur cette chaise qui me rend plus grande que lui.

– Mais Omuniangue, tu étais content, tout à l'heure. Nous irons quand même garder le bétail ensemble, demain.

– Tu ne veux pas au moins être ma petite amie ?

Son insistance m'arrache un soupir. Omuniangue baisse la tête, regarde par terre. Il cache ses yeux, me fait un signe de la main.

– Allez, va, va. *Opuwo !* C'est fini ! J'ai trop parlé, je suis fatigué. Va-t'en ! Et n'oublie pas ta chaise !

Toute penaude, je repars dans ma case, en traînant ma chaise derrière moi.

Je n'arrive pas à dormir. Je me sens mal. Envie de vomir. L'impression qu'une paire de forceps me broie la cervelle. Mon corps pèse lourd. Une véritable prison. Je voudrais être ailleurs.

– Tu dors pas, Solena, murmure Hoveka. Tu penses à ton mari ?

– À Omuniangue ? Oh, tais-toi. Me parle pas de ça.

Les veaux s'agitent dans leur enclos. Ils sont infatigables. Leurs meuglements réveilleraient les forces de l'enfer. Je voudrais me retourner dans mon duvet. Des cailloux pointus me rentrent dans le dos. Hoveka et Vecumba sont tellement serrés contre moi que je suis incapable d'esquisser le moindre mouvement.

À l'aube, je n'ai toujours pas réussi à trouver le sommeil. Mon cœur bouillonne. J'ai de la fièvre. J'étouffe. Par les interstices laissés entre les branches de la case, j'aperçois les jambes noires et sèches d'Omuniangue qui avancent, tels deux bouts de bois animés. Il se penche et pénètre dans la hutte. Son visage a retrouvé sa sévère dignité. Du bout du pied, il remue les corps endormis des deux garçons. Sa voix grave résonne dans mes oreilles douloureuses.

– Hoveka ! Vecumba ! *Penduka !* Debout, paresseux !

Il ne garde aucune trace du trouble de la veille. Une assurance un peu forcée, peut-être. Courageux, en tout cas.

Nous partageons une de mes dernières cigarettes.

– Assieds-toi sur ta chaise, Solena. Je veux te parler.

Le ton de sa voix reste autoritaire. Comme s'il voulait s'interdire toute sentimentalité.

– Je ne pourrai pas aller garder le bétail avec toi, aujourd'hui. Je dois aller à Otjitenda appeler des gens pour la cérémonie. Hoveka et Vecumba iront creuser un puits, et tu resteras ici.

Une pointe dans le cœur. La journée s'annonce mal. J'avais tellement désiré cette promenade à cheval. Cette seule pensée m'avait permis de supporter le vide de la nuit. J'avais déjà imaginé la petite caravane qui avançait lentement, au rythme des pas d'Omuniangue, sous les acacias centenaires. Sa silhouette se perd entre les ronces, réapparaît plus loin, sur un petit monticule de pierres blanches. J'accélère l'allure pour le rejoindre. Les sabots du cheval s'enfoncent dans le sable de l'oued, la matière souple et mouvante étouffe le bruit de sa progression. Pour éviter les branches, je dois baisser la tête, m'allonger sur l'encolure. Le crin est doux et tiède. L'âne suit au petit trot. Je n'ai même pas à me retourner pour m'en assurer. La chaise grince à chaque mouvement de ses flancs.

Je suis fatiguée. J'en ai marre. Le monde ne tourne pas rond. Le dépit me fait réagir comme une sale gamine capricieuse.

– Mais tu m'avais promis. J'étais tellement contente de partir avec toi.

Je tape du pied.

– Qu'est-ce que je vais faire, alors ? Toi tu pars et moi je reste ! Je ne suis plus contente. Je veux partir avec toi.

Omuniangue baisse les yeux. Il s'excuse.

– Je suis désolé. Je sais que je t'avais promis. Mais je n'ai qu'un seul cheval ici, et je dois aller très vite. Je peux pas t'emmener.

Je suis au bord des larmes. Encore une journée entière à

rester assise sur ma chaise à regarder la poussière tourbillonner. J'ai besoin de bouger, de vivre, de voler. Au moins de galoper.

Omuniangue me prend le visage entre ses mains.

– Écoute. Puisque tu as tellement envie de connaître mon pays, je te promets qu'après la cérémonie, nous partirons ensemble. Je t'achèterai un cheval. Nous irons tous les deux à cheval.

Un silence. Il réfléchit.

– Et si tu veux, puisque tu ris tellement avec Hoveka et Vecumba, ils pourront même nous suivre, avec la chaise, sur des ânes. Et on rendra visite à tous les villages.

Omuniangue arrive à me faire sourire.

– Tu promets ?

Il promet.

– Vrai de vrai ?

Il acquiesce.

– Bon, d'accord, ça me va.

Son cheval disparaît derrière la haie de ronces. Sentiment d'amertume. Être une femme, rester au village, et attendre le retour du « guerrier »... Ce n'est vraiment pas pour moi.

Devant le feu sacré, Kozumui me prépare ma ration quotidienne. Après avoir goûté au lait de toutes les vaches, il en sélectionne quelques-uns, puis les mélange dans une large calebasse séchée et évidée.

Je cherche Hoveka et Vecumba du regard. Pendant que je parlais avec Omuniangue, les deux garçons se sont discrètement éclipsés. Sans eux, je me sens handicapée. Kozumui se charge de me remonter le moral.

– Eh bien, maintenant qu'Omuniangue est parti, tu vas pouvoir être ma femme !

Vakaouta vient se joindre à nous.

– *Moro,* femme de mon père !

Je n'ai pas du tout envie de rire avec cela. J'ai mal à la tête, ma patience est à bout.

– *Ayé, kako !* Moi PAS femme d'Omuniangue !

– Mais c'est une farce, je jouais, me rassure Vakaouta.

Je cours me réfugier dans ma case.

Je m'ennuie. Les femmes sont occupées à moudre de l'ocre. Vakaouta joue avec son nourrisson. Ça ne m'intéresse pas, aujourd'hui. Les plaisanteries d'Hoveka et Vecumba me manquent. J'enlève les kilos de bijoux himbas qui entravent mes mouvements. Je me sens parfois ridicule avec tout cet attirail qui pend sur ma chemise. Une vraie touriste. J'installe ma chaise devant la case. Et j'attends.

J'attends. Cet ennui est insoutenable. Je sens mes veines vibrer dans mon corps. Elles me lancent un message. Je ne comprends pas lequel. Désespérément, je cherche une occupation. Un miracle. Il n'y a que cela. Le monde ne peut pas être aussi ennuyeux. Que ferions-nous sur terre, dans ce cas ? Un miracle. Je lui laisse toute la journée pour arriver. Un petit avion biplace qui vient se poser dans un grondement de tonnerre au milieu du kraal. Un grand cheval noir ailé, sauvage et fougueux, qui surgit dans un éclat de soleil. Il m'arrache à la poussière du campement et, sous les yeux exorbités des Himbas, m'emmène sur son dos jusqu'aux rives du Kunene. Dans un grand battement d'ailes.

J'attends. Rien. Je me laisse rêver. Des fantasmes de forêt primaire, de cascades et de feuilles de palme. Un petit village en bambou au parfum humide. Il domine le torrent. J'y vis. Je ne sais plus depuis combien de temps.

Un appel du ventre. Vite, un buisson ! Je me précipite hors du kraal, dénoue ma ceinture. Opération délicate. Avec les six à sept litres de lait que j'ingurgite par jour, mes selles sont complètement liquides, et vertes. Je ne les commande plus avec précision. Surtout, les plaies provoquées par l'âne de Ngavikupe ne font qu'empirer chaque jour. Elles se sont infectées, le pus suinte. Avant chaque évacuation, je dois les faire saigner à nouveau. Décoller mes fesses pour laisser un passage. Ça fait mal, ça prend du temps, et c'est loin d'être évident dans un endroit où les instants d'intimité sont si rares.

Le visage d'Uatapi, la deuxième femme d'Omuniangue, apparaît entre les buissons. Que vient-elle faire ici, avec son sourire édenté ? Je reboutonne mon pantalon. Elle me prend la main et, sans me laisser le droit de dire un mot, me ramène au village. J'essaie de me dégager. Kozumui s'est déjà emparé de mon bras, m'emmène dans ma case. Il désigne du menton le sol en terre battue et ordonne, sur un ton qui coupe court à toute discussion :

– Maintenant, tu vas dormir !

– Mais ! Moi pas vouloir. Pas fatiguée.

– Tu dors !

Il arrange ma couche, me fait allonger sur le sol. Je n'ai pas le temps de réaliser ce qui m'arrive. Déjà, Uatapi m'a rejoint. À ma première tentative de fuite, elle me rattrape par la jambe.

– Tu dors !

Je ronge mes ongles, arrache les petites peaux des doigts. Ils commencent à saigner. Que faire ? Une nouvelle tentative. Uatapi est rapide comme l'éclair.

– Non. Dors.

Une heure se passe. Deux. Uatapi n'a toujours pas quitté son poste. Je ne comprends pas. Quel besoin a-t-elle de me séquestrer dans la case ? Elle ne voit pas que je m'ennuie à mourir ? Si seulement j'avais quelque chose à lire, quelqu'un avec qui jouer au morpion.

Uatapi commence à se montrer plus bavarde. Elle m'apporte un bol de pâte de maïs.

– Mange !

– Merci, pas faim.

– Si, mange !

Le ton de sa voix est agressif. Je repousse le bol. Vakaouta nous rejoint avec un deuxième plat de bouillie de maïs.

– Tiens, Solena, mange.

Je me dégage de force de leur étreinte, prend d'un air décidé le chemin du bush. Kozumui me rappelle à l'ordre.

– Solena, où vas-tu ?

– Moi chercher eau dans puits.

– *Ayé, kako !* Ta tête va pas bien, tu vas tomber dedans, et tu resteras coincée. Attends Hoveka et Vecumba, ils iront pour toi.

Je prends une grande aspiration.

– Moi me promener, alors.

– *Ayé,* tu vas te perdre. Reste au village.

Désemparée, je rentre dans la case. Que se passe-t-il ? Je me mets soudain à trembler de panique. À Windhoek, on m'a raconté l'histoire d'un homme qui a passé plusieurs mois dans une tribu. Je ne sais plus exactement où. Au Zimbabwe, je crois. Le chef du village voulait lui faire épouser sa fille. Il n'a pas eu le droit de repartir. Une expédition gouvernementale est venue le libérer plusieurs mois plus tard.

Et moi ? Je ne peux déjà plus sortir du village, je n'ai même plus le droit de satisfaire mes besoins. Omuniangue a dû donner l'ordre aux femmes de me faire engraisser, sinon, elles n'insisteraient pas pour me gaver comme cela. Et cette cérémonie qui n'arrive pas : une farce, sans doute, un piège pour m'attirer.

Une prison ! Dorée, car je suis traitée avec tous les égards, et je dispose même d'une chaise ! Mais une prison ! Je me mets à étouffer. Un début de crise d'asthme, moi qui n'en ai jamais eu auparavant.

Que faire ? Il n'y a qu'une évidence : je suis seule. Seule, et je ne peux compter sur personne. Les miens, en France, ne s'inquiéteront pas avant plusieurs mois. Ils ne savent même pas où me chercher. Le Kaokoland, c'est déjà cinquante mille kilomètres carrés de montagnes épineuses. Et pour tous mes amis, je suis supposée errer quelque part dans le Bushmanland, à plus de mille kilomètres d'ici. Seule, je dois me débrouiller seule. Personne ne viendra me sauver.

Je n'ai plus envie de rire.

Je m'assois sur ma chaise, m'efforce de raisonner calmement. Sur mon petit carnet, je note toutes les données du problème. Quelles solutions ? Il faut partir, je n'ai pas le choix. Mais quand ? Pendant la journée ? Impossible. Mon évasion doit obligatoirement se faire en pleine nuit. Pendant que le village dort. Je devrais pouvoir quitter le campement sans qu'Omuniangue ne s'en rende compte. Et sans réveiller Hoveka et Vecumba ? Plus difficile ! Je leur dirai que je reviens tout de suite, que je vais juste regarder les étoiles. Ils comprendront. La lune était presque pleine hier soir. Je disposerai sans doute de deux ou trois heures avant que mon absence ne soit remarquée et que la chasse ne me soit donnée. C'est peu, deux heures d'avance sur des Himbas. Saurai-je retrouver le chemin d'Etanga ? Jusqu'à la grande montagne, pas de problème. Je dois la laisser sur ma droite. Mais après ? Même de jour, je me suis déjà perdue. Emprunter le cheval d'Omuniangue ? Cela fera trop de bruit. Ou me cacher en haut de la montagne jusqu'à l'aube ? Ma tête est si lourde ! Je vais devenir folle.

Je suis étendue sur le sable, les yeux hagards sous le soleil. Deux corps noirs s'abattent à terre comme une masse. Je leur saute au cou.

– Hoveka ! Vecumba ! Mais où étiez-vous ?

Sans attendre de réponse, je leur raconte, d'une seule traite, l'horreur de cette journée. L'ennui sur ma chaise, la poussière, les hallucinations, Uatapi qui court après moi, Kozumui qui m'impose de dormir et me séquestre dans ma case. Je leur raconte aussi ma panique, les plans de fuite que j'ai échafaudés. Hoveka et Vecumba se moquent de moi. Nous rions, gorge déployée. C'est bon.

Accompagnée des deux garçons, je traverse le village. Kozumui m'envoie un signe de tête ravi.

– Ils vont avec toi chercher de l'eau ? Bien, très bien...

– Tu sais, ajoute Vecumba, tu dois pas t'inquiéter. C'est parce qu'ils t'aiment bien, ils prennent soin de toi. T'es pas habituée à la vie d'ici. Ils veulent pas tu fatigues et tu tombes malade.

Hoveka m'aide à enfourcher l'âne. Sur le sentier qui mène au puits, gravées dans le sable, je reconnais les empreintes des semelles en pneu d'Omuniangue. C'est un signe. Un message qui dit « Hé ! Ne m'oublie pas ! Tu vois, je suis là, je vais revenir ! Je ne t'ai pas abandonnée ! »

Le pauvre animal est épuisé. Les deux garçons l'ont monté et fouetté toute la journée. En rougissant, ils m'avouent qu'ils ont rencontré deux jeunes filles en chemin et qu'ils ont voulu leur éviter une longue marche. Ils n'ont pas besoin de m'en dire plus : leur corps couvert d'ocre parle pour eux : à quatre sur un âne, on est bien obligé de se coller à la poitrine de la voisine.

Les jeunes femmes ne tardent pas à venir nous rejoindre. Elles portent sur leur tête des vieux barils d'essence rouillés qui peuvent contenir jusqu'à cinquante litres d'eau. Soudain, sans prévenir, l'âne s'écroule, les quatre pattes étalées en croix, le menton contre terre. Je roule aux pieds d'Hoveka. Lorsque j'ouvre les yeux, tous sont autour de moi. Vahendeka, pliée en deux, en a renversé sa réserve d'eau. Nous nous regardons, et tous, nous tombons dans un lourd éclat de rire. C'est comme une décharge, ça irradie dans tout le corps, de la moelle épinière à la voûte plantaire, les neurones, la thyroïde, les artères. Ça fait trembler les doigts, les côtes, et arrivé au niveau des lèvres, ça éclate dans une grande gerbe, une cascade de toxines qui s'écoule le long du menton. Un rire lavement, un rire curatif qui efface toutes les inquiétudes accumulées. Un rire précieux, parce que précédé d'une angoisse comme j'en avais rarement connu.

Les garçons aident l'âne à se remettre d'aplomb. De retour au campement, Katjaimbia et Uatapi, les deux femmes d'Omuniangue, me font signe de passer derrière leur case. Elles ont quelque chose d'important à me dire.

Katjaimbia prend la parole en premier.

– Tu sais, Solena, on est très contentes tu deviennes la troisième épouse d'Omuniangue. C'est vrai, d'habitude, les premières femmes ont toujours tendance à exploiter les jeunes mariées. Mais on te promet, nous, on te fera pas travailler à notre place. Au contraire, on te montrera, on t'aidera, jusqu'à tu deviennes une vraie femme himba.

Sa voix se veut rassurante. Uatapi hoche la tête en signe d'assentiment.

– On aimerait bien tu restes à Omirora avec nous.

Je suis touchée de leur attention. Pensent-elles vraiment que c'est cela qui a pu me faire hésiter ? Je leur explique que j'ai aussi une famille, des amis, dans mon pays. Tout une partie de ma vie que j'ai laissée pour quelque temps, mais que je ne veux pas abandonner. Et puis, je veux rester libre. Je veux parcourir le monde, suivre le vent. J'ai encore un long chemin à faire. Pour l'instant, je me contente de butiner. Les deux femmes hochent la tête pensivement. Leur sourire est tendre.

– On comprend, dit Uatapi. On ferait sans doute la même chose, à ta place.

La compréhension de ces femmes me décharge d'un poids. Je retourne dans ma case, libérée. Cette douteuse affaire de mariage n'est déjà plus qu'un lointain souvenir.

L'heure du couchant, avec ses déploiements de couleurs chaudes, amène comme une auréole de sérénité sur le campement. Dans le Kaokoland, la nature, si dure et cruelle pendant la journée, si pleine d'excès, grandiose et passionnée sous la lumière de midi, offre au crépuscule une sensation d'apaisement proche de la magie. Pendant ce court instant, elle redevient humaine, s'abaisse jusqu'à l'homme, reste à son écoute. Elle l'entoure d'un halo d'amour et de calme et lui susurre à l'oreille, comme une onde rassurante : « Je suis là, ne t'en fais pas. Tant que tu ne m'oublieras pas, tant que tu sauras te tourner vers moi, que tu vivras avec le rythme de ton cœur, tout ira bien. »

Omuniangue rentre tard. La cérémonie n'aura pas encore lieu demain. Les invités ne sont pas prêts. Omuniangue veut profiter de la soirée pour rebaptiser le nourrisson de Vakaouta, Kavehavehe. Il estime que ce n'est pas un prénom digne de sa petite fille.

– C'est un prénom choisi par les femmes, m'explique-t-il.

Omuniangue rassemble tout le monde autour du feu des ancêtres. Seuls les hommes ont droit à la parole. Vakaouta attend, inquiète, son bébé serré dans les bras. Elle trouve cela injuste.

Kozumui fait plusieurs propositions. Omuniangue n'arrive pas à se décider. Une lueur malice dans ses yeux. Il se tourne vers moi.

– Solena ! C'est Solena qui va choisir ! On va lui donner un nom de son pays !

Jusque-là, j'étais volontairement restée dans mon coin, considérant que je n'avais pas à me mêler à cette histoire. Je suis prise de court. Je prononce quelques noms au hasard : Laure, Françoise, Charlotte... À cause des deux trous qui remplacent ses canines inférieures, Omuniangue est incapable de répéter. Je continue. Servane, Anita, Esmeralda... Je regarde la fillette, son crâne rasé recroquevillé contre le sein de sa mère, luisant d'ocre et de graisse, et son unique tresse noire qui se dresse vers le ciel. Un nom français pour elle semble ridicule. Omuniangue insiste. Véronique, Soizik, Nathalie... Il applaudit.

– Oui, oui ! Natari, c'est très bien. Elle s'appellera Natari.

Les femmes n'ont pas l'air ravies. Hoveka me murmure à l'oreille en ricanant :

– Natari, *Onatari,* en herero, c'est la mauvaise graisse qu'on jette !

Omuniangue lève les bras en l'air, et prononce un discours à l'intention des ancêtres. Comme la tradition l'exige lorsque l'on donne un nouveau nom à un enfant, Omuniangue se saisit de sa machette et pénètre dans l'enclos du bétail. Il attrape un veau sacré par l'encolure. Tandis qu'Hoveka et Vecumba s'efforcent de lui maintenir la tête dans la direction du feu sacré, il fait une profonde entaille dans le lobe de son oreille. Un mince filet de sang coule le long du museau de la bête.

Omuniangue regagne le feu sacré. D'un geste sec, il impose le silence aux ricanements sournois des deux garçons. Il ordonne à tout le monde de rester assis.

– J'ai autre chose à annoncer, clame-t-il en se postant au milieu de l'assemblée.

On m'avait déjà dit qu'Omuniangue était un excellent orateur. Je commence à comprendre pourquoi il est tellement craint dans les réunions politiques. Lorsqu'il lève les bras et gonfle son torse, comme il le fait maintenant, avec sa belle voix grave, il devient fascinant. Tout doucement, il descend sur ses talons, pose ses yeux à la hauteur des miens.

– Longs Cheveux, dit-il en me regardant. J'ai réfléchi ! Tu veux pas être ma femme, tu as expliqué pourquoi. Je comprends. Mais tu es encore une enfant et tu as besoin de quelqu'un qui veille sur toi. Tu n'as pas de parents, ici. Tu n'as plus de famille. Si tu le veux bien, je serai ton papa. Tu pourras tout me demander comme à un père. Je te traiterai de la même manière que Vakaouta. Katjaimbia s'occupera de toi comme une mère.

Il me prend les mains, et dépose sur ma joue un baiser tout paternel. Katjaimbia me lance un sourire complice.

– On va lui donner un nom himba ! Moi, je l'appellerai Marieta : « celle qui arrive par elle-même » !

Omuniangue opte pour Maverieta, qui signifie quelque chose comme « c'est dans la joie que tout le monde se regroupe autour d'elle quand elle arrive ». Un à un, tous les Himbas viennent me serrer la main. Ils me murmurent à l'oreille des paroles que je ne comprends pas, mais que je prends pour des formules de bienvenue, ou de félicitations. Les discussions fusent. Comment s'y prendre pour faire de moi une vraie Himba ? Chacun donne son avis. Hoveka et Vecumba vont rechercher le veau sacré, et Omuniangue lui coupe la seconde oreille.

Le feu crépite. Le bois de mopane, l'arbre papillon, l'arbre sacré aux multiples usages, dégage une agréable odeur de résine. Le beau rire grave de Katjaimbia, ma nouvelle maman, résonne dans la nuit. Son visage épanoui resplendit sous la lumière des flammes.

– Maintenant que tu es ma fille, Marieta Tjuharo, tu vas te mettre sérieusement au herero. Je te préviens, si tu parles pas couramment avant demain, je te renie !

Un éclat de rire.

Je suis loin des inquiétudes de la matinée. Qu'est-ce qui m'as pris ? Comment ai-je pu douter de leurs bonnes intentions et en faire de terribles geôliers ? J'en ris bien fort, maintenant.

Un papa himba! Dans mes fantasmes de gamine, je n'aurais pas pu rêver mieux. Mais qu'est-ce que cela veut dire, au juste? Après cette histoire de mariage, c'est évidemment ce qu'il y avait de mieux à faire. Omuniangue retrouve la face, et ce nouveau lien satisfait tout le monde.

Soudain, je réalise que, sans le savoir, je désirais cette adoption au plus profond de moi-même. Sans doute l'ai-je un peu provoquée. Je pense à mes parents, en France. Ici, je peux aimer leur souvenir, mais concrètement, ils ne signifient plus rien, la filiation n'existe plus. Ils appartiennent à l'autre monde, à l'autre vie. Entre nous, un abîme. Omuniangue a raison. J'étais orpheline.

Debout devant l'âtre du foyer, j'essaie vainement d'échapper au nuage de fumée qui tourne avec le vent. Je dois prendre une décision. Hoveka et Vecumba ont un air soucieux. Leur sourire et leur bonne humeur restent les mêmes, mais l'enthousiasme n'est plus vraiment là. Il faut faire quelque chose.

Dans un microcosme comme celui d'Omirora, les interactions sont trop importantes pour que les rapports restent statiques. La moindre anecdote peut changer toutes les relations à l'intérieur d'un village. Omuniangue a toujours été jaloux de ma complicité avec les deux garçons. Depuis qu'il s'est officiellement institué mon tuteur légal, il estime qu'il n'a plus à passer par eux pour m'avoir. Il a un droit direct sur moi. Hoveka et Vecumba ont beaucoup perdu avec mon adoption. Et pour ne rien arranger, je commence à bien me débrouiller en herero. Ils ne sont plus aussi indispensables pour les traductions.

Omuniangue en profite. Il se sert des garçons pour entamer de gros travaux et se reposer lui-même. Tous les jours, il les envoie garder le bétail, creuser un puits, couper du bois, construire une case. Hoveka se plaint en riant d'être traité comme un « Angolais ». Il en a marre.

Rien ne m'oblige à les accompagner, mais je pars toujours avec eux. En cette saison, pour donner à boire au bétail, nous marchons plus de vingt kilomètres par jour. Je sais qu'Omuniangue espère, en envoyant Hoveka et Vecumba travailler au loin, casser notre petit trio. Ce qu'il n'a pas compris, c'est que sans Hoveka et Vecumba, je ne serais peut-être pas capable de rester aussi longtemps à Omirora. J'ai beau aimer Omuniangue, il ne me fait pas rire comme les deux garçons. Et ça, j'en ai trop besoin.

D'autres contrariétés pèsent sur le sourire d'Hoveka et Vecumba. Hier soir, Katjaimbia les a pris à part et leur a avoué qu'elle ne pourrait plus les nourrir. Les réserves de maïs du village diminuent de façon effrayante. Il est normal de pourvoir aux besoins de la nouvelle fille d'Omuniangue, mais pour les deux garçons, c'est différent. Ils ne sont que de lointains cousins et, surtout, ils peuvent facilement trouver à manger dans leur propre famille, à quelques dizaines de kilomètres de là. Gentiment, Katjaimbia leur a fait comprendre que tant que la cérémonie n'avait pas lieu, ils devaient se débrouiller pour avoir leur propre farine de maïs.

Il y a aussi notre absence prolongée, imprévue. Hoveka et Vecumba s'inquiètent pour tous les cours qu'ils manquent. Ils appréhendent la réaction de Mister Kavari. Nous n'étions supposés partir que pour quatre ou cinq jours, et voilà des semaines qu'ils font l'école buissonnière.

La décision est prise. Il faut retourner à Etanga. C'est mieux pour Omuniangue, aussi. Comme tous les parents, il a besoin d'être éduqué. Si je ne fais pas attention, bientôt, je n'aurai plus le droit de rien faire toute seule. Je ne suis pas partie en Afrique pour tomber sous la coupe de parents plus protecteurs que ceux que j'ai quittés. Je dois l'aider à couper le cordon ombilical. D'ailleurs, je vais partir sans le prévenir. Il m'attendra bien pour la cérémonie. Il me l'a promis.

Hoveka et Vecumba, tout juste réveillés, viennent se réchauffer autour du feu. Nous sommes d'accord pour partir dès ce matin. Omuniangue a déjà quitté le campement. Ça tombe bien.

Katjaimbia, ma maman, est assise devant sa case. Je la mets au courant. Tendrement, elle hoche la tête.

– Je comprends, mes enfants. Faites bon chemin. J'embrasserai Omuniangue pour toi, ajoute-t-elle à mon intention.

Ma maman. Corps rouge appuyé sur un mur de terre beige. J'admire cette femme si forte, si dure et autoritaire, en même temps si sensible, si femme et si mère. C'est précieux, une compagne de la sorte. Omuniangue a de la chance.

Mon sac est prêt. Nous partons précipitamment, abrégeant les au revoir. Discrètement, nous disparaissons derrière la haie de ronces, le dos courbé comme des voleurs, les oreilles fermées aux appels des jeunes femmes. Cinq minutes de plus, et nous n'aurions pas pu éviter la corvée du bétail.

Dans l'immensité plate, seul un mamelon de roche brune se dresse, si petit qu'il semble nous narguer. Notre but. La montagne d'Etanga. Armé de son bâton de berger, Hoveka casse les branches sur son passage pour nous ménager un chemin. Il sautille et gambade sur les pierres comme une jeune antilope, chante à tue-tête de sa voix grave. Tous trois, nous sommes envahis par un vent de liberté qui nous grise les sens. Oh, légèreté, légèreté ! Aujourd'hui, il n'y aura personne pour nous donner des ordres ! Nous pouvons être plume et nous laisser balader par le vent. Vecumba, son sac à dos presque vide posé sur la tête, éclate de rire à chaque pas. Sans souci du ridicule, je pousse mes cordes vocales à bout et hurle un « Ohé matelot » à faire éclater les tympans les plus robustes. Nous parlons aux buissons, à la terre, aux pierres. Hoveka imite la voix d'Omuniangue et les traite de paresseuses. Nous décrivons un cercle entier pour suivre des empreintes de chacal, revenons sur nos pas pour ramasser là une racine, ici une branche d'arbre qui nous servira de cuiller. Nous ne marchons plus vraiment droit. Quiconque nous verrait nous croirait saouls. En fait, nous sommes ivres de liberté.

Après moins d'une heure de marche, nous rejoignons le lit de la rivière et nous arrêtons à proximité d'un puits, sous l'ombre d'un acacia centenaire. Allongés dans le sable chaud, sans peur d'être dérangés, nous bullons.

Katjaimbia nous a donné, avant de partir, un petit sac en plastique qu'elle a rempli de farine de maïs. « Pour que nous restions vaillants tout au long du chemin », a-t-elle précisé en privant le village de ses dernières réserves de nourriture. Après une courte sieste et quelques éclats de rire, nous préparons la bouillie dans une boîte de conserve.

Pendant que je surveille la cuisson, les deux garçons se laissent glisser au fond du puits. Ils veulent se faire beaux pour arriver à Etanga. J'écoute le bruit des éclaboussures retomber sur leur corps.

Soudain, deux têtes noires surgissent hors du trou, comme un ressort. Hoveka a à peine le temps de remettre son pagne, il court, arrache la casserole bouillante du feu, jette des poignées de sable sur le foyer.

– Vite ! Vite, Solena !

Il me prend la main. Je tends l'oreille. Des meuglements. Les vaches d'Omuniangue !

– Vite, Solena ! Dépêche-toi !

Nous courons tous les trois, main dans la main. Vecumba a ramassé mon sac au passage. La casserole brûlante, pleine d'une bouillie encore liquide, se balance au bout du bras d'Hoveka et sème son contenu sur le sable. Nous trébuchons, nos têtes se griffent dans les épines. Nous reprenons notre course de plus belle, avalant entre chaque foulée quelques croûtes de bouillie. L'adrénaline donne des ailes. Après plus d'un kilomètre, Hoveka, hilare, s'écroule dans la poussière en suffoquant. Il était moins une. Si le lit de la rivière n'avait formé un coude à cet endroit-là, Maezuva nous aurait tout de suite repérés.

– Ouf, souffle Hoveka. On a failli être grillés. On aurait dû les aider, et on en aurait eu pour la journée.

Les dernières heures de marche sont longues et silencieuses, mais sans fatigue, sans ennui. On se laisse porter par le chemin qu'il reste à faire. Nous arrivons à Etanga bien après la tombée de la nuit. En moi, plus puissant à chaque pas, s'immisce un désir nouveau : l'espoir, tellement inespéré, de trouver une lettre de ma famille ou d'un ami, un message qui me montre que là-bas, chez moi, on pense encore à moi.

Des feux clignotent dans la brousse.

– Solena, Solena !

C'est Kejavanga, ma petite mascotte, qui nous aperçoit le premier. Il me saute au cou et s'accroche à mes bras. Je caresse avec plaisir la petite tête crépue. Il a tellement besoin d'amour. En le serrant sur ma poitrine, j'ai un peu l'impression de retrouver ma famille. Les « grands garçons » sont tous réunis autour du feu. On nous libère une place, Kejavanga s'installe sur mes genoux. C'est bon d'être là.

Il est déjà tard lorsque je me retire dans ma tente. Cette fois-ci, personne n'y a touché. Après un rapide inventaire, je déroule mon duvet, et m'enfonce profondément dans le sac. Une main gratte timidement à la toile.

– Solena !

C'est Hoveka.

– Ouvre, Solena.

Son sourire jusqu'aux oreilles, faussement timide, montre qu'il a quelque chose à me demander.

– On nous a volé nos couvertures. Et... euh... les filles himbas, dans les villages, elles n'en ont qu'une seule, et une toute petite. En tout cas celle que je veux voir ce soir...

Je lui tends ma fourrure polaire en riant.

– Tu comprends, Pharaon, reprend-il sur un ton devenu soudain très sérieux. Après toutes les nuits qu'on a passées ensemble à Omirora, ce serait trop dur de dormir tout seul !

Il enjambe la barrière de ronces qui entoure mon campement, et dévale la colline en courant. La longue silhouette sombre et sèche se fond dans les ténèbres.

Des flaques d'eau, des éclaboussures. Des cris et des rires. J'ai voulu profiter de cette belle journée pour faire une « opération nettoyage ». En voyant comment je m'y prenais pour laver ma paire de chaussettes, les fillettes de l'école m'ont priée de les laisser faire. Assises en ligne sur les marches du dispensaire, les voilà à frotter, savonner, l'une ma chemise, l'autre mon jean. Kovera, l'infirmier, a pendu dans la cour plusieurs couvertures pour me permettre de faire une toilette poussée. Paraît-il que je lui ai fait peur. Il n'a même pas voulu me serrer la main.

– J'ai jamais vu quelqu'un d'aussi sale, m'a-t-il dit en guise de retrouvailles.

– Ben ? Et les femmes himbas ? Je sens certainement pas plus fort qu'elles.

– Mais les femmes himbas, on est habitués. Et puis d'ailleurs, sauf avec mes gants d'infirmier, je les touche pas non plus.

Kejavanga ausculte mes pieds en poussant de petits miaulements désolés. À Windhoek, un soi-disant habitué des grands déserts m'avait vivement conseillé de les enduire de vaseline, pour éviter que la peau ne se craquelle. J'ai scrupuleusement obéi, entourant chaque soir mes doigts de pied d'un copieux paquet de graisse. Mais je n'ai qu'une seule paire de chaussettes. Les trois dernières semaines, je ne les ai pas enlevées une seule fois. Les nuits sont trop froides. Parfois, j'ai même dormi avec mes Pataugas. La graisse a dû macérer avec la sueur. Mes pieds sont devenus tout roses, la peau est molle et douce, recouverte de petites tâches blanches, et tailladée de longues coupures.

Mes fesses ne vont pas vraiment mieux. Timidement, j'en parle à Kovera. Il est infirmier, il ne devrait pas être gêné de parler de cela. Ses joues deviennent écarlates, il se met à rire bêtement, les yeux posés sur les genoux. Ah, cette pudeur des Hereros ! Ils peuvent parler de sexe pendant des heures, mais dès que cet organe n'est plus lié à l'acte d'amour, il devient sujet tabou. J'insiste. L'honneur d'une jeune fille n'est rien si elle n'est même plus capable de déféquer. Kovera, très gêné, finit par me faire entrer dans son bureau. Il rigole toujours aussi bêtement et n'ose pas me regarder en face. Est-ce la première fois qu'il voit les fesses d'une Blanche ? Je le crois. Il prend son scalpel, je baisse ma culotte. D'un coup net et précis, il sépare les deux parties qui s'entêtaient à n'en former plus qu'une. Une lampée d'alcool à 90°. Une tartine de Biafine. Et en prime, un magnifique morceau de tissu ocre délicatement glissé au milieu, pour éviter que les deux fesses ne se recollent entre elles.

Enroulée dans le paréo de Patt, j'attends que mes affaires sèchent, et que mon derrière cicatrise. Il fait bon au soleil. Kovera me raconte les derniers ragots d'Etanga. Ngavikupe va mieux, il a pu repartir s'occuper de son bétail. Une femme du kraal de Vetamuna a été envoûtée par un cousin, une autre possédée par l'esprit d'une hyène. Plusieurs histoires de vol de bétail. Une jeune fille a été kidnappée par un amoureux trop impatient. Ce matin, un nouveau-né de quelques jours est mort. L'enterrement aura lieu dans l'après-midi. Notre conversation est sans arrêt interrompue par l'arrivée de Himbas qui viennent nous saluer. En les revoyant, eux qui m'intimidaient tant les premiers jours, je réalise le chemin que j'ai parcouru depuis mon départ pour Omirora. La complicité est là, tout de suite, avec chacun. Le sentiment que nous mettons la même chose derrière les mots, même ceux que nous ne disons pas. D'office, nous sommes dans le même jeu.

En milieu d'après-midi, Hoveka vient me chercher pour aller à l'enterrement. Les deux garçons se sont fait sérieusement réprimander par Mister Kavari. Dès demain, ils vont devoir reprendre l'école. Nos chemins se séparent. C'est la fin d'une histoire. Nous profitons de chaque moment pour essayer de la faire durer encore un peu. Mais déjà, nous sommes nostalgiques du trio complice.

– Après tout le temps qu'on a passé ensemble, Solena, j'ai pas envie de te laisser toute seule, m'assure Hoveka. Je suis plus habitué.

Des cris qui soulèvent le cœur. Des sanglots hachés par la douleur. Au sommet de la colline, une vingtaine de pleureuses gardent l'entrée de la case touchée par le deuil. La mère est à l'intérieur. Allongée sur une peau de vache, elle est soutenue par sa mère et sa sœur. Sa poitrine s'agite, son ventre se soulève, un râle puissant, coupé par des halètements, sort de ses entrailles. Elle semble reproduire les cris de l'accouchement.

Elle crie plus fort, hurle. Les pleureuses prennent le relais, les lamentations monotones envahissent les collines de leur chagrin. Les hommes sont rassemblés autour du feu sacré. Un vieillard tend au père un paquet enroulé dans une couverture. Le bébé. La procession s'organise. Derrière le père, les hommes disparaissent à l'intérieur de l'enclos du bétail. C'est là que sont enterrés les nouveau-nés. Les femmes ne doivent pas regarder. Des coups de pioche. Une longue attente. Les femmes pleurent de plus belle.

Sur le chemin du retour, quelques pas derrière moi, un homme rit et plaisante. Je lui fais remarquer qu'il ne montre pas beaucoup de chagrin.

– La mort d'un enfant, c'est triste, mais ça compte pas beaucoup. C'est surtout triste pour la mère. Ça n'a pas encore de passé, un bébé, alors, c'est pas une perte pour la communauté.

Je trouve sa remarque d'une grande sagesse. Autour de moi, en de telles occasions, j'avais toujours lu une douleur amplifiée par le sentiment d'injustice. La frustration que le petit être n'ait pas eu droit à la vie.

– Nous, on pleure la perte de ce qui est, mais pas la perte de ce qui aurait pu être, répond l'homme, philosophe.

– Solena, Solena !

L'assistant de Mister Kavari escalade la colline en courant. Il gesticule dans tous les sens.

– Solena, écoute ! J'arrive juste d'Opuwo. Il faut que tu repartes. Quelqu'un a appelé pour toi à l'hôpital. Quelqu'un qui te cherchait partout. Il a dit que tu devais rentrer tout de suite !

– Quelqu'un qui appelait pour moi ! Qui ça ? Qu'est-ce qu'il a dit ?

– Je sais pas. Mais il faut que tu repartes.

Choc. Je suis projetée dans un autre monde. À une vitesse fracassante. Tout ce que j'avais quitté en venant ici et qui s'était peu à peu transformé en rêve redevient réalité. Qui cela peut-il être ? Tout devient possible. Ma famille qui s'inquiète et qui a fait des recherches ? Mon amoureux qui me demande enfin en mariage ? Un drame en France qui nécessite mon retour ? Une maladie ? Un décès ?

– Mais il a bien dit quelque chose ! Une explication ! Qui lui a répondu ?

– Je sais pas. On m'a juste dit que tu devais rentrer. Hoveka est à côté de moi. Il a tout entendu.

– Tu crois que c'est grave ?

– Je sais pas, Hoveka. Mais j'aime pas ça.

Qui ? D'où vient l'appel, de Namibie ou de France ? J'ai beau me creuser la tête, je ne vois pas qui aurait pu m'appeler à l'hôpital d'Opuwo. Pourquoi l'hôpital d'Opuwo, d'abord ? Ma tête, si légère tout à l'heure, commence à peser lourd. Tout s'embrouille. Je n'arrive plus à raisonner. Que faire ? Le message a peut-être été déformé, ce n'est peut-être pas si urgent. Mais si c'était vraiment grave ? Quelque chose qui changerait ma vie à jamais ?

Au dispensaire, Kovera confirme mes inquiétudes.

– Ça doit être grave, pour qu'ils aient réussi à faire passer un message de si loin. C'est sûrement ta famille.

La nouvelle a vite fait le tour des collines. Mister Kavari accourt, désolé. Des Himbas se sont rassemblés autour de l'infirmerie. Ils me plaignent.

– C'est triste, si tu dois partir. Mais si c'est pour ta famille, on comprend. Je t'accompagnerai à Opuwo, si tu veux. Avec l'âne, si on marche vite, on peut y être en deux jours.

Tout cela est trop rapide. On a déjà décidé à ma place. J'ai envie de crier.

– Arrêtez ! Qui vous a dit que c'était ma famille, d'abord ? C'est peut-être rien du tout, ce message.

Je suis désemparée. Que faire ? Dans vingt jours, de toute manière, je dois être sortie du pays, pour ne pas me retrouver en situation illégale. Mon séjour ici touche donc à sa fin. Mais je perds tellement si je quitte cet endroit aujourd'hui. J'ai encore tant de choses à y faire. En même temps, si ce message est parvenu jusqu'à moi, il y a forcément une raison. Est-elle assez importante pour justifier un départ immédiat ?

Kovera sort de son placard son radio téléphone. Des mois qu'il n'a pas réussi à le faire marcher. Penchés sur l'appareil, nous essayons d'entrer en contact avec l'hôpital. Pas de réponse.

Je n'arrive pas à prendre une décision. Pour me changer les idées, je pars me promener avec Hoveka. Nos pas nous mènent sur la colline, dans le campement de la famille en deuil. Le kraal est maintenant vide. Seuls les parents, assis l'un en face de l'autre, sans parler, devant la case. L'ambiance est funèbre. Je voudrais leur dire quelque chose, que je partage leur douleur. Mais c'est si faible. Quelques formules de condoléances. Autour de nous, je sens la présence de la mort. L'homme me dévisage avec insistance, le regard fixe, terriblement froid et pénétrant.

– Je veux un enfant avec toi.

C'est l'homme qui a parlé. D'une voix basse et grave. Dramatique. Je me tourne vers Hoveka. Je ne suis pas sûre d'avoir bien compris.

– Si si, t'as bien compris, bafouille Hoveka, en rougissant à ma place. Il veut un enfant avec toi.

Un instant d'hésitation. Un jeu ? Ce n'est ni le moment ni l'endroit. Je ne sais que répondre.

– Je veux ton enfant, reprend l'homme. Ma femme, elle est bonne à rien.

La femme n'a pas sourcillé. Elle reste immobile, les yeux dans le vague. Quelque chose m'échappe. Je ne suis pas à ma place. Je m'en vais.

Je voudrais pouvoir ne pas penser. Je n'y arrive pas. Ce coup de téléphone. Il me ronge. Je dois savoir. La mort de cet enfant est-elle un signe ? Les paroles du père me troublent. Il y a tant de choses que je n'arrive pas à interpréter. Je suis encore complètement aveugle.

Je me réveille en sursaut, le corps glacé, mais trempé de sueur. Je tremble. Je n'arrive pas à me maîtriser. Tout mon corps est agité de spasmes violents. J'éclate en sanglots, les sanglots qui font mal, qui viennent des profondeurs du ventre, qui traversent tout l'œsophage, qui raclent la gorge, la broient, la piétinent. Partout, des nœuds, dans mes intestins, dans mes côtes, dans mon cœur. Je ne veux pas ouvrir les yeux. Je veux frapper, taper, jusqu'à tomber, succomber. J'ai rêvé ? Je ne sais plus. J'ai vu ma mère, ma maman, déchiquetée en morceaux. Du sang, partout, sur moi, dans ma bouche, des gens qui crient, qui courent, des hurlements de terreur. Non, c'est moi qui crie. Un morceau de bras m'a frappé en pleine figure. C'est le sien, celui de maman. Son corps a explosé dans une grande gerbe, émietté. Il pleut du sang et de la chair, rose et rouge, encore chaud, ça gicle. C'est dans une station de métro. Le train lui est passé dessus. Je n'ai pas vu. Je ne sais pas comment c'est arrivé. Je n'arrive même plus à crier. Il n'y a pas de mot.

Je mets longtemps à réaliser que ce n'est qu'un rêve. Peu à peu, je prends conscience du lieu, de ce qui m'entoure. La tente, mon sac de couchage, le parfum du mopane. Je suis à des milliers de kilomètres de Paris, je n'ai pas pu voir cela, j'ai déliré. Certains songes ont l'essence de la réalité. Ils sont aussi forts, aussi marquants. Ce ne sont pas des rêves comme les autres.

L'aube commence à poindre. Je sors de ma tente, m'assois sur les marches du dispensaire. Les enfants se réveillent tout juste, l'œil encore gonflé. Je serre Kejavanga très fort dans mes bras. Entre orphelins... Peut-être est-ce pour cela que je me sens si bien sur cette colline. Omuniangue et son affection n'existent pas non plus, ici. Il fait aussi partie d'un monde différent. Un monde qu'il faut remplir, comme celui de mes parents, par des sentiments, des croyances, des appartenances. Un monde qui a la notion du temps qui passe, dans lequel il y a des étapes, pour naître, pour aimer, pour mourir. Alors que cette colline est intemporelle. Elle ne porte rien, excepté une poignée d'enfants abandonnés. Sans doute pour cela : j'ai le sentiment d'y avoir une place, d'office, sans déranger l'ordre des choses. Pour faire partie de cette famille, il suffit d'être tout nu.

Mes pensées sont confuses. Je ne m'y retrouve plus. Juste au moment où je commence à planter des attaches ici, un curieux message me rappelle que mes liens sont ailleurs.

Comme pour me rappeler à l'ordre. Mais aussi pour me ramener à un monde plus concret, plus matériel. Je viens d'être adoptée par une famille himba, et cela me donne une force, un sentiment d'appartenance à ce pays que je n'avais pas en arrivant ici. Ma maman, la vraie, est morte dans mon rêve. J'en souffre, j'ai mal, et je suis en manque d'elle. Mais ces deux familles sont toutes deux rattachées à des espaces concrets. Des espaces dans lesquels j'ai enfoui une partie de moi, une partie de ma vie. Alors que ce qui me lie à ces enfants dépasse cela : c'est tout simplement le fait d'exister.

– Alors, Solena, qu'est-ce que t'as décidé ?

La voix de Kovera me fait revenir à des considérations plus prosaïques. Parfois, je voudrais redevenir un tout petit enfant. Pour ne pas avoir à prendre de telles décisions. Le sentiment que ce n'est pas de mon âge.

– Je sais pas. Je vais encore essayer d'appeler Opuwo. Je verrai ensuite.

La peur, à nouveau. Celle qui noue le ventre. Les images de la nuit reviennent en trombe, comme des furies. Une punition, parce que j'ai quitté ma famille sans chercher à savoir si elle s'inquiétait ? Peut-être n'a-t'on pas le droit d'être si égoïste. Le sentiment que je vais devoir encaisser un choc terrible. Une perte irremplaçable. Irréversible. Je ne veux pas. J'ai peur.

Je prends le micro. Ma voix tremblante résonne dans la pièce vide.

« *Opuwo, Opuwo, calling from Etanga ! Opuwo, Opuwo, calling from Etanga !* »

L'appareil grésille. Pas de réponse. Je ne veux pas m'énerver. Il n'est que sept heures du matin. Le radiophoniste d'Opuwo n'est peut-être pas encore réveillé.

Au-dehors, une agitation. Je quitte la pièce trop blanche, trop silencieuse. Ngavikupe, en croupe sur son âne, discute avec les enfants. Un rayon de soleil. Nous n'avons pas besoin de parler. Un sourire suffit.

– Si jamais je retourne à Omirora ce soir, tu m'accompagnes ?

Je ne sais pas pourquoi je lui ai demandé cela. Je serai peut-être en route pour Opuwo, ce soir.

– Bien sûr, Solena, je t'emmènerai.

Ce garçon dégage quelque chose de magique. Quelques instants, tout s'arrête. La vie est belle, simple, il suffit de le regarder sourire. Et puis encore, plus forte que Ngavikupe, cette peur qui revient.

Je reprends le micro.

« *Opuwo, Opuwo, calling from Etanga ? Opuwo, Opuwo, calling from Etanga !* »

Pas de réponse.

Onze heures : toujours pas de réponse.

Treize heures : mes mains tremblent comme celles d'un parkinsonien. Je prie pour que la situation se débloque.

Quinze heures : le micro dans la bouche, je hurle dans l'appareil. « *OPUWO ! Calling from ETANGA !* » Kovera, assis à côté de moi, me retient à temps pour m'empêcher de rouer la machine de coups de pied. Désespérément, je tourne tous les boutons, essaie toutes les fréquences. J'en pleure presque de rage. Dans un murmure, je supplie. « S'il te plaît, s'il te plaît, réponds, Opuwo ! » Rien. Le silence, total. Il n'y a même plus de grésillement. Rien. Je ne pourrai pas savoir.

Je suis à court d'énergie. Toute ma force s'est épuisée en vain contre cette radio. Je m'assieds par terre, la tête entre les mains. Kejavanga s'approche doucement. Je lui prends le bras.

– Kejavanga, va chercher Ngavikupe !

J'ai besoin de calme, pour penser. En fin de compte, la situation est simple. Soit le message annonce quelque chose de très grave. La mort de maman, par exemple. Dans ce cas, c'est dramatique, mais mon retour précipité ne changerait rien. Autant rester ici dix jours de plus. Soit ce n'est pas très grave. Donc je peux aussi rester.

Avant même que Ngavikupe ne soit arrivé, l'affaire est réglée. Je presse le départ. Il est quatre heures, nous allons devoir faire les trois quarts du chemin de nuit. Je veux quitter cet endroit au plus vite. Quitter ces visions de malheur, cette incertitude. Oublier cet appel. D'ailleurs, j'aurais très bien pu ne jamais être au courant. Je peux faire semblant de l'ignorer. Je fuis.

Je n'ai jamais marché aussi vite. Pendant tout le trajet, une seule pensée. Retrouver Omuniangue, Omirora. Laisser derrière moi les images de cauchemar. Fuir avant qu'elles n'aient le temps de me rattraper.

L'âne de Ngavikupe avance dans la nuit. Je trotte à ses côtés, tantôt marchant, tantôt courant. Jusqu'à Omirora, pas un seul arrêt.

Des lumières. Un feu immense. Omuniangue me serre longuement dans ses bras. Entouré par sa mère et sa sœur, Ngavikupe arbore un sourire radieux. La famille est au grand complet. Pour la première fois, les barrières d'Omirora me semblent providentielles. Ici, il ne peut rien m'arriver. Aucun message venu d'ailleurs pour troubler mon esprit. Je suis en sécurité.

Avant de regagner sa case, Omuniangue me glisse à l'oreille, l'air de rien, que la cérémonie est prévue pour le lendemain. Il est sûr de son effet. Je l'ai tellement attendue. Depuis mon arrivée à Etanga, tous les hommes me parlent des bœufs qu'ils étranglent, comme si c'était aussi une chose aussi naturelle à faire que de manger ou dormir. Je m'étais promis de ne pas quitter le Kaokoland sans avoir vu cela. Demain sera un grand jour.

L'aube est à peine levée. Déjà, le campement est en pleine effervescence. Chargées de tous les récipients vides, bidons d'essence, boîtes de conserve ou calebasses évidées, les femmes font des aller-retour incessants au puits pour ramener au kraal suffisamment d'eau pour la cuisson du bœuf. Ngavikupe et Maezuva, munis de leur machette, reviennent au campement en traînant derrière eux des buissons entiers de mopane. Avec les plus belles branches, ils élèvent un petit abri contre l'enceinte de l'enclos du bétail, au milieu du village. Maezuva le recouvre soigneusement de feuilles et de branchages pendant que Ngavikupe étale sur le sol une peau de vache brunie par l'ocre et la graisse. C'est là, à l'abri de la chaleur, qu'Omuniangue et Kozumui présideront les réjouissances.

Dans l'intimité des cases, les femmes se préparent pour l'occasion. Katjaimbia s'est drapée dans une longue peau sur laquelle sont cousus des motifs en perles de métal. Vakaouta porte l'*ekori*, une coiffe réservée aux cérémonies qui encadre son visage comme des œillères et tombe sur sa nuque. Pendant ma courte absence, elle m'a confectionné plusieurs bijoux. Katjaimbia m'aide à attacher l'erembe, la petite coiffe des femmes, et passe les lourds colliers autour de mon cou. Vakaouta resserre les bracelets sur mon bras pour éviter qu'ils ne s'entrechoquent. « Pour que tu ressembles à un être humain, et non pas à un babouin ! » précise-t-elle en riant. Je reste admirative lorsque Vakaouta, de sa démarche si langoureuse, sort au grand jour. Elle s'est enveloppée d'une couche d'ocre et de graisse si épaisse que, sous le soleil, impossible de voir où commence la peau et où finit le vêtement de cuir. Elle n'est plus qu'une seule pâte, rouge et luisante comme l'argile après la pluie.

Depuis leur réveil, Omuniangue et Kozumui sont assis devant le feu sacré. Longuement, ils ont invoqué les esprits des ancêtres. Ils leur ont présenté le lait des vaches sacrées, puis ils leur ont demandé de veiller au bon déroulement de la cérémonie, et d'apporter protection et santé à tous ceux qui y assisteraient.

– Amène-nous aussi de bonnes pluies, a rajouté Kozumui avant de signaler par un rapide *opuwo* la fin de son discours.

Je viens enfin d'apprendre, de source sûre, que cette cérémonie est donnée par Omuniangue en l'honneur de Vakaouta. Il est fréquent qu'un père organise ainsi une célébration pour un de ses enfants, pour montrer à tous l'attachement et l'amour qu'il lui porte. Aujourd'hui, la fête est plus que justifiée, car Vakaouta doit bientôt quitter le kraal de ses parents pour s'installer dans celui de son futur mari.

Les premiers invités commencent à arriver. Les uns après les autres, ils viennent saluer les deux hommes et racontent les dernières nouvelles. Omuniangue a insisté pour que je reste assise à ses côtés. La main posée sur mon épaule, il me présente fièrement comme « sa fille dernière-née ». Regards tendrement amusés des invités qui m'interrogent sur la gentillesse de mes nouveaux parents. On me charrie sur mon accent.

– Mais elle sait très bien traire les vaches ! réplique Omuniangue.

Tout le monde s'esclaffe. Je ne sais si c'est précisément parce que j'ai été présentée comme un membre de la famille. L'atmosphère est si chaleureuse que je ris avec ces hommes comme si je les connaissais depuis toujours.

En fin de matinée, une vingtaine d'invités sont déjà arrivés. Omuniangue me garde jalousement à côté de lui. Il tient absolument à ce que j'assiste au déroulement complet de la cérémonie et veut m'expliquer lui-même les « traditions des Himbas ». Sur sa demande, je sors mon appareil-photo qui n'a pas servi depuis plusieurs semaines.

Tout est prêt pour le début des festivités. Depuis ce matin, les vaches et les bœufs libérés errent en meuglant entre les cases. Avec Kozumui, Omuniangue passe en revue le troupeau. Après une longue discussion, ils finissent par indiquer du doigt un gros bœuf à la robe tachetée de noir. Aussitôt, tous les hommes jeunes et vigoureux se précipitent sur la bête. Omuniangue me tire en arrière par le bras.

– Attention ! Ça peut être dangereux !

Je ne distingue déjà plus rien. Un nuage de poussière a envahi l'ensemble du kraal. Des cris, des hurlements, des rires. Le bœuf a sauté par-dessus l'enceinte de ronces, les hommes se lancent à sa poursuite.

Pendant plusieurs minutes, l'animal et les hommes tournent autour du kraal. Bien à l'abri, les femmes les encouragent. Maezuva réussit à attraper la queue. Il se laisse traîner sur une dizaine de mètres, en hurlant comme un chacal égorgé. Tout s'accélère. Le bœuf, ralenti dans sa course, est rejoint par le groupe. Ngavikupe se jette sur son front. En le prenant par les cornes, il le force à pencher la tête. Un autre lui entrave les pattes. La bête perd l'équilibre, bascule, tombe sur le flanc.

Omuniangue me prend la main et m'amène sur le lieu de la

mise à mort. Un homme s'est allongé de tout son long sur l'encolure de l'animal. Les autres se sont précipités pour tenir les pattes. Avec son genou, l'homme appuie de tout son poids sur la trachée. Ngavikupe, collé derrière lui, renforce la pression en s'arc-boutant sur ses hanches. L'étreinte se prolonge, interminable. On dirait qu'ils lui font l'amour. Les yeux de la bête tournent, se recouvrent d'un liquide opaque. La bave coule par sa gueule entrouverte. Derniers soubresauts. C'est fini. Pas une goutte de sang.

Armés de leurs solides poignards, les hommes dépècent la bête. La peau est soigneusement étalée, la chair découpée. Assemblés autour de la dépouille, ils commentent la disposition des viscères. On ne peut pas vraiment y lire l'avenir, paraît-il, seulement la mort et la pluie. Tous ont leur mot à dire, mais c'est aux plus âgés de donner l'interprétation définitive. Apparemment, cette fois-ci, rien de particulier à signaler.

Omuniangue m'indique les photos à prendre. Dès qu'il estime que la scène est importante, il arrête les hommes et leur fait prendre la pose. Obéissante, je mitraille : gros plan sur le sabot, sur la queue, dans l'intérieur de la mâchoire. Omuniangue soulève les intestins et les brandit devant l'objectif. Il fouille dans les entrailles, étale les boyaux harmonieusement sur la panse, persuadé de l'intérêt du cliché.

Les femmes se sont regroupées autour du feu des ancêtres. Assises à même la terre, leur jupette de peau soigneusement repliée entre leurs jambes, elles attendent qu'on s'occupe d'elles. Kozumui, en tant que gardien du feu sacré, est chargé d'accomplir le rituel. Il brandit au bout du poing, comme un trophée, l'enveloppe de graisse sanguinolente qui entoure la panse du bœuf. Avec des gestes solennels, il s'approche de Vakaouta, et pose sur sa tête un large morceau de cette peau rigidifiée par le sang. Par solidarité envers Vakaouta, toutes les femmes fécondes se font coiffer de la même manière. Avant d'être une fête en l'honneur de Vakaouta, cette cérémonie célèbre les attributs de la féminité.

En dépit de l'importance de l'instant, les femmes ne peuvent s'empêcher de rire en regardant la tête de leur voisine.

Les hommes commentent les nouvelles parures avec un regard chargé de tendresse. Coiffée moi aussi de l'insigne symbolique, je photographie toutes les femmes qui, sur l'ordre d'Omuniangue, défilent devant l'appareil en prenant la pose.

Rassemblés autour de l'*otjoto*, l'abri de branchage, les hommes s'occupent de la cuisson du bœuf. Comme la chair n'a pas saigné, la viande est bouillie plusieurs heures avant de pouvoir être mangée. Réfugiées à l'intérieur de leur case, les femmes s'enduisent d'une nouvelle couche d'ocre et de graisse en bavardant. Ngavikupe vient me chercher dans la case. Les hommes veulent me parler.

La discussion est animée. Tous participent, en s'exprimant avec de grands gestes. La main levée, un petit vieillard impose le silence. Omuniangue me libère une place à côté de lui. Ngavikupe prend la parole au nom de tous.

– Solena, où va l'eau des rivières ? Tu sais ?

Un mouvement de surprise amusée. Des heures qu'ils débattent sur le sujet. J'oublie trop souvent qu'ils n'ont pas les mêmes connaissances que moi. Le plus pédagogiquement possible, j'essaie de leur expliquer, avec force schémas, qu'une rivière rejoindra un fleuve, qui se jettera ensuite dans la mer, et que la mer couvre les deux tiers de la surface du globe. Je ne sais pas s'ils comprennent vraiment. Je n'ai aucune idée de leur conception de l'univers. Savent-ils au moins que la terre est ronde ? Certains d'entre eux ne connaissent même pas le mot Namibie. La notion d'Afrique leur est plus inconnue encore. Le décalage est parfois vraiment trop grand entre mon statut de jeune fille ignorante à peine sortie de l'adolescence et les discours que je leur expose pendant des heures, comme un professeur à ses élèves. Les yeux grands ouverts, les oreilles tendues, les hommes hochent sagement la tête, essayant de percer le mystère de leur inconnu.

Les premiers morceaux de viande ne sont prêts qu'à la nuit. Affamés, les hommes plongent leurs mains dans l'énorme bidon de ferraille qui tient lieu de marmite. Ils en ressortent des morceaux gros comme ma cuisse, dégoulinants de graisse. Je regarde Kozumui, amusée. Le quartier de viande qu'il tient entre ses deux mains est plus gros que son visage. Son menton et son ventre sont couverts de graisse qu'il étale langoureusement sur tout son corps lorsqu'il a fini sa part.

– Mm ! Tellement longtemps que j'ai pas mangé de viande ! dit-il en se léchant les lèvres.

Les femmes mangent à part, à l'intérieur de la case principale. Ngavikupe m'a préparé dans un plat spécial, pour que je ne me brûle pas, un assortiment de premier choix : des litres de graisse, et des morceaux si gras que la chair reste introuvable. Les morceaux du chef, paraît-il. Le principe est simple : plus c'est gras, plus c'est bon. Je n'ai jamais vu autant de viande de ma vie. On m'a donné ce qu'un boucher servirait pour un repas de vingt personnes.

Lorsque les estomacs sont rassasiés, les premiers claquements de mains retentissent. Les jeunes hommes rejoignent le cercle que Vakaouta et ses amies ont commencé à former. Les syllabes magiques s'élèvent dans la nuit, monotones et semblables, pendant des heures. Ngavikupe me pousse à me joindre à eux. Il me montre le rythme des battements. Hommes et femmes me lancent des clins d'œil complices et rieurs.

– Solena, la nouvelle Himba, elle va danser au milieu, pour nous tous, scandent les paroles de la chanson.

Je suis très intimidée. Les uns après les autres, les hommes se détachent du cercle, et viennent danser devant moi. Ils me provoquent, me frôlent, m'effleurent, tournant et sautant comme des toupies.

– Solena, elle va se jeter au milieu, répète la chanson.

Je n'ose pas. Un regard à Vakaouta. Son sourire me libère de ma gêne. Ngavikupe m'attrape par le bras. D'ordinaire, cela ne se fait pas de danser à deux. Les battements de mains s'accélèrent, la cadence s'intensifie. Les femmes hurlent, le corps cassé en deux, les bras tendus vers le centre. Face à Ngavikupe, je me laisse prendre par le rythme, plus rapide. Les bras en l'air, je frappe le sol de tout mon poids, mes jambes se lancent et s'entrechoquent. Les femmes m'encouragent de leurs cris. Ngavikupe m'aide à suivre la cadence en me tenant par les hanches. Je saute, je tourne, ma tête perd l'équilibre. En titubant, je regagne le cercle. Une salve d'applaudissements ravis.

– Ouhh ! Toi et Ngavikupe..., murmure Vakaouta, taquine.

Depuis mon premier séjour à Ombirisazu, tout le monde à Etanga m'appelle « la femme de Ngavikupe ». Surnom tendre et affectueux, mais qui s'est déjà propagé dans de nombreux campements.

– Ça va encore jaser, remarque Ngavikupe d'un air qui laisse entendre qu'il est bien au-dessus de cela.

Il est tard. Je commence à bâiller. Kozumui me fait signe de venir m'allonger sur la peau de bœuf, sous l'otjoto. Il installe un appui-tête sous ma nuque et me recouvre avec une couverture. Délicatement, il me borde, glissant ses doigts sous mon corps, pour que pas un souffle d'air ne puisse entrer. Sa main s'attarde sur mon bras. Une légère pression. En arrangeant mon foulard autour de ma gorge, il me donne un petit baiser sur la joue. Omuniangue me tient la main, pendant de longues minutes. Il ne la lâche que lorsqu'il me croit endormie.

Je ne dors pas. Je ne veux rien manquer de leurs visages et de leurs expressions. Les yeux légèrement entrouverts, j'observe les gestes et les attitudes. J'écoute. Je sens. Je ressens. Je voudrais pouvoir ne rien oublier. Enregistrer les odeurs et les sons au plus profond de mon être, pour toujours les garder avec moi. Dans quelques jours, je serai en route pour la capitale. Dans quelques jours, la magie qui m'entoure appartiendra au passé. Des souvenirs qui se mêleront au quotidien et dont les contours filtrés par la mémoire s'estomperont peu à peu. Le visage penché sur moi, Omuniangue appelle Ngavikupe. Ils me soulèvent, l'un par les épaules, l'autre par les jambes. Avec une grande douceur, ils me portent dans la case, et me glissent dans mon duvet entrouvert. Je fais toujours semblant de dormir. Je voudrais me fossiliser. Cet instant est trop précieux. Kozumui suit, la couverture sur le bras. Il me borde comme un bébé, remontant la couverture jusque sous mon menton. Dans quelques jours, leur visage n'existera plus que dans mes souvenirs. J'ai une grosse boule dans la gorge.

La cérémonie dure quatre jours. Quatre jours presque identiques, pendant lesquels personne ne fait rien d'autre que manger, danser et rire. Les ventres gonflent à vue d'œil, les silhouettes s'alourdissent, les gestes et l'appétit commencent peu à peu à mollir. Quatre jours pendant lesquels j'essaie de mémoriser les moindres détails. Le rire frais de Vakaouta, l'intonation de la voix grave d'Omuniangue, lorsqu'il crie ses ordres à travers tout le campement, l'odeur de la graisse rance et de la bouse séchée. Déjà, dans ma tête, je me prépare au départ. Je ne suis plus complètement avec eux. D'actrice, je redeviens spectatrice.

La légèreté d'Hoveka et Vecumba me manque. Elle m'avait permis de vivre les choses avec insouciance et innocence. Leur absence me fait prendre plus de recul par rapport à ce qui m'entoure. Des questions qui ne m'avaient pas effleuré l'esprit auparavant commencent à me traverser. Ainsi, pourquoi, sans même le provoquer, je me retrouve toujours avec les hommes ? Je mange avec eux, alors que toutes les femmes mangent à part. Je dors avec eux, seule fille dans une case occupée par une douzaine d'hommes jeunes et célibataires. Jamais aucun d'entre eux ne tenterait quoi que ce soit, ils sont trop respectueux. Mais pourquoi ne m'a-t-on pas mise avec les femmes ? Je réalise combien mon statut est particulier.

Les invités disparaissent un à un. Les femmes nettoient le kraal des os et morceaux de peau qui jonchent le sol.

– Je veux pleurer, quand je pense que tu dois partir si loin, répète Omuniangue.

– Je veux pleurer aussi.

L'âne de Ngavikupe attend. Kozumui a attaché sur l'encolure un jarret du bœuf sacrifié. Omuniangue me serre le poignet à le faire craquer.

– Mais tu reviendras nous voir. Ou moi, je viendrai te rendre visite dans ton pays.

– Oui. Bien sûr.

J'ai murmuré cette promesse dans un souffle. J'ai les larmes aux yeux. Je sais que je ne les reverrai jamais. Le savent-ils, eux ? Ils sont nomades, ils n'ont pas la même notion de l'absence. Ils peuvent passer des mois sans voir un membre de leur famille. Mais ils savent qu'il est là, quelque part, et que leur chemin peut se croiser à tout moment. Sur un emballage de cigarettes, je gribouille rapidement mon nom, mon adresse et mon numéro de téléphone. Ce geste dénué de sens m'aide à retirer ma main de celle d'Omuniangue.

– Tiens ! Avec ça, tu pourras toujours me retrouver.

Katjaimbia passe autour de mon cou les bijoux qu'elle m'a confectionnés.

– Sois courageuse, ma fille. Ça va être un grand voyage.

J'ai du mal à parler. Je fais signe à Ngavikupe de se mettre en route. Une dernière étreinte. Je voudrais y mettre tout l'amour que j'ai pour eux. L'impression que j'abandonne une partie de moi-même, une des plus précieuses.

Je ne peux m'empêcher de me retourner. Ils sont tous là, devant la barrière de ronces, Omuniangue, Katjaimbia, Kozumui, Vakaouta, Maezuva. Vakaouta agite la main en l'air en criant :

– Solena ! À bientôt !

Sa voix claire résonne dans les collines. Ne pas se retourner. Ne pas regarder en arrière, jamais. Pas pour souffrir, en tout cas. Marcher droit devant, le chemin est là. Mon cœur est triste, mais il se sent plus libre et plus fort que jamais. Je vais de l'avant. Je sais que là-bas, quelque chose m'attend.

– S'il te plaît, moteur, sois gentil avec Solena ! Arrête de faire tes caprices !

Autour du quatre-quatre, une vingtaine d'enfants et de Himbas, le nez dans le moteur, invoquent l'esprit de la machine. C'est une vieille Toyota Highlux plateau, rouillée jusqu'au dernier écrou, qui n'a pas quitté la cour de l'école depuis l'avant-dernière saison des pluies. Le propriétaire, un Himba d'Angola, l'a abandonnée à la surveillance de Mister Kavari, en emportant les clefs dans sa transhumance.

Depuis presque une semaine, Mister Kavari est attendu à Opuwo par les inspecteurs nationaux des écoles primaires pour une réunion de première importance. Une semaine que Mister

Kavari se ronge le sang et qu'il ne dort plus. Ce matin, lassé d'attendre un transport providentiel qui n'a aucune raison d'arriver, il a décidé de trahir la confiance qu'on lui a accordée et de provoquer le destin. Les manches du costume retroussées au-dessus du coude, les bras couverts de cambouis, le voilà transformé en apprenti mécanicien. Une chance pour moi : je ne veux pas m'éterniser plus à Etanga. Si cette voiture démarre, je serai ce soir à Opuwo.

Optimiste, j'ai déjà fait tous mes adieux. Je suis allée saluer Vetamuna, le doyen des Himbas, dans sa case. Il est le père de Katjaimbia. Dans un sens, c'est aussi un peu mon grand-père adoptif. Je voudrais le remercier pour tout ce que j'ai vécu et appris ici, sur son territoire, mais il est trop fatigué pour m'écouter plus longtemps. Son visage momifié dégage une auréole de sagesse et de sérénité qui m'émeut et m'intimide. L'impression d'avoir devant moi, comprimés dans ce petit corps rabougri, toutes les leçons et les mystères de la vie qui me sont encore inaccessibles.

Une dernière fois, j'accompagne Ngavikupe au puits. Il n'y a rien à dire. Nos yeux parlent à notre place. Comme le premier jour, je reste longtemps à regarder sa silhouette disparaître entre les ronces. Il sera pour moi l'image du berger solitaire, libre et indépendant, fier de sa terre et de sa culture.

Mes affaires sont prêtes. La nouvelle a dû se répandre que la petite Blanche allait repartir dans son pays. La cour de l'école est bientôt envahie par tous les Himbas que je n'ai pas eu l'occasion de saluer et qui viennent me rendre une dernière visite. Dernières plaisanteries, dernières déclarations d'amitié, dernières recommandations. Un jeune Himba tient absolument à m'offrir un chevreau. Pour que je le ramène dans mon pays, montre à mes parents à quoi ressemblent les chèvres de mes amis, et commence à me constituer une dot.

– Tu as l'âge de te marier, me rappellent les hommes.

Pendant les longues heures d'attente, ils essaient désespérément de me convaincre d'emmener l'animal avec moi. Hoveka suggère de le cacher dans mon sac photo lors des contrôles douaniers.

Au nord-ouest de la Namibie, dans les collines désertiques du Kaokoland, vivent environ dix mille pasteurs himbas. Éleveurs opiniâtres contraints au nomadisme par l'aridité du climat, leur principale préoccupation est d'accroître leurs troupeaux.

Les femmes s'enduisent chaque jour le corps d'un mélange d'ocre et de graisse. Destiné à protéger leur peau des rayons du soleil, ce fard de beauté est aussi pour elles un moyen d'identifier leur peau à la robe du bétail. L'*ohumba*, le coquillage blanc porté entre les seins, est symbole de fécondité.

Les coiffures et les parures répondent à un rituel précis qui définit l'âge et le sexe, ainsi que le statut social.

Dès leur plus jeune âge, les enfants ont la lourde responsabilité de s'occuper du troupeau de chèvres et de moutons. À l'aurore, ils traient les chèvres avant de les amener, à des heures de marche, au point d'eau.

Opuwo - *la fin*, en herero : la seule ville du Kaokoland.
Considérée par le gouvernement comme territoire reculé, qualifiée par les Blancs de « trou d'ennui », elle exerce cependant sur les Himbas, qui y font des séjours de plus en plus fréquents, un attrait irrésistible.

L'eau et les pâturages : les deux préoccupations principales des Himbas.
À Orupembe, un puits surmonté d'une éolienne situé au croisement de trois pistes, les bergers font la queue pour abreuver le troupeau avant de repartir vers les pâturages, à plusieurs dizaines de kilomètres de là.

Katjaimbia, ma mère adoptive, observe, intriguée, une photo la représentant.

Omuniangue Tjuharo, son mari et mon père himba, en pleine discussion. Le rayon de vélo, derrière son oreille, lui permet de se gratter la tête sans déranger sa coiffure d'homme marié.

Debout, devant la barrière de ronces, Katjaimbia surveille la cuisson de la bouillie de maïs.

La cérémonie tant attendue…
Les hommes, après avoir étranglé et dépecé le bœuf, se penchent sur ses entrailles pour tenter d'y lire la venue de la pluie.

Pendant quatre jours, l'on ne fait que manger et parler. Les femmes se réunissent à l'ombre des cases, tandis que les hommes s'occupent de la cuisson des derniers morceaux de viande.

Kozumui a coiffé toutes les femmes fécondes, regroupées devant le feu sacré, d'un morceau de la panse du bœuf sacrifié. Un rituel qui se répète lors de toutes les cérémonies spécifiquement féminines.

Un mariage, à Omuramba. La jeune épouse vient d'abandonner son patriclan pour celui de son mari. En signe de respect pour les habitants de son nouveau campement, mais aussi pour les ancêtres qui vont la prendre sous leur protection, elle se met à genoux, avec son époux, et tous deux accompagnés de leurs deux meilleurs amis ainsi que d'une jeune vierge : ils font ainsi le tour de campement.

Un enterrement à Ohakaï. Les hommes, accompagnés par les lamentations des pleureuses, portent les crânes des bœufs sacrifiés sur la tombe du défunt.

Le site d'Epupa, sur le fleuve Kunene, frontière entre l'Angola et la Namibie. Un projet de barrage menace de noyer la vallée sur plus de soixante kilomètres. De nombreuses tombes himbas, plusieurs campements, et des terres de pâturage disparaîtraient. Lobbies écologistes, associations pour la défense des minorités se sont insurgés. Fin 1997, la décision définitive est toujours en suspens.

Le plateau qui domine Opuwo, après les premières pluies.

À l'ouest du Kaokoland, aux confins du désert du Namib, les collines et les broussailles laissent la place à une succession de chaînes montagneuses et de larges vallées. Cette région sauvage est réputée pour être un des derniers sanctuaires de la faune africaine. Les conditions climatiques, plus difficiles encore que dans le reste du Kaokoland, limitent le nombre de campements et obligent les Himbas à de nombreuses transhumances. Ils nomadisent dans les montagnes pendant la courte saison des pluies et redescendent dans la plaine lorsque les points d'eau temporaires sont taris.

Photo Arnoult Seveau

Sauf mention contraire, les photos sont de l'auteur.

Mon ami Vecumba a voulu me prendre : c'est sa première expérience de photographe !

Pour approcher le troupeau et traire les vaches que mes vêtements et mon odeur effraient, je dois revêtir chaque jour les bijoux des femmes himbas. Katjaimbia m'a prêté son *ondengura*, le collier des femmes mariées, constitué de spirales de cuivre et d'écorce de mopane tressée. L'*erembe*, la petite coiffe en peau de bœuf, est considérée comme le principal attribut de la féminité. La ceinture en perles de fer indique le nombre de grossesses menées à terme.

– Dans l'avion, tu feras semblant d'être possédée par une chèvre, et tu hurleras, comme ça, personne n'entendra les bêlements !

La tristesse du départ est tempérée par la joie et l'excitation du retour. Devant mon impatience à arriver à Opuwo, tous se sentent concernés par le silence obstiné de la Toyota. Mister Kavari, qui ne doit pas plus savoir que moi en quoi diffèrent une batterie et un réservoir d'essence, se trouve relégué de force au fond de sa salle de classe. Le propriétaire du bottle-store, ancien taulard et voleur de voitures, a apporté sa trousse à outils : une clef à mollette, un tournevis et quelques câbles électriques. Des discussions interminables, dans lesquelles chacun a son mot à dire, pour décider quel fil doit être coupé. Kejavanga, zélé, apporte des feuilles de mopane bénies par les ancêtres. Il en dépose sous chaque roue. En chœur, les enfants répètent la prière.

– Voiture, s'il te plaît, tu vois bien que Solena est pressée !

Je participe au jeu. Avec Hoveka et Vecumba, j'ai pris l'habitude de parler aux objets inanimés. La discussion laisse la porte ouverte à l'espoir. À force de le supplier, ce char à roues devrait bien finir par se laisser fléchir.

Énervée par son manque d'humanité, je donne un coup de pied dans la carrosserie. Les enfants m'imitent.

– Méchante voiture ! l'injurie Kejavanga, en frappant la portière.

Je ne sais si cela a eu une quelconque influence sur le comportement du moteur. Je voudrais le croire. Quelques minutes plus tard, la Toyota pousse son premier grondement. Hourra collectif. Mister Kavari est mis au volant, avec l'ordre de ne pas s'arrêter jusqu'à Opuwo. Je jette mon sac à l'arrière et grimpe dans le bucky. Il était temps. Le soleil commence à décliner.

À l'allure d'un escargot, la Toyota se traîne en bas de la colline. Le véhicule est entouré par une nuée d'enfants qui hurlent « Solena ! » en agitant les bras. Je suis terriblement émue. Je cherche Hoveka et Vecumba du regard, pour un dernier sourire. Ils ne sont pas là. J'avale ma salive. La voiture prend de la vitesse, saute sur les crevasses. Les lames crissent sous les essieux.

Deux silhouettes dévalent la colline en gesticulant. Mon cœur bondit. Hoveka et Vecumba galopent de toutes leurs jambes pour rejoindre la Toyota. Arrivés à la hauteur du véhicule, au lieu de me lancer un dernier adieu, Hoveka saute sur le garde-boue. Vecumba s'accroche au pare-chocs arrière, avant de réussir à monter sur le plateau. Il porte dans ses bras un petit sac de voyage, et le chevreau du jeune Himba. Les enfants, ravis, acclament leur prouesse bruyamment. Mister Kavari, isolé dans sa cabine, ne s'est aperçu de rien. La voiture continue son trajet, à la même allure lancinante.

Debout entre mes deux amis, agrippée à la ridelle métallique, je regarde pour la dernière fois ces collines tristes entre lesquelles j'ai le sentiment d'avoir connu une deuxième naissance. Le soleil couchant, si typiquement africain ce soir, disparaît peu à peu derrière la montagne d'Etanga. Le ciel se teinte de rouges et d'oranges flamboyants. Des couleurs incroyablement chaudes, couleurs de feu, comme le brasier de la passion. Le vent fait voler mes cheveux. La scène est si belle, si parfaite, que je me sens héroïne d'un film gorgé de clichés romantiques. Ce film, pourtant, c'est ma vie.

Les enfants nous suivent encore sur plusieurs centaines de mètres. Les plus faibles abandonnent peu à peu, le groupe diminue. Bientôt, nous nous retrouvons seuls. La Toyota continue lentement son chemin vers la ville. Allongés au fond du plateau, nous regardons les étoiles s'allumer dans la nuit. Je suis reconnaissante à Hoveka et Vecumba de leur geste. Ils auront fait partie de toute mon histoire à Etanga, jusque dans mon départ. Tous les trois emmitouflés dans mon duvet, nous nous laissons, ensemble, tomber dans le sommeil.

Les lumières d'Opuwo me réveillent brusquement. La Toyota roule paisiblement sur une piste plate et bien entretenue. Autour, de chaque côté, des cabanes. Mes yeux s'écarquillent malgré moi. Tant de choses ! Tant de constructions ! J'avais oublié que la présence humaine pouvait laisser autant de marques. Pour Hoveka et Vecumba, ce voyage n'est que leur deuxième séjour à la ville. Nous tournons la tête comme des moulinets, ébahis.

Mister Kavari passe la tête à travers la portière.

– Je te dépose où, Solena ?

La ville est morte. Il est environ trois heures du matin. Nous avons mis presque dix heures pour un trajet qui d'habitude n'en demande que quatre. Une seule réponse, évidente, me vient à l'esprit.

– Ben, chez les rangers. Deuxième maison de la deuxième rue.

Tous les souvenirs liés à Opuwo me reviennent en trombe. Patt, son sourire malicieux, le short troué de Curt, l'ennui et les confidences parsemées de rires et de bières. Je n'y ai pas pensé une seule seconde à Etanga. Je me souviens soudain que Patt parlait de déménager dans un endroit plus reculé. Habite-t-il seulement encore ici ?

– Tu es sûre que ça ira, Solena ?

– Oui oui, vous inquiétez pas pour moi.

– On se voit demain, Solena ? insiste Hoveka dans un murmure, en me tendant mon sac et le chevreau.

Les deux garçons vont habiter avec Mister Kavari. La voiture m'abandonne dans un nuage de poussière. Lorsque la ruelle a retrouvé son calme, le chevreau bien calé dans les bras, je fais une rapide inspection de la maison. En effet, la vie a continué à Opuwo pendant mon absence. Patt a dû déménager. La porte a été remplacée. Que faire ? Je pourrais dormir dehors, au bord de la ruelle de terre. Mais dans moins de deux heures, je serai réveillée par le jour et les premiers passants. Que pensera-t-on de moi en me trouvant ainsi, allongée au beau milieu de la rue ? Pour ma première nuit en ville, j'aurais espéré un minimum de confort. Le chevreau se met à bêler. Il a sans doute faim. Il va réveiller tout le quartier. Je dormirais bien avec lui, dernier petit être qui me lie à Etanga, mais le nouveau propriétaire appréciera-t-il ? Je l'attache à un arbre, dans la cour du voisin, et m'attaque au cadenas. Heureusement, les clous sont à peine enfoncés dans la porte. Qui peut bien habiter ici ? La grande pièce est encore plus vide qu'avant. Dans la pénombre, je remarque que le vieux sofa de Patt a disparu. Le plafond a été réparé. Sans faire de bruit, je déroule mon duvet dans un coin du salon, enlève mes chaussures, et m'endors tout habillée.

Un homme se tient dans l'embrasure de la porte. Il me tourne le dos et fume une cigarette. Je m'assieds dans mon duvet, me racle la gorge pour attirer son attention.

– Hum... Bonjour ! Je m'appelle Solenn et euh... je me suis permis d'entrer dans votre salon pour dormir.

– J'ai remarqué ! coupe l'homme d'une voix sèche.

Sans même m'accorder un regard, l'homme traverse la pièce vide et claque derrière lui la porte de la cuisine. Son visage ne m'est pas inconnu. Je cours après lui.

– Mais on se connaît, non ? On s'est pas déjà vus quelque part, dans cette maison justement ?

– Oui, je sais qui tu es.

– Ah bon !

Je le dévisage plus longuement. Petit, maigrelet, cheveux blond délavé. Des traits aux contours mal définis, comme inachevés. Une peau si pâle et si molle qu'elle me fait penser à un cadavre en décomposition. Des images de morgue. J'arrête de le regarder. Si tôt le matin, je vais avoir envie de vomir.

Bien sûr que je le reconnais, c'est Verner. La dernière fois, il était caché derrière le sofa, occupé à jouer avec ses armes. Là encore, il m'avait à peine saluée.

– Tu m'en veux pas trop ? Je savais pas où dormir. J'étais pas sûre que Patt ait déjà déménagé.

Il répond d'une voix aigre.

– Ça va, c'est bon. Je suis arrivé hier, un peu de mouvement pour la première nuit, ça peut que m'habituer.

L'homme est timide. Il ne dit pas tout. J'essaie de le faire parler.

– Non, non, c'est pas grave, répète-t-il. De toute manière, j'aurais été réveillé par les chats. Ces putains de chats ! J'en attrape un, j' te promets, j' lui écrase la cervelle avec mon poing, là !

Je le laisse parler. Peu de changements, dans la cuisine. Quelques chaises en plus, le réfrigérateur a été déplacé. Mais sans Patt, il y a un grand vide. Le charme a disparu.

– Alors donc, je t'ai réveillé ! J' suis désolée. T'as pas eu peur, t'es sûr ?

– Ben non, tu penses ! Enfin bon...

À force d'insister, Verner finit par admettre que, réveillé par mon entrée – paraît-il fort peu discrète – il a d'abord cru à un cambrioleur. Il s'est précipité sur son magnum 357 qu'il garde toujours soigneusement caché sous son oreiller, a empoigné une matraque, et s'est posté derrière la porte du salon, prêt à tabasser le malfrat. En rougissant, il avoue qu'il a dû attendre une bonne heure derrière le mur, sans oser bouger, écoutant le moindre craquement. Lorsque enfin il a passé la tête à travers l'embrasure de la porte, je dormais à poings fermés. Je prends un air faussement gêné.

– Oh ! Je suis vraiment désolée !

Je me précipite sous la douche pour ne pas éclater de rire devant lui.

Il est inutile de décrire le plaisir de celle-ci. L'eau est glacée, mais peu importe. J'avais oublié jusqu'à la sensation d'avoir les cheveux mouillés. Après plus de vingt minutes, l'eau qui s'écoule à mes pieds est encore noire. Je frotte. Je me sens comme un serpent après la mue, soudain très nue et très vulnérable.

La peau récurée, les cheveux soigneusement brossés, vêtue d'un tee-shirt propre, je pars retrouver les rues d'Opuwo. L'impression de me mouvoir sur un coussin d'air ! Tant de vie autour de moi. Tant de choses à remarquer, à observer, dans chaque recoin. Est-ce mon regard qui a changé ? Je ne vois que des sourires sur les visages. Des regards joyeux et accueillants. Cette ville qui auparavant m'apparaissait comme un trou d'ennui est devenue un hymne de grâce à la vie. Je lance des *moro* à tous vents, on me répond en riant, la conversation s'engage, pour ne rien dire, pour rire et se sentir vivre. Beaucoup me connaissent, ils savent que je suis celle qui a vécu à Etanga.

– Ça se voit sur ton visage, m'assure-t-on.

Je me déplace au milieu de tous ces gens, allant de l'un à l'autre, arrêtant une conversation pour en engager une autre, avec une telle aisance que je ne me reconnais pas. Mes pieds sont devenus des ailes. J'entre dans l'épicerie, pour le plaisir de voir l'étalage de nourriture. À la boulangerie, je demande une barre de chocolat. Je dois avoir l'air si ébahie que la vendeuse refuse de me la faire payer. Dans tous les yeux, le reflet que l'on me renvoie de moi-même me montre que j'ai changé.

Je passe à l'hôpital, prendre des nouvelles de ce coup de téléphone qui m'a tant fait trembler. Je n'ai plus peur. La journée est trop belle pour annoncer un malheur. Branle-bas de combat dans les couloirs. On retrouve la standardiste, qui finit par mettre la main sur un bout de papier chiffonné. Dessus, un simple nom : Nico de Jager. J'en ai un vague souvenir. L'homme m'avait prise en stop sur le premier tronçon de route, à la sortie de Windhoek, il y a plus de deux mois. Il m'avait sermonnée sur l'inconscience de mon voyage, et laissé entendre que ma place n'était pas ici. J'avais eu du mal à rester polie.

– Il a demandé où tu étais, et il a dit que tu devais absolument retourner chez tes parents, tout de suite. Il a dit que tu n'as pas à traîner dans un endroit comme Etanga. À ton âge, tu ne peux en revenir que traumatisée, m'informe la standardiste en riant.

S'il était en face de moi, je lui crierais d'aller au diable. De quoi se mêle-t-il ? Il a cru faire le bien, mais c'est lui qui m'a traumatisée.

Je continue ma promenade jusqu'au bureau des rangers, de l'autre côté de la ville. À travers la fenêtre entrouverte, j'aperçois Curt, attablé à son bureau. Le visage plongé dans une pile de paperasses, il fume sa pipe et se gratte le ventre. Je frappe timidement à la porte.

– Tiens ! Te voilà ! remarque-t-il, surpris.

Un sourire mi-narquois, mi amusé sur les lèvres, il me déshabille du regard. Longuement, de haut en bas. Je dois être à son goût, car il hoche la tête d'un air satisfait.

– Alors t'as tenu le coup ! C'est bien. On se demandait ce qui t'était arrivé.

Un vrai sourire éclaire son visage. Il semble réellement content de me revoir. Il ajoute :

– Ça me fait plaisir d'entendre que ça s'est bien passé.

Pour la première fois, j'ai le sentiment de l'intéresser réellement, pour ce que je suis. Avant, je n'étais pas grand-chose de plus qu'une oreille et un écho dont avait trop besoin sa solitude. Cette fois-ci, je parle, et il m'écoute, attentif. Il pose même des questions. Sans trop m'étendre, je lui raconte les lieux dans lesquels j'ai été et mes relations avec quelques Himbas. Il me dévore du regard, un étrange sourire sur les lèvres.

J'apprends que Patt a effectivement déménagé à Sesfontein, un petit village damara situé à la frontière sud du Kaokoland, à une centaine de kilomètres d'ici. Il continuera encore à travailler sur la région dans les prochains mois, mais peu à peu ses missions s'effectueront de plus en plus dans le Sud, dans le Damaraland. Verner, jeune recrue en formation, occupera alors sa place. Curt a laissé tomber sa pipe pour se caresser la barbe.

– Ça te tente, un petit tour au Kunene ? Je pars ce soir aux chutes d'Epupa. Avec Kapika, le chef de la région. Si tu veux, j' t'emmène.

Je lui fais répéter. J'ose à peine y croire. De sa part, tant de gentillesse me sidère. Je suis vraiment montée en grade.

– Bien sûr que ça me tente !

– On partira en fin d'après-midi.

De l'eau ! Qui plus est, aux chutes d'Epupa. L'endroit est réputé dans toute la Namibie pour sa beauté sauvage. La porte se referme derrière moi. Je saute de joie. J'ai besoin de vacances.

Je n'ai pas eu le temps de prévenir Hoveka et Vecumba. La Ford jaune gronde déjà dans la cour. Hilares, des Himbas se bousculent pour s'entasser à l'arrière, poussant devant eux une foule d'objets hétéroclites : couvertures, chèvres, sac de maïs. Couverte d'ocre, de graisse et de poussière, la carrosserie n'est par endroits même plus visible.

Curt commence à s'énerver. Plus de deux heures qu'il attend que les Himbas s'installent. Ses oreilles frémissent.

– C'est pas bientôt fini, ce putain de bordel !

Sa voix résonne dans toute la cour. Assise sur la banquette à moins de vingt centimètres de lui, je n'ose plus bouger. Les Himbas s'esclaffent.

– *Bloody fucking Himbas !* marmonne Curt dans sa barbe en passant la première. Ce Kapika, il fait tout pour me rendre cinglé. Il était là y a une demi-heure, et il a encore disparu.

Nous tournons dans le bidonville pendant plus d'une heure. Les yeux plissés, la mâchoire serrée, Curt garde cet air bourru qui le fait ressembler à un vieil éléphant. À tout moment, je m'attends à le voir remuer ses oreilles, lever son nez, et charger.

Un homme grand, au port noble et fier, nous arrête d'un mouvement de main. Il est emmitouflé dans un imperméable de toile noire. C'est Kapika, le chef himba de toute la région nord-est du Kaoko, d'Okangwati à Epupa jusqu'à l'Ovamboland. Curt écrase le frein.

– T'attends encore un peu, Grandes Oreilles ! Je vais chercher des chèvres, je reviens tout de suite, informe le chef, un sourire jusqu'aux molaires.

Curt ne répond pas. Il envoie un crachat rejoindre la poussière, et rallume sa pipe en poussant un juron. Je ne peux retenir un petit rire. Ainsi donc, c'est lui que les Himbas surnomment « Grandes Oreilles », « Otjinene Matui ». J'en ai souvent entendu parler, à Etanga, mais je n'avais jamais fait le rapprochement.

Kapika revient une demi-heure plus tard, accompagné de quelques amis et d'une demi-douzaine de chèvres qui s'entassent à l'arrière. Il s'assied à côté de moi, sur la banquette avant. La Ford démarre enfin.

Du coin de l'œil, j'observe le visage du chef. Un visage anguleux, des traits fins et décidés, le menton étonnamment haut, comme pour afficher une supériorité contestée. Digne, mais orgueilleux. Un bel homme, la cinquantaine environ. Ses yeux vifs, parfois très durs, s'allument par moments d'une lueur presque enfantine, malicieusement innocente.

– Les Himbas l'appellent tous « le bébé », me dit Curt en anglais. Il est beaucoup trop jeune pour un chef.

La nuit tombe. Secouée par les cahots de la piste, j'ai du mal à éviter de m'affaler sur Kapika. Subrepticement, il en profite pour glisser les doigts vers mon entrecuisse. Je lui lance un regard noir. Il recommence, me pince le genou.

– *Ayé!* Ça suffit, Kapika, soupire Curt d'un air excédé, sans quitter la piste des yeux.

Les mains posées sur les genoux, le chef pouffe de rire comme un petit garçon que l'on vient de gronder.

Ce voyage est commandé à Curt par son travail. Deux tour-opérateurs se disputent le droit de construire un camp de touristes devant les chutes. Curt doit leur faire rencontrer Kapika, pour que ce dernier donne son avis. Après quelque trois heures de route, Kapika fait signe à Curt de quitter la piste et de bifurquer sur la droite. La Ford s'enfonce dans un bois de mopanes, s'arrête dans une clairière. Je suis à peine descendue de la voiture : les Himbas ont disparu jusqu'au dernier, absorbés par la nature. J'ai du mal à comprendre.

– Mais, on devait pas aller au Kunene?

Fataliste, Curt installe son pliant sous un arbre.

– Pft! On ira demain. Kapika a une femme dans ce village. Il veut dormir avec elle.

Bakera, son aide herero, prépare le feu et débouche les bières.

– Ces damnés Himbas! Faudrait les attacher avec des chaînes, murmure Curt entre ses dents. J' te le dis, moi, j' te le dis. Ils sont perdus! Je leur donne pas dix ans. J' suis p't-être un vieil homme, mais je sais de quoi je parle. Ils finiront dans une bouteille de Clubman, cette espèce de tord-boyaux.

Ça y est, Curt est parti. Le bras levé, le poing tendu, il se met à ricaner, tout seul. Je me force à un sourire timide. Lorsqu'il est contrarié, inutile d'essayer de placer un mot.

– Et maintenant, y a ces deux types qui se disputent pour cette foutue concession d'Epupa. Un camp de touristes! Ça devrait être à Kapika de décider, mais qu'est-ce qu'il peut dire? Que la concession sera à celui qui donnera le plus de bouteilles?

Il se lève, tourne autour du feu, range sa pipe d'un geste rageur dans la poche de son short. Une gorgée de bière coule le long de son torse velu, sous sa chemise débraillée.

– Ils leur fileront pas un *cent*, ces deux Blancs, crois-moi. J' les connais, tous pareils. Et maintenant, ils voudraient que je m'occupe de ça. Des problèmes, encore !

Bakera a plongé la viande dans la marmite à trois pieds, puis est parti se coucher. Presque deux heures que la viande bout. Je bâille. Il y a je ne sais quoi en Curt qui pompe mon énergie. Il n'a pas encore repris son souffle.

– Mais ils savent comment faire, ici. C'est la bonne manière. Ils savent comment s'y prendre, ces putains de Himbas. Un p'tit jeunot qui manque de respect, et hop ! le tonneau. Y a que ça qui marche, le tonneau ! Bien sanglé sur un baril d'essence, les bras et les jambes en croix, un bon coup de pied, et le voilà qui dévale la colline. Après ça, crois-moi, ils recommencent pas, ces putains de jeunes.

Il part dans un rire grave et profond. Deux amygdales, rouges et grosses comme des cerises, se balancent au fond de sa mâchoire distendue. Je tente une diversion :

– Alors comme ça, c'est toi qu'on appelle Grandes Oreilles ! Je savais pas. J'ai beaucoup entendu parler de toi, à Etanga.

Un regard de glace me transperce jusque dans les os. Je ne recommencerai plus. Est-ce le surnom qui lui déplaît ? ou craint-il que j'en sache plus que je ne le devrais ? À Etanga, le nom de Grandes Oreilles était la plupart du temps lié à des histoires de femmes, dont une notamment dans laquelle Katjaimbia, ma maman, apparaissait. Mais je n'ai pas tout compris, je ne saisissais que des bribes de conversation.

– Prends une bière, ordonne Curt avec autorité.

– Non merci, je vais me coucher.

Curt me regarde dérouler mon duvet avec un mélange de mépris et de regret. Il rallume sa pipe. Silencieux, il reste assis dans la nuit.

Le vent soulève des gerbes de sable autour du campement himba. Curt, assis sur son pliant, rumine sa colère. Je n'ose même plus le regarder, tant il semble près d'exploser. Dès que je m'approche de trop près des Himbas, il élève la voix.

– Tu vois bien que c'est interdit aux femmes, là-bas !

À l'intérieur du kraal, quatre jeunes gens avancent en file indienne. Ils portent l'habit des cérémonies et les deux femmes transpirent sous l'épaisseur de graisse. Les pas sont si lents que les ombres bougent à peine. À l'approche de la case principale, ils se mettent à quatre pattes. En rampant, ils continuent leur progression vers le feu sacré. C'est un mariage. La femme, encadrée par sa meilleure amie et son futur époux, va abandonner son patriclan pour celui de son mari.

Kapika s'est bien joué de Curt. Il a prétexté ce rendez-vous à Epupa pour se faire emmener dans son kraal et pouvoir sonner le début de la cérémonie. Il en a profité pour faire venir tous ses amis et une bonne dizaine de chèvres. Curt, immobile sur sa chaise, à plusieurs centaines de mètres du campement, envoie des messages furieux par l'intermédiaire de son interprète. Les réponses que ramène Bakera sont toutes identiques : « Tu ne respectes pas les traditions himbas. Quand la cérémonie sera finie, quand on aura tué le bœuf et qu'on l'aura mangé, on pourra partir pour Epupa. Maintenant, arrête de demander ! »

Je n'ai pas assez d'yeux pour tout observer. Après avoir vécu si longtemps dans le microcosme fermé d'Omirora, l'impression de découvrir pour la première fois l'immensité et la richesse du monde. Rien que de contempler de nouveaux visages, j'en reste ébahie.

Dans la foule de Himbas, plusieurs m'ont reconnue pour être « celle qui a vécu à Etanga ». Le mot a bientôt fait le tour du campement. Passant outre les injonctions de Curt, je rejoins le groupe des hommes. Ils étranglent un mouton noir. On me tend un couteau. Sous leurs regards amusés, j'apprends à dépecer l'animal.

Curt, excédé par l'allégresse générale, fait rugir le moteur. J'abandonne mon travail, cours à sa rencontre.

– Tu montes ou quoi !

– On va où ?

– J' te dépose à Epupa, et je rentre à Opuwo.

Sans même prévenir Kapika, Curt attaque la piste. Il reviendra la semaine prochaine pour une nouvelle tentative.

Je sais qu'il est là, quelque part. Après chaque hauteur, je m'attends à le voir apparaître, serpentant dans la vallée qu'il a creusée. De chaque côté de la piste, deux chaînes de montagnes, dont les cimes dépassent chacune les mille sept cents mètres : à l'est, les montagnes du Zèbre, aux versants pentus striés par l'érosion de bandes noires et blanches. À l'ouest, les mystérieuses montagnes d'Otjihipa qui s'étendent jusqu'à la vallée de Nangolo. Et soudain, en contrebas, devant moi, Lui. Ruban argenté serti de vert qui ondule entre les sables. Oasis de verdure isolée au milieu de steppes désertiques. Le Kunene. Le fleuve nourricier. Le fleuve frontière. L'eau providentielle. En face, des collines dorées au charme de l'inconnu et de l'interdit : l'Angola.

Curt a coupé le moteur.

– Bon, j' te laisse là ?

Sa voix est couverte par le grondement des chutes. Je hurle pour qu'il m'entende.

– Ouais ! Merci !

– Ça ira, t'es sûre ?

– Pas de problème !

Un léger sourire a desserré ses lèvres trop pincées. La portière claque, la voiture escalade le versant de la colline. Alentour, pas un seul être humain. Je ne prends pas le temps de bouger mon sac. J'enlève mes habits sur place, me précipite vers le fleuve. J'aurais voulu plonger la tête la première. Je dérape sur un rocher, glisse, atterris sans le vouloir dans une petite baignoire naturelle. Et soudain, la peur. Une panique incontrôlable. Je rebondis sur le rocher, les membres tremblants. Je n'ose plus. Moi qui ai passé mon enfance dans l'eau de Bretagne, qui me suis baignée dans le courant du Benguela [1] en hiver avec les phoques, je suis terrorisée par l'eau. Elle est froide, le courant est fort, et j'ai senti un petit être indéterminé me mordiller le pied. S'il y a un élément dans lequel j'estime être à l'aise, c'est pourtant bien l'eau. Ces deux mois avec les pasteurs du Kaokoland m'ont rendue névrosée.

Un regard à droite. À gauche. Personne ne m'a vue. Je me

1. Courant froid qui longe les côtes namibiennes.

sens ridicule. Doucement, je tente de me réhabituer à l'eau. Un pied, deux. Je m'arrose les cuisses, la nuque, me glisse enfin dans les rapides. Agrippée à un rocher, je me laisse fouetter par le courant. De l'eau, partout. L'impression, grotesque en apparence, de découvrir une expérience corporelle totalement nouvelle. J'y passe tout l'après-midi. Jouir de l'eau et de la solitude. Je réalise combien cette dernière m'a manqué, elle aussi.

Je me sèche au soleil, mon carnet de notes sur les genoux. Un Himba, sorti de je ne sais où, vient me demander du tabac. Je n'ai rien à lui donner. Je ne comptais pas me retrouver toute seule. Dans mon sac, je n'ai qu'une moitié d'oignon desséchée et deux sachets de thé. En voyant la taille de mon baluchon, il m'apporte du lait, du bois, et quelques graines de maïs. Son village n'est qu'à quelques centaines de mètres. J'ai eu raison de ne pas m'inquiéter.

Un ronronnement, différent du bruit des chutes. Je tourne la tête. Deux Land Rover chargées à bloc descendent doucement la montagne. Elles s'arrêtent devant le fleuve, à quelques mètres de moi. Une dizaine de visages très pâles, bob et vidéocaméra en bandoulière, se précipitent en courant vers les chutes. Je les observe du coin de l'œil. Voyage organisé. Sans doute des Européens. Ils se déplacent avec une telle raideur que je me demande un instant s'ils n'ont pas tous des problèmes d'articulation. Leurs pas lourds laissent des empreintes profondes dans le sable, là où celles d'un Himba se verraient à peine.

Un couple passe près de mon feu. Style P-DG en vacances, l'homme et sa fidèle épouse. La cinquantaine. Aucune gêne à les dévisager. Leur visage est si froid, si étranger. Le Himba, assis à côté de moi, me secoue du coude.

– T'iras leur taxer du tabac, après ? Ça marchera mieux si c'est toi qui y vas.

– D'ac !

Clin d'œil complice. L'oreille tendue, j'écoute la conversation des deux Blancs.

« Mais non, Sophie, c'est impossible ! Ses amis ont dû partir se promener. Elle ne peut pas être toute seule, tu es ici dans l'endroit le plus reculé de Namibie. »

Je saisis le Himba par le bras.

– Hé ! Ils parlent français, c'est la langue de mon pays !

– Tu vas pouvoir t'amuser, alors, commente mon voisin.

Le groupe rejoint bientôt le couple. Je me régale d'avance. Je lance, haut et fort, un bonjour bien français. L'effet de surprise est immédiat.

– Comment ! Vous êtes française ?

– Seule ?

– En stop ! Il faut être jeune, pour faire ça !

– Et elle a vécu avec ces gens tout rouges ! T'as entendu ?

– Dire qu'elle a l'âge de notre fille !

Ils ne pouvaient faire autrement que m'inviter à dîner. Lorsque la nuit est tombée, je m'approche de leur campement, sur la pointe des pieds. L'impression de fouler le sol de la caverne d'Ali Baba. Des tables, avec des nappes. Des lampadaires. Des assiettes, plusieurs bouteilles d'alcool pour l'apéritif. L'opulence. On m'accueille avec enthousiasme. Qu'est-ce que je veux boire ? Oui, un rhum-Coca, merci. Du vin rouge ? Aussi oui, merci bien. Je ne sais pas trop où me mettre. De tous les côtés, des bribes de conversation. Une femme parle de sa toilette. Une autre de la poussière de sa tente. Un homme me demande, de but en blanc.

– L'avenir de ce peuple minoritaire est déjà condamné, non ? Qu'en penses-tu ?

Je ne sais pas. Je n'en pense rien. Je suis déjà perdue. Accroupie devant le feu, je pense à la liste de denrées que le Himba m'a demandé de lui ramener. Autour de moi, tellement de bavardage, tant de paroles inutiles que je n'ai plus envie de parler. L'intonation de leur voix me semble fausse. Trop travaillée.

Les deux guides annoncent le dîner. On me met à la place d'honneur. Au menu : fondue bourguignonne. Des dizaines de petites sauces différentes. Je suis émerveillée. Et mal à l'aise, en même temps. Pourtant, je sais ce que je dois faire. Je connais les gestes que je dois effectuer. Les conversations de politesse, un sourire par-ci, par-là. Je savais faire, avant. Guindée sur ma chaise, je me sens terriblement gauche en prenant ma four-

chette. J'hésite. Ne devrais-je pas mieux retourner sous mon palmier, avec mon feu et mon sachet de thé ? M'asseoir sur les talons, les mains au-dessus des flammes, regarder les étoiles et écouter le grondement des cascades ?

– Alors, raconte-nous ! Quel système religieux ont-ils, ces Himbas ?

– Est-ce qu'ils se marient par amour aussi ?

– Quelles relations ont les pères avec leurs enfants ?

Les questions fusent. Ils ne s'écoutent même pas entre eux. Je ne connais pas les termes pour leur répondre. Je pourrais parler du sourire d'Omuniangue, de la façon dont il allume sa pipe en faisant sauter sa petite-fille sur ses genoux, ça oui. Mais leur conception de l'amour ? Quelle question ! Ils aiment comme vous et moi.

Une femme, très sérieusement, répète sa question :

– Tout à l'heure, on est passés dans un village himba, et il y avait deux femmes, assises dans une case. La jeune souriait, mais pas la vieille. Pourquoi elle souriait pas ?

Je suis sidérée. Il leur faut une explication à tout. Je voudrais hurler : « Mais laissez-les tranquilles ! Ce sont des êtres humains, pas des animaux ! »

– Et toi, pourquoi t'as cette tête-là ?

Silence gêné. Du bout des lèvres, ils osent un petit rire. Je lis dans leurs yeux : « La pauvre petite. Faut être indulgent. Elle arrive tout juste de chez les sauvages. »

J'ai abandonné ma fourchette pour manger avec les doigts. On m'entoure d'attentions.

– Encore un peu de vin ?

– Oui, oui, merci.

Un des guides me glisse à l'oreille, gêné :

– Tu comprends, ils payent vingt-cinq mille francs, pour venir ici.

Je m'en moque. Je commence à être saoule. Depuis que j'ai appris que plusieurs membres du groupe sont suisses, je ne pense qu'à une seule chose. Encore deux verres, et je me lance.

– Et du chocolat ? Vous n'auriez pas, par hasard ?

Ils me regardent dévorer la plaquette avec des yeux attendris. Je les entends parler entre eux : « Et les parents, tu crois qu'ils savent ? Ils sont complètement inconscients. »

Je me goinfre.

– Finis-la, n'hésite pas. Y en a d'autres.

Un dernier verre. La bouche pleine. Je n'aime pas qu'on juge ainsi mes parents, sans savoir.

– Mes parents, ils sont morts de trouille dans leur coin, mais ils ont l'intelligence de ne pas trop me le faire sentir. Et surtout, ils sont assez généreux pour dépasser leur peur et me laisser la liberté d'être ce que je veux être.

Rires.

– On a compris le message, résume le Suisse.

La magie d'Epupa est telle que les tensions ne peuvent y exister longtemps. L'harmonie est là, partout. L'ombre fraîche des palmiers, le sable chaud des rives, l'eau claire du fleuve. Le paradis tel que je l'ai imaginé dans mes rêves. Juste avant les derniers rapides, une sorte de bassine naturelle permet au courant d'amoindrir sa puissance et autorise la baignade. L'endroit est trop près des chutes pour que les crocodiles s'y aventurent. En amont, le fleuve, calme et fier comme un seigneur, ondule sagement entre les collines aux couleurs pastel. En aval, il devient furieux, il frappe rageusement les parois rocheuses qui le forcent à rétrécir son lit. L'air est humide, en comparaison avec le reste du Kaokoland. Régénérant.

Sur l'invitation des touristes, je déménage mon bagage dans leur campement. Je me laisse choyer. Dorloter. Ils me donnent des vitamines. Me parlent avec douceur et tendresse, comme s'il fallait ménager mes nerfs. Les champignons qui avaient commencé à pousser sur mes pieds à Omirora ont entaillé si profondément la plante de mes pieds que je ne peux presque plus marcher. Mon unique paire de chaussettes s'est décomposée dans le Kunene lorsque j'ai voulu la laver. Aussi m'interdit-on le moindre effort.

– On n'arrête pas de penser à tes parents. Si notre fille était dans la même situation, on serait tellement soulagés que quelqu'un s'occupe d'elle !

Ce n'est pas la première fois que j'entends ce genre de remarque. L'attention de tous ceux qui s'occupent de moi est-elle donc provoquée uniquement par mes dix-huit ans ?

Comme je suis immobilisée sur ma chaise, le jeune Himba vient souvent me rendre visite à l'intérieur du campement. Je sers d'intermédiaire entre lui et les touristes, pour qu'il obtienne toutes les denrées qu'il désire. Une certaine jouissance à voir toutes ces richesses changer de main. Nous faisons bande à part, tous les deux, et nous rions, beaucoup. Je vis entre deux mondes, et je ne sais plus trop quel est celui auquel j'appartiens. Ces touristes représentent l'univers dont je suis issue. Je le comprends, mais je ne m'y reconnais plus. Je suis beaucoup plus à l'aise avec les Himbas, mais là, je ne comprends pas tout. Le voyage enfouit les repères du passé sous les empreintes instables du présent. La famille, les origines, cela aide à tenir le cap en cas de grosse tempête, mais ça ne suffit pas. Le seul repère immuable : moi-même. Je commence tout juste à en saisir la valeur.

Les touristes me déposent à Opuwo. Ils continuent leur voyage vers le sud. En les regardant partir, un léger pincement au cœur. Ils emportent avec eux la dernière parcelle de ce monde que j'ai laissé en France. Sentiment d'injustice, aussi. Ils se déplacent avec tant de facilité. Avec un quatre-quatre chargé comme le leur, ils n'auront jamais à attendre le miracle. Et pourtant... Aujourd'hui, je veux faire mienne cette phrase de Karen Blixen : « Il y a des moments qui valent la peine d'être vécus, mais il faut savoir en payer le prix. »

Le vieil éléphant remue les oreilles.

– Pft ! Putain de paresseux. Bons à rien.

Une bourrasque. La porte claque. Curt a déjà disparu. Patt et moi pouffons de rire. Nous avons à peine eu le temps de le voir entrer.

Patt est arrivé en même temps que moi à Opuwo. Nous nous sommes retrouvés devant la porte barricadée de Verner.

Comme tout cadenas, ceux-là étaient posés pour être forcés. C'est ce que Patt a fait, avec mon soutien. Verner disparu à la poursuite de mystérieux braconniers qui allaient l'emmener Dieu sait où, nous nous sommes installés dans la grande pièce vide. Chacun son matelas, à chaque extrémité de la pièce. Au milieu, posés sur un tabouret : la bouilloire électrique, deux boîtes de thé, trois cartouches de cigarettes. Sous le tabouret : un jerrican d'eau, une caisse de bières. De quoi tenir un siège. À l'abri du monde et de ses problèmes. Excepté les expéditions au pipi-room, nous n'avons pas quitté notre matelas depuis presque trois jours.

Allongée sur les anciennes cartes d'état-major, je trace au crayon l'itinéraire de mon prochain voyage dans le Kaokoland. Ce sera à dos d'âne. Car, bien sûr, je vais revenir. Juste le temps de retourner en France dégoter quelques sous. Et j'arrive... Patt observe, attentif, son éternel sourire sur les lèvres. Mon trop-plein d'énergie l'amuse.

– Et à dos de chameau, qu'est-ce que t'en penses ? Ou même avec des éléphants ! Les éléphants du désert, ceux dont tu auras la garde quand tu travailleras dans le Damaraland ! T'imagines un peu la réaction des Himbas !

Le paquet de cigarettes vole à travers la pièce. Trois jours que Patt écoute mes histoires. Il a eu droit à tout : Omuniangue, la chaise, le cheval, le mariage. Il est le seul qui puisse vraiment comprendre. Il sait de quoi je parle, nous avons les mêmes références. Et surtout, comme moi, il a le temps.

Nos relations ont changé. Avant, j'étais l'étrangère. La distraction. Une coupure agréable dans la monotonie quotidienne. Depuis mon retour d'Etanga, Patt me traite en égale. Je suis devenue une camarade. Le Kaokoland est un monde dur et cruel, qui se mérite. Les nouveaux venus doivent en « baver », avant d'être acceptés. Patt et ses amis y veillent jalousement. Ils sont très forts pour donner du mauvais temps à quelqu'un. En tant que femme, j'ai échappé à ce traitement spécial. Mais Etanga a été l'initiation. J'y ai gagné une petite place dans ce monde jalousement clos.

Je ne fais plus la différence entre les jours et les nuits. Perdu la notion du temps. Il y a tout, dans cette pièce. Deux personnes qui savent rire, qui savent se regarder dans les yeux, qui savent se taire ou jouer avec les mots. Cet univers est déjà trop riche pour en faire le tour.

Penché sur les mares de thé, Patt tente d'y déchiffrer les clefs de mon avenir. Il voit une vie pleine d'aventures, une vie en tranches, chargée tout au long du chemin de douleurs et de pertes. Dure, mais belle. Cela me va. Je lui prédis une existence semblable à celle de ses dernières années, seul et solitaire dans sa complicité avec la nature. Des aventures féminines de temps à autre, des touristes fascinées par sa force et son isolement.

– Mais elles te laisseront tomber à leur premier séjour à la ville.

– Ah bon ! Pour un boxeur encore ?

– Sans aucun doute.

Une constante dans la vie sentimentale de Patt.

– Je pourrais aussi finir fermier en Bavière, marié avec cette Allemande qui voulait que je m'occupe des terres de son père.

– Tu pourrais, mais tu ne le feras pas.

Rire entendu. Patt est un personnage romanesque. Je ne l'imagine pas vivre une autre vie que celle qu'il mène aujourd'hui. Il est à sa place, ici. Il fait partie du grand livre du Kaokoland.

Les irruptions dans notre microcosme sont à chaque fois aussi violentes. Choc. Retomber dans le monde qui persiste à vouloir nous saisir dans ses griffes. Mais faut-il se laisser attraper ? Faut-il résister ? Où est la norme ? Qui est fou ?

Un visage brûlé par le soleil risque un coup d'œil à travers l'encadrement de la porte. À peine m'a-t-il aperçue : disparu, envolé. Patt court à sa poursuite.

– Hé ! Phil ! Attends ! Tu peux venir. Elle va rien te faire !

– Non ! C'est de la femme !

L'homme courant d'air s'enfuit s'enfermer chez lui. Le claquement des verrous résonne dans la ruelle. Patt me rassure :

– T'inquiète pas ! Il est juste taré, lui aussi !

L'homme ne mettra plus les pieds chez Patt pendant toute

la durée de mon séjour. Près de vingt ans que Phil habite à Opuwo. Les ouï-dire racontent qu'il a été traumatisé dans sa tendre enfance par sa sœur. Conséquence normale et évidente : allergie cutanée et sous-cutanée à toute présence féminine. Il vit dans une réclusion totale, se nourrit exclusivement de pilules amincissantes et de levure supposée faire gonfler les muscles. Il commande des appareils de musculation dans des catalogues de vente par correspondance. Sur son portail, surmonté de longues pointes, une demi-douzaine d'écriteaux annoncent une mort certaine à quiconque oserait s'approcher. L'un d'eux, rouge et noir, montre, au bout d'une flèche, un cercueil grand ouvert.

Tiens, un ami de Patt, nous rend aussi visite. Tiens se dit géologue. Je le crois plutôt espion au service des amants de la nature, travaillant accessoirement pour une compagnie minière. Comme Patt, et comme la plupart des hommes du bush que j'ai rencontrés jusqu'ici, il entretient une relation privilégiée avec les rhinocéros. Dès qu'il croise une empreinte, il oublie les pierres, son patron, le reste du monde et peut traquer l'animal pendant des semaines.

Bien qu'il ne veuille pas le reconnaître, Tiens a un problème dans sa vie. Un problème qui lui vaut déboires et frustrations. Il a une chienne. Un grand berger allemand, noir comme l'ébène, qui bave comme une fontaine, et qui répond au nom ridicule de Miette. L'éducation qu'elle a eue reste un mystère. Dès que son maître approche ou s'adresse à une personne de sexe féminin, elle montre les dents. Si Tiens insiste, elle attaque. Plus possessive que la pire des épouses. Et impossible de les séparer : depuis plus de dix ans, ils ne se quittent pas d'une semelle. Dommage. Tiens avait toutes les qualités requises pour mener à bien une admirable carrière de don juan.

Patt médite, les yeux accrochés au plafond nouvellement réparé. Il a l'alcool pensif, ce soir.

Un léger grattement au grillage de la fenêtre. Il n'a pas entendu. Je sors doucement de ma torpeur. Étire mes membres raidis par l'immobilité. Me campe, avec difficulté, sur mes jambes. Équilibre instable. J'ai dû forcer un peu sur le rhum.

Il y a quelqu'un derrière la porte. Je secoue la tête, écarquille les yeux, pour retrouver un semblant de lucidité.

Mouvement de surprise. Hoveka et Vecumba. Si timides qu'ils n'osent avancer la tête à travers l'ouverture. Je ne savais pas qu'ils étaient encore ici. Je pensais qu'ils étaient retournés à Etanga. Pour dire vrai, je les avais un peu oubliés.

– Solena ! Où tu étais passée ? On t'a cherchée partout ! Cinq jours qu'on t'attend !

Je serre longuement leurs bras. Je n'ose pas les faire entrer, car je sais qu'ils ne seraient pas très à l'aise avec Patt. Au-dehors, la nuit, sombre. En nous tenant par la main, nous déambulons entre les ruelles de terre. Ils s'ennuient, ici. Rien à faire. Ils n'aiment pas. Mister Kavari n'est jamais là, et ils n'ont rien à manger. Je leur donne un peu d'argent pour s'acheter du pain. Étrange, de les voir ici. Ils répètent les blagues d'Omirora, imitent la voix d'Omuniangue, rient de l'histoire de la chaise et murmurent leurs mots fétiches : « Telegraph. Communication. » Je me force pour rejoindre leur rire. Ils font déjà partie d'un autre monde. Je les aime, mais à Etanga. À Omirora. Ici, ils sont presque anachroniques. Certaines relations transcendent l'espace et le temps. Pas la nôtre. C'est égoïste, dur. Mais c'est ainsi. Je réalise que la Solenn d'Opuwo n'est pas tout à fait la même que celle d'Omirora. Comment leur faire comprendre ?

Je suis si fatiguée que je tiens à peine debout et j'ai du mal à articuler. J'abrège la promenade, et leur donne rendez-vous pour le lendemain matin. Je sens qu'ils auraient voulu qu'on passe toute la nuit ensemble, à se remémorer les souvenirs. En les quittant, je les embrasse chacun sur une joue. Baiser fraternel. Hoveka me retient dans ses bras. Il prolonge l'étreinte, maladroite. Ses lèvres murmurent, précipité, à peine audible. « *I love you, Solena.* » Un accent du cœur. Je me dégage. Le regarde. Je n'avais jamais considéré qu'il pût être un homme. Notre camaraderie était telle que, dans mon esprit, nous étions tous trois asexués. Je culpabilise. Lui ai-je jamais laissé espérer quoi que ce soit ? Est-ce ma faute ? moi qui lui ai laissé croire ?

Je n'aime pas ces situations. Je ne sais pas gérer. Je les prends tous les deux dans mes bras.

– Prenez bien soin de vous...

Je disparais, trop brusquement peut-être, derrière la porte de la maison de Patt. Je suis désolée. Je ne voudrais pas. Mais aujourd'hui, j'appartiens à l'univers de Patt, pas au leur. Je n'ai pas l'énergie nécessaire pour franchir le mur qui nous sépare.

Le lendemain matin, j'apprends qu'ils ont quitté Opuwo à l'aube. Ce n'était pas prévu, Mister Kavari s'est décidé sur un coup de tête. Ils n'ont pas osé me réveiller pour me dire au revoir.

Le gong a sonné. Après quatre jours de paresse, l'ennui est arrivé. Il est là, présent, envahissant, moite et visqueux. Mes membres, noyés sous la gélatine de l'immobilité, se rebellent en suffoquant.

Bouger. Remuer. Je m'énerve sur les taches incrustées dans le sol, donne la chasse aux araignées, empile et décore les bouteilles de bière vides. Trop d'énergie, je ne sais qu'en faire. Je dois retourner à Windhoek. D'ailleurs, mon visa touche à sa fin. La plante de mes pieds ressemble maintenant à un étalage de boucher. Je n'ai plus un centime en poche et depuis mon retour, je me laisse entretenir par Patt. Je n'ai pas le choix.

Mais comment sortir de ce trou à rat ? Il est facile d'arriver à Opuwo, toutes les pistes y mènent. Mais en repartir ! Patt m'exhorte à la patience. Je suis encore loin d'avoir son calme placide.

Un poulpe ! Opuwo m'a piégée dans son étreinte gluante, enserrée dans ses tentacules. Je tourne en rond dans la pièce vide. M'agrippe aux grillages des fenêtres, les secoue. Rien à faire. Il me tient, fort. Je me suis laissée vivre, sans penser, bernée par ses appâts trompeurs. Un matin, au réveil, un éclair de lucidité. C'est déjà trop tard.

Et ce Patt qui reste là, dehors, à admirer le ciel. Une telle nonchalance m'horripile, parfois. Me fascine, aussi.

Le moteur de la Land Cruiser.

– Alors, tu viens, Solena ?

Je sursaute.

– Où ça ?

– À l'aérodrome, pardi ! L'avion va atterrir.

– Quel avion ?

Sourire malicieux de Patt.

– Celui que je t'ai appelé !

Sur la piste d'atterrissage, un petit Cesna vient de se poser. Deux pilotes sales et joyeux sortent de la carlingue. Le premier, un grand brun hirsute au teint basané, se frotte les mains en riant.

– Alors, elle est où cette petite Française qui a besoin de nos services ? Elle sera pas déçue du voyage, je te promets.

La lourde porte se referme derrière nous. Un dernier mot de Patt, qui murmure, comme pour rappeler à ma cervelle d'oiseau : « À bientôt. N'oublie pas, je ne pourrai pas t'attendre. » Dans deux semaines, il doit partir aux confins du Namib, dans les grandes plaines de l'Ouest. Il a promis de m'emmener avec lui.

La machine prend son envol. La ville tentacule rapetisse dans la plaine, s'estompe dans la poussière, bientôt remplacée par un labyrinthe de canyons et de pics rocheux. Le grand brun hirsute me drague ouvertement.

– Fais gaffe ! Les pilotes ont plus d'un tour dans leur sac ! Tiens-toi bien.

Démonstration. Il tire sur le manche. L'avion décrit un cercle vertigineux autour d'un pic montagneux, pique du nez pour un rase-mottes. Les deux pilotes travaillent pour la même compagnie minière que Tiens. En avion ou en hélicoptère, ils déposent les géologues au milieu du Kaokoland avec tout leur équipement, et viennent les rechercher quelques semaines plus tard, lorsque ceux-ci ont fini leurs prospections. Deux semaines sur trois, ils n'ont rien à faire. Leur essence est payée. Autant qu'ils se rendent utiles.

– C'est quand même la première fois que je fais plus de mille kilomètres rien que pour voir une femme ! remarque le pilote.

Nous mettons moins de deux heures pour parcourir les huit cents kilomètres de désert qui nous séparent de la capitale. Il est midi lorsque nous atterrissons à Windhoek.

Où elle découvre
qu'il y a aussi des Himbas en Angola,
et même des endroits où il n'y a pas de Himbas

Assise à la terrasse d'un café, je regarde les passants défiler. Des visages. Des démarches. Si différents et si semblables. Je pourrais rester des jours ici, à les regarder. Imaginer leur vie, leur travail, les soucis qui leur donnent cet air pincé. Eux ne me voient pas. Ils n'ont pas le temps de tourner la tête. L'impression, troublante, d'être devenue invisible. Et même, parfois, de pouvoir lire dans leur cœur. Je reste extérieure.

Il y a eu le choc du béton. Le bruit, les agressions, cette folie de mouvements, et cette recrudescence de lignes droites, de formes carrées, qui réduisent les vues de l'esprit à bien peu. Mais cela n'a pas été le plus dur.

Le plus dur a été l'indifférence. Celle des hommes, surtout. Comment! cet homme que je viens de croiser et que je ne connais pas, non seulement ne m'a pas offert un gîte ni même un dîner, mais il ne s'est même pas arrêté pour me demander si j'allais bien. Et cet autre, qui boit tranquillement une bière à l'ombre d'un parasol. Il ne cesse pourtant de me regarder, mais il ne lui viendrait pas à l'idée de partager sa bouteille avec moi. Peu lui importe que je sois morte de soif.

J'ai peur d'être devenue très capricieuse. Terriblement exigeante. J'ai eu droit à tant d'attentions dans le Kaokoland que cela m'a pourrie jusqu'à la moelle. Trop gâtée. Ici, je ne suis plus la seule femme blanche. Un sourire ne suffit plus. C'est un choc.

Je suis allée revoir les coopérants de l'Alliance française.

Je m'étais bien entendue avec eux, avant mon départ pour le Kaokoland. Certains m'avaient d'ailleurs donné des conseils précieux. Un autre m'avait hébergée plusieurs jours. Contents de me revoir, ils posent quelques questions. Dix minutes, à peine. Ils n'ont pourtant rien à faire. Mais l'un est préoccupé par le coût de réparation de sa voiture. Il a besoin d'en parler. L'autre veut regarder une cassette vidéo. Le troisième raconte sa conquête de la veille qu'il a réussi à amener dans son lit. Nous avions pourtant passé de bonnes soirées ensemble. Le week-end, nous étions allés nous baigner au lac de Rehoboth. Le courant ne passe plus. Je ne suis plus dans leur monde.

J'aurais tellement aimé partager mon retour avec quelqu'un. Sortir, à deux, à trois, au restaurant, s'extasier devant le menu. Raconter, à une oreille attentive, les longues marches nocturnes avec Ngavikupe. Quelqu'un qui s'occuperait un peu de moi, aussi. Qui m'offrirait un endroit où je pourrais prendre une douche chaude, avec une serviette propre. Mais ça n'intéresse personne. Peut-être que je demande trop, encore.

J'erre dans la ville, seule. Je traîne dans les supermarchés, devant la vitrine des cafés. Sur une terrasse, des couples se partagent des pizzas. Je passe à nouveau devant les étalages de fruits et légumes, devant le rayon chocolat. Après avoir vidé toutes mes poches, je me permets un milk-shake à la banane, compte mes timbres et sélectionne quelques amis auxquels je vais pouvoir envoyer une carte postale. Je n'ai pas de sous pour vivre ici. Le seul plaisir accessible est de déglutir. J'avais laissé des affaires chez un des coopérants, dont quelques traveller's chèques. Mais l'homme est de mauvaise humeur, il a cassé sa voiture, et ne veut voir personne. Sa maison, trois chambres, un salon et un jardin, est à deux pas, mais il ne m'a même pas laissée entrer pour récupérer mon argent. Il fait nuit. Je ne sais pas encore où je vais dormir.

Je retourne à l'Alliance française. Il y a un homme, là. Il a l'air perdu. Il me regarde. Un « bonjour » normal, humain. Nous parlons. Il revient tout juste d'Angola. Il travaille dans une mission humanitaire. Devant le pas de sa porte, chaque matin, un véhicule explose sur une mine. Il vit dans la peur depuis six mois. On l'a obligé à prendre des vacances, pour conserver ses nerfs.

L'homme est comme moi. Il veut parler, goûter à la ville, se changer les idées. Surtout, ne pas être seul. Il me propose un marché : nous dînons ensemble, et il me trouve un lit. Il a deviné, je n'ai pas eu besoin de lui dire.

Je lui parle chèvres et Himbas toute la soirée. Il rit, l'œil mouillé. Je suis contente. Je ne pensais pas être capable de le dérider. Il me fait entrer en cachette dans sa pension, où plusieurs lits vacants m'attendent.

– Ne me remercie pas. Tu es une bonne conteuse. En Afrique, ça se paye !

Celui qui m'a aidée est un homme perdu qui ne dort pas depuis six mois, et qui ne sait même plus pourquoi il vit. C'est souvent ainsi. Les autres, que j'avais pris pour des amis, sont trop installés dans leur confort pour penser à tendre une main. Ils ont pourtant vu mon désarroi et savaient que j'allais passer la nuit à errer dans les rues.

Le lendemain, à l'aube, je me poste sur le bord de la route. Mon visa a expiré il y a deux jours, ma présence sur le territoire namibien est désormais illégale. Une nuit en Afrique du Sud, mille cinq cents kilomètres aller-retour pour avoir un nouveau tampon sur mon passeport. Je me retrouve à Windhoek, guère plus avancée. Un coup de téléphone à mes parents, pour leur annoncer que je suis vivante, heureuse et que je retarde mon retour. Un passage à l'agence de voyages pour changer la date de mon billet d'avion pour début octobre, la rentrée universitaire. Il me reste dix jours à perdre avant de retrouver Patt à Opuwo. Visiter le reste de la Namibie ? Seule, ce n'est guère amusant. J'aurais voulu quelque chose de facile, de jeune, de frais.

Sur le parking du centre commercial autour duquel je rôde, je remarque un gros camion rouge et jaune couvert de graffitis. Je m'approche, intriguée. À l'arrière, sous la bâche relevée, une quinzaine d'hommes, entre vingt et vingt-cinq ans, allongés sur des sacs. Tous sales, hirsutes et débraillés, pieds nus et certains en simple caleçon. Je suis déjà à l'aise. D'instinct, je sens des comparses. Ils semblent sur le départ. Un homme torse nu, allure Jésus-Christ, longs cheveux gras, donne en vain l'ordre de charger. En chœur, ils m'interpellent :

– *Hi, lady!*

– *Hi, gentlemen!* Où allez-vous, comme ça?

– Vers le sud. Tu veux venir?

– J'allais vous le demander!

Voilà, sur le ton de la blague, mon sac chargé sur le toit.

Vieux comme les ans, le camion ne dépasse pas les cinquante kilomètres à l'heure. Tous s'en moquent. Personne, excepté le conducteur, ne sait où nous allons. Assis en tailleur autour d'une caisse de bières, portés par la route, fouettés par le vent, les quinze gaillards rient haut et fort. Ils sont là pour apprécier et s'amuser. Des clochards de la brousse réunis par le hasard. Tous ont traversé l'Afrique entière, du nord au sud, par des moyens de fortune. Rick, l'Australien, en chameau, stop et pirogue, via l'Égypte, Soudan, Somalie, Kenya... Zaïre, Zambie... Coyle, l'Écossais, a descendu la mer Rouge avec des marins, pour arriver à Madagascar, puis enfin en Afrique du Sud. Tous ont quitté leur famille et leur pays depuis plus d'un an, parfois deux, trois ans. Le destin les a fait se rencontrer au Cap, alors qu'ils s'apprêtaient tous à prendre le chemin du retour.

– Et on s'est dit : « Finies les galères, finis les temps durs. Prenons un peu de bon temps avant de rentrer. Amusons-nous, faisons péter les plombs. » Et voilà, nous sommes partis pour la Namibie. Roy avait son camion, et connaissait déjà un peu. Nous suivons, sans penser à rien. En parfaits touristes, raconte Pierre, un gros Flamand barbu qui a rejoint l'Afrique australe avec l'idée de se trouver une femme.

Nous passons cinq jours ensemble. Une cure de fraîcheur. Nous recherchons la même chose. Rire, jouer, partager. Légers. Insouciants.

– Eh oui, c'est ça l'Afrique, lance Coyle, heureux.

Je les quitte avant de passer la frontière, et bifurque vers la côte. À Lüderitz, petit village de pêcheurs et de « plongeurs de diamants » perdu au milieu des sables du Namib, je suis hébergée chez un couple de pêcheurs de langoustes. J'y retrouve la mer, les plaisirs de la navigation, un vent violent et salé qui a quelques relents d'odeurs de Bretagne. Surtout, une ambiance saine et bon enfant. Des couples, normaux, qui parlent normalement, qui s'aiment, normalement, qui font des enfants ensemble, toujours normalement. Des gens qui prennent le temps d'apprécier la nature, qui travaillent aussi – un peu –, qui ont une vie sociale, des amis. Pas de tensions, pas de passé obscur, pas de vices. Pas de passions non plus. Dans ce cocon de douceur, je redécouvre des joies toutes simples. Une alimentation équilibrée, des horaires réglés, le plaisir de préparer un bon repas, de lire en écoutant de la musique, de promener les chiens ou de jouer aux cartes. Je réapprends aussi à m'exprimer normalement. Le désert rend avare de mots. Les paroles y ont toutes un second sens, caché. Comme Curt et Patt, je commençais à prendre l'habitude de mettre des *bloody* et *fucking* dans toutes les phrases. Ces deux mots ne sont pas vulgaires, dans le Kaokoland. Ils résument tant de choses. Ici, ils sont grossiers et déplacés.

Je me ressource. J'en avais besoin. Je réalise combien j'ai donné de moi-même, ces derniers mois. Le Kaokoland est un milieu dur et cruel, violent, qui use jusqu'à l'os. Les Himbas y vivent en harmonie, c'est leur terre. Mais pour tous les autres, la vie est à l'image du vocabulaire des rangers : dur, excessif, sans pitié.

Les premiers jours à Lüderitz sont délicieux. Je prévois d'y rester quelque temps. Mais bientôt, plus fort que la distance, plus fort que le vent du désert, des images me reviennent. J'essaie de les chasser. Je suis bien, ici. Mais les *moro* matinaux me hantent. Malgré moi. Je n'arrive plus à trouver le sommeil. Je me tourne dans mon lit, rêve à la maison d'Opuwo, au plafond en ruine, aux Himbas de la cour de Curt. C'est plus fort que tout. Je veux courir dans les collines, me laisser porter par le cheval, suivre les pas d'Omuniangue.

L'envie d'éclater en sanglots, contre son épaule. Mon cœur est là-bas. Je me referme sur moi-même avec une seule idée fixe : y retourner, tout de suite. Sitôt de retour à Windhoek, j'appelle les pilotes. Par chance, ils sont là.

– Tu veux retourner à Opuwo ?

– Oui !

– Le Kaokoland te manque ?

– Oui ! Terriblement !

– Demain, huit heures sur la piste, ça te va ?

Je ne réponds pas, je cours préparer mon sac.

Les petits avions privés se posent un à un sur la piste. Il est huit heures tapantes lorsque les deux pilotes, tirés à quatre épingles dans un uniforme flambant neuf, arrivent à l'aéroport.

– Alors, on en a marre de la ville ? C'est bien, ça ! Une vraie femme du bush !

Dès le décollage, le deuxième pilote s'exile au fond de la cabine et me laisse aux mains de Danny, le grand brun. L'avion monte en altitude. Danny coupe le micro externe. Coincés sur le siège avant, le casque sur les oreilles, la bouche pleine de bonbons à la menthe, nous rions comme des baleines. C'est ma première leçon d'aviation. Sûr des charmes du pilotage, Danny veut tout me montrer.

– Donc si j'appuie sur ce bouton-là, c'est moi qui conduis ?

– C'est ça, oui.

L'avion commence à piquer du nez. Danny s'esclaffe. Je suis heureuse. Je rentre à la maison.

Un nuage de poussière apparaît au loin. Bientôt, le plateau qui domine la ville. Sentiment de bien-être. Je m'enfonce dans mon siège, expire l'air pollué de stress et de déception que mes poumons avaient emmagasiné à Windhoek. Finies les journées d'errance. Finies les soirées passées à se demander où l'on va dormir. Je reviens ici pour être heureuse et libre. Cette fois-ci, aucune contrainte, rien à prouver ni à dépasser. Le seul but : prendre et apprendre ce qui s'offre à moi, aller où le vent me pousse.

Danny a coupé le pilote automatique et décrit un cercle au-dessus de la ville. Dans le bidonville d'Otjizemba, des myriades de fourmis colorées montent et descendent la colline.

Tiens, le géologue, prévenu de mon arrivée, m'attend sur la piste d'atterrissage. Il a enfermé sa chienne dans son Land pour me souhaiter la bienvenue. Je l'assomme de questions. Je veux tout savoir de ce qui s'est passé ici pendant mon absence. Curt est parti dans Damaraland. Patt n'est pas encore à Opuwo. Je suis en avance de plusieurs jours sur le rendez-vous.

En traversant la ville, l'impression d'être assise sur un coussin d'air. Mon corps plane dans la félicité. Il y a une partie de cet endroit gravée en moi, au plus profond, je le sens déjà. Aujourd'hui, même la vue de Verner me rend heureuse. Il est appuyé contre la grille du jardin, la tête dans les bras, les lèvres humides et tombantes. Je lui tends une main accompagnée d'un grand sourire.

– Salut !

– Tiens, t'es déjà revenue ! Non de Dieu ! Si tu savais. Ces putains de Hereros. Cinq koudous et quatre springboks. Neuf antilopes, en tout ! Ils me préviennent que maintenant. Leur putain de fête, tu sais ce que j'en fais ?

– Non, je sais pas. Tu m'expliques ?

Dans deux jours, le 26 août, c'est le « jour des Hereros ». Le chef des Hereros a demandé aux rangers de leur fournir de la viande pour la fête. La saison de la chasse étant déjà close, eux seuls restent habilités à tirer le gibier. Verner jure, le poing levé.

– Ces putains de Noirs qui se croient le droit de tout demander !

Je souris, presque émue. Un vrai discours de ranger. Cela m'avait manqué.

– Une chasse... J'ai encore jamais vu ça. Tu m'emmènes ?

– Si tu veux. Mais grouille-toi. J' pars tout de suite.

Je m'installe sur la banquette avant, mon duvet posé sur les genoux. Verner balance sa bouilloire, une boîte de thé et une cartouche de cigarettes à l'arrière de la voiture. Son fusil traîne à mes pieds. Nous passons chercher Johannes, un des Hereros qui travaillent pour les rangers. Lors de la course-poursuite au gibier, il conduira pendant que Verner, à l'arrière, visera et tirera. Un gros *lorry*, ancien camion anti-mine de l'armée sud-africaine, nous accompagne et ramènera la viande.

Nous prenons vers le sud, une piste peu fréquentée qui nous mène vers les grandes plaines d'Ombombo, une région où les animaux pullulent. Verner conduit comme un fou, fumant cigarette sur cigarette. À chaque coup de frein, il se croit obligé de lancer un juron. Il doit se sentir homme, lorsqu'il dépasse le dernier record de vitesse. Je le regarde, un peu dégoûtée par les spasmes nerveux qui agitent la peau translucide de son visage. Un instant, je suis tentée de lui dire qu'il est ridicule lorsqu'il essaie d'imiter Curt. Je me retiens à temps : il n'a aucun sens de l'humour. Ses gestes et ses mots sont parfois absurdes, tant il joue un personnage différent du sien. On dirait un gamin de dix ans, boutonneux à lunettes, qui se prend pour John Wayne.

La poussière vole au-dessus du capot et envahit la cabine. Sur les bords de la piste, des blocs de roche nue se dressent droit vers le ciel, protégeant par leurs ombres les hautes herbes jaunes d'une chaleur trop brûlante. Pas un seul épineux sur les montagnes escarpées. Les strates successives de la roche, si plissées qu'elles se rejoignent par endroits, témoignent d'un passé géologique tourmenté. Verner change les vitesses comme il assommerait un buffle. Au fil des kilomètres, il me tient au courant des on-dit.

– Prends jamais cette piste, prévient-il en montrant du doigt de vieilles traces de pneus. C'est une région interdite. Les Hereros disent qu'elle est habitée par l'esprit d'un putain de rhinocéros, et qu'il laisse personne s'en approcher. Une fois, une femme blanche y est quand même allée, elle voulait pas comprendre. Ben cette putain de femme blanche, elle est revenue vraiment blanche. Sa voiture s'est enlisée dans des sables mouvants, et elle s'est fait charger par un foutu rhino. Et crois-moi, il devrait y avoir ni sables mouvants ni rhinos, là-bas !

Nous nous arrêtons dans une petite clairière, à quelques kilomètres du terrain de chasse. Johannes prépare le feu pendant que Verner, adossé contre la roue du Land, profite du repos du guerrier. Il regarde les flammes, sans mot dire. Les heures passent. Les cris des hyènes percent le silence de la nuit.

– Comment ? Qu'est-ce que tu racontes ?

Il marmonne dans sa moustache, perdu dans ses pensées. Il parle de rhinocéros, du temps où il était stagiaire dans la réserve d'Etosha. Il partait de nuit, seul, avec son Land ou à pied, l'appareil-photo en bandoulière. Transi de peur, il s'approchait du plus près qu'il pouvait, parfois deux ou trois mètres. Le flash partait et le rhino fonçait sur lui, comme un missile. Il avait tout juste le temps de courir à l'abri. Une fois, son Land a refusé de démarrer. La corne du rhino a commencé à percer la portière. Verner gesticule dans tous les sens. Ses yeux brillent, ses lèvres humides laissent couler un filet de salive. Il n'a pas l'air sain du tout. J'ai peur pour lui.

Le coup siffle à mes oreilles. Tel le tonnerre, l'écho résonne contre les montagnes. Une deuxième détonation. Le springbok oscille sur ses jambes, tombe sur le flanc. Quelques soubresauts. C'est fini pour lui. Verner jubile.

Nous laissons le soin de le dépecer à Johannes et aux chauffeurs du lorry et partons à pied, Verner et moi, en quête d'une nouvelle victime. Apparemment froid comme la glace, Verner s'excuse, sur le ton d'un professionnel.

– Deux coups ! C'est un coup de trop ! J'aime pas ça.

En vérité, il brûle de tout son être.

Une longue marche. Nous débouchons dans une plaine aux limites lointaines. Le calme y est total, paisible et serein. Seul le bruissement du vent dans les herbes hautes. Verner, courbé en deux, tient l'arme prête entre ses mains. Nous attendons longtemps. Une heure, deux? Qui sait? Je m'allonge dans le sable. Soudain, une horde de springboks. Gracieux et légers, ils survolent les herbes et sautent si haut que leurs pattes arrière semblent de véritables ressorts. Le visage de Verner se crispe. Ses yeux brillent. Il appuie sur la gâchette. Un gros mâle tombe et disparaît dans les herbes. Verner court l'achever d'une balle dans le cœur.

Nous ne parlons pas. Verner ouvre le flanc de l'animal, en sort le cœur, l'estomac et les intestins. Nous restons là, assis près de la bête, attendant que le lorry vienne le récupérer. À la première prise, j'étais intéressée. À la deuxième, je m'ennuie déjà.

Le soleil est bas. Nous repartons avec Johannes. Le Land fait des cercles dans la plaine. Au milieu des hautes herbes, un troupeau d'une vingtaine de koudous, ces grandes antilopes sombres aux longs bois frisés, entame une course effrénée. À plus de quatre-vingts kilomètres à l'heure, le quatre-quatre fonce au milieu du troupeau. Le Land bondit sur les rochers, saute par-dessus les crevasses. Assise à l'arrière aux côtés de Verner, je manque plus d'une fois de tomber. Verner a du mal à viser. Un premier coup part. Une bête a été touchée à l'échine. Un deuxième coup la blesse au flanc. Elle court toujours à la même allure. Nous perdons du terrain. Johannes accélère, Verner recharge son fusil. Si le koudou atteint les montagnes, il est perdu pour nous. Une dernière fois, Verner vide son chargeur. La bête s'écroule sur les cailloux, dévale la pente, sans mourir pour autant. Verner ne prend pas le temps de l'achever. Il jette son dévolu sur un beau mâle resté à l'écart du troupeau. Une fois, deux fois, trois fois, le même scénario. Jusqu'à ce que le compte y soit.

Les cinq koudous gisent là, dans un périmètre de cent mètres, mais refusent de mourir. Le fusil de Verner est un fusil de l'armée. Le calibre des balles n'est pas adapté à des animaux de cette taille. Celui qui repose devant moi a déjà reçu six balles dans le flanc et dans la tête. La dernière, tirée entre les deux yeux, lui a fait faire un bond d'un mètre. Il pisse du sang de tout son corps, les muscles de sa gorge sont à nu, son crâne fracassé et sa langue arrachée. Debout devant lui, je le regarde mourir. Ses yeux sont grands ouverts. Il garde encore la force de remuer sa mâchoire déchirée et tente par moments de se remettre sur ses pattes. Je lui caresse le flanc. Il respire toujours, mais ne réagit pas à mon contact. Nous sommes seuls, tous les deux. Les hommes sont occupés avec les autres bêtes. Ils ont oublié celle-là. L'instant est calme. La quiétude qui précède la mort.

Verner nous rejoint en courant. Il semble nerveux. Ses yeux sont injectés de sang. Il tremble et répète entre ses lèvres : « Merde, merde, putain de... » D'un geste peu sûr, il déverse son chargeur entre les yeux de la bête. Pour elle aussi, c'est fini.

Maculé de sang, Verner lève vers moi un regard honteux.

– Pardon, je suis désolé. Ç'aurait pas dû être comme ça.

D'un geste qui se voudrait protecteur, il essaie maladroitement de prendre mon bras. Je le repousse.

– Excuse-moi. J'ai cru que tu pleurais. Je veux pas que ça te traumatise, ce carnage, m'avoue-t-il.

Pendant que les hommes chargent la viande sur le lorry, je rôde autour des cadavres. Je n'ai encore rien mangé depuis mon départ d'Opuwo et je sais que les chauffeurs vont se garder tous les abats pour eux. Et puis... je n'ai encore jamais goûté à un cœur de springbok. Je me laisse tenter. Un coup d'œil à droite. Un coup d'œil à gauche. Personne ne me regarde. Je trouverai bien un moment où, seule, je pourrai le faire griller sur un feu. Comme une voleuse, je plonge ma main dans le flanc encore chaud de l'animal, en retire le cœur et le glisse subrepticement dans ma poche. Le mien bat à toute vitesse, de peur d'être découverte.

La piste du retour est longue et fatigante. Nous arrivons à Opuwo au milieu de la nuit, couverts de sang et de poussière. Verner, soudain devenu très loquace, raconte dans les plus menus détails comment il a achevé chacune des bêtes. Je lui rappelle, en soupirant :

– Oui, je sais. J'étais là, j'ai vu.

Je le laisse décharger la voiture, et entre dans la grande pièce sombre. Au milieu du salon, je trébuche sur une forme inanimée. Un gémissement sourd répond à mon cri de surprise.

– *What the fuck is happening?* grommelle une voix rauque.

J'allume la lumière. Une boule de cheveux sombres frétille au fond d'un sac de couchage, en plein milieu de la pièce. Après plusieurs minutes de trémoussements, un semblant de tête apparaît. Deux mains maladroites écartent la tignasse brune, et laissent entrevoir un visage surprenant.

Totalement imberbes, deux joues flasques et vides tombent sur un menton plissé. Pourtant, pas l'ombre d'une ride. Une peau de bébé toute neuve qui pendouille et à laquelle, instantanément, j'ai l'irrésistible envie de m'accrocher. Sur tout le corps, pas un seul poil. On dirait bien un homme. Mais son corps et sa figure sont pour moi de l'ordre du jamais-vu. Âge indéfinissable. Mal réveillé, il se frotte les yeux. On dirait que ses doigts vont se perdre dans les plis de sa peau. Il en a trop.

Verner accourt, intrigué par le bruit.

– Ah, Solenn ! J' t'avais pas dit. Ils vont habiter ici quelque temps. Ce sont des chercheurs. Ça te dérange pas de partager le salon avec eux ?

À l'autre extrémité de la pièce, une masse informe pousse un soupir énervé et disparaît sous une épaisse couverture. L'air dépassé, perdu entre ses cheveux et les plis de sa peau, l'homme rajuste son caleçon et me tend la main.

– *Well*, euh... je suis Thomas. Apparemment, t'habites ici aussi. *Welcome !*

La situation est cocasse. Nous rions. Le sourire de l'homme est des plus avenants. Ses yeux bleu d'eau sont empreints d'une grande bonté, presque innocente. Il se lève, prépare du thé, nous met à l'aise. Nous commençons à parler. Il est norvégien. Géographe. Il est arrivé à Opuwo il y a trois semaines. Il vient faire son doctorat sur les Himbas.

Moi-même, je projette de devenir géographe, un jour.

J'ai fini ma première année d'université quelques jours avant mon départ pour la Namibie. La similitude de nos études nous rapproche. Rapidement, la conversation devient intime. Thomas m'avoue redouter son premier contact avec les Himbas. Il est anxieux. Je lui raconte comment cela s'est passé pour moi. Le regard brillant, il m'encourage. Je lui raconte la difficulté des premiers jours, la gentillesse des habitants d'Omirora. Les mots viennent tout seuls, je m'exalte. Il écoute, le visage penché en avant, les yeux émerveillés.

– Continue ! C'est très émouvant.

En riant, il ajoute :

– Tu as les yeux d'une petite fille qui raconterait sa rencontre avec le Père Noël, à la fois fière d'elle-même, et n'osant toujours pas y croire.

Verner nous rejoint, essaye en vain de placer ici et là un récit de chasse. Dépité, il repart dans sa chambre. Thomas et moi échangeons un regard amusé. Il déambule de pièce en pièce, dépassé par l'activité, si mal à l'aise que personne ne croirait qu'il est le maître de maison.

Nous parlons toute la nuit, sans interruption. Comme si nous nous connaissions depuis toujours et nous retrouvions après une longue absence. Ce n'est pas la première fois que j'éprouve ce sentiment dans le Kaokoland. Est-ce le fait d'avoir en commun un attachement et une histoire avec ce monde aride et replié sur lui-même ? Est-ce parce que je suis ici plus disponible aux rencontres, et si heureuse que je m'ouvre à tout le monde, sans honte et sans complexe ? Est-ce parce que je vis aujourd'hui dans le rire, et que le rire appelle le rire ? Je trouve un ami en Thomas. Un compagnon.

Tiens nous réveille à l'aube. Il part dans le bush pour quelques semaines, avec sa chienne, et me propose de garder sa maison. Pendant que je déménage mes affaires, lui et Thomas se permettent quelques remarques d'un goût douteux.

– Comment ! Elle dit qu'elle n'a pas de moyen de transport, qu'elle est en stop, et elle se déplace en avion !

– Tu sais, en Afrique, on peut tout avoir, avec beaucoup d'argent ou un grand sourire. Elle a choisi le sourire.

– Typiquement féminin ! commente Thomas dans un éclat de rire.

La matinée est joyeuse. On m'a souvent dit que j'avais une tête de clown, mais je ne me doutais pas que c'était à ce point. Il suffit que Thomas me regarde ou que je prononce un mot pour qu'il éclate de rire.

Thomas ne tarde pas à me rejoindre dans la maison des géologues. Nous parlons, toute la journée, toute la nuit, de tout, de rien, de cinéma, de littérature, de la famille, d'amour, de nous. Profiter de cette intimité qui nous est offerte pour nous connaître.

D'emblée, nous devenons très exclusifs. Nous sommes si bien tous les deux que nous n'avons pas de temps à perdre avec d'autres. Comme si nous pouvions rattraper ainsi en quelques jours toutes ces années pendant lesquelles nous ignorions jusqu'à l'existence de l'autre. Opuwo permet ces relations où une vie peut être condensée en quelques jours, car rien ne peut nous y distraire de nous-même. D'ailleurs, si l'on n'a pas une histoire personnelle à vivre, Opuwo est un monde si fermé et si restreint qu'il se transforme rapidement en enfer.

Nous sommes les deux seuls Européens du Kaokoland. Peut-être aussi est-ce pour cela que nous recherchons avec tant de précipitation la compagnie de l'autre. Nous venons du même monde. Mais il y a autre chose. Quelque chose en Thomas qui m'inspire une confiance sans faille. Nous vivons sur un nuage. Tout ce que nous évoquons dans nos conversations, notre vie en Europe, n'est qu'un rêve lointain, irréel. Il n'y a plus que nous deux. Toute notre attention est concentrée sur le bonheur de l'autre. Nous nous offrons des cadeaux toute la journée, préparons des surprises. Jamais je ne me suis sentie aussi à l'aise avec un homme. Ce qui nous lie est proche du sentiment amoureux. Pourtant, pas l'ombre d'un désir entre nous. C'est une telle évidence que nous n'avons pas la moindre pudeur. Nous pouvons nous promener en slip, laisser traîner un bras, un genou, sans qu'il n'y ait gêne ni trouble. Même si Thomas a quinze ans de plus que moi, il n'est pas non plus le grand frère que je recherche si souvent. C'est tout simplement une amitié qui naît, une amitié d'une force comme je n'en ai encore jamais connue.

Bien sûr, la ville entière jase sur notre relation. Verner, persuadé que nous forniquons dès qu'il a le dos tourné, ne lésine pas sur les blagues de mauvais goût. Son attitude est étrange. Il ne cesse de se mettre en frais pour nous faire plaisir. Il se montre sociable, ce qui n'est guère son habitude, nous apporte les derniers ragots, semble même rechercher notre compagnie. En même temps, il y a comme une gêne. Il a quelque chose contre moi, je ne sais quoi. Il prend souvent Thomas à part pour le mettre en garde contre les dangers de la terrible sorcière que je suis.

La masse informe entraperçue dans un coin de la pièce le soir de notre rencontre passe fréquement devant la maison. Elle va et vient, ombre désœuvrée qui nous surveille et prend forme de temps à autre pour nous lancer un regard noir de reproches.

– Si, c'est une femme, m'assure Thomas. J' la connais, elle est avec moi. Elle s'appelle Christa.

J'ai du mal à le croire. Je dois m'y prendre à plusieurs reprises pour déceler dans la silhouette, taillée comme un athlète et recouverte d'une bonne couche de tissu adipeux, un semblant de féminité. Je demande, intriguée :

– C'est ta copine ?

– Grand dieu, non ! hurle Thomas en éclatant de rire. Elle est américaine, scientiste, et fille de millionnaire. Ou milliardaire, je sais plus. Mais tu vois le tableau ! Non, je l'ai rencontrée à Windhoek. Elle venait faire un master d'environnement. Quand elle a appris que j'allais monter dans le Kaokoland, elle a commencé à fantasmer sur les Himbas. Tu connais, ces Américains et leur putain d'exotisme... Alors elle a décidé de changer de sujet d'étude, et elle m'a accompagné. Mais on s'entend bien quand même, enfin jusque-là... et on partage les frais, c'est bien.

Le soir du cinquième jour, Patt nous surprend à dîner aux chandelles. Je me suis mise en quatre pour préparer un menu de roi, et la table est décorée avec des fleurs que Thomas a volées dans le jardin de la boulangère. Patt ne dit rien, mais je sens un froid. Il connaît pourtant déjà Thomas, avec lequel il a passé presque une semaine, et qu'il a paraît-il beaucoup apprécié. Mais il refuse notre invitation. Il reste à peine deux minutes, le temps de m'annoncer, d'une voix atone :

– Je pars demain matin dans l'Ouest. Si tu veux toujours venir, sois prête à l'aube.

Thomas ne comprend pas non plus. En débarrassant, il remarque une grosse tache rouge sur la poche de mon short.

– On dirait du sang. Tu es blessée ?

Je rougis, balbutie. Mes mains se mettent à trembler. Devant mon embarras, Thomas, croyant qu'il s'agit d'une fuite intimement féminine, n'insiste pas. Sitôt qu'il a les yeux tournés, je plonge une main dans ma poche. Une matière chaude, gluante. Je frissonne. Le cœur de springbok ! Je l'avais oublié. Je cours chercher le chien du voisin, et l'emmène dans un petit massif d'acacias. En surveillant les alentours, je lui fais manger le cœur dans ma main, pour être certaine qu'il n'en laisse aucune trace. Après une semaine passée dans ma poche, le morceau n'est plus très ragoûtant. Encore tremblante d'être découverte, honteuse et repentante, je reprends ma place sur la terrasse.

Les deux véhicules attendent dans la cour. Guillerette, je me glisse à côté de Patt. Il m'a tant fait rêver en me parlant des paysages grandioses de l'ouest du Kaokoland. Je n'aurais pas voulu les découvrir avec un autre que lui. Thomas part aussi, vers le nord. Je lui ai promis de lui rendre visite d'ici quelques semaines, lorsqu'il sera bien installé.

Pour rejoindre la grande vallée du Marienfluss, nous devons traverser tout le Kaokoland. Trop chargés pour passer à travers les montagnes, nous allons les contourner par le sud, puis remonter au nord, jusqu'au fleuve Kunene. Quelques quatre cents kilomètres. Il nous faudra plus d'une journée pour les parcourir. Pourtant, Patt est réputé pour être le meilleur conducteur du Kaokoland. Il met une heure pour faire ce que Verner fait en quatre heures et un touriste en six. Johannes et Bakera, les deux aides hereros, conduisent le deuxième véhicule, la Ford jaune.

Très rapidement, le paysage devient aride. Plus l'on avance vers l'ouest, plus les précipitations se raréfient. Les champs d'épineux laissent la place à des espaces de sable fin, parsemés par endroits de hautes herbes desséchées. Rien à voir avec les collines poussiéreuses d'Etanga. De hauts plateaux déchiquetés surplombent des étendues sans fin, mélange de couleurs pastel, rouge, jaune, rose. Le vent souffle, s'engouffre entre les blocs en sifflant, dans une ambiance de western.

La cigarette entre les lèvres, la main sur le levier de vitesse, Patt garde les yeux rivés sur la piste, alternant coups de frein et accélérations violentes. Je me sens bien avec lui. Sa présence me rend libre et forte. Libre, sans doute car il se fait une règle de ne jamais intervenir dans la vie des autres. À tel point qu'il faut lui arracher un conseil. Obtenir un avis est impossible. Et Patt a une telle connaissance du Kaokoland, il se fond si bien dans la nature qui l'entoure qu'avec lui je me sens partout en sécurité. Une sécurité qui rend invincible. Aujourd'hui, je suis si légère que je ne peux m'empêcher de jacasser. La voiture fait une embardée sur la caillasse. Patt grommelle, sans pouvoir réprimer un sourire.

– Tu vois, tu me distrais, avec tous tes bavardages ! – Il ajoute, plus sérieusement : – C'est pas souvent que j'ai de la compagnie, comme ça.

Nous entrons dans la vallée du Marienfluss à la tombée de la nuit. Des hordes de springboks et d'impalas s'ébattent dans le long couloir d'herbes folles, entre deux chaînes de montagnes majestueuses. À l'extrémité nord de la vallée, nous retrouvons le fleuve Kunene, l'eau salvatrice. Nous choisissons un emplacement proche des cascades, et préparons un feu en attendant l'arrivée de Johannes et Bakera.

Soigneusement caché sous des branches de palmier, un tracteur attend Patt à quelques centaines de mètres du campement. Il l'a amené ici l'année dernière, en pièces détachées. Il va s'en servir pour réaménager la piste, actuellement en très mauvais état

Les journées s'organisent rapidement. Avant même que le soleil ne soit levé, Patt ravive le feu et prépare le thé matinal. Assis devant les braises, nous apprécions la chaleur du liquide, dans la fraîcheur de l'aube. Les mots sont encore rares, si tôt le matin. Johannes et Bakera partent peu après, avec la Ford jaune. Ils montent dans les montagnes récupérer des pierres qu'ils entassent à l'arrière. Ils les déposent ensuite sur les bords de la piste, pour inciter les futurs touristes à rester sur la route. L'écosystème du Kaokoland est si fragile que des traces de pneus peuvent rester gravées dans le sable plusieurs décennies.

Patt, un sourire jusqu'aux oreilles, grimpe sur son tracteur. Je ne l'ai encore jamais vu aussi heureux. Très fier de son nouveau jouet, il s'amuse comme un enfant. Il ne revient en général qu'à la tombée de la nuit, secoué comme un shaker après plusieurs kilomètres de caillasse.

Je pars soit avec Johannes et Bakera, soit avec Patt, sur le garde-boue du tracteur. Plus souvent, je vais me promener, seule. Je prends dans mon sac une boîte d'allumettes, un morceau de viande séchée, un sachet de thé, une tasse en émail, et une petite couverture. Je longe le Kunene en aval, vers les dunes du Namib. J'escalade les montagnes qui plongent directement dans le fleuve, ne descendant que lorsque la soif se fait sentir, ou lorsque la chaleur devient trop forte, pour puiser de l'eau ou me baigner. Autour de moi, sur des kilomètres, pas une seule trace de présence humaine. L'endroit est si perdu, inaccessible en voiture, que je doute que quelqu'un en ait foulé le sol ces dernières années. Pourtant, j'ai rarement vu endroit d'une plus grande beauté. Sur les bords du fleuve, encaissé entre les montagnes, un couloir de sable fin et chaud. Des rochers de toutes formes et de toutes couleurs, des galets éclatés par l'amplitude thermique. Même sous le soleil de midi, les teintes restent douces et tendres : des vert, rose et jaune pastel. Pour me donner du courage lorsque j'escalade les versants des montagnes, et ne pas succomber au vertige, je chante à pleins poumons. Les « oématelo » résonnent contre la pierre, se répercutent sur la rive opposée, en Angola. Au sommet, assise sur un bloc de roche brune, je sors les brindilles que j'ai ramassées sur le chemin, et fais chauffer de l'eau dans ma tasse, pour un thé. La nuit me surprend entre deux montagnes. Je n'ai pas envie de rentrer. La paix qui m'entoure est si précieuse. Sereine, je cherche un espace de sable mou. Les nuits sont désormais tièdes, je n'ai plus besoin de mon duvet. J'étale ma couverture, et m'endors sous les étoiles.

Je rentre au campement après deux ou trois jours d'absence. Il fait nuit, mais la lueur des flammes guide mes pas. Le bout rouge de la cigarette de Patt scintille dans la pénombre, sur la rive du fleuve. Jamais il ne me l'avouera, mais je sais qu'il s'est inquiété pour moi. Je m'assois à ses côtés. Avec la lampe-torche, nous éclairons la surface de l'eau, et comptons les yeux rouges des crocodiles.

Plusieurs familles himbas vivent aux alentours du fleuve. Je vais souvent leur rendre visite. Leur gentillesse envers moi ne cesse de m'étonner. Ils m'acceptent tous dans leur case, avec naturel et simplicité, comme si nous étions de vieux amis. Il est vrai que mon passage à Etanga facilite d'emblée les relations. Sans même que je mentionne le nom d'Omuniangue, ils savent tous que je suis sa fille adoptive. Je parle maintenant assez bien pour que nous puissions échanger les dernières nouvelles. Je retrouve un homme d'Etanga, le deuxième conseiller du chef Vetamuna. Les pâturages sont désormais si rares à Etanga qu'il a dû marcher jusqu'ici, deux cents kilomètres avec sa famille et son troupeau, pour trouver un peu d'herbe.

Un matin, j'aperçois, à quelques mètres du kraal, flotter un grand drapeau blanc. Intriguée, je m'approche. Un homme noir, habillé en short et tee-shirt, vient à ma rencontre. Il me serre chaleureusement la main, et, volubile, me tient un long monologue en portugais. Avec mes quelques rudiments d'espagnol, je parviens à comprendre que l'homme est angolais, grand admirateur de Bob Marley, et qu'il se définit comme « sorcier rasta ». Le drapeau blanc orné d'une croix rouge indique l'emplacement de son hôpital.

Une demi-douzaine de Himbas se sont regroupés en cercle autour de l'insigne. Une femme, enceinte de plusieurs mois, est arrivée ce matin d'un campement éloigné. Elle tremble de fièvre et arrive à peine à marcher. Son bébé est mort dans son ventre il y a quelques jours, et refuse de sortir.

Très sûr de lui, le sorcier sort de son sac ses attributs magiques : une corne d'antilope, une queue de cheval, une espèce de hochet fabriqué avec une noix de palmier, et deux sachets de poudre, verte et blanche. En prononçant une suite de mots incompréhensibles, il sautille autour de la femme malade et agite son hochet devant ses yeux. Soudain, il se fige, les bras en l'air, un sourire béat sur le visage. Tous attendent. Il cligne de l'œil tant et plus.

– Vas-y, prends-moi en photo, murmure-t-il à voix basse, comme s'il avait peur d'être surpris.

J'obéis, interloquée. La séance de soin a duré à peine trente secondes. L'homme revient vers moi, et me met son hochet dans les mains.

– Tiens, fais comme moi. Tu peux la guérir aussi, ajoute-t-il en riant aux éclats.

Je refuse, choquée. L'homme n'est pas plus sorcier que moi. Il se fait payer une belle chèvre bien grasse en remerciement de ses services. Je ne sais ce qui va advenir de la femme. Elle repartira le soir même dans son campement.

J'en parle à Johannes et Bakera.

– Ouais, c'est sûr, c'est tout plein de charlatans. Mais qu'est-ce que tu veux ! Faut bien leur faire confiance, dans un endroit comme ça, y a personne d'autre.

Johannes et Bakera sont deux bons vivants, toujours le sourire aux lèvres et une fiole de whisky dans la poche. Mes rapports avec les Himbas les amusent beaucoup. Lorsque j'ai du mal à m'exprimer, ils m'accompagnent au kraal, parlementent pendant des heures en herero pour refuser à ma place les demandes en mariage. Le chef du campement affirme qu'il est tombé amoureux de mes cheveux. Pendant deux nuits consécutives, il reste assis à côté de moi, sans dormir. À mon réveil, il n'a toujours pas bougé, et tourne mes boucles entre ses doigts.

– Mmm ! J'ai regardé tes cheveux toute la nuit, murmure-t-il d'un air coquin.

Je ne cherche plus à comprendre les besoins de séduction des hommes himbas. Johannes et Bakera sont obligés de m'inventer un mariage avec Patt pour ne pas le vexer. Plusieurs fois, je reviens au campement en traînant une chèvre derrière moi, cadeau de cet adorateur de cheveux. Bakera l'étrangle, à la manière himba, et nous faisons griller le foie et le cœur sur les braises. Patt, amusé, regarde tout cela de loin. Il partage avec les Himbas le même territoire. Il les admire et les respecte, parle même correctement la langue. Mais il ne se mêle jamais trop à eux. Une relation de bon voisinage, où chacun a sa place et respecte celle de l'autre.

Les jours passent. Pourtant si riches et différents, ils semblent se confondre dans un tout. Le temps n'a pas de valeur, ici. Peu importe que ce soit une heure ou un jour. Seuls les crépuscules successifs, uniques repères, permettent de garder un rythme.

Un soir, alors que le soleil s'apprête à se coucher, Patt n'est toujours pas rentré au campement. Calmement, Johannes rempli un bidon d'essence, grimpe dans le Land Cruiser, et nous partons tous deux sur ses traces. En dépit des talents de conducteur de Johannes, le quatre-quatre s'ensable dans un lit de rivière. Pendant plus d'une heure, nous creusons, coupons des branches pour les mettre sous les roues. En vain. Le Land s'enfonce de plus en plus dans le sable et il devient bientôt impossible d'ouvrir la portière. Johannes sourit toujours. Nonchalamment, il prend le bidon d'essence sur l'épaule, me souhaite de beaux rêves, et s'enfonce dans les herbes, à la rencontre plus qu'hypothétique de Patt. Il fait nuit noire. Je m'allonge sous un arbre, et attends le sommeil.

Je suis réveillée par le bruit d'un moteur. C'est Bakera, avec la Ford jaune. Nullement surpris, il me fait monter, sans poser de questions. Une dizaine de kilomètres plus loin, la lumière des phares éclaire la silhouette de Johannes. À une allure constante, il continue sa marche, ses vingt-cinq litres d'essence sur l'épaule. Il ne tourne même pas la tête à notre approche. Nous ne retrouvons le tracteur qu'une heure plus tard, à plus de trente kilomètres de l'endroit où nous avons récupéré Johannes. Un visage hirsute, couvert de terre et d'huile de moteur, apparaît entre les roues. Patt sort en rampant de sous la machine, frotte ses yeux endormis, remplit le réservoir d'essence, et l'engin repart en tressautant. Pas un mot n'a été prononcé. Pas une peur, pas un doute, pas une explication. Pas une plainte non plus. Patt est tombé en panne aux premières heures de la matinée. Toute la journée, il a attendu. La vie des rangers du Kaokoland.

Ce que j'aime avant tout avec Patt, c'est rouler. Rouler, s'arrêter, faire un thé. Repartir, rouler, s'arrêter, faire un thé... Avancer, toujours vers l'inconnu. Cette errance vagabonde, qui n'a qu'un semblant de monotonie, me rend libre et forte.

Nous avons abandonné Johannes et Bakera au bord du fleuve, et roulons vers le sud. Après plusieurs heures de route, nous tombons sur un carrefour. Patt arrête le moteur. Au croisement des trois pistes, est posé un gros tonneau rouge, surmonté d'un faux téléphone public. Installé il y a quelques années par Patt et ses amis, ce téléphone sert de lieu de rendez-vous et de poste restante aux habitants du Kaokoland. Nous y trouvons un mot de Tiens, vieux de plusieurs semaines déjà.

« Aurais-tu kidnappé la petite frisée? Je comptais l'emmener pister les rhinos. Grande fête prévue à Palmwag le 15. Vous y attends. »

J'ai souvent entendu parler de ces fêtes des solitaires du Kaokoland. Elles durent parfois plus d'une semaine et il est fréquent de ne pas retrouver entier le local qui a abrité les fêtards. C'est lors d'une telle occasion que la salle de bains et le plafond de la maison de Patt ont été réduits en miettes. Les hommes finissent en général nus comme des vers, à pisser partout et hurler des blagues obscènes, et dépensent en alcool plusieurs mois de salaire.

Nous sommes aujourd'hui le 14. Appuyé contre son siège, Patt me regarde avec un sourire malicieux.

– Tout droit, on va vers Palmwag. Si on prend la piste de droite, on arrive à Hartman's Valley, le plus bel endroit de Namibie. Tu choisis.

Patt ne m'a jamais parlé de cette vallée. Je le connais assez bien pour savoir qu'il a pourtant prévu de m'y emmener depuis longtemps. Parfois, j'ai envie de le prendre par le bras et de lui crier : « Arrête de te planquer, vieux ! » Il n'arrête pas de donner, mais il est trop fier pour l'assumer. Il faut toujours qu'il invente un hasard pour camoufler son geste.

– À droite, *of course* !

La piste bifurque vers le nord, parallèlement au couloir du Marienfluss que nous venons de quitter. Bientôt, nous pénétrons dans une large vallée encaissée entre deux hauts plateaux. Tout y est grandiose, démesuré. J'en ai le souffle coupé. Des troupeaux de springboks s'ébattent dans les herbes, légers, comme des pantins que l'on aurait placés là pour agrémenter les teintes fauves. Les zèbres dévalent les versants rocailleux. Un oryx solitaire se lance dans une course effrénée à notre approche. Il s'arrête net, nous regarde passer, s'enfuit à nouveau. Au loin, avec leur démarche si élégante qu'elles ressemblent à de grandes dames, un couple de girafes. On le sent, il n'y a personne, pas une trace, pas un signe d'être humain. Un hymne à la nature, sauvage, cruelle, et belle.

La vallée s'ouvre brusquement sur un toboggan de sable jaune. En contrebas, entre les premières dunes du Namib, l'eau verte du Kunene ondule comme un serpent. Impossible de décrire la profusion des couleurs, si denses et si riches dans ce paysage sans limites. Nous y restons trop peu de temps. Une baignade dans les cascades, un thé entre les dunes, et nous attaquons à nouveau la piste. Patt doit retrouver Curt dans le Damaraland avant le lendemain. Mais la vallée d'Hartman restera gravée au plus profond de ma mémoire comme le sanctuaire vers lequel ont convergé, depuis l'enfance, tous mes fantasmes. En me permettant d'enfouir dans mon cœur les images de ce lieu magique, Patt m'a offert le plus précieux des cadeaux.

Les distances sont si grandes dans le Kaokoland que l'essentiel de la vie s'y passe à l'intérieur d'un quatre-quatre. Pour me rendre utile et ne pas avoir l'impression de n'être qu'un parasite accroché au siège de sa voiture, j'allume les cigarettes de Patt. Les kilomètres défilent, les paquets vides s'entassent à mes pieds. En fin d'après-midi, nous passons devant un petit campement himba. Patt arrête la voiture à quelques centaines de mètres du village, de l'autre côté du lit de rivière, devant une petite cabane de bois foncé. Il l'a construite avec Curt. Il y a quelques années, ils s'en servaient pour entreposer les réserves de maïs destinées aux Himbas de la région. Aujourd'hui, Tiens s'en sert comme camp de base lorsqu'il prospecte les alentours. Sur les cartes, l'endroit est désigné sous le nom d'Orupembe.

Un vent glacial vient de l'Atlantique et fait grincer les planches de la mince construction. Posé sur un promontoire rocheux, le cabanon domine l'immensité d'une plaine entourée sur deux côtés par une série de tables rocheuses et de pics déchiquetés. En contrebas, sur les bords de l'oued, le village himba, à moitié en ruine. Seules quelques cases semblent être habitées. Au sommet du talus, un puits surmonté d'une éolienne. Un paysage de western, désolé, tourmenté, grandiose, qui donne envie de sauter sur un cheval et galoper jusqu'aux limites de la Terre.

L'endroit me plaît. La décision s'impose d'elle-même : je reste là. Patt, muet comme un piquet, me regarde avec étonnement. Comme à chaque fois qu'il est ému ou qu'il ne sait que dire, ses gestes deviennent gauches. Sa silhouette trop imposante l'embarrasse.

– Tu es sûre?

– Oui. C'est beau. J'en ai besoin.

– Bien.

Il décharge mon sac, arrache avec une branche le mince cadenas que Tiens avait posé pour protéger ses affaires.

– Fais attention à toi. Mange pas de viande, surtout. Une épidémie d'anthrax a été signalée dans le coin. Plusieurs Himbas ont été envoyés à l'hôpital.

Un timide au revoir. Le Land Cruiser disparaît derrière les sables.

Je reste un long moment à regarder le paysage. Cela fait si longtemps que je ne me suis pas retrouvée seule et que je n'ai pas eu d'endroit à moi.

Le cabanon de bois a tout du repère de l'ermite. Deux piécettes de quatre mètres carrés chacune, séparées au milieu par une terrasse en terre battue recouverte d'une toile bâchée. Dans chaque pièce, une petite fenêtre taillée dans le bois. Je me précipite dans celle où Tiens a entreposé ses affaires et, fébrilement fais l'inventaire : un lit de camp, une chaise de jardin, une table branlante, du bois, quelques bougies... le luxe. Je range mon sac de riz et mes bâtons de viande séchée dans la première pièce, aménage la deuxième en chambre à coucher, installe la chaise sur la terrasse. Je ne me lasse pas d'ouvrir et fermer la porte : j'ai tellement rêvé d'en claquer une, à Omirora.

Il fait bientôt nuit. Le vent, glacial et violent, fait frémir les branches et siffler la cabane. Je me rapproche des flammes. Une multitude de petits yeux jaunes me surveillent. J'allume ma lampe-torche. Le bétail rentre au village. Les hurlements des hyènes répondent aux bêlements des moutons. À nouveau, le silence. Je me sens extraordinairement sereine, ce soir. J'ai retrouvé dans mon sac, vieux de plusieurs mois, un sachet de tisane au tilleul. Il vient de France. Je l'avais glissé dans une poche de mon bagage au dernier moment, avant de partir pour l'aéroport. Au cas où. Lointains et perdus par le vent, les pleurs d'un enfant himba. Sa mère chantonne. Satisfaite, je savoure le liquide chaud, presque sans goût, et profite de cet instant de solitude tant désiré. Je m'allonge sur le lit de camp. Par la fenêtre ouverte, la lueur des étoiles caresse mon duvet.

Je suis tirée de mon sommeil par un violent « *Moro* ». Un Himba a passé la tête à travers l'ouverture de la fenêtre. Ses yeux curieux font le tour de la pièce.

– *Moro ! Nawa !*

Le soleil est à peine levé. Grelottante, je sors de la pièce. L'homme a déjà allumé le feu. Jeune, au visage doux et tendre, il sourit en se grattant l'oreille. Il me parle comme à un enfant, dans un herero primaire, en détachant toutes les syllabes. Il s'appelle Tjaurerua, et vient du village voisin.

Nous prenons le thé. Le visage de Tjaurerua s'illumine de toutes sortes de mimiques. En prenant un air renfrogné, le torse gonflé et les épaules voûtées, il demande des nouvelles de Patt. Nous rions, il me parle de ses vaches. Lorsqu'il a fini son thé, il repart dans son village.

Le lendemain, à la même heure, il m'apporte un kilo de sucre empaqueté dans un vieux tee-shirt. Je l'assure que je n'en ai pas besoin, mais il insiste pour que je le garde dans la pièce. Désormais, avec une régularité sans faille, il me rend visite trois fois par jour, pour prendre ce qu'il appelle son « eau chaude ». Il prépare le feu, fait bouillir l'eau, j'y plonge le sachet de thé. Sur la pointe des pieds, il entre dans la cabane et revient avec le paquet de sucre. Comme deux vieilles Anglaises, nous buvons le thé dans de vieilles canettes de Coca en parlant de la pluie et du bétail.

Tjaurerua devint rapidement un ami. Tous les matins, je l'accompagne au kraal, il me présente sa famille, me montre son âne, son troupeau. Il est le seul Himba qui soit autorisé à pénétrer dans mon antre. Les autres se montrent très respectueux de mon intimité. Je bénis les cloisons de bois. J'écris, de longues soirées, à la lueur de la bougie. Depuis mon retour d'Omirora, je n'avais plus touché à mon carnet rouge.

Jusque-là, j'ai eu très peu de temps pour moi. Voyage ne rime pas avec vacances. J'ai partagé, échangé, appris, je me suis chargée. J'ai rempli, sans distinction, la carcasse qui s'était soigneusement vidée dans le départ. Le moment est venu de trier, jeter le superflu, faire de la place pour s'enrichir à nouveau.

Je n'ai pas encore eu le temps de digérer l'expérience des premiers mois. Omirora, Omuniangue... J'ai vécu ces instants dans l'intensité, au jour présent. Je voulais comprendre et approcher la manière de penser des Himbas, de l'intérieur. Me fondre en eux. Le défi était tel qu'il ne me laissait pas la disponibilité de réfléchir sur moi-même. Aujourd'hui, je ne cherche plus à devenir himba. D'ailleurs, dussé-je vivre ici cinquante ans, je ne le deviendrais jamais. Est-ce cette impossibilité qui m'a appris à accepter qui je suis et d'où je viens ?

« Celle qui arrive par elle-même »... Même si je suis très entourée, en prenant la décision d'arriver seule ici, je garde toujours en moi cette sensation de profonde solitude. La solitude du voyageur. Elle n'est pas douloureuse. Elle oblige à devenir plus égoïste, à agir en fonction de soi-même. Sans m'en rendre compte, je suis toujours à l'écoute de mon corps et de mes besoins. Je sens lorsqu'il a besoin de bouger, j'entends lorsqu'il murmure qu'il va bientôt fatiguer, lorsqu'il veut rire, ou simplement contempler. Je commence à connaître ses caprices. Sans doute pour cela, le sentiment de savoir mieux doser les éléments de la vie pour trouver ce subtil équilibre qui mène au bonheur. C'est aussi cela, la liberté : écouter son cœur et son corps, et savoir leur donner, dans la mesure du possible, ce qu'ils réclament.

Qu'est-ce donc qui me manquait tant, à Omirora, pour que j'en vienne à attendre avec autant de passion *le* miracle ? Peut-être n'avais-je pas encore accepté la terrible donne. Celle qui dit que dans la vie, quoi qu'il arrive, on est seul. *Savoir se libérer n'est rien ; l'ardu, c'est savoir être libre.* Adolescente, j'avais recopié cette phrase de Gide sur un carnet. Si jamais le Kaokoland a réussi à m'apprendre cela, il m'aura tout donné.

La sérénité qui m'habite ces derniers jours est telle que je pourrais me croire droguée. Mais je n'ai rien fumé. Je ne cherche rien, je n'attends rien. Quoi qu'il se passe, je garde le même calme, paisible et heureux. En arrivant à Etanga, je provoquais le contact. Me retrouver face à moi-même me pesait. Aujourd'hui, je me suffis assez pour ne rien espérer. Si l'on vient me rendre visite, je discute avec plaisir. Si personne ne vient, je reste seule avec le même plaisir. D'ailleurs, je ne suis jamais seule. Il y a la nature. Le meilleur des compagnons. Elle propose sans compter, donne ce qu'on veut bien lui prendre, ne prend que ce qu'on veut lui donner. Toujours attentive à nos humeurs. Instants de satisfaction totale. Je n'ai pas de désir.

Patt passe me rendre visite de temps à autre, tous les trois ou quatre jours. Dos au vent, une tasse de thé chaud entre les doigts, nous contemplons la plaine. Patt comprend tout cela, nous n'avons pas besoin de parler. D'ailleurs, le vent souffle si fort que nous nous entendons à peine. Il repart après une heure ou deux, sans se retourner. Nous ne nous disons jamais au revoir. Nous sommes complices, dans la présence comme dans la distance.

Des chants s'élèvent du kraal himba. Tjaurerua m'a prévenue qu'il allait y avoir une cérémonie. Hier, des trafiquants d'alcool sont venus déposer plusieurs caisses de Clubman, cet horrible alcool de menthe, et ont embarqué plusieurs chèvres en échange. Ils ont aussi laissé quelques pichets d'*okatjombo*, un redoutable alcool à base de maïs qui dépasse les quatre-vingts degrés. Personne n'a su me donner le motif de la cérémonie. Sans doute a-t-elle été décidée après le passage des trafiquants, sans autre raison que de vider les bouteilles.

Les bœufs ont déjà été étranglés lorsque je descends au village. Le kraal est jonché de débris de bouteilles bleues. Déjà ivres, les femmes somnolent sous les mopanes. Les hommes titubent en découpant la viande. Je ramasse un transistor qui traîne entre les cornes des bœufs, sans doute amené par un des Angolais venus se joindre à la fête. Après une demi-heure d'essais infructueux, je parviens à capter un semblant de RFI. L'oreille collée au haut-parleur, j'écoute ce bourdonnement de français. Je n'ai pas entendu la radio ni lu un journal depuis mon départ de France. Des inondations dans le sud, la Yougoslavie, je n'écoute même pas vraiment. Une femme, trouvant mon attitude anormale, me prend par le bras et me traîne à l'ombre.

Je déteste discuter avec les hommes saouls. Ils ne pensent bientôt plus qu'à votre argent ou à vos fesses. La patte de bœuf offerte par Tjaurerua enroulée autour du cou, je m'éclipse discrètement. À quelques mètres de la cabane, je tombe sur un jeune veau. Allongé contre terre, il semble agonisant. Ses yeux glauques laissent couler un mince filet de sang. Tout de suite, les avertissements de Patt me reviennent en mémoire. L'épidémie d'anthrax ! On m'a raconté les terribles souffrances qu'amène cette maladie, très contagieuse et transmissible à l'homme, et qui entraîne souvent la mort. Et si la patte que je porte sur l'épaule était atteinte ? Je ne peux pas la jeter. Un Himba reconnaît un morceau de viande à des kilomètres. Ce serait vu comme une offense. Mais je ne veux pas non plus tenter le sort. Les Himbas eux-mêmes continuent d'envoyer plusieurs de leurs hommes à l'hôpital. Après maintes réflexions, je décide de la cacher au fond de la cabane, derrière un bidon d'essence laissé par Tiens. Il retrouvera six mois plus tard un morceau de pâte verte envahie par les vers. J'ai entendu dire depuis qu'il m'en garde rancune et m'a surnommée « la femme qui laisse de la viande derrière elle ».

Un matin, le bonjour de Tjaurerua est remplacé par le moteur du Land Cruiser. Toutes les choses ont une fin. Un dernier thé, un dernier regard au cabanon. Tjaurerua grimpe avec moi dans le véhicule. Debout à l'arrière de la cabine, le nez au vent, il imite la conduite nerveuse de Patt. Il jette sa main en avant à chaque coup de frein, reprend le volant avec un sourire jouisseur. Je lui allume des cigarettes qu'il laisse tomber à chaque secousse et le regarde faire, pliée de rire. Être nomade, et pourtant se sentir partout chez soi. Peut-être est-ce là le précieux équilibre qui me rend si heureuse...

C'est le week-end. À peine arrivé à Opuwo, Patt m'abandonne pour aller retrouver sa chère solitude à Sesfontein. Seule dans la maison avec Verner, je lui parle de mon désir de rejoindre Thomas dans son campement. Mon sac est bouclé. Je m'apprête à me poster sur la piste, attendre la première voiture, lorsque Verner m'arrête.

– J' t'emmène. Allez, monte !

Il a déjà mis le contact. Nous filons vers le nord. Je ne comprends pas cet homme. Il médit sans cesse derrière mon dos, et se met en frais pour m'emmener là où je veux aller alors que je ne lui demande rien. D'ailleurs, il semble déjà me le reprocher. Je tente d'égayer le voyage en entamant la conversation, mais Verner reste froid comme la glace.

Thomas et Christa se sont installés près d'Ohakaï, un petit campement temporaire situé à seize kilomètres au sud des chutes d'Epupa. Nous y arrivons en début d'après-midi. Le kraal est en pleine activité. Des bœufs trottinent dans tous les sens, traversent la piste, poursuivis par de jeunes hommes à la voix stridente. À quelques centaines de mètres du village, dans le lit de la rivière, deux tentes aux couleurs vives plantées sous les mopanes. Le repère des chercheurs. Christa, l'Américaine, nous aperçoit en premier.

– Tiens ! Voilà les vacanciers !

Est-ce moi qui interprète mal ? Son sourire me semble pincé. À ses côtés, assis sur un pliant, un grand Noir longiligne répond sèchement à mon salut. Thomas me surprend par-derrière en me sautant au cou.

– Iiiih ! Solena, *welcome* !

Son sourire est radieux. Il a perdu plusieurs kilos, sa peau flasque et vide pendouille sur ses os décharnés, mais ses yeux brillent. Il me prend par le bras.

– Viens, je vais te faire visiter ce merveilleux petit monde.

En quelques semaines, Thomas a réussi à nouer d'excellentes relations avec les Himbas de la région. Il s'amuse comme un enfant, est content de son travail, commence à baragouiner quelques phrases en herero. Tout en marchant, il me met au courant des événements.

– Tu vas voir, le kraal grouille de monde, en ce moment. Un vieil homme est mort, il y a presque trois semaines. Ils l'ont enterré le lendemain de son décès. Mais pour la cérémonie, ils doivent attendre celui qui est responsable de son feu sacré. L'homme est en Angola. Ils ont envoyé des messagers pour le prévenir, mais le Kunene est trop haut, il a peur de l'eau, et il ne veut pas traverser. Alors ils attendent, tous.

Très fier de me montrer son nouveau territoire, Thomas me présente à tout le monde. Les femmes le regardent avec des yeux chargés d'amour, en roucoulant de longs « Tomasa ! ». Heureux, il me raconte les relations qu'il entretient avec chacune d'elles.

– Celle-là, c'est la femme de Katjira. Elle veut absolument me faire un enfant. Celle-ci, elle s'appelle Muhapikwa, c'est la petite fille de Katjira. C'est la plus merveilleuse. Elle arrête pas de me faire des farces et de me tirer sur la peau.

Il s'arrête devant un petit vieillard maigrelet accroupi devant le feu sacré. Avec respect, Thomas descend sur ses talons, et lui serre longuement les deux mains.

– *Moro,* Katjira !

Une petite voix aiguë lui répond, posément.

– *Moro,* Tomasa !

– Voilà Solena. Amie à moi. Vivre longtemps Etanga.

La main fanée du vieil homme me fait signe d'approcher. Doucement, il palpe tous mes membres, inspecte mes formes. Un béret marron couvre son crâne dégarni et ses yeux sont cachés par des lunettes noires. Il glousse d'un petit rire malicieux.

– Hi hi ! J'ai entendu parler d'elle. Je suis content qu'elle soit là. Amusez-vous bien !

Son visage ridé s'illumine d'un grand sourire. Il ôte ses lunettes, découvrant deux yeux vitreux et opaques. Deux yeux d'aveugle. La voix de Thomas se teinte d'une grande douceur lorsqu'il le salue.

– C'est Katjira Muniombara, dit-il lorsque nous revenons vers son campement. C'est le premier conseiller du chef Kapika, mais en fait, c'est lui qui exerce les vrais pouvoirs de chef. Kapika n'est qu'un pantin despotique et autoritaire, personne ne le prend au sérieux. C'est toujours vers Katjira que se tournent ceux qui ont un problème à régler.

Il ajoute, très tendrement, en tournant entre ses doigts les plis de sa peau.

– Je l'aime vraiment beaucoup.

Assis à l'ombre de sa tente, Thomas étale ses cartes sur le sable, et m'expose plus en détail son sujet de recherche.

– Je suppose que t'as jamais entendu parler du barrage d'Epupa ?

– Non, jamais. Qu'est-ce que c'est?

– C'est simple ! La Namibie, jeune pays qui fait aujourd'hui sa crise d'adolescence contre maman Afrique du Sud, a décidé qu'elle devait devenir énergétiquement indépendante. Le gouvernement veut construire un barrage hydroélectrique sur le Kunene. D'après les plans actuels, les turbines seraient posées au niveau des chutes d'Epupa. Le lac de retenue remonterait jusqu'à soixante kilomètres en aval et inonderait environ trois cents kilomètres carrés des meilleures terres de pâturage des Himbas.

– Hein ! C'est pas possible !

Je me lève en sursaut, marche autour de Thomas, à grandes enjambées. Le sang afflue dans ma tête. Mes artères battent le tambour. Qu'est-ce qui se passe ? Les étoiles elles-mêmes semblent s'écrouler.

– Calme-toi, Solena ! Tu sais que les Himbas ne comptent pas pour le gouvernement. D'abord, pendant la guerre d'indépendance, ils étaient du côté des Blancs. La SWAPO, le gouvernement actuel, le leur reproche toujours. Et surtout, ce sont des primitifs : avoir des gens si peu évolués – qui vivent encore vêtus de peaux de chèvre, tu imagines – sur le territoire namibien est une honte pour le pays.

Thomas voulait me tempérer, mais il n'en est pas

capable, il s'emporte à son tour. Son esprit philanthrope se révolte contre l'attitude du gouvernement. C'est la première fois que j'entends parler de cet projet de barrage, mais je n'ai pas besoin d'en entendre plus pour savoir ce que cela signifie. Le Kaokoland est condamné, à plus ou moins longue échéance. Même si ce barrage ne se fait pas, il y aura autre chose. Le monde moderne ne laisse pas les minorités vivre en paix. Il ne peut pas supporter leur différence. Elle est trop dérangeante. J'avais oublié tout cela.

En moi, un déchirement. Peut-être est-ce la première fois que je me trouve impuissante devant le cours du monde. La première fois que je réalise que la plus forte des volontés ne pèse pas grand-chose dans la balance de l'univers. Il n'y a rien à faire. De toutes les manières, le petit monde du Kaokoland, celui que je connais et que j'aime, est voué à disparaître. Mais je ne peux pas rester indifférente. L'amour que je lui porte a la même essence que celui que je peux ressentir pour un homme. Le moindre brin d'herbe, le moindre souffle d'air y a une importance considérable, presque sacrée.

– En tout cas, reprend Thomas, c'est une question très délicate. Je dois faire à ce que je dis, si je veux pouvoir finir mes recherches. La semaine dernière, un communiqué est paru dans le *Namibian*, annonçant que plus un seul étudiant étranger n'obtiendrait de permis de recherche pour travailler dans le Nord. Ma thèse est une étude d'impact qui porte sur les conséquences du barrage sur les Himbas. On m'a bien fait comprendre que j'avais plutôt intérêt à rendre des conclusions positives.

Les mains de Thomas s'agitent sur la carte.

– Tu vois, l'eau montera jusqu'au sommet des montagnes. Bien sûr, personne ne prend soin d'avertir les Himbas. Le gouvernement s'est contenté d'envoyer une lettre, écrite en anglais, à Kapika, le chef de la région inondable. Kapika ne sait évidemment pas lire, et parle encore moins l'anglais. C'est une ethnologue de passage, une amie de Curt, qui a découvert la lettre six mois plus tard, au fond de sa case, couverte d'ocre et de graisse, encore cachetée. Elle a lu la lettre aux Himbas, leur annonçant qu'un barrage allait être construit sur le fleuve. Tous, ils se sont écriés : « Oh, mais c'est pas un problème. On est des hommes grands et forts. On peut le construire en trois jours, leur barrage. Notre bétail pourra enfin avoir de l'eau toute l'année. » Ils pensaient que ce n'était qu'une petite retenue d'eau pour abreuver les animaux.

Thomas reprend son souffle, les yeux survoltés.

– Si ce barrage se fait, ils sont finis. T'imagines un peu : non seulement ils perdent leurs meilleurs pâturages, mais avec tout le monde qui viendra envahir la région, ils pourront pas tenir : les routes seront goudronnées, il y aurait même un projet d'hôtel de luxe au bord du futur lac de retenue. Surtout, il y aura, pendant les dix années de travaux, près de six mille travailleurs sur les bords du fleuve, plus leur famille, dans une région où vivent à peine cinq mille personnes aujourd'hui. Tu vois un peu ce que ça veut dire. Les Himbas ne sont pas prêts pour affronter un changement si rapide, leurs structures ne résisteront pas. Et puis, tu connais la liberté sexuelle des Himbas. Tant qu'ils restent entre eux, ils n'attrapent que la chaude-pisse et la syphilis. C'est déjà beaucoup. Mais avec l'arrivée d'étrangers, ce sera aussi le début de la prostitution et la prolifération du sida. J'ai entendu dire que, pendant la guerre, les femmes himbas se prostituaient avec les militaires à travers le grillage de leur camp, pour seulement quelques morceaux de sucre.

Devant mon air abattu, Thomas ne peut s'empêcher de sourire.

– Fais pas cette tronche-là. D'ailleurs, c'est pas tout. Mais je te parlerai du reste tout à l'heure, ajoute-t-il avec un clin d'œil complice. Viens, on va rejoindre les autres.

Christa et Verner sont assis autour du feu. À notre approche, ils se taisent brusquement. James, leur interprète herero longiligne, se retire sous un arbre lorsque je veux m'asseoir à côté de lui. Il me fuit ostensiblement. Un froid glacé. Thomas me lance un regard interrogateur.

– Mais qu'est-ce que t'as fait à Verner, pour qu'il tire cette tête-là ? me murmure-t-il à l'oreille, les sourcils froncés.

Il se passe quelque chose. Le climat est tendu. Tous nos efforts, à Thomas et à moi, pour égayer l'atmosphère, restent vains. Verner et Christa ne desserrent pas la bouche, James ne quitte pas son arbre. Je ne comprends pas.

– Ah oui, je t'ai pas dit, j'ai aussi des problèmes avec l'interprète, m'informe Thomas en chuchotant. Il se met en grève un jour sur deux. Une fois, c'est parce que je lui ai servi du thé en dernier, donc je suis raciste. Une autre fois, c'est parce que je le sers en premier. Là, encore, c'est pas naturel, je fais exprès pour camoufler mon racisme. Mais enfin... ces derniers jours, ça avait l'air de s'arranger.

Thomas lâche un soupir.

La soirée est longue, le silence lourd. Personne ne dit mot. Christa ne tarde pas à se retirer sous sa tente, sans même toucher à sa bouillie de maïs. Verner et James l'imitent peu après.

La tension reste trop forte pour que Thomas et moi soyons à l'aise. Avec une poignée de bougies, nous partons nous isoler quelques centaines de mètres plus loin. Lorsque plus personne ne peut nous entendre, nous éclatons enfin de rire.

Thomas me prend le bras. Ses yeux brillent comme des feux. Je sens que c'est sérieux.

– Écoute ! Quelque chose que je ne t'ai pas dit tout à l'heure. Ce barrage dont je t'ai parlé... Il va aussi inonder une grande partie des tombes himbas. Tu sais ce que ça veut dire pour eux. Toute leur culture est basée sur le feu sacré, qui prend lui-même toute son importance dans le culte qu'ils entretiennent avec les ancêtres. Une fois par an environ, lors d'une cérémonie qu'ils appellent *Okuyambara*, ils se rendent sur les tombes des ancêtres. Ils y déposent des feuilles de mopane. Sur les tombes, les feuilles prennent un caractère sacré. On pourrait presque dire que l'esprit des ancêtres se transfère à l'intérieur des feuilles. Les Himbas les ramènent alors autour du feu sacré. C'est ainsi, par l'intermédiaire de ces feuilles, qu'ils peuvent dialoguer quotidiennement avec les ancêtres. S'ils ne peuvent plus se rendre sur les tombes des ancêtres, le feu sacré perd tout son pouvoir, et la base même de leur culture se disloque.

J'écoute, tout ouïe. Je sais de quoi il parle, mais je ne l'avais encore jamais entendu dire avec ces mots. Thomas a une distance par rapport aux Himbas que je ne suis pas capable d'avoir. J'ai approché leur monde par l'expérience. Je les comprends sans doute mieux, d'instinct, mais je suis incapable de décrire leur culture de façon rationnelle ou scientifique. Thomas l'a approchée en premier par les livres. Il a appris à comparer les modes de vie, à mettre l'accent sur les différences et les points d'intérêt, à en parler d'une manière et avec un vocabulaire adaptés à l'esprit occidental.

– J'ai déjà cartographié toutes les tombes himbas situées sur la rive namibienne du fleuve, reprend Thomas. Quelques-uns des principaux ancêtres himbas ont été enterrés dans la zone inondable. Il y a quelques jours, Katjira, le conseiller de Kapika, m'a pris à part pour me parler.

Il s'arrête un instant, la bouche entrouverte dans un sourire chargé de mystères. La flamme dansante de la bougie fait tourner les ombres sur son visage. Allongée dans le sable, le menton dans les mains, je suis pendue à ses lèvres.

– Vas-y, continue, me fais pas languir!

– Bon! Katjira veut que j'aille cartographier les tombes du côté angolais. Il m'accompagnera, ainsi que plusieurs de ses conseillers et plusieurs chefs himbas d'Angola. Il veut que je sois habillé en Himba, pour que, au moins de loin, les rebelles de l'UNITA me confondent avec un Himba.

Une bouffée d'excitation intense traverse mon corps comme une onde. Je sens la vie vibrer dans mes veines, dynamiser mon sang. Un voyage en Angola! Déguisée en Himba! Le défi se confond dans le rêve.

– Hé! Je te laisse pas partir tout seul. Je viens avec toi, d'accord?

– C'est ce que j'espérais!

Les images tourbillonnent dans ma tête. Nous rions, bêtement, sans savoir quoi dire. La joie est trop forte lorsque les fantasmes les plus impossibles deviennent partie de la vie.

Combien de fois ai-je pu m'imaginer l'héroïne d'une semblable aventure ? Le Kaokoland est une terre dans laquelle je me sens bien, mais aujourd'hui, il ne peut plus me donner cet enfièvrement de l'inconnu. Le mot « Angola » reste encore une formule magique symbole d'expérience, de dépassement et d'intensité. Une découverte dangereuse et interdite, mais unique. Seul cet endroit peut encore stimuler en moi la flamme de la vie avec une telle puissance. Elle se met à brûler si violemment que l'éventualité de la mort devient dérisoire. D'ailleurs, je ne la crains plus. Je me sens habitée d'une telle force qu'il n'existe plus d'impossible. Il n'y a que des défis.

Thomas est aussi excité que moi. Nous imaginons déjà la petite colonne de Himbas marchant en file indienne. Le sentier de terre, à peine visible, se perd dans les collines, ces mystérieux inconnus derrière lesquels tout peut arriver. Pas une trace de voiture, pas une piste carrossable. Les yeux des Himbas, plissés par le soleil, percent la profondeur des fourrés. Enduits d'ocre et de graisse, abrutis par le poids des bijoux, Thomas et moi nous efforçons de caler nos pieds dans les traces des pas des Himbas. En tant qu'aîné, Thomas se sent obligé de me rappeler les risques de l'aventure.

– Tu connais le danger, répète-t-il. On risque peut-être notre peau. Passer la frontière en fraude n'est qu'un détail. D'abord, la région est complètement minée. Il faudra pas quitter les Himbas d'un pouce. Eux, ils savent où marcher, ils remarquent tout de suite si le sol a été creusé ou non. Et surtout, la région est truffée de rebelles de l'UNITA. C'est aussi là que se cachent les déserteurs, en attendant de pouvoir passer du côté namibien. Ils sont affamés. Presque tous les jours, ils viennent razzier des têtes de bétail dans les campements himbas. Les Himbas nous protégeront. Mais si on se fait repérer, on nous tirera dessus à vue. Et notre déguisement ne pourra pas tromper longtemps.

La semaine dernière encore, à cinquante kilomètres en amont d'Epupa, une fusillade a éclaté et plusieurs Namibiens ont été tués. Tous les jours, les journaux font état de nouveaux morts. Dans le Kaokoland, les histoires les plus affreuses circulent sur les tortures et les viols que les soldats de l'UNITA font subir à leurs otages avant de les exécuter. Il y a sans doute une part d'exagération, produit d'une phobie collective. Mais les risques restent importants. Cependant, je n'ai pas peur. Je me sens envahie d'une énergie bouillonnante. D'un commun accord, nous décidons de garder ce projet secret. Les ragots courent si vite, dans le Kaokoland. Sans aucun doute, tous nous traiteraient de gamins inconscients.

– Je le dirai juste à Patt, proposé-je. C'est bien que quelqu'un soit au courant, au cas où il se passerait quelque chose. On peut avoir confiance en lui.

– O.K. Christa ne veut pas venir, elle a peur, mais elle restera discrète, rétorque Thomas. Katjira m'a dit qu'il avait prévu d'organiser une grande cérémonie d'Okuyambara pour un ancêtre très important, début octobre. Tous les chefs himbas y assisteront, y compris Vetamuna Tjambiru. Ce sera une des plus grandes cérémonies que le Kaokoland ait connues depuis dix ans. Et il m'a assuré qu'après, on partirait directement en Angola.

– Très bien ! D'ici là, on a le temps de travailler notre déguisement himba.

La nuit est claire. En me faufilant entre les buissons pour rentrer au campement, je n'arrive pas à détacher mon regard de celui de Thomas. Cette histoire nous engage l'un envers l'autre de manière définitive.

Le campement est calme. La nuit est déjà bien avancée. Seuls quelques soupirs étouffés se font entendre derrière la tente de Christa. Le duvet de Verner est vide. Thomas et moi regagnons chacun nos couvertures.

Je me réveille brusquement. Une lumière puissante, braquée sur moi, éclaire le lit de la rivière. Un bruit de moteur, incessant. Deux voix enrouées hurlent en chœur : « Tommy ! Tommy ! » Désorientée, je m'assois dans mon duvet. Thomas sort de sa tente en courant. Je l'entends maugréer :

– Il manquait plus que ça !

Au milieu du lit de la rivière, une voiture est ensablée jusqu'aux essieux. Les roues avant patinent dans le vide. Avachi sur le volant, un gros Boer barbu, une bouteille serrée contre sa poitrine, chante à tue-tête. Un deuxième homme, petit et bedonnant, se roule dans le sable en appelant Thomas. La lueur des phares donne à son teint une pâleur cadavérique. Ils s'approchent tous deux du feu à côté duquel je suis allongée. Saisie d'une soudaine répulsion, je m'enfonce dans mon duvet.

– Oh ! une femme ! Quelle aubaine, braille le plus important des mâles.

Les deux hommes se laissent tomber en même temps sur mon duvet. Ils m'écrasent les jambes.

– Et elle s'appelle comment ? demande celui à la peau blanche.

Thomas essaie en vain de s'interposer.

– Laissez-la tranquille ! Elle dort.

Le gros renverse sa bouteille. Il avale une nouvelle rasade, qu'il recrache ensuite en postillonnant dans la poussière. C'est du brandy. Je suis trempée. Hors de moi, je hurle :

– Mais c'est qui ces mecs ! Qu'est-ce que t'attends pour les virer !

Thomas, dépassé, garde les bras ballants.

– Ce sont les trafiquants d'alcool qui inondent les rives du Kunene avec leurs bouteilles bon marché. Tu sais, je t'en ai déjà parlé. Ils ont fait la une des journaux il y a quelques années. Je crois qu'ils ont fait un peu de tôle aussi. Ils n'ont plus de licence, maintenant, mais ils continuent quand même. De sacrés connards, quoi.

– Ah bon ! J'avais à peine remarqué !

Le gros vient de sortir une nouvelle bouteille de son tee-shirt.

– Tommy, pou-pour ta thèse, là... bredouille-t-il dans un anglais difficilement compréhensible. Nou-nous, nous aussi, on est intéressants. Y a pas que les foutues pu-putains himbas, y savent pas vivre, ces fils de pute, tu perds ton temps.

Vi-viens av-avec nous, pour ton truc, ta-ta thèse, là, on en fait aussi partie, on t'a-t'a-t'apprendra le Ka-ka-kaokoland.

Thomas, trop poli, continue à faire acte de présence autour du feu, sans réagir autrement qu'en soupirant. Leur discours sans queue ni tête dure des heures. Lasse, je finis par m'assoupir, malgré l'inconfort de la situation.

Je me réveille à nouveau en sursaut. Une barbe râpeuse et collante traîne sur mon visage. La fermeture Éclair de mon duvet est grande ouverte, et une main grasse froisse mon tee-shirt. Le cliquetis d'une ceinture. Je bondis en l'air, avec l'instinct d'un ressort, lâche un coup de pied dans ce qui s'avère être un morceau de chair sans réaction, et cours comme un boulet vers la tente de Thomas. Je hurle :

– Thomas ! Je ne dormirai pas dehors !

Je reçois, à travers la toile de la tente, un coup de poing musclé dans l'estomac.

– Aïe ! T'es fou, FOU ! J' t'ai dit que je veux pas dormir dehors !

Un éclat de rire me répond.

– Excuse-moi, s'esclaffe Thomas en me laissant me réfugier dans son abri. Je croyais que c'était un des trafiquants.

Sur la toile de la tente, imprimée en ombre chinoise, une silhouette épaisse fouine, à quatre pattes dans la terre. Elle tousse et crache, grogne, vomit, profère une série de sons fortement apparentés à ceux de la race canine.

– Tomasa ! hurle la jeune femme de Katjira. Tu m'avais dit que tu étais marié et que tu ne devais pas... Tu mentais, tu es raciste, en fait, hein ?

Une vingtaine de Himbas sont réunis autour de la tente de Thomas. Lorsqu'ils nous voient sortir tous deux de l'abri, les yeux encore bouffis de sommeil, les hommes se cachent le bas du visage et pouffent de rire. Les femmes sont plus réservées. La femme de Katjira, qui semble avoir le béguin pour la peau flasque de Thomas, me lance un regard noir.

– Eh ben voilà, je suppose que maintenant, pour eux

tous, on est ensemble. C'est même pas la peine de nier, remarque Thomas en riant.

Un visage, parmi les autres. Je ne rêve pas. Un visage droit et sec, au regard tendre et au sourire charmeur. Le visage du père.

Je murmure, dans un souffle, incrédule :

– *Tate* Omuniangue ?

Lui non plus n'ose pas y croire. Il se lève doucement, me serre dans ses bras. Il rit de surprise et de joie.

– Iiiiiih ! Maverieta ! Solena ! chuchote-t-il, si faiblement que je l'entends à peine. Atatatatatata...

Il n'a pas changé. Toujours la même lumière dans ses yeux. Sans nous préoccuper de tous ceux qui nous observent, nous restons dans les bras l'un de l'autre, un long moment.

– Ma fille..., répète Omuniangue.

Avec son sourire cachottier, il me prépare à une surprise. Il fouille minutieusement dans les plis de son pagne, en retire délicatement un bout de papier délavé qu'il pose dans ma main. Il est recouvert d'ocre et de graisse, froissé, déchiré, mais je le reconnais tout de suite. C'est le morceau de paquet de cigarettes sur lequel j'avais griffonné mon nom et mon adresse en France. Je suis si émue que mes yeux se mouillent.

Omuniangue n'en peut plus de rire. Tous nous regardent avec des yeux attendris, et charrient Omuniangue sur son émotivité. Entre les tentes, les deux Boers gisent, affalés l'un sur l'autre, dans un état proche du coma. Christa, l'Américaine, s'est réfugiée au milieu du cercle des femmes. Elle s'esclaffe haut et fort, d'un rire un peu poussé, et manifeste ouvertement son désintérêt pour tout ce qui se passe autour de Thomas et moi. Verner, appuyé contre la portière de sa voiture, garde un visage fermé et sans expression. Omuniangue me prend par le bras.

– Allons au village, ma fille. L'homme qui a la charge du feu sacré est arrivé cette nuit. La cérémonie va commencer.

Sur la demande de Thomas, James, son interprète herero, nous accompagne en traînant les pieds. Il a refusé tout à l'heure de me traduire une phrase d'Omuniangue que je ne comprenais pas.

Le kraal est déjà plongé dans le deuil. Quelques minutes auparavant, autour de la tente de Thomas, les femmes jacassaient et riaient. Elles gémissent maintenant, assises devant la case principale. De lourds sanglots semblent arracher leur poitrine. Elles halètent, hoquettent, reprennent leur souffle pour se lamenter de plus belle. À travers les larmes qui mouillent leur visage, deux jeunes femmes nous lancent un sourire de connivence. Les bouches se tordent à nouveau dans un rictus de douleur, les pleurs envahissent le kraal de leur sonorité grave. Les mouvements sont comme un ralenti, les pas feutrés, les murmures adoucis. Dans la douleur des sanglots, seules quelques paroles sont compréhensibles. Les femmes chantent l'histoire des vaches sacrées, celles qui vont être sacrifiées pour le défunt.

Après avoir étranglé treize têtes de bétail, les proches parents du mort s'emparent des crânes. Les cornes bien calées sur l'épaule, ils entament la longue marche qui mène aux tombes. Le responsable du feu sacré prend la tête de la file. En signe de deuil, l'homme a détaché le tissu qui entourait sa coiffure et porte les cheveux lâchés. Omuniangue, parent du défunt selon les liens matrilinéaires, fait partie du cortège funéraire.

La marche est longue et fatigante, sous le soleil de midi. Verner n'a pas voulu nous suivre, il est resté au campement. James, toujours boudeur, se tient à l'écart. Plusieurs fois, Omuniangue quitte le cortège pour me rappeler de couvrir ma tête avec un foulard mouillé. Christa prend des notes.

À l'approche des tombes, les cris des femmes redoublent. L'une d'elles, la première épouse du défunt, sanglote si violemment qu'elle n'arrive plus à respirer. Soutenue par son fils et deux jeunes femmes, elle se laisse porter, elle ne peut plus utiliser ses jambes, elle semble étouffer. Le cortège avance pas à pas, avec une lenteur édifiante. Les hommes, suivant un ordre savamment étudié, déposent les crânes devant la tombe. Omuniangue, debout, les bras levés, entame un long discours à l'intention des ancêtres. Sa belle voix grave couvre les pleurs des femmes, résonne dans le sous-bois d'acacias, se perd dans les collines.

Assis à l'ombre d'un mopane, nous attendons la fin de la cérémonie. Le soleil m'a donné mal à la tête et j'ai du mal à rester attentive aux rituels. Christa, abattue elle aussi par la chaleur, ouvre les yeux pour me lancer un regard noir de reproches.

– Je crois qu'on a besoin d'un *team meeting*, murmure-t-elle d'une voix souffrante.

Thomas s'est isolé avec James pour discuter. Ce dernier choisit toujours les moments les plus importants pour se mettre en grève. Le bonheur serein d'une petite équipe de chercheurs travaillant à l'ombre des mopanes, en compagnie des beaux guerriers d'ocre... La vie en communauté dans le bush peut rapidement tourner au cauchemar. Dans l'absolu, on dispose pourtant d'un territoire immense, sans limites, où chacun devrait pouvoir trouver sa place. Mais les centaines de kilomètres de désert qui nous entourent se transforment trop souvent en barreaux qui ne font qu'enfermer ce petit monde en lui-même. On y vit les uns sur les autres, sans intimité, sans moyen de se changer les idées. L'inconfort matériel ne fait qu'accentuer les difficultés relationnelles. Et aucun moyen d'en échapper, pas même pour quelques heures. Il faut partir, ou subir. C'est un univers réduit qui grouille, avec ses amours et ses haines, ses joies et ses désillusions, sentiments amplifiés, décuplés car ils évoluent dans un espace en vérité trop restreint.

De retour au campement, Christa nous réunit autour des tentes. La voiture de Verner a disparu. Les traces de pneus dans le sable ont pris la direction d'Opuwo.

Sur un ton de magistrat, Christa ouvre la séance de psychanalyse collective. Thomas subit, en soupirant. Je lui demande, en chuchotant :

– Ça arrive souvent ?

Thomas lève les yeux au ciel.

– Tous les jours, on y a droit !

– Il semble qu'il y ait un léger froid au sein de notre équipe, commence Christa. Un malentendu, qui sans aucun doute pourra se résoudre après que chacun d'entre nous se sera exprimé. James, à toi, parle !

James est un Herero d'une trentaine d'années. Sans doute le seul du Kaokoland à parler un anglais parfait.

– Bon, eh bien voilà. Je crois qu'il y a des gens racistes dans cette assemblée.

Il me fixe des yeux.

– Suivez mon regard...

– Ah bon, je suis raciste?

Intrigués par le sérieux de nos mines, des Himbas se sont regroupés autour des tentes. Une jeune homme me fait des grimaces. Je les lui renvoie.

– Oui! tu es raciste, tonne James d'une voix grave. Tu parles toujours avec Thomas, tu rigoles avec lui, jamais avec moi. Hier soir, tu lui as donné ton morceau de viande, tu ne me l'as même pas proposé.

Je soupire. Thomas se retient pour ne pas éclater de rire. Je n'ai aucune envie d'être diplomate.

– Tu sais, c'est parfois facile d'être noir et de prétexter le racisme quand on se sent mal aimé. Thomas est un ami, un grand ami, je l'aime. Toi, je ne t'aime pas. Je ne te connais pas. Tu me fais la gueule depuis que je suis arrivée, tu ne m'as même pas dit bonjour. Tu pourrais être jaune, vert ou blanc, je suis désolée, mais je n'ai aucun amour pour toi.

Pour tempérer son regard qui se fait de plus en plus haineux, j'ajoute :

– Peut-être que cela viendra. L'amitié, ça se travaille, il faut un peu de temps...

Thomas hoche la tête d'un air satisfait.

– Tu sais que James a vécu longtemps aux États-Unis, ajoute Christa, comme si cela pouvait expliquer quelque chose.

– Je savais pas, mais ça change rien, dis-je. Et toi, Christa, qu'est-ce que t'as à me reprocher?

L'Américaine se met à rougir comme une pivoine, sa peau blanche se couvre de plaques.

– Eh bien, heu... voilà : je trouve que tu prends un peu trop de liberté avec nos Himbas... On fait des recherches, ici. Moi, je travaille. Je dois étudier en quoi le barrage d'Epupa va influencer leur mode de vie. Tu leur parles comme si tu étais sur ton territoire. T'en as pas le droit. Tu déranges notre travail et tu monopolises leur attention.

Thomas, en général toujours très calme et très diplomate, sort de ses gonds.

– C'est quoi ce délire, Christa ? Tu deviens folle ! C'est de la jalousie ridicule, parce que t'es pas capable d'avoir une relation normale avec un Himba. Tu les considères comme des animaux exotiques. Leur unique intérêt pour toi est qu'ils vont te permettre de briller pendant plusieurs années à ton retour en Amérique en racontant tes aventures au milieu des sauvages. Solenn a tout à fait sa place ici. Elle les connaît mieux que nous tous et elle est mieux acceptée que toi ou moi.

Omuniangue est venu nous rejoindre. Il s'est assis à côté de moi. Il écoute, sans comprendre, les yeux interrogateurs. Christa a raison, dans un sens. Je prends de la place et je lui gâche son expérience.

Omuniangue me dévore du regard. Je l'embrasse sur la joue. Sa présence est toujours un réconfort. Elle légitimise ma place ici. Cela a dû être un choc pour lui de me retrouver là. Pensait-il seulement que j'étais toujours dans la région ? Je devine que cela n'est pas facile pour lui : me voir évoluer dans un autre monde, un monde étranger au sien, où j'ai des amis, des Blancs qui parlent ma langue et avec lesquels il ne peut même pas communiquer. Moi qui, auparavant, étais dépendante de lui et de son affection, avec l'exigence d'un nourrisson qui ne possède rien d'autre. Notre relation était une naissance, la mienne, elle excluait mon passé et mon univers. Je n'existais pas en dehors de celui d'Omuniangue. L'impression qu'il réalise pour la première fois de quel monde je viens.

Dans ses yeux, comme un éclat de tristesse. C'est maintenant lui qui quémande de l'attention. Il voit que je n'ai plus autant besoin de lui. L'oiseau a pris son envol.

– Tu as grandi, Maverieta, murmure-t-il doucement.

Sa voix ne porte plus ces accents autoritaires qui faisaient de lui à Omirora un chef. Elle est terriblement douce et sensible.

Soudain, sans prévenir, les Himbas se précipitent en masse sur la piste. Je tends l'oreille : un bruit de moteur. Quelques minutes plus tard, un Land Rover blanc émerge des buissons. C'est un touriste. L'homme va vers Sesfontein. Une aubaine. Je cours chercher mon sac de couchage, grimpe à l'arrière.

– À bientôt, Thomas.

Thomas me regarde longuement. Il éclate soudain de rire.

– C'était tranquille, avant que tu viennes. On dirait que tu as un don pour provoquer les choses. Cette journée a été plus chargée que les trois semaines précédentes.

L'homme démarre le moteur. Je serre le poignet d'Omuniangue.

– À bientôt, *tate*.

– À bientôt, Maverieta.

– Salue Patt de ma part, hurle Thomas.

Le visage d'Omuniangue se perd dans la poussière. Les parents savent-ils toujours que le départ des enfants n'a rien à voir avec un abandon ? Je voudrais lui dire que la distance ne change rien entre nous. Mon chemin n'est plus de le suivre, mais il garde la même place dans mon cœur. La voiture est déjà loin, ma voix se perd dans les secousses de la piste. Je crois qu'il a compris tout seul.

Une colline qui domine le village. Guidée dans la nuit par la lumière du feu de camp, j'en escalade le versant. La silhouette imposante, légèrement voûtée, se découpe derrière les flammes. Patt fume sa cigarette, immobile, perdu dans ses pensées.

– Salut !

– Salut !

Je jette mon sac à terre, choisis une pierre pour m'asseoir. Je lis dans ses yeux qu'il est content de me voir.

– Une cigarette ?

– Oui. Merci.

Comme d'habitude, Patt ne montre aucun signe de surprise. Il se contente de sourire, les yeux plissés de plaisir.

– Ça va ?

– Ça va.

La nuit est douce. Les séjours avec Patt, loin des gens, à l'écoute de la nature, m'équilibrent. Ils me permettent de retrouver le calme et la sérénité qui parfois s'épuisent dans la vie en communauté.

Patt retire la théière du feu.

– Quand tu commenceras à t'ennuyer ici, tu me diras. On ira voir la mer, propose-t-il, l'air de rien, en remplissant les tasses.

– La mer ! mais on y va tout de suite.

– Non ! Quand tu t'ennuieras.

Je lui raconte les événements des derniers jours. Patt a toujours eu un penchant pour les ragots de bonne femme. Il se régale avec le récit des tensions qui ont habité le campement d'Ohakaï.

– Tu peux pas t'empêcher de foutre le souk partout où tu vas, hein ! remarque-t-il, amusé.

– Mais non, j'ai rien fait !

– Oui, oui... Tu parles que je te crois ! Et James, l'interprète, il vous a pas encore fait le coup des États-Unis ?

– C'est quoi ?

– Oh ! c'est juste qu'il est un peu mythomane. Il raconte à tous les nouveaux venus qu'il a travaillé plusieurs années à New York. Il aurait même une femme et un enfant là-bas. En fait, il a jamais quitté Opuwo.

Patt plisse ses petits yeux. Ses joues d'enfant heureux, trop rondes pour un ranger, se fendent d'un long sourire, presque angélique, qui contraste avec l'impression de dur à cuire qu'il voudrait laisser. Nous parlons longtemps du projet de voyage en Angola. Patt ne partage pas tout à fait mon enthousiasme, mais il ne se permet pas de juger.

– C'est bien toi, ça. Si j'ai bien compris, tu me laisses pas le choix. Si vous ne rentrez pas, comme je suis le seul au courant, ce sera à moi d'organiser les recherches.

– C'est à peu près ça. Ça prouve que j'ai confiance en toi, non ?

Moue dubitative de Patt.

– Vu comme t'es excitée, ça m'étonnerait que t'arrives à garder le secret, de toute manière.

Il n'est pas encore très tard, mais nous bâillons. Les nuits commencent à être très chaudes. Nous sortons les matelas dehors, et nous endormons devant la maison, pour profiter du faible souffle de la nuit.

Serais-je capable de vivre comme Patt ? Je me pose souvent la question. J'aime la vie qu'il mène. Mais je suis sans doute encore trop gourmande pour m'en satisfaire longtemps. Il faut une sagesse que je ne possède pas encore pour transformer l'ennui et la solitude en sérénité. D'ailleurs, les rangers eux-mêmes sont loin d'y parvenir toujours. Mais eux, ils ne peuvent plus vivre ailleurs. Ils se sont trop accrochés à un destin incompréhensible pour leurs semblables.

Patt sait que je me lasse facilement. Pour ne pas me perdre tout de suite, il s'efforce de m'occuper le plus possible. Il a d'ailleurs pour moi de grandes ambitions.

– Avant ton retour en France, tu seras devenue une conductrice de premier ordre, clame-t-il sur le sommet de la colline, le nez au vent, le sourire optimiste.

Je n'ai encore jamais touché à une voiture de ma vie. Je ne sais pas ce qu'est un embrayage, et je n'ai jamais changé de vitesse. Le premier jour, en longeant le flanc d'une montagne, je manque de renverser le quatre-quatre dans le ravin.

– Hum..., se contente de dire Patt.

Il est très pédagogue. Dès le deuxième jour, il me laisse conduire toute seule. Tous les prétextes sont bons pour faire un tour : une envie de bière, un paquet de cigarettes presque fini. J'installe des coussins sur la banquette, pour atteindre les pédales, et descends doucement l'étroit chemin qui mène au village. Je suis trop petite pour voir la piste avec précision, le Land tombe dans les nids-de-poule, tressaute sur les blocs de pierre. Au loin, le lit du fleuve Hoanib, qui sépare le Kaokoland du Damaraland, serpente entre les flancs des montagnes. Dans la vallée, le petit village de Sesfontein s'étire sur plusieurs centaines de mètres, le long de la piste de terre.

Les premières expériences de conduite sont toujours exaltantes. L'impression soudaine d'avoir pris quelques centimètres et beaucoup d'indépendance. Des enfants damaras suivent la voiture en trottinant. À chaque grondement de moteur, ils éclatent de rire et me lancent des clins d'œil compréhensifs. Dans toute la région, pas un seul Himba. Presque personne ne parle herero. Sensation étrange : comme s'il manquait quelque chose à cette terre. En même temps, c'est très reposant. J'explore les ruelles de terre, achète quelques cigarettes à l'épicier, une demi-douzaine de bières. En remontant la colline, j'aperçois le visage inquiet de Patt collé à la vitre. Il feint l'indifférence lorsque je lui tends les clefs, mais je sais qu'il a été crispé pendant toute mon absence.

Aux heures les plus chaudes de la journée, nous allons nous baigner dans les sources chaudes d'Ongongo. À quelques kilomètres de Sesfontein, une résurgence a creusé dans le calcaire une série de grottes et de bassins. L'eau bouillonne. Nous jouons pendant des heures dans les bulles et les cascades, heureux. Sur le chemin du retour, Patt me laisse le volant. La piste est une véritable tôle ondulée. Pour éviter les vibrations qui disloquent peu à peu toutes les pièces du moteur, l'aiguille du compteur doit dépasser les cent kilomètres à l'heure. Pour une novice comme moi, cela suffit pour ressentir l'ivresse de la vitesse.

Les jours passent, paisiblement. Dès que le soleil est couché, je cours mettre le générateur en route, pour une petite demi-heure, le temps de faire chauffer un peu d'eau et de recharger les batteries. Patt ravive le feu. Nous avalons quelques conserves, puis nous allongeons chacun sur notre sofa et écoutons le silence de la nuit. Tour à tour, nous racontons des histoires. Celles de Patt se ressemblent toutes. Elles ne comportent jamais qu'un seul être humain. En général, un petit garçon qui a grandi au milieu de la vie sauvage. Adolescent, il connaît la ville, mais revient rapidement dans son lit de rivière. Les années passent, heureuses. Il connaît chacun des éléphants, chacun des rhinocéros. Un jour, le petit garçon, qui est maintenant un homme, voit arriver une équipe de prospecteurs. Il sait. Il va devoir se battre pour ses animaux. Les heures s'écoulent ainsi, peuplées de rêves, jusqu'à ce que nous tombions dans le sommeil.

Lorsque nous ressentons trop fortement le besoin de parler à une tierce personne, nous allons rendre visite à Gert, le deuxième homme blanc de Sesfontein. Gert est policier. Il habite ici, seul, depuis une quinzaine d'années. À n'importe quelle heure du jour ou de la nuit, nous le trouvons assis sur sa terrasse, un verre de rhum-Coca entre les doigts, une carabine posée entre les genoux. Gert attend les rats. Pour ne pas les effrayer, nous ne parlons pas. Nous sirotons le verre d'eau que Gert a mis à notre disposition, et nous attendons aussi.

– J'en ai pris cinq, cette semaine, murmure Gert d'une voix sifflante de plaisir.

Cet homme ne peut plus imaginer une autre occupation. Il attend les rats. C'est sa vie. Égoïstement, son ennui nous rend joyeux. Il nous aide à comprendre la valeur de la compagnie de l'autre.

Assise devant le feu, j'enlève les épines de la semelle de mes sandales. Patt, à l'intérieur de la maison, ouvre les boîtes de corned-beef. Une lumière dans la nuit, en bas de la colline. Elle remonte le versant. Je me lève, plisse les yeux pour mieux voir. La voiture se gare à quelques mètres de la maison, éteint ses phares. La portière s'ouvre. C'est Curt. Un soupir. Nous étions tranquilles. Cet homme est partout.

Surpris de me trouver ici, Curt a un mouvement de recul.

– Oh oh ! Je vois..., marmonne-t-il dans sa barbe. Tu n'es pas encore repartie...

C'est clair. Ma présence ne le remplit pas de joie. Son regard est terriblement méprisant. Je m'apprête à lui répondre. Déjà, il est entré dans la maison. Avec de grands gestes, il entame son monologue habituel.

– Ah ! Patt ! Ces putains de Hereros, ils me sucent jusqu'au sang. J' t'ai parlé de cette histoire de rhinos...

Regard complice de Patt. Curt a besoin de parler. Nous pouvons oublier nos douces habitudes pour ce soir. Sa voix forte résonne dans la pièce. Il s'arrête net au beau milieu d'une phrase, et nous scrute longuement du regard. Hochant gravement la tête, il part dans un long rire, cynique et pénétrant. Je suis mal à l'aise. J'essaie de parler, mais il m'ignore totalement. Son regard me juge. Si méprisant. Je ne suis plus rien.

Je ne sais que comprendre. Il y a presque deux mois que je n'ai pas vu Curt. La dernière fois, c'était à Opuwo, avant de rentrer à Windhoek. Il me semble qu'à cette époque-là, j'étais encore dans ses petits papiers. Que s'est-il passé depuis ? Est-il jaloux de ma relation avec Patt ? Il l'a toujours été, un peu. Est-ce parce qu'il trouve que je m'installe un peu trop sur ce qu'il aimerait considérer comme son territoire ? Est-ce parce que je ne fais rien de précis, et que cela l'énerve ? Dans tous les cas, ma présence l'exaspère. Il le montre si bien que je n'arrive même plus à regarder Patt dans les yeux.

Il y a quelque chose chez Curt qui empêche les autres de vivre. Ce n'est pas la première fois que je remarque cette étrange influence qu'il possède sur les gens. Patt, Verner, Thomas, tous réagissent de la même manière. Lorsqu'il est là, personne n'ose s'occuper de soi. On se sent obligé de tout quitter et de rester là, assis, à l'écouter, même si l'on n'en peut plus, même si l'on est à bout. Il occupe tout l'espace, toutes les pièces. C'est insupportable.

Je me trémousse sur ma chaise. Chaque minute qui passe est un véritable calvaire. Pas la peine d'essayer de placer un mot. Je me sens opprimée, prisonnière. Patt fait mine d'écouter. Je ne suis pas capable de sentir ce qu'il pense. Je ne leur souhaite même pas bonne nuit. Curt n'y aurait pas porté attention.

Patt me réveille avec une tasse de thé. Ses yeux ont du mal à rester ouverts. Il doit être quatre ou cinq heures du matin.

– Ça y est, il dort, murmure-t-il doucement.

Il sourit, comme soulagé. Nous nous regardons, un long moment, avant d'éclater de rire. Patt a trop bien senti mon malaise de la veille.

– On se casse ?

Les fossettes de ses joues se creusent à ma proposition.

– Ça y est, j'ai déjà préparé la voiture.

Parfois, il me faut beaucoup de contrôle pour ne pas lui sauter au cou. Il anticipe tous mes désirs.

– On va voir la mer ?

– Ouais. C'est le moment, non ?

– Je crois, oui.

Nous traversons le couloir sur la pointe des pieds. Dans la cuisine, Curt est endormi sur sa chaise, la pipe entre les dents, les coudes dans l'assiette encore pleine. Le bloc de corned-beef, écrasé sous son bras, est couvert de cendres. Patt lui laisse un mot : « On revient dans une semaine. Laisse la clef sous le générateur quand tu partiras. » Il met le moteur en route. Je respire.

Le soleil montre ses premières lueurs. Les herbes folles se couchent sur notre passage. Derrière nous, une longue ride brune déchire le tapis doré de la savane. Les montagnes jettent leurs empreintes, de grosses taches grises et sombres, sur la vaste étendue herbeuse. Les mêmes paysages que ceux du Kaokoland, mais plus variés, plus doux, à une échelle plus humaine. Comme amusé par les jeux de lumière, un troupeau de springboks folâtre entre les ombres. Je suis assise à l'avant du Land Cruiser, un crayon noir et un bloc-notes sur les genoux. Je dois inscrire chaque bête que j'aperçois, son espèce et son sexe. Un travail que fait Patt plusieurs fois par an, en suivant à chaque fois le même chemin, aux mêmes horaires de la journée. Le ministère de la Conservation de la nature en tire des statistiques sur l'évolution du nombre de têtes de chaque espèce sauvage, et peut ainsi établir les quotas de chasse.

Le Land se fraie un chemin entre les hautes herbes. À notre vue, les springboks s'éparpillent dans la plaine. Ils s'arrêtent à quelques centaines de mètres de la voiture, leurs grands yeux fixés dans notre direction. J'inscris sur mon carnet : Km 18, springboks, six mâles, dix femelles. On reconnaît les mâles car leurs deux petites cornes en forme de lyre sont plus rapprochées, plus courbées et plus foncées que celles des femelles. Ces antilopes de taille moyenne sont les plus communes dans les zones arides et semi-arides d'Afrique australe. Ce sont aussi les plus légères et les plus charmantes. Leur robe beige est striée sur le flanc d'une fine rayure marron qui fait ressortir le blanc de leur ventre. Lorsqu'elles sautent, détendant leurs longues jambes sur plusieurs mètres, ces trois couleurs s'entremêlent et se mélangent aux herbes jaunes. On ne sait plus alors quoi est quoi, ce n'est plus qu'un mirage de couleurs dansant sous le soleil.

Les kilomètres défilent au compteur. Nous avons rejoint le lit de l'Hoanib. Les roues s'enfoncent dans le sable mou, le moteur rugit. Nous progressons lentement, dans le couloir du fleuve, bordé de multiples espèces d'acacias et d'arbres balsamiques. J'ai déjà rempli plusieurs pages de mon carnet. Springboks, oryx, et même des impalas à face noire surgissent en trombe des arbres de la rive. Ils bondissent devant le Land, s'arrêtent quelques secondes sur la rive opposée pour nous dévisager avant de disparaître entre les arbres. Les girafes, avec leur élégance habituelle, ont une démarche si fluide qu'elles semblent se mouvoir sur de l'eau. Soudain, la voiture se met à bondir, Patt appuie à fond sur l'accélérateur. Une douzaine d'autruches, trois mâles et onze femelles, trottinent d'un bout à l'autre de l'oued. Se sentant poursuivies, elles entament une course effrénée. Leurs longues jambes effleurent le sable, leur cou démesuré se balance d'avant en arrière, leur petit crâne rasé s'agite dans une danse ridicule. Le compteur affiche soixante-dix kilomètres à l'heure. Sous la conduite d'un gros mâle au plumage noir et blanc, le troupeau escalade enfin le talus du lit de la rivière. Les croupes grises se perdent entre les branches d'épineux. Seul leur petit crâne perché, fin comme une tête d'aiguille, oscille encore au rythme d'un pendule au-dessus des hautes herbes.

Au fur et à mesure de notre progression vers l'ouest, le paysage se fait plus aride. La végétation est plus clairsemée, les arbres moins nombreux. Les hautes herbes de la savane font place à des touffes de plantes grasses qui cachent mal le sol desséché par le soleil. Patt arrête la voiture et me fait remarquer deux empreintes de rhinocéros gravées sur la croûte superficielle. Elles datent de la dernière saison des pluies. Cette région, à la limite du Damaraland et du Kaokoland, est une des rares régions d'Afrique où la population de rhinocéros noirs n'a pas encore été complètement décimée. Pour éviter les carnages des braconniers, les rangers organisent une fois l'an une grande battue. Ils endorment les rhinocéros et leur coupent la corne. Chez tous les rangers, j'ai remarqué une affection particulièrement prononcée pour ces animaux. Sans doute parce qu'ils sont si massifs, si puissants, et pourtant si fragiles devant l'homme. Patt possède une cinquantaine de clichés de chaque bête, pris sous tous les angles. Il les connaît chacune par leur nom, il reconnaît chaque croupe, chaque démarche, chaque couleur de robe. Pour aucun autre animal il ne se sent aussi responsable.

Le lit de l'Hoanib est de plus en plus encaissé. Dans la roche creusée à nu, on peut lire l'histoire du fleuve, les masses d'eau qui l'ont façonné et traversé au cours des millénaires, l'importance des différentes crues. Les strates se superposent les unes sur les autres, dans un dégradé de jaunes et de roses, et offrent aux yeux une ébauche de couleurs digne d'un travail d'artiste. Au travers d'un méandre, nous nous arrêtons devant une grande pancarte blanche sur laquelle est inscrit en lettres noires : *Zone Interdite – Parc de la Côte des Squelettes – Réserve Naturelle – Tout contrevenant est passible de poursuites judiciaires*. Patt sourit avec malice.

– Il n'y a que les rangers qui ont le droit de pénétrer dans la zone interdite... Les rangers et leurs amis... Tu vas découvrir une région que peu de gens ont la chance de connaître !

La côte des Squelettes est ainsi nommée à cause des innombrables dangers de son littoral et des kilomètres de désert qui le bordent. Jonché de toutes sortes d'épaves, cadavres de cétacés ou carcasses de bateaux éventrées, ce rivage est sans conteste l'un des plus désolés d'Afrique. Il s'étend sur une longueur de plus de cinq cents kilomètres. En raison d'une faune et d'une flore exceptionnellement rares et riches, et de l'inexistence des pistes, toute la partie nord du parc est classée réserve intégrale, et interdite au public.

Il nous reste moins de quarante kilomètres à parcourir pour atteindre la côte. Peu après le panneau, nous sommes obligés de quitter le lit de l'Hoanib qui se perd sous des masses de sable mou. En première ou deuxième vitesse, le Land se précipite au milieu de la mer de dunes, suivant un itinéraire propre à Patt qui devrait nous éviter de nous ensabler trop souvent. Je dévore le paysage des yeux. Je sais que je n'aurai sans doute pas l'occasion de refaire ce trajet de sitôt. C'est là un rare privilège, et j'essaie de graver chaque image au plus profond de ma mémoire. Rouges, puis orange car chargés d'oxyde de fer, les dunes s'éclaircissent au fil des kilomètres.

En contrebas d'une immense chaîne de dunes, Patt arrête le moteur.

– Grimpe sur celle-là. Tu vas voir quelque chose !

Obéissante, je gravis la montagne de sable. Les grains jaunes roulent sous mes pieds, dégringolent par paquets sous le poids de mes pas. Arrivée au sommet, j'ai le souffle coupé par la splendeur du spectacle qui s'offre à mes yeux. Encadré par un rempart de dunes, un lac d'eau verte sert d'abreuvoir à un troupeau d'éléphants. Immergés jusqu'au flanc dans l'eau claire, les pachydermes s'éclaboussent et s'aspergent de toutes parts. Deux jeunes mâles apparaissent sur le sommet de la dune opposée. Sans prendre garde aux spectateurs, ils replient leurs pattes avant contre leur flanc, et se laissent glisser doucement jusqu'en bas. Après ce tour de toboggan improvisé, ils plongent leur corps massif dans l'eau providentielle et se roulent dans la fraîcheur. Je retiens ma respiration pour ne pas troubler la magie de cette vision. Il ne reste aujourd'hui plus qu'une trentaine d'éléphants du désert.

Patt me tape sur l'épaule. Si nous voulons pouvoir

contempler le coucher de soleil sur la mer, il faut repartir de suite. Je me laisse rouler sur le versant de la dune et remonte, couverte de sable, dans le Land, de la magie encore plein les yeux.

Je trépigne d'impatience. Le nez à la fenêtre, je hume avec ivresse l'air du désert. Il est frais, je sens déjà les premiers relents du souffle marin. Des images se bousculent en pagaille dans ma tête. Je revois en pensée la brousse aride d'Omirora, le petit campement sec et toutes ces heures durant lesquelles j'ai rêvé d'eau, de trombes d'eau qui fouettaient mon corps jusqu'à le noyer. Je revois les cascades d'Epupa, les chutes terribles, l'eau bouillonnante qui se perd dans les gorges dans un fracas de tonnerre. L'eau fraîche et salée de Bretagne, le bruit du ressac et l'écume blanche qui se jette contre la falaise. Tous ces rêves d'eau que j'ai eus depuis mon arrivée ici. Tous ces fantasmes qui me rendent cette heure si précieuse. Patt sourit devant mon excitation. Je laisse le vent déposer son parfum sur mon doigt mouillé : il a ce goût salé que je connais bien. Dans quelques minutes, le soleil sera couché. Je tends l'oreille, je n'entends rien encore, rien que le vent qui siffle dans les sables. Soudain, devant moi, comme un mirage dans la nuit, la masse sombre, ténébreuse, striée des rougeurs du couchant. À travers les derniers reflets, je devine l'immensité du liquide, l'ondulation des vagues. Nous arrêtons la voiture, je m'assois sur la plage. J'écoute l'eau se briser sur les rochers, l'odeur du large se mélange à la fumée de ma cigarette. Je crois bien qu'à ce moment-là mon esprit est sorti de moi-même, il plane avec la brise, il me voit les pieds dans l'eau, il voit que je n'ai pas d'autre désir, et je suis heureuse.

Je tends les mains au-dessus des flammes pour me réchauffer. La brume matinale ne s'est pas encore dissipée. À travers les ondes de brouillard, la courbe floue des dunes entame une danse lancinante. Aux premières lueurs du jour, j'étais déjà dans l'eau, à plonger entre les vagues. J'aime l'eau froide qui glace le sang. Elle me fait prendre conscience de mon corps. Les premières secondes, chaque centimètre carré de la peau est à vif, chaque sensation est décuplée. Puis c'est l'anesthésie générale, l'endormissement des sens, le sang monte à la tête, il la nettoie, il tue ces quelques araignées qui persistaient à grouiller dans le cerveau. Accroupie contre le feu, j'écoute mon sang ravivé qui recommence à couler dans mes veines. Le bout des doigts me picote. Je me sens propre.

Pendant que je me baignais, Patt est parti à la pêche. La côte namibienne est une des régions les plus poissonneuses du globe. La présence du courant froid du Benguela, associé aux phénomènes d'upwelling [1], provoque en surface une extraordinaire concentration de plancton, dont se nourrissent les poissons. Patt ramène un *steenbras* de plusieurs livres que nous mettons immédiatement à griller sur des galets chauffés à blanc. Nous savourons avec délice la chair tendre, cuite à point. C'est le premier poisson que je mange depuis mon arrivée en Namibie.

Nous restons plusieurs jours sur la côte Atlantique. Pendant que Patt pêche, je ramasse sur la plage des cailloux polis par les vagues. Leurs dessins et leurs couleurs vives les font ressembler à des pierres précieuses. Je m'efforce d'opérer un tri serré, mais chaque jour nouveau voit s'entasser quelques kilos de plus à l'arrière du Land. Patt observe avec amusement ma folie d'accumulation.

– Et t'espères encore trouver des gens qui vont te prendre en stop, avec tout ce chargement ?

Pendant des heures, je reste à regarder les insectes qui émergent des sables, parfois juste sous mes pieds. On pourrait penser que la vie dans le désert du Namib, vu les températures extrêmes et l'aridité, est rare. Bien au contraire, elle pullule. Scorpions, lézards, vipères ou scarabées... Patt, avec une joie que je devine faussement enfantine, prend un malin plaisir à poser son doigt au travers du chemin du *darkling*, un magnifique petit coléoptère à la carapace blanche comme la craie. Je préfère observer la dame blanche, quoique je n'aie

1. Remontée d'eau froide des océans le long de certains littoraux.

pas encore compris pourquoi on lui donne ce nom. C'est une araignée qui ressemble vaguement à une tarentule. Pour échapper à la chaleur brûlante du sable, elle soulève alternativement ses longues pattes velues. Une danse à deux temps, saccadée, répétitive, seule mesure pour battre le temps qui passe.

Le vent ne cesse de souffler. Il amène avec lui la fraîcheur de l'océan. En fin d'après-midi, nous prenons le Land et partons chercher la chaleur à l'intérieur des terres. Le vent fait rouler les grains de sable. Des myriades de petits sillons se forment, quelques secondes, avant de laisser la place à de nouveaux dessins. Patt appuie sur l'accélérateur. Le moteur gronde, nous grimpons le premier mur de sable. La mer de dunes s'étend devant nous, jusqu'à l'horizon, les crêtes ondulent comme des vagues. Le sable est si lisse, si uniforme, vierge de toute trace de passage, que les reliefs disparaissent, les distances s'estompent, il n'y a plus de point de repère. Le Land n'a plus besoin de rouler, il décolle, il se laisse porter par le vent, plane entre les dunes, balaie le désert de ses ailes. Jamais un trajet en voiture ne m'a donné une telle impression. Je crois voler.

Le soleil tombe derrière les dunes. Nous partons à sa poursuite, dégringolons les pentes rougies par ses derniers rayons et arrivons, juste à temps, pour le voir disparaître dans la mer. Les lignes sombres d'un vieux chalutier éventré se dessinent entre deux crêtes d'écume blanche. Autour de l'épave, des caisses de métal rouillé et des planches de bois pourries sont éparpillées sur plusieurs centaines de mètres. Le vent fait siffler les derniers vestiges du bateau, ajoutant une touche de désolation à ce paysage dantesque. J'essaie d'imaginer le désespoir des marins échoués sur cette plage au début du siècle, à des centaines de kilomètres du premier lieu habité et du premier point d'eau. Beaucoup n'en sont jamais revenus.

Quelle que soit la magie d'un lieu, il arrive toujours un moment où l'on sent que l'on est appelé ailleurs. Ce matin,

Patt et moi ressentons tous deux le besoin de continuer notre route. Sans même nous concerter, nous levons le camp. Je cours prendre un dernier bain, Patt pousse la voiture jusqu'au sommet d'un monticule de sable. Depuis notre départ de Sesfontein, la batterie n'arrive plus à se recharger. Nous sommes obligés à chaque démarrage de donner l'impulsion nécessaire au moteur.

Nous gardons le silence pendant le trajet du retour. Je veux être réceptive aux bruits et aux odeurs du désert. Affalée sur la banquette, je laisse les images pénétrer par mes pupilles et jouer dans ma tête. Les dunes, les oryx et les scarabées valsent dans mes yeux, en cadence avec le souffle du vent. Je ne fais plus attention au temps, les images s'entremêlent, partent dans le domaine du rêve. Je crois vivre un songe.

Il fait déjà noir lorsque je me réveille. Nous avons roulé toute la journée. Il ne reste plus qu'une cinquantaine de kilomètres pour arriver à Opuwo. La piste grise s'étend jusqu'au bout de la nuit, droite, large et plate, comme un ruban argenté. Patt se tient debout devant moi, une cigarette à la bouche.

– Viens ! Suis-moi, murmure-t-il d'une voix douce.

Je me lève et lui emboîte le pas, machinalement. Il disparaît dans une zone d'ombre, réapparaît derrière un rocher. Je ne quitte pas des yeux le cercle incandescent de sa cigarette. Sa silhouette, plus colossale encore à la lueur des astres, se détache sur le ciel étoilé. Dans le flou de la nuit, ses pieds semblent voler sur les pierres.

Nous arrivons au pied d'une montagne. Je ne sais pas ce que nous cherchons. Avec Patt, j'ai appris à ne plus poser de questions. Il s'arrête au pied de la falaise, passe le corps dans une anfractuosité de plusieurs mètres de largeur. Quelques secondes plus tard, après avoir gratté la roche, il me tend des petits fragments de pierre rouge. Je les reconnais tout de suite : c'est de l'hématite, la précieuse pierre ocre avec laquelle les Himbas s'enduisent le corps. Un caillou qui vaut son pesant d'or, ici. Pour se le procurer, les Himbas sont parfois obligés de parcourir des centaines de kilomètres à pied.

Autrefois, ils le ramenaient à dos d'âne, voire sur leur propre dos. Aujourd'hui, les trafiquants leur prêtent leur voiture pour le transport, moyennant quelques chèvres. Mais le secret d'Otjize, l'unique mine du Kaokoland, reste bien gardé.

Plusieurs tranchées ont été creusées. La roche a souvent été attaquée en profondeur. Patt m'explique qu'il y a quelques années, à la fin de la guerre, les Himbas ont fait sauter tout un pan de la falaise avec des explosifs. À l'entrée de la grotte principale, sur un petit autel de pierres, des offrandes ont été déposées. Il est si petit, si insignifiant que, sans Patt, je l'aurais confondu avec un simple amas de caillasse. Quelques bracelets de métal, des feuilles de mopane, une pincée de tabac, un collier d'écorce tressée, deux pièces de cinq *cents*. À chaque fois qu'ils prélèvent quelque chose à la grande montagne, les Himbas la remercient en y laissant un peu d'eux-mêmes. Je m'agenouille devant les pierres, et me défais d'un des bracelets offerts par Vakaouta. Pour la première fois de ma vie, j'ai envie de prier. Mes lèvres parlent toutes seules : « Merci, merci... » Il n'y a rien d'autre à dire.

Les cendriers débordent. Thomas, ivre de joie, brandit la bouteille de rhum à bout de bras.

– À l'Angola !

Les toasts se succèdent à une cadence difficile à soutenir.

– À Omuniangue !

– À Katjira !

– Au steenbras pêché par Patt !

Opuwo devrait toujours être ainsi : le point de rencontre où l'on retrouve ses amis, pour parler, échanger, faire la fête. Prendre un bon bol d'air avant de se disperser dans la solitude du bush.

Christa n'a pas voulu se joindre à nous. Isolée dans la chambre du fond, elle passe de la crème hydratante sur ses coups de soleil. Verner, affalé sur un matelas, sourit faiblement en nous écoutant. Il sort d'une crise de paludisme dans laquelle il a bien failli laisser sa peau. Comme il ne connaissait pas les doses, il a avalé deux plaquettes de Lariam coup sur coup. Son foie, déjà fragile, ne pourra plus supporter d'alcool avant plusieurs mois. Il a beaucoup maigri, son visage est encore plus blême que d'ordinaire.

Patt, Thomas et moi-même enchaînons les toasts. Ils sont heureux, tous les deux. Leurs yeux brillent et leur sourire a l'innocence et l'enthousiasme de l'enfance. Nous portons sur nous les marques de la piste. Les cheveux de Thomas sont gris de poussière. Des traînées de terre ocre soulignent les plis de sa peau flasque. Il arrive tout juste d'Ohakaï.

– La cérémonie des funérailles n'était pas encore finie quand on est partis ce matin, raconte-t-il. Les Himbas étaient saouls comme des rats morts, les trafiquants sont venus leur apporter des caisses de bouteilles de Clubman. Et ça puait, ça puait ! dans toute la vallée. Tu sais qu'ils n'ont pas le droit de manger la viande du bétail sacré. Christa ne mange pas de viande non plus. Je me suis tapé un quart de vache avec James. Tout le reste, les douze vaches trois quarts restantes, est toujours pendu aux arbres et continue à pourrir. Ça pue !

– Eh ben nous on a mangé du poisson, nananère !

– Et tu vas pas le croire, continue Thomas, radieux. Je me suis fait adopter aussi ! Katjira, tu te souviens, le vieux conseiller de Kapika. Il a dû être jaloux d'Omuniangue qui n'arrêtait pas de répéter que sa fille blanche était la plus belle et qu'elle savait tout faire. Un matin, Katjira est venu me voir, il a dit : « Puisque c'est comme ça, moi aussi, je vais t'adopter, Tomasa ! Maintenant, tu es mon fils, tu t'appelles Tomasa Muniombara ! »

– Décidément, ça devient une mode, commente Patt.

– Hé ! Qu'est-ce que tu crois ? Ils sont pas bêtes. Ça leur amène beaucoup de prestige. Aux yeux des autres, ils sont ceux que les Blancs ont choisis, parmi tous les Himbas, comme pères adoptifs. C'est pas rien. En plus, j'ai appris qu'Omuniangue et Katjira étaient demi-frères, ils ont la même mère. Et il paraît qu'ils ont toujours eu des relations de rivalité.

Verner, toujours malade, se penche sur le pas de la porte pour vomir. Presque une semaine qu'il n'y a ni eau ni électricité à Opuwo. Les toilettes sont bouchées. Le congélateur, rempli de viande de koudou, dégage une odeur putride.

– Ouais ! ça me fait penser à l'odeur d'Ohakaï, remarque Thomas en dévissant le bouchon de la bouteille de rhum. En tout cas, Solena, j' peux t' dire que ton papa himba, c'est du sérieux. Il tient vraiment à toi. Après que tu es partie, Omuniangue se traînait dans le campement comme une âme en peine. Il répétait en titubant : « Mais où est ma fille, où est ma fille ? Elle est encore partie avec le vent. » Pendant des heures, il nous a parlé de ta curieuse façon de regarder les étoiles. Il paraît que tu trais très bien les vaches, aussi. Omuniangue avait l'air à la fois très triste et très fier en répétant : « Ma fille, c'est celle qui va avec le vent... » D'ailleurs, il paraît que c'est ton nouveau nom, maintenant. Otjihungama... Tout le monde t'appelle comme ça.

Patt, entouré d'un nuage de fumée, écoute en souriant.

– Otjihungama, Celle qui va avec le vent... C'est vrai, ça te va bien, comme nom.

Nous rions. Nous pouvons parler des Himbas pendant des heures. Le sujet ne s'épuise jamais. Sous l'emprise du rhum, la fumée des cigarettes prend la forme des cornes du bétail. Nous rêvons à notre prochain voyage en Angola. Mon cœur palpite de plaisir. La vie est si généreuse, ces temps-ci.

– Faudra qu'on aille à la mine d'Otjize, prendre quelques blocs d'ocre, rappelle Thomas.

– Oui. Ça va nous prendre du temps, pour se constituer l'habit complet de Himbas.

Je me ressers un verre. Patt suit le mouvement de mon poignet, l'œil amusé.

– Dis donc, Solena ! tu commences à avoir l'alcool facile. Quand tu es arrivée ici, t'arrivais à peine à finir ta bière !

– Ben oui... c'est ton influence qui me pervertit !

– Elle est excellente, mon influence. T'étais beaucoup plus ennuyeuse, avant ! Tu sais quel jour on est ?

– Non. Pourquoi ?

– On est le 11 octobre.

– Et alors ?

Sourire malin de Patt. Il ajoute, l'air de rien :

– Ton billet d'avion, c'est quelle date déjà ?

– Euh...

Vision d'horreur. Paris, l'hiver. Les ascenseurs bondés de l'université de Tolbiac. Les heures d'attente dans les couloirs sans air. L'ennui, entre les cours, pendant les cours. Les exposés interminables sur la théorie de centralisation appliquée à la Randstat Holland. Attendre le bus, sous la pluie, rentrer chez soi, seule. La grisaille, partout, des inconnus, le béton. Tous les jours. Pas de soleil, pas d'herbe, pas de bétail. En un éclair, je revois tout cela. Et d'autres choses encore. Je ne veux pas. Pour rien au monde. Je ne peux pas. C'est comme le tournis. Je veux hurler. La tête entre les mains, je n'arrive qu'à murmurer :

– Mon avion, c'est le 12 octobre. Mais... je crois que je veux pas rentrer. Faut que j'aille en Angola.

Thomas éclate de rire.

– Ma pauvre Solenn ! De toute manière tu l'as déjà raté, ton avion. Même si tu partais maintenant pour Windhoek, ce serait trop tard.

Il ajoute, se penchant vers moi :

– On savait tous que t'allais le rater. C'était évident.

Je souris, rassurée. J'attendais qu'il me dise cela. Mais pendant un instant, celui de vivre en esprit l'éventualité de mon retour, j'ai vraiment eu peur.

– Quand même, vous êtes gonflés. Vous auriez pu me dire qu'on était le 11 octobre.

Patt, très content de son effet, sirote son verre de rhum. Sur ses lèvres, le petit sourire en coin, moqueur.

– T'es une grande fille, maintenant...

– Je sais pas si j'ai envie...

Thomas s'est levé. Il fait des entrechats dans la pièce. Nous rions, fort et très bêtement. Avec l'alcool et l'excitation des lendemains prometteurs, les blagues ne sont plus très fines. Nous rions, c'est l'essentiel. Toujours, la conversation revient sur le voyage en Angola. Il occupe tout mon esprit. Je ne pense plus qu'à cela.

Les coqs chantent derrière le grillage. Je me réveille au petit jour, la bouche légèrement pâteuse, mais l'esprit clair. Un instant d'hésitation : autour de moi, du sang, partout, sur le mur, sur les carreaux du sol. J'ai dormi sur un lit de camp. Sous le matelas, une mare de sang. Thomas dort tranquillement à l'autre bout de la pièce. La moustiquaire et le grillage d'une des fenêtres sont déchirés. Je m'assois sur le lit, sans comprendre. Suis-je bien réveillée ? Comme un zombie, je vais dans la cuisine, prépare le thé. Là aussi, il y a du sang, et des touffes de poil. Je ne comprends pas très bien. J'hésite à me recoucher. Thomas apparaît dans l'encadrure de la porte, les yeux rouges. Je bafouille :

– Thomas, c'est quoi ? Ça, là, c'est-c'est quoi ?

Devant mon air ahuri, Thomas éclate de rire. Je ne l'ai encore jamais vu comme cela. Il lui faut plusieurs minutes pour rependre son souffle. Lorsqu'il a retrouvé un visage normal, il me prend par le bras et me pousse devant la poubelle.

– Tu vois quelque chose ?

Dans la poubelle, quelque chose d'assez ignoble. Une purée de chair et de poil, baignée de sang. Des os cassés. On dirait qu'ils ont été plantés dans cette bouillie pour la décorer. Ça ressemble vaguement à un chat. D'ordinaire, je supporte bien la vue du sang. Cette fois-ci, je sens que mon estomac se rebelle. Je recule. Sèchement, je demande :

– C'est quoi ?

Thomas part dans une nouvelle crise de fou rire.

– T'es sûre que tu vas bien, Solenn ?

Il se moque de moi. Quelque chose ne tourne pas rond. Même ton sec :

– Moi oui, je vais bien. Mais cette chose, là. C'est quoi ?

Soudain sérieux, Thomas me dévisage.

– C'est un chat. T'as dormi comme un bébé, hein ? Tu te souviens pas de tes rêves ?

– Explique !

– C'est Verner. Et les chats.

Il ne peut réprimer un sourire.

– Il en a tué deux, cette nuit. Un sous ton lit. L'autre au milieu de la pièce, ça a fait un boucan dingue. Tu t'es même pas réveillée. Même Patt, qui a dormi chez Curt, de l'autre côté de la cour, a entendu. Verner avait déposé des plats de viande pour les attirer. C'était une véritable course-poursuite. Toutes les lumières étaient allumées. On a couru partout. Y en a un qui a déchiré la moustiquaire pour s'enfuir, il hurlait. T'as même pas bougé. Verner l'a tiré sous ton lit.

Je ne peux pas le croire. C'est trop inquiétant. Moi qui me projette une nuit sur deux dans mes rêves en Rambo au féminin, muscles durs et réflexes rapides... plutôt raté. Les preuves sont pourtant là : le sang, les morceaux de chair. Délicat, comme à son habitude, Verner a tiré avec son 357 magnum, presque à bout portant. Avec une balle de ce calibre, les chats ont littéralement explosé. C'est répugnant. Dans toute la maison, une odeur de sang encore frais. Je ne devrais pas, mais je rougis. Comme pour m'excuser, je bafouille :

– Ben... je dormais.

– On a vu, oui !

Les rires de Thomas ont réveillé la maison. Fier comme un paon, Verner relate son exploit dans les plus menus détails.

– Je les ai eus ! Deux d'un coup, t'as vu ? se glorifie-t-il.

Patt nous rejoint. Pour me rassurer, il me raconte l'histoire d'un de ses amis, Duncan, un ranger que j'ai rencontré il y a quelques semaines.

– Duncan aussi dort toujours avec son magnum sous l'oreiller. Tu sais qu'il s'est marié avec cette touriste suisse. Deux ans après leur mariage, les parents de sa femme sont venus leur rendre visite. Duncan les a emmenés dans son petit bungalow, en plein milieu de la réserve d'Etoscha. Dans la nuit, il a entendu un chat. Il lui a couru après, le chat est allé se réfugier dans la chambre des parents. Duncan s'est précipité sur le lit, et lui a tiré dessus, à quelques centimètres des parents. La mère était couverte de sang. C'était la première nuit qu'ils passaient en Afrique.

– Des sales bêtes, ces chats, ajoute Verner. Ils bouffent tout, déchirent tout. Une plaie !

Thomas et moi sommes morts de rire. J'essaie d'imaginer la tête de la mère en question. Verner nous regarde, l'œil curieux. Il ne peut pas comprendre que pour nous, citadins d'Europe, il y ait un léger décalage entre leurs coutumes et les nôtres.

Pendant cette nuit mouvementée, Thomas a réfléchi. Il lui reste quelques interviews à faire à Windhoek. Christa, qui ne veut pas partir en Angola, n'a plus grand-chose à faire dans le Kaokoland. D'ailleurs, elle a demandé à Thomas de choisir entre elle et moi. Il faut donc qu'il la ramène à Windhoek. Quant à moi, je dois à nouveau trouver un moyen pour prolonger mon visa et reculer la date de mon billet d'avion. C'est décidé, nous partons tous les trois pour Windhoek, dans la voiture de Thomas.

Les au revoir sont rapides. Nous ne partons que pour mieux revenir. La route est longue. Le quatre-quatre de Thomas ne dépasse pas les soixante-dix kilomètres à l'heure. Par la piste la plus courte, il faut compter douze heures. À la radio, une chanson de Crosby, Stills and Nash. Le refrain chante *I have been around the world.* Devant nous, l'horizon africain, plat, immense. En approchant de Windhoek, nous retrouvons la route goudronnée. Sur plus de trente kilomètres, elle reste droite, tracée à la règle, la voiture avance toute seule, comme dans un rêve. Thomas a coincé le volant entre ses genoux. Nos regards se croisent dans le rétroviseur. Impossible de les détacher. Nous sourions, plus heureux chaque instant. Mon avion doit être en train de décoller. Il ne m'a pas attendue. Nous revenons à la ville, une nouvelle impulsion pour repartir ensuite vers des aventures plus exaltantes les unes que les autres. Thomas est radieux. Il a le sourire d'une grand-mère épanouie et toujours jeune, heureuse de vivre.

Où l'histoire démontre, une fois de plus,
que « le monde n'a pas de lois »,
excepté celles qu'il ne faut pas suivre

Il est impossible de dormir, les premières nuits en ville. Ce n'est pas seulement le bruit des voitures qui me tient éveillée. Mon corps a trop d'énergie pour trouver le sommeil. Il n'arrive pas à se fatiguer.

Cette forme que l'on tient en sortant du bush. Les muscles sont souples et élastiques, à fleur de peau. Les mouvements félins. Le corps, à la fois léger et relax, est tendu, nerveux. Il veut bouger. Il brûle de l'intérieur, le feu de la vie crépite dans les veines. Les sens sont à vif. Incroyables, les quantités de rhum que ce corps peut ingurgiter dans ces moments-là. Les nuits blanches s'enchaînent, sans la moindre fatigue. La bouche reste fraîche et humide. Les yeux gardent cet éclat dur et perçant de ceux qui ont à lutter avec le grand air.

Assis sur les marches du Casablanca, un bar nocturne de Windhoek, Thomas et moi alignons les rhum-Coca. Nous sommes heureux tous les deux, car nous sommes en phase. Ce besoin, de retour en ville, de voir des gens, de se perdre dans la foule, dans l'alcool, la danse, jusqu'à tituber, tomber. De toutes les manières, nous n'arrivons pas à dormir.

Lors de mon dernier séjour à Windhoek, j'avais été frustrée de n'avoir pu partager mon expérience avec les Himbas. Cette fois-ci, nous sommes deux, cela change tout. Un regard suffit, Thomas sait ce que je ressens. Nous avons les mêmes images dans la tête. Les autres ne sont là que pour nous amuser. Plaisir gamin de choquer, de provoquer. On invite le couple de sauvages que nous sommes dans toutes les soirées. Nous racontons la viande putride d'Ohakaï, les rites funéraires et les soûleries des Himbas. Regards effarés. Nous tenons bien notre rôle, on nous a fait venir pour amuser, comme des animaux de cirque. Décalage. Pour nous, ce sont eux, les animaux de cirque. Nous rions plus fort qu'eux. Ils sont choqués.

Mais cette euphorie ne dure pas. Après quelques jours, je sens mes muscles ramollir. Les premières cellules de graisse s'installent sous la peau. Les fêtes, les dîners mondains, tout cela est si vain. Je me réfugie dans mon lit, refusant d'en sortir ou de parler à qui que ce soit. Je pense au Kaokoland, au voyage en Angola. Tant de choses qui m'attendent, là-bas. Ici, je ne vis pas. Perte de temps. Je ne veux même plus sortir. Mon cœur se rétrécit. Thomas tente de me dérider avec des grimaces et une salade de fruits. Je le renvoie sèchement.

– Pas faim. Suis morte. Laisse-moi agoniser en paix, ou ramène-moi dans le Kaokoland.

Je n'ai plus aucune énergie. Mon corps s'est englué dans la ville, il n'était pas prévenu, il n'a pas su digérer.

Après une longue semaine, Thomas a enfin réglé toutes ses affaires. J'ai réussi à prolonger de plusieurs mois mon autorisation de séjour. Nous abandonnons Christa, récupérons James, l'interprète, et attaquons la route. Avant toute chose, nous devons retrouver Katjira. La grande cérémonie d'Okuyambara qu'il nous avait annoncée pour début octobre a certainement déjà eu lieu. Nous allons pouvoir préparer sérieusement notre expédition.

Les bords de la piste sont détrempés. Pendant notre absence, la petite saison des pluies a commencé. Seulement quelques millimètres d'eau, mais le Kaokoland s'en trouve transformé. De loin, les vallées jadis arides prennent une teinte douce et tendre, comme apprivoisées par une main humaine. Pourtant, les touffes d'herbe restent très clairsemées.

Nous arrivons à Ohakaï au coucher du soleil. Katjira nous avait promis qu'il y serait tout le mois d'octobre. Silence de mort. Les huttes ont été fermées avec des panneaux de ronces. En errant entre les cases, je trébuche sur des cadavres de bouteille : les résidus de la cérémonie des funérailles du mois dernier. Des sacs plastique, déchirés par le vent, sont accrochés dans les branches. Pas un indice, pas un message. La bouse de vache est sèche comme une semelle de bédouin. La petite tente de Thomas, abandonnée à quelques mètres du kraal, tremble comme une feuille sous les rafales de vent. Les Himbas ont disparus dans la nature, partis courir après la pluie.

Nous nous regardons bêtement. Que faire ? Dans notre optimisme nous avions oublié que les Himbas étaient nomades.

Pendant quatre jours d'affilée, nous visitons tous les kraals situés aux alentours d'Epupa. Nous ne rencontrons que quelques vieilles femmes à moitié séniles, incapables de nous donner le moindre renseignement. Nous errons, de campement vide en campement vide, de déception en déception. Nous n'arrivons même pas à mettre la main sur un Himba valide. Où sont-ils ? Je ne suis pas encore habituée à devoir les chercher. Je me sens abandonnée.

Thomas, qui pense à sa thèse, voit les jours passer, le travail qui n'avance pas. En attendant Katjira, il propose une virée à Etanga, pour saluer Omuniangue.

– J'en profiterai pour interviewer Vetamuna au sujet du barrage, ajoute-t-il.

Une horde d'enfants débraillés dévale la colline en hurlant : « Solena ! Solena ! » Ils se précipitent sur le quatre-quatre comme une nuée de moustiques, s'accrochent au pare-chocs, grimpent sur le garde-boue. Un malin parvient à entrouvrir la porte du coffre, ses camarades se glissent à l'intérieur. Ils sont partout, invasion de peaux noires. Des frimousses rieuses tombent du toit sur le pare-brise, le nez collé à la vitre. La voiture continue à avancer, lentement. J'ai envie d'éclater de rire. Avant, un regard vers Thomas. Il est fatigué, et la conduite devient impossible. J'ai peur que cette manifestation d'affection ne le gêne. Non, il rit encore plus fort que moi. J'aime le voir rire.

Kejavanga, poursuivant le quatre-quatre de toutes ses jambes, tambourine à la portière. Je l'aide à monter par la fenêtre, le serre très fort contre moi. La lune est pleine. La colline de l'école brille comme de la poussière d'argent.

J'apprends qu'Hoveka et Vecumba sont repartis dans leur famille, derrière les montagnes. On avait besoin d'eux pour s'occuper du bétail. La situation est critique, à Etanga. Les maigres pluies du début du mois n'ont pas suffi à remplir les nappes phréatiques. L'herbe est rare. La plupart des troupeaux ont dû émigrer dans les montagnes, vers l'ouest. Seules quelques familles sont restées dans les alentours. Omuniangue et les siens se sont installés dans le kraal de Vetamuna.

Toujours accompagnée du nuage d'enfants, la voiture redescend la colline, attaque la piste qui mène au campement. Tout va trop vite, je n'ai pas le temps de me poser de questions. Pourtant, je sens une boule d'appréhension dans ma gorge. Revenir accompagnée dans un lieu où l'on a vécu une histoire en solitaire est loin d'être évident.

Devant une case sommaire, plusieurs corps se chauffent autour des flammes. En entendant le moteur de la voiture, Omuniangue se lève. Il plisse les yeux pour mieux voir dans la nuit, avant de lancer un long sifflement de joie. Nous courons l'un vers l'autre. Tous sont là : Ngavikupe, Vakaouta, Katjaimbia, Maezuva... Katjaimbia me prend les mains et répète longuement : « Marieta, Marieta. »

– On savait que t'allais revenir, hurle Vakaouta.

Ngavikupe, son long bâton de berger planté dans le sol, attend que je vienne vers lui. Le sourire d'Omuniangue se resserre, très insensiblement, au niveau des joues, lorsqu'il aperçoit Thomas. En le saluant, il me lance un regard mitigé, mi-coquin, mi-réprobateur. Je prends Thomas par le bras, et le présente à tout le monde :

– Voilà Tomasa. C'est un ami.

L'accueil est chaleureux. Joyeuses, Vakaouta et Katjaimbia lui font une place autour du feu. Thomas a déjà l'habitude de vivre avec les Himbas. Il n'a pas besoin de moi pour l'aider à le mettre à l'aise. C'est bien. Je n'aurais pas voulu qu'il se sente un étranger, ici.

Assis en tailleur, les uns contre les autres, nous rions. Tout le monde parle en même temps. James, l'interprète de Thomas, s'est déridé et participe à la conversation. Autour de moi, il n'y a que des amis. Omuniangue me pousse du coude.

– Tu ne dois pas oublier que tu es ma fille ! Tu aurais pu me demander l'autorisation, chuchote-t-il avec malice, en clignant de l'œil dans la direction de Thomas.

Je rigole.

– C'est toi-même, tate, qui as dit que j'avais grandi.

La complicité est toujours la même, peut-être même encore plus profonde. Mais quelque chose a changé. Mon absence de plusieurs mois leur a montré que je suis maintenant indépendante. J'ai progressé dans la langue, j'ai vécu d'autres histoires, j'ai acquis une aisance dans cette vie que je ne possédais pas auparavant. Après cette escapade initiatique, je reviens ce soir à la maison, grandie, presque adulte. Presque mariée, aussi. Pour tous les Himbas, Thomas et moi formons un couple. Un très beau couple, d'ailleurs. Peut-être aussi est-ce pour cela que notre relation ne franchit pas le cap de l'amitié. Pour tout le monde, c'est déjà fait.

Ngavikupe revient de l'enclos du bétail en traînant une chèvre derrière lui. Elle est belle et grasse, les mamelles gonflées et le poil très blanc.

– Donne-la à Maverieta, dit Omuniangue en me regardant dans les yeux. C'est mon cadeau.

Un léger sourire. Il ajoute, l'air de rien :

– Elle va l'étrangler.

Je sursaute.

– Qui ça ? Moi ?

– Oui, toi !

La chèvre gigote et bêle tant et plus. Je la regarde. C'est

un défi, que me lance Omuniangue. Je ne peux m'empêcher de sourire. Auparavant, je n'avais même pas le droit d'aller chercher de l'eau. Aujourd'hui, on me demande d'étrangler une chèvre. Pas une seconde d'hésitation, pas la moindre répulsion. Pour tous ceux qui m'entourent ici, c'est aussi normal que de faire cuire un steak. Au contraire, je suis très fière.

Fermement, je saisis la bête par les cornes, la fait basculer à terre. Ngavikupe se précipite pour maintenir les deux pattes arrière. Je m'allonge sur elle. D'un coup sec, je lui fais craquer la nuque. Je sens son corps frémir sous le mien. Je presse mon genou contre sa trachée, de tout mon poids, fort, plus fort. Elle bave. Sa langue pendante tente désespérément d'attraper un peu d'air. Avec ma main gauche, je lui ferme la gueule. Ses yeux se troublent, se couvrent d'un liquide opaque. J'appuie, j'appuie. Ses muscles se tendent, se révoltent, par secousses. Je sens, sous moi, sa peur, sa lutte, les derniers spasmes de vie. Les minutes passent, interminables. Je murmure, du bout des lèvres.

– *I'm sorry, little goat.*

Mes yeux ne quittent pas les siens. Dans un dernier sursaut, elle tente de se dégager de mon étreinte. De toutes mes forces, j'appuie. Ses yeux tournent. C'est fini. Pour plus de sûreté, je reste encore plusieurs minutes sur elle, les mains autour de son cou. Puis calmement, je me relève, secoue la poussière de mes habits. Je l'ai bien fait. Elle n'a pas eu le temps de crier. La tête me tourne légèrement, comme après l'amour. La même sensualité. Je l'ai accompagnée dans sa mort. Cette manière de tuer me semble plus respectueuse qu'aucune autre, car elle oblige à vivre la violence du geste dans tout son corps.

Thomas me sourit, admiratif.

– Je suis fier de toi.

Ngavikupe a déjà commencé à dépecer la bête. Omuniangue s'approche. Il ne dit rien, se contente de me donner un baiser sur la joue. Je sens qu'il est fier, aussi. Cette chèvre, c'est mon rite de passage. Le sentiment d'avoir vécu une seconde fois, en quelques mois, toutes les étapes de ma vie depuis la petite enfance. Une vie parallèle à celle que j'ai menée en France, mais en version accélérée. Dans celle-ci, je crois même que je suis arrivée plus loin.

J'aide Ngavikupe à retirer la peau de la chèvre. Je veux la garder pour me faire une jupe. Adossés contre la paroi de la case, Omuniangue et Thomas parlent, très sérieusement. Omuniangue me fait signe de venir le rejoindre. Tout en passant un bras autour de mes épaules, il continue à questionner Thomas.

– Tu dis que tu es le fils de Katjira, qui est le fils de ma mère. Donc s'il meurt et que je meure aussi, c'est toi qui auras la charge de nos familles. Que feras-tu de mes deux filles, Vakaouta et Solena ?

Cela ressemble étrangement à un test. Omuniangue veut s'assurer que je suis en de bonnes mains. Apparemment, Thomas s'en sort bien, puisqu'il y gagne l'obligation d'acheter une caisse de bières.

– Une preuve d'amour filiale précise Omuniangue, les yeux rieurs.

En regardant Omuniangue, pour la première fois, je réalise combien il ressemble à mon vrai papa. À première vue, ils n'ont rien en commun, l'un est himba, l'autre est devenu parisien. Je ne sais même pas s'ils se respecteraient mutuellement, s'ils se rencontraient. Mais ils ont beaucoup de traits de caractère en commun, la même forme d'intelligence. Ils appartiennent à la même essence d'hommes. Troublant. L'un comme l'autre, je ne les aurais sans doute pas choisis comme père. Et pourtant, je les aime, d'un amour si évident qu'il se passe de preuve. Un amour comme inné, qui n'a pas besoin d'être vécu pour se conserver. Cet amour-là n'a rien à voir avec le respect. Il est gratuit et exigeant à la fois, tendre, tolérant, intolérant. Il est là, toujours.

– Demain matin, tu iras voir ton grand-père Vetamuna, me murmure Katjaimbia à l'oreille. Il se meurt.

Nous nous endormons tous les uns à côté des autres, à même le sol de terre battue, autour du feu.

À pas de loup, je pénètre dans la case. Pas un bruit, pas un souffle. Assises sur leurs talons, trois femmes immobiles veillent sur le petit corps malade. Le vieillard est étendu sur une peau de bœuf. Ses formes arrivent à peine à soulever la couverture, tant il a maigri. Je m'assieds dans un coin. Thomas, intimidé, imite tous mes mouvements. Depuis plusieurs semaines, Vetamuna est incapable d'effectuer le moindre geste par lui-même. Ses femmes le nourrissent à la cuillère, elles doivent le tourner sur le côté lorsqu'il veut uriner. Son visage est presque blanc, ses lèvres desséchées. Dans ses yeux, aucun éclat, si ce n'est peut-être celui de la mort. Je ne sais pas, je ne l'ai encore jamais vue de près.

Thomas est indécis. Il souhaite tellement récupérer le témoignage de Vetamuna au sujet du barrage, pour sa thèse. L'atmosphère est si pesante que le moindre mot prononcé à voix haute prend des allures d'hérésie. Finalement, avec l'accord d'Omuniangue, il se décide à mettre en route son magnétophone. Vetamuna acquiesce, du bout des lèvres. James traduit.

– Vetamuna, nous sommes venus te rendre visite car nous faisons une étude sur le projet du barrage d'Epupa. Nous cherchons à savoir comment la culture des Himbas évolue, quels ont été les changements récents et de quelle manière les Himbas vont être affectés par ce projet.

Un long silence. Pas de réaction. Thomas continue. Il parle du projet de barrage, de la taille du lac de retenue, des lieux et du nombre de tombes qui vont être inondées.

Pas de réaction non plus. Les yeux de Vetamuna sont à peine ouverts. Thomas commence à se sentir mal à l'aise.

– Tu peux lui demander ce qu'il en pense, James, s'il te plaît ?

Si Thomas ne ponctue pas ses phrases d'un *if you please*, James refuse de traduire. Très faiblement, la petite voix chevrotante de Vetamuna sort de sous la couverture.

– Si la culture change, c'est par la volonté de Dieu. Rien d'autre ne peut changer la culture.

– Et... à propos du barrage ?

– On ne peut rien faire contre la volonté de Dieu.

La voix de Thomas se fait aussi tremblante que celle de Vetamuna.

– Mais toi, Vetamuna, tu dois avoir un avis personnel. Tout le monde m'a parlé de toi comme d'un homme très sage.

Une quinte de toux secoue Vetamuna. Chaque mot qu'il prononce le laisse essoufflé. Son petit corps osseux semble prêt de se casser. Thomas doit se sentir presque criminel de lui demander tant d'efforts.

– Pourquoi ? murmure le vieillard d'une voix rauque. Pourquoi es-tu venu de si loin pour apprendre la culture de gens que tu ne connais pas au lieu d'apprendre la tienne ?

Silence prolongé. Thomas essaie d'expliquer qu'étudier des cultures différentes l'aide aussi à comprendre la sienne et que cela lui apporte une vision plus large, et plus lucide de l'homme. Dans sa concentration à choisir ses mots, il a oublié le *if you please*. James refuse de traduire. Je pousse Thomas du coude.

– Viens, on y va. Il est trop fatigué

Un jeune homme, assis au chevet de Vetamuna, commente, à voix haute :

– Qu'il meure, enfin. Il sert plus à rien. C'est un poids pour toute la communauté.

Nous saluons, respectueusement.

La fin de Vetamuna, le dernier grand chef himba. Des années que tout le monde en parle. Le vieillard est plus que centenaire. Longtemps déjà qu'il n'est plus capable de prendre de décisions et qu'il délègue tous ses pouvoirs à ses conseillers. Cette fois-ci, son heure dernière semble vraiment proche.

Je ne discerne pas un grand chagrin parmi les habitants du village. La réflexion du jeune homme révèle ce que tous pensent tout bas. L'impression que, s'ils ont un immense respect pour les hommes âgés qui incarnent la sagesse, les Himbas n'ont aucun égard pour la vieillesse physique. J'apprends avec surprise qu'ils ont déjà commandé le cercueil du chef. Une première dans le Kaokoland. D'ordinaire, les morts sont enveloppés dans un simple drap avant d'être mis dans la terre.

Vetamuna, grand ami des Blancs, et plus spécialement de Grandes Oreilles, tient à être enterré à la fois selon les coutumes himbas et celles des Blancs.

La matinée est longue. Tous les hommes se sont rassemblés autour du feu sacré et discutent du sort du vieux chef. Kovera, l'infirmier, est reparti à Opuwo. Il n'y a plus personne au dispensaire. Omuniangue voudrait profiter de la voiture de Thomas pour amener Vetamuna à l'hôpital. Il parle avec l'autorité d'un chef. Rien pourtant ne l'autorise à prendre des décisions, si ce n'est son charisme. Il gonfle le torse, fait résonner sa belle voix grave. Après de longs discours, les hommes finissent par se ranger de son côté.

Fier comme un paon, Omuniangue prend le commandement des opérations. Il pousse toute sa famille dans le coffre, installe Vetamuna sur la banquette avant, donne ses ordres à Thomas. Il veut aussi s'asseoir à l'avant. Thomas s'y oppose fermement.

– Tu vas quand même pas prendre Vetamuna sur tes genoux, il est trop cassé pour ça.

Omuniangue insiste. Il aurait voulu montrer à la communauté qu'il est celui qui s'assoit aux côtés du Blanc, qu'il le commande comme il veut. Il est ambitieux, il doit soigner son prestige. Il se fâche.

– Je suis responsable de ce transport, puisque c'est moi qui l'organise. Donc je dois être devant.

Thomas éclate de rire.

– Hé ho ! C'est pas parce que t'es le papa de Solena que je vais céder à tous tes caprices. Il y a trois places devant, une pour moi, une pour Vetamuna, et une pour Katjaimbia qui va s'occuper de lui pendant le trajet. Je ne peux pas conduire avec quatre personnes devant.

– Tu es petit ! Tu n'es qu'un enfant, tu ne comprends rien !

Vexé et boudeur, Omuniangue nous rejoint dans le coffre. Il a été humilié. Comme pour prouver à Thomas qu'il n'a pas besoin de lui, il laisse tomber sa tête sur mes genoux, et attend que je lui caresse le crâne, comme un bébé. Cet éclat n'a sans doute qu'accentué l'estime d'Omuniangue pour Thomas. Mais il ne veut pas l'avouer. C'est un orgueilleux, mon papa.

Assis dans la cour de l'hôpital d'Opuwo, nous attendons patiemment qu'un infirmier daigne s'occuper de Vetamuna. Omuniangue frotte ses membres endoloris par les cahots de la piste avec la paume de sa main. Il miaule comme un petit chat, en me regardant avec des yeux terriblement tendres. Il a besoin qu'on s'occupe de lui, aujourd'hui.

– Il est tellement vieux ! Qu'est-ce que vous voulez qu'on fasse de lui ?

L'infirmier s'est arrêté sur place. Il fixe Vetamuna avec des yeux écarquillés.

– Donnez-lui un lit déjà, ça sera pas mal, répond sèchement Thomas.

En fouillant dans les couloirs de l'hôpital, Thomas a réussi à mettre la main sur un fauteuil roulant. Il prend Vetamuna dans ses bras, le pose délicatement sur le siège. Sans même attendre les directives de l'infirmier, il prend le chemin des dortoirs. Omuniangue et Katjaimbia suivent en trottinant, complètement perdus dans cet univers de béton. Pour se donner une contenance, ils gardent les yeux fixés sur Vetamuna.

Le dortoir, une salle d'une trentaine de lits, est désert. Thomas et l'infirmier installent Vetamuna dans le dernier lit, celui près de la fenêtre. Un médecin vient l'ausculter, il lui fait une piqûre, lui branche une perfusion. Katjaimbia regarde, accroupie dans un coin de la pièce. Ses yeux sont vides. Vetamuna n'a pas prononcé un mot depuis son départ d'Etanga. Thomas secoue la tête. Avons-nous bien fait d'obéir à Omuniangue et de l'amener ici ? N'aurait-il pas préféré mourir dans sa case, devant son feu sacré ? Le sentiment terrible de lui voler sa mort. Des mois qu'il la préparait.

– Culpabilise pas, Solena, murmure Thomas à mon oreille. Ce sont les Himbas qui ont voulu ça, pas nous.

Je regarde ce petit corps ratatiné enroulé dans une couverture râpée, minuscule tas d'os perdu dans les draps trop blancs d'une salle vide. Là, dans cette petite tête à moitié éteinte, sont enfermés les plus grands moments de l'histoire du peuple himba et leurs traditions les plus secrètes. « La mémoire des Himbas », surnomme-t-on parfois Vetamuna. Bientôt, tout cela sera perdu à jamais. Cela m'apparaît comme un signe. Vetamuna n'aura pas voulu voir les lendemains. Il sait déjà. Le Kaokoland n'aura pas que sa mort à déplorer.

Katjira a disparu. Tout le Kaokoland l'attend pour commencer les grandes festivités que lui-même a organisées, mais personne ne sait où le trouver. Nous sillonnons la région dans tous les sens, en vain. Le nouveau papa de Thomas, notre guide pour l'Angola, s'est volatilisé.

Entre chacun de nos déplacements, nous passons toujours par Opuwo. C'est le chemin obligé. Toutes les pistes y mènent. Et à chaque fois, à la vue du plateau qui domine la ville, nos visages s'illuminent. Je m'agite sur mon siège, impatiente. Mes papilles déglutissent à intervalles de plus en plus rapprochés. À nos pieds, le luxe, l'opulence. Après des semaines passées dans le bush, la moindre flaque de boue prend des allures d'eau bénite.

Opuwo, c'est l'espoir. L'espoir que, dans les rayons de l'épicerie, traîneront un ou deux yaourts non périmés, une barre de chocolat, qui sait, peut-être même une pomme ou une orange. L'espoir que le système de pompage fonctionnera et qu'il y aura assez d'eau dans les réservoirs pour nous permettre de prendre une douche. L'espoir aussi d'y trouver un ami, une présence connue, quelqu'un avec qui passer la soirée et nous changer les idées, peut-être d'y retrouver Katjira. Et puis, inavoué, le secret désir d'une grande nouvelle, un événement qui vienne rompre la monotonie du Kaokoland. Quelque chose qui secouerait très fort mon cœur et laisserait en moi une intense sensation de vie. Espoirs souvent déçus, mais qui, au moins pendant quelques heures, nous font frémir de plaisir. Car nous savons que c'est à Opuwo que les miracles ont le plus de chances de se produire.

Opuwo, c'est l'harmonie dans la disparité. Atmosphère grise et sèche de poussière, dans laquelle se meuvent des arcs-en-ciel de couleurs. Violence des contrastes, choc des cultures, ville pionnière aux limites floues, où toutes les folies sont permises. Les femmes himbas rient bruyamment avec les écolières en chemisier, minijupe et talons hauts. Les poitrines nues s'exhibent sans honte dans le supermarché. Les cochons et les ânes pataugent dans les flaques de boue, au milieu de la rue principale, et monsieur le maire, en costume trois-pièces et chaussures vernies, doit retrousser son pantalon pour traverser. La silhouette alourdie sous leurs quinze jupons, la tête enfouie sous une large coiffe et le front dégoulinant de sueur, les femmes hereros marchent langoureusement sous la chaleur. Leur longue robe traîne dans la poussière. Pourtant, elles restent toujours d'une propreté immaculée. Les chants lents et monotones des Himbas se perdent dans les hurlements des transistors. La vie grouille, partout. Il n'y a toujours rien à faire, à Opuwo, mais il y a plein de choses à regarder. Cela, je ne l'avais pas remarqué auparavant. Je m'étais laissée influencer par les rangers, trop blasés et trop seuls en ville pour s'intéresser à ce qui existe en dehors de chez eux. Ils sont blancs, aussi. Seulement trois ans que la Namibie est indépendante. Les racines de l'apartheid sont encore sérieusement plantées dans les cervelles, même dans les plus ouvertes. Ici, c'est chacun à sa place. On respecte son voisin, mais on ne se mélange pas.

Verner étant la majorité du temps en patrouille, il nous a laissé les clefs de sa maison. Katjaimbia, Vakaouta, et la plupart des Himbas que j'ai connus à Omirora se sont installés dans la cour de Curt. Pour accompagner Vetamuna dans sa maladie, ils ont recréé leur petit monde à quelques centaines de mètres de l'hôpital. Omuniangue y fait de brèves apparitions, entre deux voyages.

Afin de nous rapprocher les uns des autres, nous avons taillé les bambous qui gênaient le passage d'une cour à l'autre. Désormais, les baraquements en tôle ne sont que le prolongement de la maison de Verner. La grande salle jadis vide se transforme, selon les heures de la journée, en dispensaire, salle de réunion ou restaurant. Il y a toujours du thé et du café de prêt sur la table. Les Himbas le savent, le mot a dû faire le tour de la ville, et les murs de Verner se couvrent de peinture ocre. Thomas interviewe les nouveaux venus au sujet du barrage, ou sur la constance de leurs traditions, pendant que je remplis les tasses. Les rires résonnent nombreux dans les pièces. Jamais la maison n'a été aussi vivante. Mais de Katjira, toujours aucune nouvelle.

Pour ne pas attendre sans rien faire, je mets à profit ces journées passées à Opuwo pour régler les derniers préparatifs du voyage en Angola. Il ne faut rien négliger, notre vie est en jeu. Au cas où il m'arriverait quelque chose, j'ai prévenu une de mes amies, à Paris. Je lui ai demandé d'appeler mes parents pour les rassurer sur mon retard – je n'avais pas pensé à les tenir au courant lorsque j'ai volontairement raté mon avion – mais de ne surtout rien leur avouer de mes projets. Inutile de les inquiéter sans raison. Ils auront bien assez le temps d'avoir peur si je me fais prendre en Angola.

Thomas et moi discutons longtemps des risques de l'entreprise. Toutes les nuits, j'imagine le déroulement du voyage. J'essaie d'envisager toutes les situations, pour ne laisser aucun détail au hasard. Thomas camouflera dans sa coiffe un jeu de cartes topographiques que nous avons miniaturisées et plastifiées sur un côté à Winhdoek, ainsi qu'un crayon, et nos passeports. Nous avons longuement hésité sur ce dernier point. Après de nombreuses discussions, nous avons décidé qu'il valait mieux pouvoir prouver notre identité au cas où nous nous ferions prendre. Je ne sais pas si cela servira à grand-chose. Les rebelles de l'UNITA ont la réputation de tirer à vue. Mais on ne sait jamais. J'ai commandé à Windhoek un appareil-photo jetable, pour prendre quelques clichés souvenirs. Je le cacherai dans une couverture que je porterai sur ma tête, comme les femmes himbas. Maezuva, le jeune homme à la jambe blessée d'Omirora, est en train de nous fabriquer des sandales dans le caoutchouc d'un pneu crevé. Nous avons réussi à nous procurer plusieurs blocs d'ocre. Le soir, dans la cour, Vakaouta m'aide à moudre les pierres rouges en poudre très fine. Nous avons aussi acheté des pots de vaseline. Vu la quantité de graisse nécessaire pour cacher notre peau blanche, nous avons décidé de remplacer le beurre rance par cette graisse sans odeur. Un confort qui sera appréciable. D'ailleurs, les femmes utilisent souvent la vaseline en fin de saison sèche, lorsque les vaches n'ont plus de lait.

Le costume de Thomas est facile à réaliser : deux morceaux de tissu qui tiennent lieu de pagne, une ceinture en cuir, quelques bracelets, et un collier de coquillages enduits de graisse et d'herbes aromatiques autour du cou. Pour donner à sa coiffure le volume du chignon des hommes mariés, il enroulera autour de sa tête un tissu qu'il rembourrera de chiffons.

Les choses sont plus compliquées pour moi. Je possède déjà quelques bijoux que Katjaimbia et Vakaouta m'avaient confectionnés à Omirora, mais il en faut tant pour ressembler à une femme himba. Et ils sont si longs à fabriquer. Certaines pièces de la parure sont considérées comme sacrées, elles se lèguent de mère en fille, et sont parfois vieilles de plusieurs générations. Si une femme s'en sépare, elle peut être expulsée du clan. Pour la laisser réintégrer le village, il faudra tuer un bœuf. Ces pièces-là sont très difficiles à trouver, personne ne les met en vente.

Des journées entières, j'erre dans les rues brûlantes et poussiéreuses du bidonville, à la recherche du forgeron twa. Les Twas sont une des micro-ethnies qui peuplaient déjà le Kaokoland bien avant l'arrivée des Himbas. Eux seuls possèdent l'art de fabriquer les précieuses petites perles de métal à partir desquelles sont faits la plupart des bijoux himbas. Si j'arrive à m'en procurer quelques-unes, peut-être que Katjaimbia aura la patience de me fabriquer ces pièces si difficiles à trouver. Mais le seul Twa actuellement à Opuwo est fatigué. Trop fatigué pour se mettre au travail dans les prochains jours.

Après une semaine entière de recherches, je finis par

dégoter chez un vieux trafiquant d'alcool au sourire sans dents deux petites boîtes de ces perles argentées. Il me les abandonne à ce que je crois être un prix d'ami. J'y laisse tout de même mes derniers dollars namibiens et suis obligée de demander une importante participation à Thomas. Lorsque je les montre à Katjaimbia, elle me les jette à la figure.

– Qu'est-ce que tu veux faire avec ces horreurs ? hurle-t-elle. Il n'y a que ceux dont je ne peux pas prononcer le nom qui portent ces choses-là.

Ceux dont on ne peut pas dire le nom... Les Tjimbas, les Himbas sans bétail. Rien de plus méprisable pour un Himba. Saisie moi aussi d'un mouvement de répulsion, j'offre les perles à la première fillette que je croise dans la rue. La course aux bijoux continue.

Jamais je n'aurais pensé que se déguiser en Himba serait si difficile. L'opération est d'autant plus ardue que je m'avère être une Himba très coquette. Il me faut la plus belle peau de chèvre, le plus beau coquillage. Qu'est-ce qui m'arrive ? Je fais la difficile, alors qu'en France n'importe quel jean troué me suffit.

Heureusement, Vakaouta m'apporte une aide précieuse. Elle m'accompagne dans mes pérégrinations, marchande les prix à ma place, lance des petites annonces. Katjaimbia, ma maman, m'offre une nouvelle peau de chèvre, souple et fournie. Un soir, une femme m'attend devant la maison. Elle porte, cachés dans une couverture écossaise, deux bijoux d'une importance primordiale pour une femme himba : l'*ohumba*, le lourd coquillage blanc porté entre les seins, symbole de fécondité, et une espèce de côte de mailles, une ceinture de perles de fer large d'une quinzaine de centimètres qui se porte à même la peau sous la jupette en peau de chèvre. J'emprunte à Thomas et achète le tout, sans discuter. Mon geste n'est guère louable. Cette femme vend là le symbole de son identité de femme himba. Avec l'argent que je lui ai donné, elle ira sans doute se saouler au bottle-store. Demain, lorsqu'elle se réveillera, la bouche pâteuse, elle regrettera son geste. Mais j'ai besoin de ces bijoux, ce n'est pas qu'un caprice de collectionneuse. Pour me déculpabiliser, je pense à tous ces touristes qui dépouillent les Himbas de leurs plus belles parures en échange de menue monnaie. Ils donneraient leur dernier caleçon pour pouvoir ramener chez eux ces bijoux exotiques. Un fléau. Les Himbas sont trop attirés par cet argent qu'ils connaissent mal pour refuser.

Je montre mes nouvelles acquisitions à Vakaouta. En voyant la ceinture en perles de fer, elle éclate de rire.

– Iiiiih, Solena ! Dis donc ! Tu sais à quoi ça sert ?

– Euh... ben non. J'ai remarqué que presque toutes les femmes portaient ça.

– Viens, je vais te montrer.

Vakaouta m'emmène dans la chambre de Verner. Elle me fait ôter mon short, attache la ceinture autour de mes hanches, m'aide à revêtir la peau de chèvre et le pagne de tissu noir. La ceinture couvre toute la partie supérieure des fesses et doit peser au moins cinq kilos. Vakaouta, ravie, arbore un sourire malicieux.

– Tourne-toi, Solena ! Oui, comme ça. La peau doit recouvrir complètement la ceinture. Maintenant mets-toi contre le mur, et soulève un peu la peau de chèvre, je vais te montrer ce qui se passe.

À peine ai-je relevé le coin de la peau de chèvre, dévoilant ainsi l'étrange ceinture métallique, que Vakaouta se précipite sur moi. En me tenant fermement par les hanches, elle fait mine de me pénétrer par-derrière, et avec une voix très grave, terriblement sensuelle, elle murmure :

– Oh Solena, Solena...

Elle s'écroule par terre, pliée de rire.

– Voilà, t'as compris maintenant à quoi ça sert ? s'informe-t-elle.

– Je crois, oui.

Très concernée par ma transformation vestimentaire, Vakaouta prend en main toutes les étapes de mon déguisement. Elle m'offre un petit sac à main en testicule de bœuf, pour transporter ma graisse et mon ocre partout avec moi. Des heures durant, nous nous enfermons dans la chambre de

Verner. Elle tourne les mèches de mes cheveux entre ses mains pour en faire des dreadlocks, les enduit d'une épaisse couche d'ocre et de graisse. Thomas cogne à la porte, jaloux d'être mis à l'écart dans ces instants de complicité féminine.

– Ouvrez ! Je veux voir aussi !

Lorsque, pour la première fois, je sors de la maison habillée en Himba des pieds à la tête, c'est un succès foudroyant. Les hommes m'entourent et me tâtent les bras, les seins, incrédules devant la transformation.

– C'est pas la même Solena, c'est pas possible ! C'est une femme de chez nous, maintenant.

Tous, ils palpent mes hanches pour savoir si je porte bien sous la peau de chèvre le précieux sous-vêtement. Vakaouta a eu raison de me mettre en garde. Les hommes se disputent en riant pour se réserver ma nuit. Thomas, gagné par l'hilarité générale, se jette au milieu du groupe, une casserole à la main. Il la fait tourner au-dessus de sa tête.

– Aaargh ! Espèces de salopards, laissez ma femme tranquille !

Certains Himbas s'enfuient en riant et se cachent derrière les baraquements de tôle. Les autres tombent en masse sur Thomas et le font rouler dans la poussière.

– Iiiih ! Homme, tu vois bien que c'est une femme de Himba, maintenant, elle est plus à toi. Vous êtes même plus de la même couleur.

Couvert de terre, Thomas se réfugie dans la maison. Il réapparaît quelques minutes plus tard, attifé de tous ses bijoux, un pagne autour des reins. Les Himbas l'acclament et applaudissent. Curt, alerté par le bruit, sort de sa maison. Il est revenu hier soir de patrouille, et ne m'a pas encore adressé un salut. Son regard est noir, dédaigneux. Il reste quelques minutes sur le pas de la porte, à nous regarder. Ses lèvres marmonnent quelques paroles, du mépris sans doute pour nos jeux si futiles. Il rentre en haussant les épaules et claque la porte derrière lui.

Je suis plutôt fière de mon déguisement. De près, bien sûr, il est évident que je ne suis pas une Himba. Je n'en ai ni le visage ni le corps, et ma peau ne renvoie pas les mêmes reflets sous la couche d'ocre. Mais de très loin... sans jumelles, perdue au milieu d'une colonne de Himbas... je crois que je pourrai donner le change. Tous les après-midi, je revêts mon costume, et Vakaouta me donne des cours de maintien. Elle m'apprend à m'asseoir par terre en me penchant d'abord en avant, pour éviter que les hommes ne puissent regarder sous le pagne, et à rejeter en même temps, avec la main droite, la jupette en peau de chèvre en arrière. Des heures durant, elle me fait marcher de long en large dans la cour, et corrige la position de mon menton, de mes épaules, accentue avec ses mains le mouvement de mes hanches. Elle secoue mes bras en l'air, soi-disant pour les rendre plus souples, et leur permettre de se balancer avec plus d'ampleur. Même de loin ma démarche ne doit pas choquer un observateur averti. Cela pourrait nous faire repérer.

Un jeune Himba, qui vit dans la cour de Curt depuis plusieurs mois, nous regarde défiler. Il s'appelle Tjakazapi, vient juste de se marier. Il travaille de temps à autre pour les rangers comme pisteur. Habitué à côtoyer des Blancs, il n'a pas cette gêne qu'ont certains Himbas à pénétrer dans leur territoire. Il n'hésite jamais à nous réveiller dans notre chambre, Thomas et moi.

Profitant d'une pause dans mon travail sur le corps, il m'interpelle.

– J'ai décidé, affirme-t-il, d'apprendre l'anglais. Je voudrais que tu sois mon professeur.

J'acquiesce, ravie de la proposition.

Dès lors, tous les matins, à l'aube, il me sort du lit. Nous allons dans la grande pièce vide. Pendant plusieurs heures, il me demande le nom des objets qui nous entourent, les répète laborieusement, et me les fait écrire sur l'emballage d'un sac de maïs. Il ne sait pourtant ni lire ni écrire, mais cela ne semble guère le préoccuper. Étrangement, il tient toujours à ce que nous soyons seuls et renvoie sèchement toute personne qui s'aventure à nous déranger. Un matin, je remarque qu'il semble nerveux. Il baisse les yeux et se ronge les doigts. Il n'est pas attentif. Un long silence. Il secoue ses épaules, relève brusquement la tête, et me fixe dans les yeux.

– Solena ! Comment on dit en anglais « Je veux coucher avec toi » ?

Tjakazapi ne reparlera plus jamais de ses leçons d'anglais.

Un jeu équivoque s'établit alors entre nous. Sans répit, il guette le moment où Thomas, assis à quelques mètres de moi, mais accaparé par d'autres affaires, ne fait pas attention à nous. Il murmure alors, assez fort pour que Thomas puisse entendre, le « A ouan tus lip ouis yu ». Il prononce cette phrase avec une grande application, comme une formule magique. Thomas, qui commence à jouer son rôle de mari jaloux à la perfection, bondit en l'air. Il court chercher sa machette, et se jette sur Tjakazapi. Ce dernier prend la fuite en hurlant comme un chacal, avant de revenir à la charge, quelques minutes après.

Ce jeu nous occupe de longues heures. De ces heures qui sont interminables et dont on ne sait comment se débarrasser. C'est un de nos seuls exercices de la journée. Thomas poursuit Tjakazapi avec toutes sortes d'ustensiles, et Tjakazapi essaie désespérément de me kidnapper. En cachette, il m'explique ses plans :

– Quand tu iras avec Thomas à Ohakaï, tu sauteras de la voiture, et tu reviendras ici. Tout de suite, on ira à Ombombo. Thomas, il criera : « Solena ! Où elle est ? » Les gens lui diront : « Elle est à Ombombo. » Il ira à Ombombo, mais nous, on sera déjà partis pour Oruana...

Tjakazapi va jusqu'à m'offrir un bâton d'un mètre cinquante de long, en peau de girafe, habituellement utilisé pour battre les chiens.

– Pour que tu puisses te défendre dans ton couple, explique-t-il.

J'éclate de rire.

– Mais j'en ai pas besoin, tu sais, Thomas est un très bon mari, j'ai pas à me défendre. Et puis d'ailleurs, c'est même pas mon mari. Ça aussi, c'est un jeu.

– Prends-le ! Ça te servira bien un jour.

Curt, à l'autre bout de la cour, hausse les épaules. Il ne cesse de nous surveiller, Thomas et moi, et de juger les relations que nous entretenons avec les Himbas. Avec Thomas, il parle encore, il n'est que moqueur et supérieur. À moi, il n'envoie plus que du mépris et de la haine.

Pendant toute cette période, Omuniangue est absent. Il est allé rendre visite à des membres de sa famille, dans le nord du Kaokoland. Le jour de son retour, Thomas l'invite à boire le thé.

La discussion prend rapidement un tour très sérieux. Thomas attendait cette entrevue en tête à tête avec impatience. Il fait appeler James, pour avoir une traduction exacte des paroles d'Omuniangue. Ils parlent du barrage, de la situation politique du Kaokoland et de l'avenir du peuple himba dans cette nouvelle Namibie dirigée par un gouvernement SWAPO. J'écoute, attentive. La discussion est passionnante. Jamais je n'avais entendu Omuniangue parler de tels sujets. Je me rends compte que, de tous les Himbas que j'ai rencontrés, il est sans doute l'un des plus engagés politiquement. Vingt ans déjà qu'il a été choisi par toute la communauté d'Etanga pour être parmi les cinq hommes qui siègent au conseil et représentent la communauté himba. Le pouvoir de ce conseil est, politiquement, aussi important que celui du grand chef.

Assise par terre, aux pieds de Thomas et d'Omuniangue, j'écoute. Je ne participe pas, c'est une discussion d'hommes. Omuniangue me caresse machinalement la tête, mais je sais qu'il ne me voit même pas. Soudain, il s'arrête au milieu d'une phrase. Son regard se pose sur un coin de la pièce. J'y ai laissé traîner mon sous-vêtement en métal. Une seconde de silence. Stupéfait, il demande :

– Mais c'est à qui, ça ? Qu'est-ce que ça fait là ?

D'une petite voix timide, je réponds :

– C'est à moi...

– À toi ? Mais qu'est-ce que tu vas en faire ? répète Omuniangue, interloqué.

– Ben... c'est que... je m'habille en Himba, maintenant, parfois...

Soudain, je me mets à rougir comme une écrevisse. Le sang me monte aux joues, je commence à bégayer. Omuniangue me regarde, un sourire sur les lèvres, attendri, amusé, moqueur et étonné à la fois. Surprise en flagrant délit de féminité. Je voudrais pouvoir me cacher, disparaître. Comme le jour où mon père, le vrai, avait découvert mon premier soutien-gorge. En même temps, je ne peux m'empêcher de rire.

– Ben oui...

Quelque chose d'étrange. En un éclair, la naissance d'une pudeur qui n'existait pas avant entre nous. Comme si soudain ma poitrine avait poussé et mon sexe changé de fonction.

Curieux, Omuniangue me demande de m'habiller. Je m'exécute, fière et obéissante. Lorsque je reviens dans la pièce, vêtue des peaux de chèvre et parée de tous les bijoux himbas, la discussion s'arrête net. Les regards ne sont plus que pour moi. Charmé, Omuniangue me fait tourner sur moi-même, m'ausculte sous tous les angles, les yeux prêts à me dévorer, un sourire de connaisseur sur la bouche. Tout en me pavanant et en prenant des poses, je le regarde, lui, et James, et Thomas, et un autre Himba qui assistait silencieusement à la conversation. Une onde me traverse la tête, puis le corps. La révélation d'un nouveau pouvoir que je possède sur les hommes, et donc sur la vie. On m'admire quelques minutes. Puis la conversation reprend, je n'existe plus en dehors du plaisir des yeux. Jamais je ne me suis sentie plus bêtement et typiquement femme. Sensations nouvelles qui se mélangent et me troublent. Frustration de ne pas être considérée comme une interlocutrice d'intérêt pour ces discussions graves et sérieuses. Plaisir de me voir décerner un nouveau rôle, un rôle qui me laisse le loisir d'être bête, stupide, égoïste ou capricieuse à mon gré, sans que cela entame ce pouvoir dont je n'avais encore jamais soupçonné l'importance.

Les jours passent. Toujours aucune nouvelle de Katjira. Les lettres de mes parents, de mon frère, de mes sœurs s'entassent sur le réfrigérateur de la maison d'Opuwo. Je les parcours, rapidement, l'esprit ailleurs. Ma maman s'inquiète. Elle dit qu'elle m'aime. Mon petit frère, qui vient d'avoir dix ans, m'envoie des dessins et des cassettes audio sur lesquelles il raconte les ragots familiaux. Mes amies me rappellent à l'ordre :

– Tu es folle ! Ta mère se fait un sang d'encre pour toi. Elle a perdu plusieurs kilos. Donne-lui au moins des nouvelles. Et tes études ?

Une lettre de mon père, même. La première que je reçois de ma vie. J'y discerne, sous une grande précaution de langage, une certaine colère : « Nous sommes tous ravis que tu aies trouvé ta voie, mais tu pourrais peut-être nous tenir au courant ! » Comment a-t-il deviné ? Je l'imagine, assis à son bureau jaune, le cigare mal éteint dans le cendrier, choisissant soigneusement ses mots pour ne pas me froisser. Un instant, je suis avec eux, là-bas. Quelques remords pour les soucis que je provoque. Mais je ne comprends pas vraiment ce qu'ils me disent, c'est irréel, et j'oublie vite, très vite. Les priorités sont ailleurs, dans ce qui m'entoure. Qu'un Himba vienne me saluer, et je laisse la lettre de côté. Mais au fond de moi-même, une nouvelle certitude : celle que mes jours ici sont désormais comptés. On m'attend, chez moi. Ça ne pourra pas durer éternellement.

Toujours les mêmes jeux, dans la cour de Curt. Je joue à la femme infidèle, Thomas au mari jaloux, nous rions, nous passons le temps, nous nous ennuyons.

L'attitude de Curt à mon égard ne fait qu'empirer. Parfois, il entre dans la maison de Verner, tourne dans la pièce vide, inspecte chaque recoin, en m'ignorant ostensiblement. Puis, avant de partir, il me jette un coup d'œil si plein de dégoût que je me retourne pour vérifier s'il n'y aurait pas une merde à côté de moi. Il n'y a rien, le sol est propre.

Je ne comprends pas. Avant nos retrouvailles à Sesfontein, il m'aimait bien, il lui arrivait même de se mettre en frais pour me faire plaisir. Pourquoi ce changement radical ? Il met tant d'énergie dans son mépris. Il suffit que je sois dans son champ de vision pour que je me sente arrêter de vivre.

– Il est jaloux, Solena, me rassure Thomas. Tu comprends pas, tu vis avec tous les mecs, avec moi, avec Patt. Tu es complice avec nous, mais pas avec lui. Tu prends de la place et lui vole l'attention qui lui reviendrait en temps normal. Quand tu es là, Patt reste avec toi. Sinon, il va parler à Curt. Et tu accapares aussi ses Himbas.

– Mm... Peut-être...

Je me doute qu'il y a autre chose.

Le même soir, je veux ramener un livre à Curt. La porte de la cuisine est ouverte, je passe la tête par l'ouverture. Curt, assis sur sa chaise, est occupé à tripoter Katjaimbia. Il est couvert d'ocre et de graisse, sa bouche embrasse ses seins et ses mains sont enfouies sous sa peau de chèvre. Ma maman est de dos. Curt relève la tête. Il me voit.

Je cours me réfugier dans la maison de Verner, auprès de Thomas. Je m'accroupis, recroquevillée sur moi-même, coincée entre le mur et la peau flasque de Thomas. Je voudrais qu'elle soit assez large pour m'envelopper complètement. Ce n'est pas tant la scène en elle-même qui me met dans cet état-là, mais la crainte du courroux de Curt. Il ne me pardonnera jamais de l'avoir surpris dans cette situation.

Patt, de passage à Opuwo pour la nuit, vient d'entrer dans la pièce. Je l'implore :

– S'il te plaît, Patt. Viens t'asseoir à côté de moi. J'ai besoin d'une épaule large pour me protéger.

Patt me dévisage longuement. Il ne sait pas s'il doit rire ou s'inquiéter.

– Qu'est-ce qui se passe, Solena ? On t'a battue ? T'es retombée en petite enfance ?

– Je sais pas ce qu'elle a, intervient Thomas. Ça fait dix minutes qu'elle est prostrée dans son coin.

Je ne peux pas garder cela pour moi toute seule. Je cafte.

– Curt a peloté ma maman, dans sa cuisine !

Patt me dévisage, interloqué.

– Mais tu savais pas ? Tout le monde le sait. Katjaimbia est sa maîtresse préférée.

Je tombe des nues.

– T'aurais pas pu me le dire, non ?

Patt sourit, malicieusement. Ses yeux, d'ordinaire si perçants, prennent volontairement un éclat faussement innocent, presque angélique.

– Tu m'avais jamais posé la question.

Je suis sous le choc. Même si, à Etanga, le nom de Curt était souvent associé à celui de Katjaimbia, jamais je n'aurais imaginé qu'il pût avoir avec elle une relation autre qu'amicale ou paternaliste. Et Katjaimbia formait un si beau couple avec Omuniangue... L'idée qu'elle puisse se laisser toucher par un autre – surtout par Curt – ne m'aurait pas traversé l'esprit. Illusion candide de petite fille... L'attitude de Curt envers moi prend enfin un sens. Ma présence le dérange depuis qu'il sait que j'ai une relation privilégiée avec Katjaimbia et Omuniangue.

– En tout cas, tout s'explique, maintenant..., dis-je pensivement. Omuniangue est au courant ?

– Ça, je sais pas.

Patt semble disposé à parler, aujourd'hui. J'en profite pour l'interroger sur Curt. Je réalise que je ne connais pas un seul détail de son passé. À tout hasard, je demande :

– Il ne s'est jamais marié ?

– Si, une fois. Il y a huit ou neuf ans.

Patt ne peut réprimer un sourire. Ses yeux brillent de malice.

– Avec une Miss Afrique du Sud. Ça a duré six mois.

– Avec une Miss Afrique du Sud !

– Hm ! Une vraie poupée. Elle habitait ici, à Opuwo. Talons hauts, minijupe ou tailleur, brushing et maquillage à gogo. C'est comme ça que Curt aime les femmes. Excepté les femmes himbas, toutes les femmes qu'il a eues étaient très bêtes, très jolies, et ne savaient rien faire d'autre que s'occuper de leur beauté.

Les bras m'en tombent. Comment un homme comme Curt, qui ne se lave pas plus de deux fois par an, peut-il être attiré par ce genre de femmes, et uniquement par elles ?

– Bien sûr, ça a jamais duré longtemps, toutes ses histoires. Curt a toujours choisi des femmes qui n'aiment que draguer en boîte et qui ne supportent pas la poussière. C'est ça la féminité, pour lui. Il a quand même eu un gosse avec cette Miss Afrique du Sud, mais je crois qu'il ne l'a jamais vu. Peut-être une ou deux fois après la naissance.

Je me souviens, maintenant. Une fois, j'avais aperçu, dans un coin de son bureau, au milieu d'une liasse de papiers, la photographie d'un jeune garçon. Il s'était empressé de la cacher. Je n'y avais pas porté attention.

– Il a eu un autre enfant, aussi, continue Patt. Avec une femme himba. Le premier métisse himba, je crois bien. L'enfant doit avoir six ou sept ans, maintenant. Il habite à une trentaine de kilomètres au sud d'Opuwo. Curt va lui rendre visite de temps à autre.

– Et il a jamais eu de problèmes avec les Himbas, à leur prendre leurs femmes, comme ça ? je demande.

– Oh si ! Il a failli se faire lapider, une fois, par les hommes d'Etanga. Il avait passé la nuit avec une des femmes, dans la case du mari. C'était pas Katjaimbia, une autre je crois. Sans Johannes et Bakera qui ont réussi à arranger l'affaire, il se serait fait massacrer sur place.

– Pourquoi tu m'avais jamais dit tout ça ?

Patt sourit, légèrement moqueur.

– C'est pas mieux que tu le découvres toute seule ? C'est comme ça qu'on apprend le mieux...

Curt Leyre. Dans une lettre que j'avais écrite à un ami, peu après mon arrivée dans le Kaokoland, je l'avais décrit comme « le grand papa Blanc des Himbas », persuadée qu'il était apprécié de tous les Himbas. Le mystère qui l'entoure devient soudain compréhensible. Pour beaucoup, tous ceux qui le fréquentent à petite dose, cet homme est une légende. Mais les légendes sont rarement belles, lorsqu'on les creuse un peu.

– Quel salaud, quand même, ce Curt, ne puis-je m'empêcher de dire.

– Tu sais pas tout encore, ajoute Patt. Tu pourrais écrire un livre sur cet homme. Tu sais qu'il est sud-africain, d'origine anglo-saxonne. Quand il avait vingt ans, il a retapé un vieux voilier. Il voulait arriver en Angleterre, pour retrouver ses origines et des membres de sa famille. Il est parti du Cap, avec un copain. Mais le bateau a pas tenu longtemps, ils ont échoué en Angola, ou au Zaïre. Curt a vécu plusieurs années dans la région. Comme il n'avait pas de papier, il avait dessiné les plans du moteur de son bateau sur les pages de son passeport. Du coup, au Gabon, on l'a pris pour un agent secret, il a fait un an de tôle. Il est arrivé en Angleterre deux ou trois années plus tard, sans un sou, avec juste le nom d'un lointain cousin de la quatrième ou cinquième génération. Bien sûr, il l'a jamais retrouvé.

Je reste pensive.

– Alors, lui aussi, il a cherché, quand il avait vingt ans. Il devrait comprendre ce que je fais ici...

Il y a quelques mois, le passé de cet homme m'aurait fascinée. Aujourd'hui, il ne m'intéresse même plus. Qui suis-je, bien sûr, pour juger du haut de mes dix-huit ans ? Curt a sans doute vécu des souffrances que je ne suis pas capable d'imaginer. Mais pour moi, cet homme, en dépit de son glorieux passé, a raté sa vie. L'aventure ne devrait surtout pas mener à ce qu'il est devenu. Pourquoi partir, si c'est pour finir désabusé et misanthrope, ne plus croire en rien et mépriser tout ce qui vous entoure ? Je veux croire que le voyage est un chemin vers l'autre, vers la sagesse et l'amour.

J'apprends avec surprise que la cohabitation pacifique qui semble exister entre Curt et Patt n'est qu'un leurre. Plusieurs années de suite, Patt a haï Curt. Une fois, il a même perdu son calme, et lui a envoyé un crochet dans le visage. Les choses se sont apaisées, avec le temps. Ils n'ont pas le choix, ils n'ont personne d'autre à qui parler. Ailleurs, Patt et Curt ne se seraient peut-être jamais adressé la parole, ils n'auraient rien eu à faire ensemble. Ici, ils ont dû apprendre à s'accepter, même s'ils ne s'estiment pas. Ils ont besoin l'un de l'autre.

– Tu sais, ajoute Patt. C'est la première fois que la vie ici, à Opuwo, est si gaie et si vivante. Avec toi et Thomas, ça commence à faire une bonne équipe. C'est aussi pour ça que tu gênes Curt. Son pouvoir diminue. Et puis, toi et Thomas, vous êtes pas pareils que nous avec les Himbas. On voit bien que vous êtes européens, vous avez pas vécu l'apartheid. Tu t'en rends peut-être pas compte, mais vous n'avez pas les mêmes barrières dans vos relations avec les Himbas. Vous êtes plus familiers, plus directs. Vous arrivez mieux à dépasser les différences et à vous mélanger. Nous, on a des problèmes avec ça. Depuis des générations, on nous apprend à garder la distance et à ne pas entrer dans le territoire de l'autre, soi-disant pour garder notre identité et notre culture. On est marqués, on n'y peut rien. Et quand on vous voit, comme ça, si à l'aise avec les Himbas... je suis sûre que Curt est aussi jaloux de ça. Curt couche avec les femmes himbas, mais jamais l'une d'elles n'oserait entrer dans sa maison sans être invitée. Toi, on va jusqu'à te réveiller dans ton lit. Tu comprends ? Beaucoup ici à Opuwo sont jaloux.

Le sourire de Patt s'élargit. Il se racle la gorge et cligne de l'œil d'un air entendu.

– D'autres trouvent ça scandaleux. Pour eux, vous vous oubliez et vous retombez en sauvagerie.

J'acquiesce. Je sais à quoi il fait allusion. Nos relations avec les géologues ont beaucoup changé. Ils nous fuient presque, maintenant. Il y a nos jeux avec les Himbas... ce n'est pas digne d'un Blanc. Mais il y a aussi la relation entre Thomas et moi. Nous avons quinze ans de différence. Ce n'est pas normal. Plusieurs fois, les géologues ont pris Thomas à part, et lui ont fait la morale :

– Mais enfin, tu te rends compte de ce que tu fais ? Elle n'a que dix-huit ans. C'est encore une enfant. Et vous vous connaissez depuis si peu de temps.

Pourquoi ? Sont-ils jaloux de notre entente ? Parfois, nous nous prenons tellement au jeu du mari et de la femme que, en public, j'appelle Thomas « mon petit mari adoré ». Lui m'appelle « amour de ma vie ». Nous ne nous rendons même pas compte que cela choque. Le jeu a envahi le quotidien. D'ailleurs, c'est vrai, nous nous aimons. Mais ce n'est pas conventionnel. Ces Afrikaaners ont beau se saouler régulièrement jusqu'à ne plus savoir qui ils sont et sortir des blagues obscènes à longueur de journée, ils restent foncièrement puritains. Seul Patt, qui sait, reste le même.

Malgré la force de notre complicité et notre bonne humeur, Thomas et moi ne pouvons empêcher ces pensées négatives de nous atteindre. Le Kaokoland, celui que nous avons appris à aimer en même temps, n'est plus. Nous nous promenons dans les rues d'Opuwo, traînant les pieds dans la poussière, écrasés sous la chaleur. Nos yeux s'écarquillent malgré nous. Là encore, il faut nous rendre à l'évidence. La ville, qui était restée immobile pendant de longues années, vient d'abandonner son rythme lancinant. Opuwo se transforme de jour en jour. Trois nouvelles églises se construisent le long de la rue principale. Le chantier d'un nouveau supermarché vient d'ouvrir. Partout, de nouveaux bâtiments, des bottle-stores, un loueur de cassettes vidéo, un projet d'hôtel quatre étoiles avec pelouse et piscine. On prévoit d'aménager les maisons vides en chambres d'hôtes pour les futurs afflux de touristes. Deux mois auparavant, il n'y avait rien de tout cela. La ville entière semble s'être donné le mot pour entrer, soudainement, dans l'ère du « progrès ». Dans les rues, on parle du barrage, ce barrage qui amènera, croit-on, électricité, routes goudronnées, travail et argent dans la région. Le maire, du haut de son estrade, harangue la foule qui s'est réunie sur le terrain vague : « Notre région, la région du Kunene, va changer ! Nous allons devenir développés ! » Thomas et moi nous regardons, tristement. La machine est lancée. Pourquoi donc s'attache-t-on autant à la première image, la première scène, et voudrait-on toujours la conserver identique ? Le sentiment d'être arrivés ici à l'instant charnière, pour être les derniers témoins de ce monde qui, égal à lui-même pendant des décennies, entame tout juste sa mutation. Une transformation irrémédiable, qui avance à une vitesse trop rapide pour les sentiments humains.

Mi-novembre. Katjira n'a toujours pas donné signe de vie. Aucun préparatif n'annonce la grande fête prévue pourtant déjà le mois dernier. Nous rejoignons les rives du Kunene, pour recueillir les témoignages des Himbas du fleuve au sujet du barrage.

Thomas a établi la liste des campements qui, selon les plans actuels, vont être noyés. Il a préparé des questionnaires, dessiné des cartes simplifiées pour montrer l'étendue du projet. Pour nous introduire auprès de ces Himbas que nous ne connaissons pas et gagner leur confiance, nous emmenons avec nous Karamata, le deuxième conseiller de Kapika.

La piste qui longe le Kunene est la plus terrible du Kaokoland. C'est un damier de nids-de-poule et de blocs de roche, si énormes parfois qu'ils forment des marches de près d'un mètre de hauteur. Thomas est sans cesse obligé de descendre de la voiture pour inspecter la piste, déplacer les pierres, repérer le chemin le plus praticable. Les versants des montagnes sont si pentus que le véhicule, en équilibre instable sur les cailloux, manque plus d'une fois de verser dans le ravin. Enfermée dans le coffre avec Karamata, recroquevillée en fœtus, je me bats contre les sacs de maïs, les marmites en fonte et les bidons d'eau qui dégringolent sur ma tête. Le réceptacle est envahi par la poussière, nous toussons, la chaleur est écrasante, et pas un souffle d'air. Nous frôlons fréquemment l'asphyxie. Toutes les dix minutes, Thomas doit s'arrêter et ouvrir la porte du coffre, pour nous laisser respirer. Sur la banquette avant, une femme himba, enceinte jusqu'aux dents, que Thomas a récupérée sur le bord de la piste, et comme toujours, James. Son statut d'interprète lui interdit de se mélanger aux pauvres animaux qui s'agglutinent dans le coffre.

– Espèce de criminel, râle Karamata contre Thomas. Ta voiture est pire qu'un mulet. T'aurais pas pu acheter une Ford, comme Curt, non ? T'as fait exprès de prendre cette carcasse, pour faire souffrir les pauvres Noirs et la pauvre Solena qui sont dans le coffre. Quand j'aurai appris à conduire, je te mettrai dans le coffre, avec un troupeau de chèvres. Tu verras...

Thomas sue toute l'eau de son corps. Sa tignasse brune se colle dans les plis de sa peau. Je ne comprends pas comment il garde encore la force de conduire par cette chaleur. Abruti par le poids de l'atmosphère, ébranlé par les chocs, mon cerveau n'est plus qu'une vague purée. Énergie, zéro. Réflexion, nulle. Perdue sous les ballots, coupée du monde extérieur par les fenêtres couvertes de poussière, je n'aperçois même pas le paysage. La végétation se fait plus dense lorsque l'on se rapproche du fleuve, des allées de palmiers remplacent les champs d'épineux et griffent la voiture avec leurs longues branches. C'est tout. Je me concentre sur les bleus de ma peau.

Un premier campement himba. Thomas arrête la voiture sous un arbre, sort les cartes, les cassettes, le magnétophone. Les uns derrière les autres, en file indienne, nous prenons le chemin du kraal.

Devant le feu sacré, un homme gras et bossu. Le chef du village. Sa peau noire couverte de graisse luit sous le soleil. Quelques mètres en retrait, une demi-douzaine d'hommes, plutôt jeunes. Deux femmes pilent des graines de maïs. Le campement est calme.

Sur les conseils de Karamata, Thomas et moi avons passé autour du cou et des bras plusieurs bijoux himbas. Avant même que nous n'ayons salué, le vieil homme obèse me fait signe de m'asseoir à côté de lui. Il me tâte les cuisses, puis, brusquement, en riant, s'adresse à Thomas.

– C'est toi le sauveur qui vient m'apporter une pilule pour mon impuissance ? Donne-la-moi tout de suite, je veux essayer ses effets sur ta femme.

Thomas, habitué à l'humour himba, fait mine de se fâcher tout rouge.

– Atatatatata, fait-il en secouant son poignet. Femme à moi qu'à moi. Moi homme Blanc. Tu sais bien, homme Blanc jamais partager.

Éclat de rire général. L'atmosphère est détendue. Thomas fait signe à Karamata d'expliquer les raisons de notre visite. Les Himbas hochent sagement la tête. L'interrogatoire commence.

Pour son étude, Thomas doit établir une espèce de circuit économique du mode de vie des Himbas : comprendre dans quelle mesure ils sont dépendants de leur milieu naturel, et quel est leur parcours de transhumance, pour en déduire les conséquences du futur barrage. Il a besoin de chiffres. Les questions s'enchaînent : Combien de personnes habitent ici en ce moment ? Viennent-ils régulièrement tous les ans ? Où étaient-ils auparavant ? Quelle utilisation font-ils de la rivière ? Combien de chèvres étranglent-ils par mois ? Combien de chèvres vendent-ils aux trafiquants ? Que leur donnent ceux-là en échange ? Combien d'heures de marche les séparent des tombes de leurs ancêtres ?...

Autant de questions auxquelles, pour la plupart, les Himbas sont incapables de répondre. Excepté les rares jeunes qui ont été à l'école, ou ceux qui ont fait un séjour dans l'armée, les Himbas ne savent pas compter. Ils connaissent si bien chacune de leurs chèvres qu'un coup d'œil leur suffit pour voir si l'une d'elles manque au troupeau.

De plus, pour toutes les questions qui touchent au bétail ou aux ancêtres, nous savons que les Himbas ne nous diront jamais la vérité. La présence de Karamata aide peut-être, mais cela ne suffit pas pour qu'ils aient confiance. Même Katjira, le papa adoptif de Thomas, qui sait compter, nous a affirmé qu'il ne possédait que trente têtes de bétail. D'après les scientifiques, avec un troupeau de cette taille, une famille de Himbas peut à peine survivre. Les chiffres des campagnes de vaccination nous ont révélé par la suite qu'il en possédait plus de deux mille. Il aurait même, d'après Curt, un compte en banque dans l'Ovamboland.

Thomas connaît l'absurdité de ses questions. Mais il n'a pas le choix. Pour avoir des informations valables, il faudrait passer un mois dans chaque campement. Nous avons prévu d'en visiter vingt-trois en une semaine.

– Non, je ne me souviens pas de l'endroit où a été

enterré mon père, affirme le vieillard obèse en continuant à caresser mes cheveux.

Sourire désabusé. Nous ne sommes pas dupes, et ils le savent.

Pour échapper à la chaleur, James s'est retiré à l'ombre d'une case, loin du groupe. Nous devons tendre l'oreille pour l'entendre, mais je connais assez de mots pour savoir qu'il ne traduit pas la moitié des discours. Lorsque je lui demande des détails, il me regarde de haut, prétentieux. Son employeur s'appelle Thomas, c'est ce même Thomas qui le paie. La question change alors de bouche, Thomas sert d'intermédiaire, James traduit.

Une femme me pousse du coude.

– Dis à ton interprète de pas se tenir comme ça. C'est pas correct. S'il continue, les hommes vont le mettre dehors, murmure-t-elle à mon oreille, choquée.

Avachi contre la paroi de la case, James a les jambes écartées, les genoux pliés. Son short ultra-serré moule son sexe et ses testicules. C'est de la provocation pure, il le sait. Pour lui, les Himbas ne sont que des sauvages qui ne méritent ni respect ni intérêt. Les Himbas s'en rendent compte, d'ailleurs. Souvent, lorsqu'ils nous racontent une histoire, ils s'arrêtent au milieu d'une phrase, les yeux fixés sur James. Ils ne veulent pas que lui sache. Mais là encore, Thomas n'a pas le choix.

Thomas pousse un soupir.

– James ! Viens t'asseoir avec nous, *if you please.*

Le soleil tape dur. Nous avons soif, et nous n'avons rien mangé depuis la veille au soir. Je demande à une femme de me donner du lait.

– Vous n'avez jamais entendu parler du barrage d'Epupa ? interroge Thomas.

Mouvements de tête négatifs. Thomas pousse un nouveau soupir. Je déplie les cartes. J'appréhende. Ce ne devrait pas être à nous de faire cela.

– Voilà, commence Thomas d'une voix très douce. Le gouvernement a décidé de construire un barrage sur le fleuve Kunene.

Les Himbas écoutent, attentifs. Ils regardent la carte, de loin, sans trop comprendre.

– Ce sera un très grand barrage, continue Thomas. Toute la région va être inondée. Ce village, ici, sera inondé. D'Epupa jusqu'à Enyandi, tout va être inondé. Les palmiers seront noyés. L'eau montera jusqu'aux montagnes du Zèbre.

Du doigt, il pointe chacun des endroits qu'il mentionne, puis il les montre sur la carte.

– Là, ce point représente votre village. Cette ligne bleue, c'est le fleuve actuel. En rouge, c'est la surface qui sera noyée.

Les yeux des Himbas s'écarquillent. Muets de terreur, ils n'arrivent pas encore à réagir. Penché sur la carte, le chef examine l'enchevêtrement des lignes courbes. Sans doute espère-t-il y trouver une explication. Le campement, tout à l'heure si calme, se charge en tension.

– Mais c'est notre mort que tu nous annonces là ! hurle un jeune homme, le visage révolté.

– Et où on va aller ? Hein ! T'as pensé à ça ? Qu'est-ce qu'on va devenir ?

Un homme, tapi dans l'ombre d'une case, se lève brusquement. Ses cheveux lâchés indiquent qu'il est en deuil. Il s'arrête devant Thomas et plante une sagaie dans le sol.

– Tu cherches la guerre !

Son regard est haineux. J'ai mal pour Thomas. C'est toujours lui qui reçoit tout le blâme. En tant que femme et demi-portion, j'y échappe en partie. L'homme menace. Thomas réagit très vite.

– Hé, ho ! halte-là, pose ton arme. J'y suis pour rien, dans ce projet. Je ne fais pas partie du gouvernement. Je fais juste une étude sur vos opinions au sujet de ce barrage, justement parce que je m'intéresse à vous.

Karamata acquiesce de la tête. Le chef, démoli par la nouvelle, interroge d'une petite voix.

– Où est-ce que nous irons, si vous nous arrachez nos terres ?

– Je ne sais pas, répond Thomas. Je ne sais pas où vous irez.

– Et les tombes de nos ancêtres, celles qui sont sur le bord de la rivière ? Qu'est-ce que vous allez en faire ? Vous ne pouvez pas les laisser sous l'eau, autant nous tuer tout de suite ! Nous mourrons si nous ne pouvons plus aller sur les tombes de nos ancêtres.

– Je ne sais pas non plus. Certaines personnes parlent de déterrer les corps et de déplacer leur sépulture.

Cris de révolte. Tous parlent en même temps.

– C'est n'importe quoi ! Comment veulent-ils les déplacer ? C'est que de la poussière, maintenant. Et de toute manière, les esprits resteront toujours au même endroit.

Que répondre ? Nous jouons un rôle qui n'est pas le nôtre. Comment leur faire comprendre que nous sommes de leur côté ? Nous avons beau leur répéter que nous n'y sommes pour rien, nous sommes Blancs, cela suffit pour faire l'amalgame. Les yeux révulsés, le poing tendu, l'homme en deuil reprend son arme.

– Pourquoi vous nous avez demandé pendant des heures combien de chèvres on étrangle et combien de blocs d'ocre nos femmes utilisent, si c'est pour nous dire après que vous êtes venus pour nous tuer ? Vous n'aviez qu'à nous trancher la gorge tout de suite. Faites ça proprement, au moins. Tu dis que tu n'y es pour rien, mais c'est bien des gens de ton pays qui veulent construire ce barrage ? Ce sont des Blancs, comme toi. S'ils viennent, nous les tuerons, ou ils nous tueront, mais nous ne les laisserons pas construire ce barrage en paix.

– Arrête, coupe un autre. Tu vois bien que ces Blancs-là sont bons. Ils ne seraient pas venus nous prévenir, ils n'auraient pas cet air triste, s'ils travaillaient pour le gouvernement. En se tournant vers Thomas, il avoue : – On t'a dit tout à l'heure qu'on savait plus où étaient enterrés nos ancêtres. C'est parce qu'on avait peur que tu ailles les déterrer. On peut te dire, maintenant. Leurs tombes sont à une demi-journée de marche d'ici, en longeant le fleuve vers Enyandi.

Thomas remercie. Plus personne ne parle. Il n'y a rien à

dire. L'atmosphère est terriblement lourde, funèbre. Ils sont abattus. Ils ne comprennent peut-être pas tout ce qui est en jeu dans ce projet de barrage, mais ils ont raison sur ce point : s'il se réalise un jour, cela signifiera la mort des Himbas.

Le silence dure. Les visages sont si tristes, d'autres si révoltés... C'est la première fois que je ressens la douleur de l'injustice avec une telle force. Elle est terrible, insupportable. Mon corps est comme emprisonné dans un étau de métal brûlant. Il veut se battre, mais il ne frappe que du vent.

Lentement, nous nous relevons. Ils n'ont plus besoin de nous, ils sont seuls dans leur malheur. Je salue, timidement :

– Merci de nous avoir accordé ce temps.

– Merci, merci ! Quand tu pointes un fusil sur un homme pour le tuer, est-ce que tu lui dis « merci, merci de te laisser tuer » ? réplique un homme d'un ton amer.

Lorsque nous franchissons l'enceinte du kraal, la voix du chef résonne dans les airs.

– Et ma pilule pour mon impuissance, elle arrive, ou elle est tombée dans l'eau du Kunene, elle aussi ?

Le soleil est haut, ses rayons brûlants. En silence, nous reprenons la piste. Nous ne nous arrêtons qu'à la nuit, à proximité d'un nouveau campement.

– On ira demain matin, murmure Thomas d'une voix lasse. J'en peux plus.

En huit heures de route, nous n'avons parcouru que cinquante kilomètres. Parfois, seulement un ou deux kilomètres par heure.

À cette époque de l'année, la nuit n'apporte plus la fraîcheur souhaitée. Les moustiques attaquent. Sans aucun appétit, nous avalons la bouillie de maïs sans saveur. Mal à la tête. Je sombre dans un sommeil haché et sans repos, me réveille encore plus fatiguée que la veille.

Les journées s'enchaînent, toutes semblables, répétitions d'actions au goût âcre de la douleur : un bout de piste, les coups et la chaleur dans le coffre, l'arrivée dans un nouveau kraal. Quelques blagues de circonstance, discuter un temps de la pluie et du bétail, annoncer la triste nouvelle. Cris, hurlements, insultes. Subir, en silence, faire comprendre, doucement, que ce n'est pas nous. Quitter ces regards désespérés, laisser la mort derrière, courir vers un nouveau campement, tout recommencer. La mort. Trois fois, quatre fois, cinq fois par jour. Aucun des Himbas des bords du fleuve n'était au courant du barrage. Le gouvernement en parle pourtant depuis des mois, peut-être des années. Personne n'a jugé bon d'en informer les Himbas.

Dans tous les campements, la même réaction :

– Arrête de me parler de ce massacre, mon cœur pisse le sang à t'entendre.

– Nous nous battrons jusqu'à la mort, nous n'accepterons jamais.

– C'est comme si j'entrais de nuit dans ton village, de force, et que je te prenais tout ton bétail. Comment tu réagirais, hein ? Tu serais furieux ! Mon cœur va se transformer en pierre. Ce gouvernement nous coupe la gorge.

Ambiance d'enterrement. Sale travail que nous faisons là. Mais il n'y a personne d'autre pour le faire. J'en ai honte. Sans Thomas, je m'enfuirais en courant à la vue d'un nouveau village. Dès le troisième jour, je tremble en dépliant les cartes. Nous sommes les oiseaux de mauvais augure, les messagers de la mort.

Nous revenons éreintés à Epupa. Vidés, desséchés. Epupa, notre petit paradis, à Thomas et à moi. Nous connaissons maintenant les meilleures chutes, la force des courants et le bouillonnement de l'eau, les rochers glissants et la forme des baignoires. La terre respire l'harmonie. Elle parle, elle dégage, sans humeur, le calme et la fraîcheur sereine du fleuve. Dans les cascades et sur les rochers, nous jouons aux rebelles de l'UNITA, au Himba qui a peur de l'eau. En face, le rivage angolais. Dans quelques jours, quelques semaines, si tout va bien, je foulerai son sol mystérieux, mes pas se poseront dans ceux, légers et rapides, d'une colonne de Himbas. Je n'arrive pas à imaginer qu'un jour, peut-être, l'eau montera jusqu'aux montagnes. Je ne veux pas l'imaginer. C'est trop injuste.

Ohakaï. Un des derniers matins de novembre. Thomas est allongé sous la voiture, les bras et les pieds en croix. James, amorphe, somnole sous le pare-chocs. Il n'est pas encore huit heures. Recouverte d'un tissu humide, je me recroqueville sous un mopane rabougri, pour profiter de l'ombre de ses maigres branches. Nous ne bougeons plus. Il n'est pas encore huit heures et, déjà, les rayons du soleil sont comme des flammes. Ils brûlent et transpercent le moindre centimètre de peau exposé. Nous sommes immobiles, aux trois quarts nus, et nos corps sont trempés de sueur. Nous vivons sous un gril. Aucun moyen d'y échapper.

Nous sommes venus à Ohakaï à tout hasard. Une dernière tentative pour provoquer le destin. Nous ne savons plus que faire pour nous occuper de façon intelligente.

Attendre ! Ce mot a envahi tout notre psychisme. Je ne devrais plus être que cela : l'attente, l'attente incertaine, sans garantie, sans assurance qu'un jour l'espoir deviendra présent.

Le plus sensé serait sans doute de partir dans les montagnes, à dos d'âne, rejoindre un groupe de Himbas. Vivre avec eux, apprendre à leur contact, perfectionner la langue. Nous le savons. Nous n'en avons plus la force. Nous sommes las.

Deux fois par jour, je rassemble les dernières étincelles de ma volonté. Je me lève, ravive le feu, fais bouillir de l'eau, y jette quelques poignées de farine de maïs et une cuillerée de graisse de chèvre. Nous mangeons, beaucoup, sans plaisir. Notre estomac n'arrive pas à se satisfaire. Il cherche autre chose, dans la nourriture. Je gonfle à vue d'œil. Thomas maigrit. Sa peau traîne, lamentablement.

Pour la énième fois, je lui répète qu'il est vain d'attendre Katjira ici, sans rien faire, sans bouger.

– Il faudrait le chercher, vraiment. Remuer tout le Kaokoland pour ça s'il le faut. On doit à tout prix le trouver. Sinon, on partira jamais en Angola.

Thomas sourit, péniblement. Un sourire fatigué.

– On remuerait ciel et terre pour le trouver. Et alors? réplique-t-il faiblement. Tu sais bien qu'il est aussi vain de courir après un Himba que de chercher une aiguille dans une botte de foin.

Il a raison. Mais je sais qu'il dit aussi cela parce qu'il est maintenant trop las pour provoquer une marche de plusieurs semaines, couvert d'ocre et de graisse, sous ce soleil meurtrier. Il partira en Angola, si les choses le décident. Mais lui n'a plus d'énergie à donner pour ce voyage. Il faut maintenant que je le veuille pour deux.

– T'es qu'un vieux! UN VIEUX! T'es même plus capable de t'enthousiasmer. Tu te laisses abattre par le premier petit obstacle venu. Ça se voit que t'as trente-trois ans. T'es usé, t'as perdu la volonté de réaliser tes rêves. Si tu continues, bientôt, tu seras plus capable que d'être sage et ennuyeux!

Thomas ne réagit même pas. J'ajoute, dans un murmure :

– C'est triste, à trente-trois ans...

Je voudrais qu'il me bouscule, qu'il m'insulte, qu'il me réveille, aussi. J'en ai besoin. Je suis si fatiguée. Je ne sais plus ce qu'il faut vouloir. Les paroles des Himbas du Kunene me hantent. « C'est notre mort, ce barrage! tu nous coupes la gorge! »

Pas un souffle de vent. La vie s'est arrêtée depuis plusieurs mois déjà dans le campement. Les cases de branchage à moitié en ruine ne sont plus que les témoins du passé. Plusieurs jours que nous n'avons pas croisé un être humain. Le soir, lorsque la grande chaleur tombe, nous nous reprenons à espérer.

Je suis réveillée par un bruit de moteur. Un concert de voix, lointain. Un jeune Himba secoue ma chemise et me fait signe de rester allongée. Il pose un doigt sur ses lèvres, en signe de silence. Je tends l'oreille.

Les voix viennent de l'autre côté du campement. Certaines braillent comme des furies. Ça ressemble à une dispute. Je reconnais celle de Katjira, aiguë, douce et autoritaire à la fois. Thomas écarte ses cheveux. Il sourit. Le jeune Himba reste assis entre nous. Il lance des coups d'œil inquiets de l'autre côté du kraal. De longues minutes s'écoulent, ainsi, immobiles. À nouveau, un bruit de moteur. Une voiture repart.

Nous bondissons sur nos pieds. La silhouette frêle de Katjira traverse le kraal, il approche, de son pas léger, hésitant.

– *Moro moro*, mes enfants ! lance-t-il, alors que plusieurs mètres nous séparent encore.

– *Moro Tate* ! hurle Thomas.

Nous lui sautons au cou.

– Ben alors, t'étais où, Tate ? Des semaines qu'on te cherche partout !

Katjira est hilare. Son petit corps chétif est secoué de rire.

– Hi hi hi, mes enfants ! Vous avez vu ces trois hommes noirs dans la voiture ? Ils sont de la police. Ils m'accusaient d'être le complice d'un Blanc qui cherche des diamants. Ils sont persuadés que je le cache quelque part. Je sais pas pourquoi ils me soupçonnent. S'ils t'avaient trouvé ici, Tomasa, ils t'auraient certainement pris pour ce trafiquant de cailloux.

Katjira a beaucoup maigri. Il nous serre longuement dans ses bras.

– Mes enfants, mes enfants, répète-t-il en me donnant un gros bisou sur la joue, entre deux gloussements de rire.

– Alors, t'étais où ? répète Thomas. Raconte !

Katjira aime se faire tirer les vers du nez. Il nous laisse insister, ravi de son effet. Après plusieurs questions, nous apprenons finalement qu'il s'était rendu à Oshakati, dans l'Ovamboland, la deuxième plus grande ville du pays.

– J' suis allé vendre un peu de bétail. Et puis j'ai traîné un peu..., explique-t-il, mystérieusement.

– Mmh... Ça sent la femme, ça, Katjira, avance Thomas.

– Hi hi hi ! Peut-être, peut-être...

Ses mains nous cherchent, tâtonnantes. Il s'est acheté de nouvelles lunettes, rondes, verres teintés, protection renforcée. Je crois que ses yeux malades devinent encore vaguement les ombres. Plus d'un mois que nous le cherchons. Il réapparaît avec tant de grâce, un sourire si frais, que je n'arrive pas à lui en vouloir. Soudain sérieux, il reprend :

– Mes enfants, je n'ai pas oublié mes promesses. Je vous ai un peu abandonnés, ces derniers temps. On va partir dès maintenant organiser cette grande cérémonie, à Okangwati. Dès qu'elle sera finie, on ira en Angola.

J'embrasse Katjira sur la joue. Il rougit comme un jeune communiant et se met à pouffer de plaisir. Timidement, il me tend l'autre joue.

– Oh, *muhana, muhana*, tu es venu pour nous sauver ! Tu nous apportes des bouteilles, tu es notre sauveur, vous êtes tous nos sauveurs !

À peine Thomas a-t-il arrêté la voiture qu'une horde de Himbas, des femmes pour la plupart, entoure le véhicule. Des mains s'engouffrent par les fenêtres, envahissent la cabine. Elles hurlent, des cris stridents, toutes en même temps.

– Donne-les, donne les bouteilles que tu nous avais promises !

Une femme, vieille comme le monde, se trémousse contre la vitre. Ses seins, vides et plats comme un gant de toilette, collent sur le verre. Ses lèvres pâteuses tombent aussi bas que son menton. Elle pue l'alcool. Le poing levé, elle nous menace, avant de s'écrouler à terre, ivre morte.

Katjira agite sa canne de mopane pour se frayer un passage. Les femmes l'insultent, s'accrochent à son pagne, à ses bras. Thomas et moi suivons, désorientés. Déjà, plusieurs femmes se sont précipitées dans le coffre et ouvrent les sacs, pour trouver des bouteilles.

Okangwati. Ancien poste militaire, paradis de la bouteille, enfer du Kaokoland. Ramassis de cabanes délabrées et de plaques de tôle. Bidonville au milieu du désert. Une case sur deux abrite un trafiquant d'alcool. C'est le rendez-vous des soûlards et des clochards du bush. Je l'avais souvent traversé, mais je ne m'y étais encore jamais arrêtée. Thomas, lui, y a déjà fait plusieurs séjours.

Deux mois que les Himbas y attendent Katjira et sa grande cérémonie. Ils sont loin de leur famille, loin de leur bétail, ils n'ont plus rien à manger. Les plus sages sont depuis longtemps repartis chez eux. Tous les Himbas d'Etanga ont regagné leurs terres de pâturage; ceux qui restent picolent, jour et nuit, et maudissent Katjira et sa mauvaise organisation. Ce qui devait être la plus grande cérémonie que le Kaokoland ait connue ces dix dernières années s'annonce, une fois de plus, avec beaucoup de ratés. J'en viens à me demander si ce n'est pas une constante dans ce pays.

Thomas, qui laisse toujours traîner ses oreilles trop grandes, a réussi à obtenir quelques précisions sur le motif de la cérémonie. L'Okuyambara a lieu environ une fois l'an et célèbre le culte des ancêtres. Mais cette fois-ci, il s'agit d'un Okuyambara un peu spécial. Les Himbas rendront hommage au père décédé du chef Kapika, un chef très respecté, et richissime en son temps. Tous les Himbas d'Okangwati jusqu'à Epupa et les alentours, ainsi que tous les membres du clan du Koudou, sont directement concernés. Cette cérémonie est aussi, paraît-il, une stratégie politique de Katjira pour rehausser l'importance du patriclan par rapport au matriclan. Ces dernières années, les matriclans ont eu tendance à prendre beaucoup trop d'importance, et tous les hommes chargés des feux sacrés se sont sentis lésés.

Katjira a du mal à contenir la rage des femmes hystériques. Elles sont imbibées d'alcool jusque dans leur dernière cellule. Pour les calmer, il n'a pas pu faire autrement que de leur acheter une caisse de bouteilles de Clubman, cet horrible alcool de menthe qui dépasse les soixante-dix degrés.

– Une fois, ici, j'ai vu un Himba dépenser un bœuf entier en deux jours, rien qu'en alcool, raconte Thomas.

Le mirage de la bouteille... À Etanga, je n'ai jamais vraiment souffert de ses effets. En quelques mois, cette drogue s'est répandue à une vitesse affolante. Les trafiquants vont maintenant jusque dans les campements les plus reculés, pour y apporter les précieuses bouteilles. Lorsqu'ils ne viennent pas assez régulièrement, les Himbas multiplient leurs séjours à Opuwo, ou à Okangwati. Auparavant, ils n'y restaient que quelques jours, le temps de vendre une chèvre, d'acheter un sac de maïs et un peu de sucre, d'apprendre les dernières nouvelles. Maintenant, certains peuvent y rester des mois. Et lorsqu'ils commencent à boire, ils ne s'arrêtent pas avant de tomber, inanimés.

La cérémonie ne commencera sans doute pas encore demain. Katjira et Kapika ont réquisitionné Thomas et sa voiture pour aller chercher les chefs des villages alentour. Pour passer le temps, je joue au morpion avec un des trafiquants d'alcool. Les pions sont les capsules des bouteilles de Clubman. Autour de nous, des Himbas allongés dans le sable. Les bouteilles passent de main en main. Les hommes charrient les femmes sur leur sous-vêtement de métal et rient bruyamment.

Une femme me tape sur l'épaule. Je me retourne. Elle est jeune, la silhouette et les traits fins. Son sourire est si pur qu'un instant je crois à une vision.

– Tu es très belle. Tu me plais.

Ses lèvres ont remué, presque indistinctement.

– Mmm ?

– Oui, je m'appelle Donata, et je suis amoureuse de toi, reprend-elle en se penchant légèrement sur moi.

Ses yeux vifs me traversent, rieurs et provocants.

– Mmm ?

– Et quand on est amoureux de quelqu'un, on l'épouse. C'est la tradition, chez les Himbas. Alors on dit que je suis l'homme, tu es la femme, et on se marie, d'accord ?

Un instant de surprise. Je rigole. Épouser une femme himba ? Un jeu encore, bien sûr. Une occasion unique, aussi. Mon éthique de vie m'interdit de refuser.

– D'accord, je veux bien.

– Bon, alors tape là. Ça y est, hop, on est mariées !

Aussitôt, mon nouveau mari change d'aspect. Elle gonfle le torse, et prend une voix grave, virile, pour me présenter à la ronde. On lui rit au nez. Outrée, Donata pose ses mains sur ses hanches, et répond vertement aux moqueurs.

– Vous ne me prenez pas au sérieux? Vous êtes jaloux, c'est tout.

– Espèce d'enfant! lui crie un vieil homme en riant.

Ce nouveau mariage, en l'absence de Thomas, est une protection magnifique contre les hommes saouls. Donata et moi ne tardons pas à former un couple charmant. Dès qu'elle m'aperçoit, Donata hurle d'une voix de basse : « Ô ma femme ! » Je réponds d'une voix stridente : « Ô mon mari ! » et nous courons l'une vers l'autre. Lorsque les hommes rôdent de trop près autour d'elle, je me précipite et leur ordonne de laisser mon mari tranquille.

– Oui oui, je suis un mari fidèle, je ne suis pas du genre à tromper ma femme, approuve-t-elle.

Elle agit de même lorsque des hommes m'embêtent, et je crie aussi qu'aucun homme en dehors de mon mari ne m'intéresse. Les hommes froncent les sourcils, étonnés, et finissent par tourner les talons.

Lorsque Thomas revient, deux jours plus tard, nous installons notre campement dans le lit de la rivière, à une petite centaine de mètres du dernier bottle-store. Plusieurs fois dans la nuit, nous entendons des cris, des hurlements hystériques, des bruits de bagarre. Malgré l'heure tardive, des Himbas ivres morts viennent nous rendre visite, pour tenter de nous arracher quelques pièces et pouvoir continuer à boire. La nuit est chaude, et nous n'arrivons pas à dormir. Allongés dans le sable, Thomas et moi parlons d'amour et de salades grecques.

– Ça y est! On a réussi à trouver un mouton noir, nous annonce Katjira au réveil. La cérémonie va pouvoir commencer dès ce matin, sur la colline. Mais je dois vous dire. C'est une cérémonie très sacrée. Il vaut mieux que vous n'assistiez pas à la mise à mort du mouton, certaines langues pourraient y trouver à redire. Pour le reste du rituel... il y aura une surprise pour vous.

Un à un, les Himbas traversent le lit de la rivière et se rendent sur le sommet de la colline. Les femmes marchent en file indienne, par ordre d'âge. Chacune porte sur sa tête un paquet volumineux : des couvertures, des pots, des sacs de maïs pilé ou des caisses de bouteilles. Leurs chevilles alourdies par les bracelets de perles de fer s'enfoncent dans le sable. Le menton haut, le regard droit, elles fixent toutes l'horizon. La procession avance lentement, ondulant comme une vague légère.

Thomas et moi attendons, dans le lit de la rivière. Donata, mon jeune mari, est restée en arrière avec nous. Elle parfait mon maquillage et réajuste mes bijoux. Le soleil monte. Je vais faire aujourd'hui ma première sortie officielle habillée en Himba.

Des cris s'élèvent de la colline. Ils doivent être maintenant en train d'attraper le bœuf. Un messager envoyé par Katjira vient nous annoncer que nous pouvons nous joindre aux festivités. En chemin, mon mari me rappelle doucement à l'ordre.

– Mets tes épaules en arrière, ma femme. Ne va pas si vite. Et arrête de baisser la tête.

À notre vue, les rires se font chuchotements. Ils sont bien une centaine, au moins, rassemblés sur le sommet de la colline. Hommes et femmes sont séparés en deux groupes. Les visages essaient de rester sérieux, mais beaucoup se retiennent de rire. Trois hommes nous entourent, Thomas et moi, et posent leur doigt sur la bouche pour nous faire signe de rester silencieux.

Un instant de recueillement. Kapika et Katjira prennent la tête de la procession. Les hommes suivent, en silence. Cinq d'entre eux portent des crânes de bœufs. Les femmes ferment la marche, en pleurant. Le cortège avance, lentement, au rythme des sanglots, vers la sépulture de feu le père de Kapika.

La tombe n'est qu'un tas de cailloux, posés les uns sur les autres, d'un demi-mètre de hauteur. Kapika s'arrête quelques mètres avant, à l'ombre d'un mopane. D'un geste autoritaire, il intime aux femmes de se taire. Un silence de mort. Katjira pousse Kapika du coude. Ce dernier finit par se lever, nous prend la main, à Thomas et moi, et avance vers la tombe. Un raclement de gorge. Dans les branches du mopane, le sifflement du vent tiède. Tous écoutent.

– Père, commence Kapika. Nous sommes venus pour te rendre hommage. D'abord, nous voulons te présenter deux nouveaux enfants. Les voici, devant toi. L'homme et la femme viennent de loin. Ils ont vécu longtemps avec nous, et leur cœur est bon. Nous les avons adoptés comme nos enfants. Les voici, ils s'appellent Tomasa et Solena. Nous te les présentons pour que tu connaisses ton nouveau fils et ta nouvelle fille. Regarde-les, ils sont là. Ils ont la peau blanche, mais ils sont habillés comme nous. Voilà.

Malgré le sérieux du discours, je ne peux m'empêcher de sourire à Thomas. Nous venons d'être présentés aux ancêtres, et qui plus est, pas à n'importe lequel, à l'un des plus importants. C'était donc cela, la surprise de Katjira. Kapika reprend :

– Père, les pluies n'ont pas été bonnes cette année. Le bétail souffre, plusieurs bêtes sont déjà mortes de soif. Le peuple des Himbas souffre. Père, nous avons tué nos bœufs pour toi. Apporte-nous la pluie, donne-moi la chance. Fais que les taureaux meuglent, que le bétail s'accouple. Fais que j'épouse dix femmes et qu'elles donnent naissance à de nombreux enfants. Fais que je ne marche jamais sur mes genoux...

Kapika parle longtemps. Il fait chaud. Le masque solennel de l'assemblée commence à fondre. Les femmes soupirent, quelques ricanements se font entendre.

– J'ai chaud.

– Qu'il est long ! Il va finir par fatiguer les ancêtres, avec ses discours.

– Donne-moi dix femmes ! se moque un jeune homme en imitant la voix de Kapika. Non mais t'as entendu ? Il marche déjà sur les genoux, le tonton.

Kapika n'a pas bronché. Il n'a pas dû entendre. Il continue, sur le même ton :

– Écoute les prières de tes enfants. Envoie-nous la pluie, fais pousser de la bonne herbe...

Je me tourne vers Katjira. Il fronce les sourcils, mais reste muet. Même s'il est le plus respecté, il n'est que conseiller, il n'a pas le droit d'intervenir. Je crois savoir ce qu'il pense. Omuniangue m'a dit, un jour, qu'il ne faut jamais demander des choses pour soi aux ancêtres. Un homme sage est avant tout un homme généreux. De plus, les ancêtres n'ont aucun pouvoir de décision. Ils ne peuvent qu'intervenir auprès du dieu, Ndjambe Mukuru. Je veux m'en assurer. Doucement, je glisse à l'oreille du vieillard :

– Ils ont raison d'être insolents comme ça, non ? On n'a pas le droit de demander tout ce qu'il demande.

– En effet, mon enfant, répond Katjira à voix basse, le visage grave.

L'assemblée se regroupe autour de la sépulture. Les hommes accrochent les crânes des bœufs sacrifiés dans les branches du mopane, et chacun, tour à tour, dépose un petit caillou sur la tombe de l'ancêtre. Les femmes reprennent leurs lamentations, la procession reprend le chemin de la colline.

Le sérieux de la cérémonie est à nouveau rompu par des cris et des éclats de rire. Une femme vient de faire remarquer que Kapika a oublié de ramasser les feuilles de mopane précédemment déposées sur la tombe. Kapika accuse les jeunes de ne pas avoir de tête. Une cascade de rires moqueurs lui répond. La procession fait demi-tour.

De retour sur la colline, les femmes déposent les feuilles de mopane dans des récipients d'eau, devant le feu sacré. Tous les proches parents du défunt se mettent à quatre pattes, en signe de respect.

– Ça gratte trop, ce sable, lance une femme, alors qu'elle avance sur ses genoux vers le feu sacré.

– Oui, il va encore falloir se repasser une couche d'ocre et de graisse, je suis pleine de poussière, répond une autre avant de tremper ses lèvres dans le liquide qui va lui permettre de communiquer plus intimement avec les ancêtres.

Je les regarde faire, amusée. Avec leur air grave et solennel, impossible d'imaginer de telles paroles dans leur bouche. Le décalage entre l'image et le son est surprenant.

Cette cérémonie me laisse pensive. Kapika a été plutôt ridiculisé, mais cela n'est pas nouveau, personne ne l'estime. Je comprends mieux maintenant pourquoi tout le monde l'appelle « le Bébé ». Il n'est même pas capable de mener à bien une cérémonie d'Okuyambara, qui est pourtant la cérémonie la plus importante pour les Himbas. Nombreux sont ceux, je l'ai appris aujourd'hui, qui voudraient que Katjira le remplace. « L'hérédité ne suffit pas pour être chef, m'avait confié Omuniangue lorsque je l'avais questionné à ce sujet. Il faut aussi être intelligent, généreux, et apprécié de la communauté. »

Je me demande qui a pris la décision de nous présenter aux ancêtres. Katjira, sans doute. A-t-il dû demander l'accord de toute la communauté ? C'est un grand honneur qu'il nous a fait, je le sais. Dans la région, c'est le rêve de tout ethnologue. Mais je ne suis pas vraiment sûre de ce que cela signifie. À plusieurs reprises, j'ai lu que cela équivalait à « une authentique intronisation au sein de ce groupe très fermé ». En théorie, j'ai désormais le droit de participer à certains rites du clan du Koudou qui m'étaient auparavant interdits. Mais je sais que je resterai toujours une étrangère.

Bizarrement, plus je passe de temps avec les Himbas, moins je les comprends, eux et leurs traditions, et plus je m'interroge. Ce qui m'apparaissait comme une évidence après les deux premiers mois est devenu d'une complexité sans nom. Sans doute la réalité est-elle ainsi. Les réponses des Himbas aux questions parfois très précises de Thomas ne cessent de se contredire. Je suis persuadée que la plupart d'entre eux ne cherchent pas à nous brouiller les pistes, mais que, bien souvent, eux-mêmes ne connaissent pas les réponses. Plutôt que d'avouer leur ignorance, ils préfèrent nous raconter n'importe quoi, car un homme qui connaît les traditions inspire le respect. Trop souvent, j'oublie que la culture des Himbas est une culture orale. Ils connaissent tous un morceau de la tradition, un chapitre, plus ou moins important selon leur âge et l'intérêt qu'ils y portent. Leurs savoirs se complètent, s'imbriquent, pour former un tout en constante évolution. La vie d'un Himba est, du début jusqu'à la fin, un long apprentissage, qui n'aboutit jamais à la même vérité.

Avachie dans un pliant, à l'ombre d'un mopane, je somnole à moitié. Je ne peux m'empêcher de rire lorsque, ouvrant les yeux, je regarde autour de moi : sur une colline désertique, des silhouettes rouges esquissent des mouvements étranges, sautent avec frénésie en criant des syllabes inconnues. La violence de leur danse et de leur chant ne me choque plus. Vêtue de peau de chèvre, la poitrine nue et le corps enduit de graisse, je caresse machinalement le large morceau de viande crue que Kapika a posé sur mon épaule. Le sang se mêle à l'ocre et forme des petites croûtes autour de mon nombril. Un homme me tape sur la cuisse et, lui-même ne tenant plus debout, me tend sa bouteille. J'avale une large rasade de cet alcool presque pur et le recrache en jet sur Thomas. Les hommes défilent pour me féliciter d'avoir tant grossi ces derniers temps, affirmant qu'ils me préfèrent avec mes bourrelets. Chacun de nos gestes est si mou. Un instant, je revois les images d'un livre d'histoire sur l'époque décadente des orgies de Rome. Mon corps n'est plus que de la graisse et de la crasse, les bourrelets tendent la toile du pliant, débordent sur les côtés. Mon palais n'a plus le goût de rien, il est trop sec, trop pâteux. Je regarde Thomas, allongé contre terre. Il essaie maladroitement de porter une bouteille à ses lèvres. Avec ses cheveux gras, sa peau trop grande et ses gestes lourds, il ressemble à un babouin qui tenterait désespérément d'imiter un homme.

– Tomasa, est-ce que tu me vois comme je te vois ?
– Tu veux dire grosse, sale, et laide ?
– C'est ça, oui. Tu crois qu'il faut qu'on se ressaisisse ?
– Il faudrait, sans doute.
– T'en as envie ?
– Non. Et toi ?
– Non plus. Je suis bien comme ça.

Rire. Je plonge mes lèvres dans le bol de graisse encore fumante que Kapika vient de déposer à mes pieds. Thomas reprend sa bouteille. Les chants continuent, plus rapides, les femmes sont en transe. Un homme trébuche sur Thomas et s'écroule sur lui, ivre mort.

– Allez ! En route pour l'Angola ! crie Katjira de sa petite voix cassée. On va voir comment on peut organiser ça.

Les festivités ne sont pas encore finies, mais il sent bien que Thomas et moi commençons à perdre patience. Il faut faire vite. Dans quelques semaines, il fera trop chaud pour mettre nos projets à exécution. Déjà, entre le lever et le coucher du soleil, la marche est un véritable calvaire. Avec la graisse chauffée à blanc qui dégouline sur ma peau, je me sens écrevisse dans une marmite d'eau bouillante. Nous devrons bouger de nuit.

Une fois de plus, nous attaquons la piste qui longe le Kunene. La voiture de Thomas n'en peut plus des creux et des bosses. Elle tombe en pièces détachées. Le pare-chocs, les phares et le pot d'échappement sont relégués dans le coffre, ils me servent de coussins. Nous avons cassé un amortisseur et cinq lames de ressort. Les boulons qui retiennent les roues tombent les uns après les autres. Thomas regarde sa fortune disparaître dans les cailloux en soupirant. Il n'est pas sûr de pouvoir ramener son quatre-quatre à Windhoek.

Assis sur la banquette avant, Katjira s'agrippe à la portière. Il n'a pas besoin d'yeux pour se repérer. Il connaît si bien chacune des montagnes, le degré de la pente et la forme des versants que les cahots de la piste lui suffisent pour savoir où l'on est. Lorsque Katjira est dans la voiture, Thomas garde son magnétophone branché en permanence. Katjira passe pour être un des quatre grands historiens du Kaokoland. À chaque particularité du paysage, il nous raconte une histoire. À côté de ce rocher-là, Mureti, un des grands ancêtres himbas, est né. Sur cet autre, l'un des plus terribles voleurs de bétail a été jugé et battu jusqu'à la mort. Cette montagne qui finit comme une tête d'éléphant, là-bas, au loin : dans sa jeunesse, Katjira l'escaladait souvent avec ses amis, et ils donnaient de grandes fêtes au sommet, réservées seulement aux hommes de son groupe d'âge. C'est d'ailleurs là-haut qu'il a été circoncis. Son corps frêle saute sur le siège, au rythme des cahots.

– Il va falloir envoyer quelques hommes prévenir les Himbas d'Angola de notre arrivée, propose-t-il soudain. C'est plus sage. Je sais trop bien ce qui se fait de l'autre côté de la rivière... Moi même, j'ai failli y laisser ma vie, une fois.

Mes oreilles sont toujours grandes ouvertes lorsque Katjira parle. Mon attention redouble. Je l'implore :

– Oh ! raconte-nous, Katjira. S'il te plaît !

Katjira glousse de son petit rire coquin.

– Hi hi hi ! Je ne devrais pas, c'est pas une très belle histoire. Mais bon, si tu y tiens ! C'était il y a longtemps, j'étais encore vigoureux. Tu devais encore être dans les jambes de ta mère, toi, Solena. Mon bétail avait faim. J'avais traversé la rivière avec une partie du troupeau, pour lui donner à manger de l'herbe jeune et tendre. La nuit était déjà tombée, et j'allais m'endormir, quand un Boer est venu vers moi. Il avait plein de bouteilles. Il m'a offert à boire. Je ne connaissais pas encore très bien l'alcool, j'étais pas un habitué. J'ai goûté et j'ai trouvé ça bon. Il m'a offert une autre bouteille, puis une autre... J'ai tout bu. Le lendemain, lorsque je me suis réveillé, je me sentais très malade. Le Boer était là, devant moi, avec un militaire de la SWAPO, et il commençait à emmener toutes mes vaches. J'ai crié :

» – Hé, homme, qu'est-ce que tu fais avec mon bétail ?

» L'homme blanc a éclaté de rire, et il m'a tendu une feuille de papier sur laquelle des choses étaient écrites.

» – Ton bétail m'appartient, maintenant. Tu vois bien, tu as signé, a-t-il dit.

» – Mais comment pourrais-je signer, je ne sais pas écrire ? j'ai répondu.

» – Si si, tu as signé, a répété l'homme blanc en riant. Si

tu n'es pas content et si tu ne me laisses pas emmener les vaches en paix, cet homme va s'occuper de toi.

» J'ai crié que je ne le laisserai jamais emmener mes vaches en paix, que je le suivrai toute sa vie s'il le fallait, mais que je n'abandonnerai jamais mes vaches. Alors le militaire a appelé d'autres militaires, et le Boer leur a dit :

» – Emmenez cet homme, il ne veut pas reconnaître le pouvoir des Blancs.

» Ils m'ont emmené, et ils m'ont mis dans une fosse sur les parois de laquelle étaient plantés des pieux aux extrémités très pointues. C'était si étroit que je ne pouvais pas m'allonger, et je n'arrivais pas non plus à m'appuyer aux parois. Après, ils ont commencé à remplir le trou avec de l'eau. Ils se sont arrêtés quand l'eau est arrivée à mon menton. Ils ont refermé la trappe, et je suis resté dans le noir, pendant au moins dix jours. Quand ils m'ont libéré, les militaires m'ont dit :

» – Voilà, maintenant, tu as compris. Quand on ressemble à un babouin comme toi, il ne faut pas parler trop fort.

» Alors, j'ai retraversé le fleuve, et je suis retourné en Namibie. Je suis allé à Opuwo, car je voulais porter plainte. Mais c'était déjà le début de la guerre. Les militaires sud-africains m'ont demandé où j'étais passé, et ils m'ont accusé d'avoir vendu mon bétail aux militaires de la SWAPO. Ils ont dit que j'étais leur complice, et ils m'ont mis en prison.

Katjira ne peut s'empêcher de glousser. Son petit sourire paisible et coquin ne le quitte jamais. Dans sa bouche, cette histoire semble presque banale. Il me faut un temps avant de réaliser que c'est bien à lui, Katjira, que cela est arrivé.

– Fiuuuu ! Et t'es resté combien de temps en prison ?

– À peu près deux lunes.

Thomas et moi restons silencieux. Katjira en a sans doute vu bien d'autres. Il a vécu la guerre, plusieurs famines et plusieurs sécheresses. Dans les années quatre-vingt, il a vu mourir la majorité de son bétail. Deux de ses enfants ont sauté sur des mines, son fils aîné a été dévoré par un crocodile. Et pourtant, en le regardant sourire, on pourrait croire qu'il a traversé la vie dans un cocon d'amour et de douceur. J'ai toujours été admirative de ces gens qui ne laissent pas le malheur marquer leur visage.

– Tomasa, murmure Katjira de sa toute petite voix. Où est le Kunene ? Je ne sens plus son odeur.

Thomas s'arrête, coupe le contact. Depuis plusieurs kilomètres déjà, il ne reconnaissait plus la piste. Il a dû suivre les traces du bétail et du dernier véhicule après le dernier col, au lieu de s'enfoncer dans la caillasse pour rejoindre la piste qui longe le fleuve. Un sourire gêné sur les lèvres, il pose longuement ses yeux sur Katjira. Il aura fallu que le vieil aveugle le remette sur le bon chemin.

Les campements que nous approchons sont presque tous déserts. Seuls quelques bergers isolés sont restés le long du fleuve, avec une petite partie du troupeau. Nous les reconnaissons, car ils étaient présents lorsque nous répandions la triste nouvelle du barrage dans les campements.

– Vous voilà encore, vous deux ! remarquent-ils, rieurs et inquiets à la fois. Qu'est-ce que vous êtes venus nous apporter, cette fois ?

Katjira profite de ce petit voyage pour se tenir au courant des dernières nouvelles. Sa santé défaillante l'empêche de trop marcher, et cela fait plus d'une année qu'il n'a pas fréquenté cette région.

Nous nous arrêtons à la nuit tombée sous un bois de mopanes. Katjira réfléchit. Il est responsable de nous et les derniers mouvements des troupes de l'UNITA l'incitent à la prudence. Les déserteurs affamés poussent toujours plus vers le sud, volent le bétail des Himbas et tirent sur tout ce qui les gêne. À plusieurs reprises, il a demandé à des bergers de traverser le fleuve pour lui rendre compte de la situation. Mais la chance n'est pas avec nous. L'un se dit malade, l'autre a peur de l'eau, le troisième vient d'être ensorcelé par un lointain cousin pour une sinistre affaire de rapt de femmes. La rive opposée est pourtant si proche....

À la lueur des flammes, je resserre mes mains autour du cou de la chèvre qu'on nous a offerte dans le précédent village. Cette fois-ci, je m'y prends mal. Elle braille à faire pleurer la plus insensible des jeunes filles. J'ai beau appuyer de toutes mes forces sur son gosier, enfermer sa gueule entre mes paumes, faire craquer sa nuque, elle ne veut pas se taire, ni mourir. Ses bêlements résonnent en moi comme un cri d'alarme. Elle hurle mon ennui et ma fatigue.

Jusque tard dans la nuit, nous restons assis devant la marmite à trois pieds. Surveiller le niveau de l'eau, tourner les morceaux, entretenir le feu. Nous n'avons même plus la force de parler. Avec la sécheresse, les vaches n'ont plus assez de lait pour leurs veaux. Depuis notre départ de Windhoek, nous n'avons mangé que de la bouillie de maïs, de la graisse, et de la viande. Aucun fruit, aucun légume depuis presque deux mois. Nous buvons peu, soit par manque d'eau, soit par manque d'énergie. Le fleuve n'est pas loin, mais nous n'avons plus la force de marcher jusque-là. Notre bouche s'est habituée à rester sèche et râpeuse comme le sable. Le soir, après la piste, nous sortons la cantine métallique du coffre. Le fond de notre dernier paquet de sel s'est renversé à l'intérieur. Nous raclons les parois poussiéreuses avec nos doigts et suçons avidemment cette poudre salée. Le seul aliment que j'apprécie encore...

Notre cerveau marche au ralenti. Nous devons souffrir de carences en vitamines ou en sels minéraux. Le moindre effort physique demande un travail de volonté que je n'arrive plus à fournir. J'ai des absences. Seul le mot « Angola » et l'idée du voyage arrivent encore à me sortir de ma torpeur. Je me surprends à rêver d'un supermarché aux rayons surabondants, ou à une petite chambre de bonne, quatre murs entre lesquels je pourrais dormir sans risque d'être dérangée. Tout est fatigant. Les voix des Himbas sont agressives. Leur langue est compliquée. Leurs plaisanteries ne sont plus drôles, elles sont épuisantes. Thomas et moi en venons à fantasmer sur le métier de zoologue. Étudier les éléphants, ou même les chèvres. Là, au moins, pas de problèmes relationnels à gérer. Nous n'aurions pas à nous demander comment va réagir untel si l'on dit ceci ou cela, si l'on pose cette assiette à droite ou à gauche du feu. Mon esprit cartésien se rebelle contre tous ces codes qui régissent l'univers himba, ces contraintes qui compliquent la vie quotidienne et n'ont d'autre utilité apparente que de cimenter l'univers social. Pourquoi peut-on faire sécher les peaux de chèvre sur le toit de sa case, mais pas les peaux de vache ? Pourquoi les ânes et les chevaux n'ont-ils pas le droit de passer devant le feu sacré ? Tout cela m'énerve. Je n'arrive plus à me contenter de l'incontournable cherche-pas-c'est-comme-ça. Instinct de survie ? Jusque-là, j'avais réussi à accepter toutes ces règles comme une évidence qui ne doit pas être perturbée. Comme si ma fatigue physique avait tiré une sonnette d'alarme pour faire germer en moi le désir de retrouver mes propres codes. Mon corps ne peut plus tenir trop longtemps comme cela. Il se rebelle. Il demande du repos, des repères.

De temps à autre, Thomas se lève en soupirant, plonge le bras dans le tas de bois, et jette quelques branches sur les flammes. Lui aussi, il sent que la fin de l'aventure est proche. Il pense à son divorce qui l'attend chez lui, en Norvège. Sa femme l'a quitté il y a un an pour vivre avec un jeune Marocain de vingt ans. Il remue son café noir avec une brindille de mopane. Un petit rire cynique.

– Ça l'énervait toujours, quand je remuais trop longtemps mon café, comme ça.

Je lutte pour ne pas sombrer dans le sommeil. C'est déjà la quatrième chèvre de la semaine. Avec cette chaleur, la viande tourne en quelques heures. Demain matin, il faudra encore se forcer à plonger les mains dans la graisse, ronger la viande jusqu'à l'os pour honorer celui qui nous a fait présent de ce cadeau empoisonné. Je voudrais dormir. Sans Thomas près de moi, je ne sais pas si j'aurais la force de me relever chaque matin. Je trempe mon doigt dans le sang de la chèvre fraîchement étranglée, et trace en lettres rouges sur la dernière page de mon cahier : « Ennui et Déprime. On les trouve même sur les rives du Kunene. What about Paradise ? » Je parsème la feuille de poils de chèvre, Thomas écrase une crotte toute fraîche en bas de la page.

– Ça y est. Même ton cahier est terminé. Tu viens de signer sa fin, dit-il avec philosophie.

Je referme le livre, le recouvre de terre, et m'assois dessus.

Quatre silhouettes athlétiques apparaissent entre les arbres. Leur crâne rasé enduit de graisse reflète les lueurs des flammes. Silencieusement, les autres jeunes hommes s'assoient autour de Katjira. Une brève conversation qui m'échappe. Ils disparaissent dans la nuit. Katjira les a envoyés en Angola.

Les premières lueurs de l'aube apparaissent à peine que, déjà, le soleil se fait brûlant. Les quatre jeunes hommes sont là, autour du feu. Ils attendent patiemment que je leur serve du thé. Toute la nuit, ils ont marché, traversé le fleuve, escaladé les montagnes pour atteindre le campement du chef himba d'Angola. Le message qu'ils rapportent est désespérant : « Nous sommes occupés. Revenez plus tard, nous vous écouterons. »

– Ils étaient saouls, ajoute un des jeunes hommes.

Attendre, attendre ! Toujours attendre ! Il n'y a plus que les chèvres pour nous occuper. Ces damnées bestioles ne nous laissent pas un instant de répit. Quand nous n'avons pas à les étrangler ou à les manger, il faut les chasser à jet de pierres, pour qu'elles ne broutent pas nos derniers fonds de culotte.

– Trois corvées de bois si tu étrangles cette chèvre ! murmure Thomas, affalé contre terre, les bras en croix.

– Non ! Cette fois, c'est ton tour ! je réponds, avachie contre un arbre, les bras pendants.

– Quatre corvées de bois !

– O.K. Mais tu la dépèces !

– Ça marche, mais tu la feras cuire !

– Alors cinq corvées de bois !

Ainsi se passent nos journées, à marchander tous nos efforts, pendant que nos messagers évitent les mâchoires des crocodiles du Kunene. Le cinquième jour, après le cinquième aller-retour entre l'Angola et la Namibie, le message se fait plus rassurant : demain, les Himbas d'Angola traverseront le fleuve pour nous parler.

Des nuages s'amoncellent dans le ciel. Katjira sourit :

– Ce soir, peut-être, la pluie !

Je croyais que c'était un cauchemar. Je me tourne d'un côté, de l'autre. Non ! je ne rêve pas ! Je suis allongée dans une mare de boue. Sous la force des gouttes, le sol bout de fureur. La terre gicle. Les grondements du tonnerre envahissent le lourd silence de la nuit. Le ciel, d'un noir de jais, laisse tomber des trombes d'eau tiède. Le crépitement des gouttelettes sur le sable détrempé se fait plus violent, la cadence des éclairs augmente. Comme une gigantesque fête de Noël, les arbres clignotent de tous leurs feux, renvoyant la lumière des cieux déchirés. Le fleuve, auparavant d'un calme impassible, est devenu torrent tumultueux. Le Kaokoland n'est plus qu'un immense champ de bataille. Devant un tel déploiement de force, je ne peux m'empêcher de croire à une puissance surnaturelle. Endormi à même le sol, Katjira n'a pas bronché. Son corps patauge dans plusieurs centimètres d'eau. La pluie ruisselle sur son visage. Malgré l'inconfort de la situation, il sourit encore, paisiblement. Il a raison, il n'y a aucun moyen d'y échapper. Je me replonge dans ma flaque, et essaie tant bien que mal de me rendormir.

Au matin, il ne reste plus aucune trace de l'orage de la veille. Le sol détrempé a retrouvé son aridité et sa dureté habituelles. Seuls nos yeux cernés indiquent que la nuit a été humide. Je m'approche du foyer et rallume le feu pour le thé matinal. Le craquement d'une branche morte me fait tourner la tête. Huit guerriers encerclent le campement. Huit Himbas d'Angola. Je ne les ai pas entendus arriver. Leurs yeux noirs sont comme du feu. Durs, insolents, pénétrants. Ils n'ont pas la sérénité de ceux des Himbas de Namibie. Ils laissent entrevoir une vie exaltante, cruelle, passionnée, à l'image de celle que j'associe à notre expédition angolaise. Mes mains se mettent à trembler. Je crois bien qu'en un éclair je tombe amoureuse des huit gaillards à la fois.

Sans un mot, ils s'assoient sur leurs talons. Huit carrures d'athlètes. Un petit sourire malicieux relève le coin de leurs lèvres. Ils sont tous vêtus de vieilles loques, certains portent un bandeau sur le front. Ça leur donne une allure de pirates. Des pirates au cœur vrai, ceux-là mêmes qui, dans mes rêves de gamine, me défendaient contre les assauts des méchants trafiquants. Le plus âgé rompt enfin le silence et laisse tomber d'une voix mâle et grave ces quelques mots :

– Quand la lune sera pleine, le chef de notre région viendra vous chercher à Epupa. Nous serons vos guides en Angola. Vous serez en sécurité.

Sur un geste de ce dernier, les huit hommes se lèvent et, comme ils sont venus, disparaissent avec grâce dans les taillis. La rencontre n'a pas duré dix minutes. Subrepticement, je me glisse derrière eux. Courbée en deux, je saute d'un épineux à un autre, essayant de me faire aussi discrète que possible. Ils marchent vite, avec l'assurance du guerrier. Leurs corps fins rasent les buissons. Je les suis sur plusieurs kilomètres, les perdant parfois, courant à perdre le souffle pour retrouver leur trace. Arrivés au gué, ils s'enfoncent dans l'eau verte et, sans ralentir le rythme de leur progression, défient les rapides. Tapie dans les roseaux, je les regarde s'éloigner, puis disparaître dans les montagnes. Une pointe de regret, de ne pas leur avoir demandé de m'emmener. La pleine lune... c'est dans huit jours.

Un coup de feu. Verner, assis sur un rocher qui domine les chutes, essaie son dernier magnum.

– Ah ! Vous voilà enfin ! lance-t-il lorsque nous sortons de la voiture. Ça fait trois jours que je vous attends. Je pensais bien que vous deviez repasser par Epupa.

Il sourit faiblement. Ses traits sont tirés, ses yeux cernés. Il a encore maigri depuis notre dernière rencontre.

– Quoi ? Qu'est-ce qui se passe ? demande Thomas, inquiet.

Verner hoche mystérieusement la tête. Il annonce, fièrement :

– Un message de la plus grande importance !

– Allez, vas-y, accouche !

– Vous êtes prêts ? Ça va vous mettre sur le cul, j'en suis sûr ! Attention ! Des Lapons, des Bochimans et des aborigènes vont venir rendre visite aux Himbas. Vous êtes tous les deux chargés d'organiser la rencontre.

Verner avait vu juste. Les bras nous en tombent.

– Des Lapons ? Tu veux dire des Lapons... des Lapons de Norvège ?

– Oui, des Lapons de Norvège, et de Suède.

– Et les aborigènes ? Des aborigènes... d'Australie ?

– Oui oui, des aborigènes d'Australie. Et des Bochimans de Namibie.

– Mais qu'est-ce qu'ils viennent faire ici ?

– C'est l'ONU qui organise ça, pour rapprocher les minorités entre elles. C'est un gros truc. Y aura les ambassadeurs de Norvège et de Suède, plusieurs télés, des représentants de l'ONU et du gouvernement... Ils arrivent dans cinq jours. C'est Curt qui leur a donné vos noms.

Nous éclatons de rire. La fatigue accumulée ces derniers temps nous fait apparaître ce projet encore plus aberrant qu'il ne l'est.

– Des Lapons et des aborigènes dans le Kaokoland ! Si c'est pas de l'absurde, ça ! fais-je remarquer.

– Ouais, comme si on avait que ça à foutre..., murmure Thomas entre ses dents. Y va falloir assurer, si y a mon ambassadeur !

– T'imagines un peu comme les Himbas vont halluciner !

– En tout cas, ça va amener un peu de changement. Rien que ça, ça mérite qu'on se bouge un peu !

Thomas a du mal à réprimer un bâillement. Il s'allonge sous un palmier, se recouvre d'un linge mouillé, et entame une sieste. Notre degré de lassitude est si grand que plus rien ne nous étonne. Le monde est fou, de toute manière. Il faut bien l'accepter comme il vient, nous ne sommes plus capables d'autre chose.

Assis sur les cailloux de la rive, les pieds dans l'eau, Verner et moi regardons les branches mortes avancer sur le fleuve.

– Les Himbas comparent le temps au cours d'un fleuve, dis-je pensivement. Le présent est l'eau qui coule à leurs pieds. Le passé est devant eux, l'avenir derrière, à la source, ou même avant la source, il n'existe pas. Chez nous, c'est l'inverse. On dit que l'avenir est devant, le passé derrière.

– J'arriverai jamais à comprendre ces gens, commente Verner.

Est-ce parce que je sens que mon séjour ici touche à sa fin? Parce que j'ai simplement trop besoin d'un nouvel interlocuteur? Pour la première fois, j'apprécie la compagnie de Verner.

– Curt vient de se faire virer, annnonce-t-il d'une voix monocorde, sans transition. Le gouvernement trouvait qu'il prenait trop la défense des Himbas par rapport au barrage. Il va être muté dans la réserve d'Etosha, à partir du mois prochain.

Une famille de babouins, en face, joue dans les arbres.

– Moi aussi, j'vais quitter la région, ajoute Verner. J'ai donné ma démission. J'croyais que j'étais un ranger dans l'âme, que j'étais fait pour vivre dans la nature, comme Patt, mais je me suis trompé. C'est trop dur pour moi.

Un long silence. Nous regardons nos pieds bouger dans les remous du courant. Un petit serpent vert, inoffensif, se laisse tomber dans les herbes du fleuve. Plus de douze ans que Curt vit dans le Kaokoland. Verner y était arrivé en même temps que moi.

– Qu'est-ce que tu vas faire?

– Je sais pas... Je crois que je vais me lancer dans le tourisme.

Verner joue avec le sable. Ses yeux sont tristes, sa voix mélancolique. Malgré tout, il arrive à sourire faiblement. Un sourire douloureux, lucide.

– Tu sais, ajoute-t-il en regardant le sable couler entre ses doigts. Je dois te faire mes excuses. J'ai pas été très sympa avec toi. J'ai même raconté pas mal de saloperies sur ton dos. Je sais pas si tu m'en veux encore. C'est que tu ressembles beaucoup à mon ex-fiancée. Elle était comme toi, le même sourire, les mêmes cheveux. Elle s'est tirée avec un mec de quarante ans, un type qui aurait presque pu être son père. Alors quand je t'ai vue arriver, à sourire comme ça à tout le monde, et surtout quand t'as commencé à devenir bien pote avec Patt, et après, avec Thomas... J'ai cru que c'était la même histoire qui recommençait. J'étais fou de jalousie.

Je lui renvoie son sourire.

– Alors c'était que ça ?

– Ben oui ! Maintenant que je vais partir, je peux bien te le dire. Tu veux essayer mon magnum ?

– Bof, j'aime pas trop ce genre de trucs. Montre, quand même. Il est chargé ?

Je resserre mes mains autour de la crosse, tends les bras, vise un rocher de la rive opposée. Un bruit de tonnerre qui roule dans mes oreilles et se répercute dans les montagnes. La balle tombe dans l'eau, plusieurs mètres avant le rocher, et soulève une petite gerbe d'eau. Le recul a été si puissant que je me suis fait mal aux poignets.

– Tu vois, j'suis mal barrée, moi aussi. Même pas capable de faire arriver une balle en Angola !

– C'est qu'on est trop normaux pour vivre ici, commente Verner.

– Tu crois ?

Thomas, réveillé par le coup de feu, arrive en se frottant les yeux.

– Il faut qu'on aille à Okangwati prévenir les Himbas de l'arrivée de l'ONU.

Le soleil se couche sur la rive opposée. Les collines prennent une teinte dorée, une peau de pêche veloutée. Les derniers rayons font briller les gerbes d'eau projetées contre les rochers, des gouttelettes de diamant se répandent dans les airs. Verner met Thomas au courant de son prochain départ.

– Je vais passer la nuit ici. J'ai besoin d'être un peu tout seul. Ma dernière nuit à Epupa...

– Comme tu voudras...

Le moteur du quatre-quatre vrombit déjà. James et Katjira sont installés sur la banquette avant. Les mains se serrent. Une accolade, tendre, un peu gênée.

– Eh bien... bonne route...

– Vous aussi...

Verner est le plus ému. Je m'engouffre dans le coffre. Il passe la tête par la portière.

– Hé! Tu sais que j'ai failli me marier avec Christa, l'Américaine!

Je n'ai pas le temps de m'exclamer, la portière s'est refermée. Les mains en cône autour de sa bouche, Verner hurle, pour couvrir le bruit des chutes.

– Vous me tiendrez au courant si jamais vous allez en Angola!

Thomas a déjà démarré. Je colle mon visage à la vitre et crie, à pleins poumons.

– ON IRA EN ANGOLA!

La voiture escalade le versant de la colline. Verner nous regarde partir. Bientôt, sa silhouette maladive n'est plus qu'un point, ridicule, un rien, dans la grandeur et la beauté du site d'Epupa.

Okangwati, encore.

– NON! refuse le chef Kapika. Pas à Omuramba, y aura personne! Il faut que ça se passe dans le village d'Omuhonga.

Ses conseillers acquiescent.

– Oui, oui, à Omuhonga! C'est là qu'ils doivent venir.

Une femme s'est infiltrée dans la cabine avant de la voiture et fouille sous la banquette. Une autre, pendue à mes basques, m'implore et me supplie :

– Oh, *muhana, muhana*! Rien qu'une bouteille, une seule!

– Bon, d'accord pour Omuhonga, accepte Thomas. On va aller à Opuwo pour téléphoner et les prévenir. Vous êtes sûrs que vous changerez pas d'avis d'ici là?

– Je t'ai dit que ça serait à Omuhonga ! répète Kapika.

– D'accord. Ils arriveront dans cinq jours exactement, en fin d'après-midi. Ce sera une rencontre très importante. Nous, on arrivera dans la matinée, pour tout organiser.

– T'inquiète pas ! On fera entendre nos voix à tous ces pays que nous ne connaissons pas. On leur parlera de ce barrage que le gouvernement veut construire sur nos terres. On a compris que c'est une rencontre très importante.

Thomas rit, rassuré.

– Alors on se voit dans cinq jours, à Omuhonga !

La portière claque. La femme que Thomas a sortie de la voiture s'agrippe à la vitre en nous injuriant. Sa salive coule sur le verre, nous démarrons. Soupir. Nous nous épongeons le front, finissons par éclater de rire.

– On a cinq jours de vacances, annonce Thomas.

Nous rions, encore. Nos yeux se croisent dans le rétroviseur central, se figent, les uns dans les autres. Ils ont compris. Je traduis.

– Une petite salade grecque, hein ?

Thomas acquiesce du menton. Son pied enfonce l'accélérateur. Nous avalons d'une traite près de cinq cents kilomètres pour rejoindre Oshakati, la capitale de l'Ovamboland.

Le jour dit, nous arrivons à Omuhonga. Les cernes sous mes yeux se sont atténués. Les salades grecques étaient délicieuses, le matelas douillet. Pourtant, passé la première soirée, je n'étais pas si heureuse. L'air était fade, sans Himbas. J'étais partie pour les fuir, et ils me manquaient. Pendant tout le chemin du retour, j'ai trépigné d'impatience. Je me sens comme une petite fille qui, après avoir fait sa première fugue, rentre à la maison, à la fois honteuse de son action, et remplie de joie à l'idée de retrouver les siens.

La piste est si mauvaise que nous sommes obligés de laisser la voiture dans le lit de la rivière. Au sommet d'une colline, les petites huttes rondes en terre et bouse de vache séchées. Nous escaladons le versant en courant, la dernière orange, dans le coffre de la voiture, sera au premier qui serrera la main de Katjira. Un silence de mort. Au sommet, rien qu'un soleil brûlant qui nous assomme de ses rayons. Pas la moindre chèvre. Le kraal est désert. Les Himbas nous ont encore roulés.

Nous avisons rapidement. Il n'y a pas trente-six endroits où l'on peut trouver des Himbas. Sur nos lèvres, un seul nom : Okangwati ! Thomas fait démarrer en trombe les restes de sa voiture, et nous reprenons pleins gaz le trajet inverse.

Des *beuglants*. C'est peut-être le mot le plus approprié pour décrire l'intérieur d'un de ces bottle-stores. Seul un peintre pourrait rendre compte de l'ambiance qui règne dans les ténèbres de ces cabanes. Il manque un Jérôme Bosch ou un Bruegel dans le Kaokoland.

Ils sont tous là, avachis les uns sur les autres. Silhouettes familières qui se détachent sur le blanc des sacs de maïs, titubent dans la pénombre pour finir le menton contre terre. Ça gueule, ça hurle, des injures, des blagues obscènes. Des membres, cassés, désordonnés, partout, on ne sait plus d'où ils sortent ni à qui ils appartiennent. Un homme harangue une foule imaginaire. Deux autres chantent, un peu faux. Kapika, le chef, serre d'une main sa bouteille, de l'autre, il caresse maladroitement la croupe d'une femme, sous la peau de chèvre. Et Katjira, le vieux Katjira, gît, comateux, dans une flaque de dégueulis. Les traits de Thomas se durcissent. Une sorte de dégoût révolté m'envahit, dégoût non pas des Himbas, mais de ce qu'en font ce monde et ces bouteilles pernicieuses qui s'infiltrent, maintenant, partout.

Personne encore n'a remarqué notre arrivée. Le convoi de l'ONU est attendu dans quelques heures. Cette réunion est sans doute absurde mais, pour la réputation des Himbas, Thomas tient à ce qu'elle se déroule sans problèmes. Sans dire un mot, il prend Katjira à bras-le-corps, et le jette dans le coffre de la voiture. Le chef Kapika et ses conseillers suivent le même chemin, avec moins de délicatesse encore. Lorsque le coffre est plein, Thomas claque les portières et démarre, plein pot. Il n'a toujours pas desserré les lèvres. Je n'aime pas le voir comme ça. Je n'ai aucune envie de rire, mais je me force, pour le dérider.

– Waouh ! Le mec ! On dirait Rambo !

– *Fuck off*, Solena ! répond-il en réprimant un sourire.

Dans le Kaokoland, le *fuck off* est toujours tendre et affectueux. Il nous aide à rire dans les moments les plus tendus.

La voiture file sur Omuhonga. Dans le coffre, les Himbas ne réagissent même pas. Ce n'est plus qu'un amas de membres enchevêtrés qui roule d'un côté à l'autre, saute au plafond et cogne contre les parois. Un vieil Himba tient jalousement serré contre sa poitrine une bouteille de Clubman. Il la couve d'un regard d'amoureux et la cajole tendrement, comme on ferait avec un nouveau-né. Katjira, le visage terreux, murmure douloureusement : « Qu'il s'arrête, ici, sur le bord de la piste... je veux dormir. » Ses lèvres sont comme une purée de pois ratée, flasques, gélatineuses. Un mélange de compassion tendre et de colère pour le vieillard si mal en point. Katjira, le sage Katjira. Si lui ne montre pas l'exemple, qui le fera ? Je lui donne des baffes pour l'aider à reprendre ses esprits.

Thomas décharge sa cargaison en bas de la colline d'Omuhonga. Nous prenons à part le vieil homme qui cajole avec amour sa bouteille et, poliment, le prions de ne pas partager son breuvage avec Katjira.

– Tu comprends, explique Thomas. Katjira est déjà assez saoul comme ça. Je veux qu'il puisse tenir debout devant les gens de mon pays.

– Une bouteille ? interroge le vieillard. Mais j'ai jamais eu de bouteille. Je sais pas de quoi tu parles, je vois pas de bouteille, moi.

– Mais si, je l'ai vue, ta bouteille. Je te demande juste de ne pas en donner à Katjira, c'est tout.

Le vieil homme continue à nier, têtu. Thomas est désespéré. Il s'adresse au Himba en adulte, et celui-ci lui répond comme un petit enfant qui redoute de se faire gronder. Je suis moins patiente. J'explose :

– Ne mens pas ! On sait que tu as une bouteille, je l'ai vue, elle est sous ton pagne. On te reproche rien, on te demande de nous aider. Quand est-ce que les Himbas cesseront enfin de se comporter comme des gamins, des assistés qui ont peur des Blancs ?

Le vieillard ne réagit pas. Il continue à hocher la tête, le même regard fuyant.

– Oui, mais la bouteille que tu as vue, il ne restait plus que ça, et je l'ai vidée par la fenêtre de la voiture. Et maintenant, je viens de la jeter parce qu'elle est vide.

Thomas et moi lâchons un long soupir. C'est sans espoir. En plus, il la cache mal, sa bouteille. Le goulot dépasse derrière son dos.

Thomas m'abandonne dans l'oued et repart pour Okangwati. Il lui faut impérativement repeupler le kraal avant la tombée de la nuit. Il me laisse le matériel de cuisine, un sac de farine de maïs, et un jerrican d'eau. Les Himbas marcheront droit devant ces messieurs de l'ONU, j'en fais une affaire personnelle. Tout l'après-midi, les bouilloires et les marmites se succèdent sur le feu. À tous ceux qui ne tiennent pas debout, je distribue thé et bouillie à tour de bras. Les plus atteints refusent toute nourriture, prétextant que leur estomac malade n'est pas digne de recevoir ma cuisine. Je leur ris au nez.

– Ha ha ! Vous ne voulez pas boire mon thé ? C'est ce qu'on va voir...

Katjira, qui n'a même plus le courage d'ouvrir les yeux, a droit à un traitement spécial. Je l'étends sur mes genoux, et lui pince le nez pour enfourner les cuillerées de bouillie au fond de son gosier. Je lui fais aussi ingurgiter, de force, plusieurs litres de thé. Entre chaque gorgée, une petite voix se fait entendre : « Solena, assez... J'ai déjà trop bu, tu vas me noyer. » Je continue à le gaver, jusqu'à ce qu'il reprenne assez de force pour tout vomir.

Enfin, avant même la tombée de la nuit, tout est prêt. Le

campement semble bien habité, les Himbas ont retrouvé un semblant d'équilibre. Thomas prend le temps de faire un brin de toilette. Je fume, adossée contre un arbre, cigarette sur cigarette. Il n'y a plus qu'à attendre.

Ils arrivent avec plusieurs heures de retard sur l'horaire prévu, au moment du coucher du soleil. Douze véhicules blancs comme la neige s'engagent en file indienne dans le lit de la rivière. La voiture de tête cale. Les onze véhicules suivants, coupés dans leur élan, patinent dans le sable. Tout le convoi est enlisé.

Les portières s'ouvrent avec précipitation. Invasion. Déferlement. Avalanche. Une quarantaine d'hommes, de tout genre, s'ébattent dans l'oued : petits, gras, athlétiques, jaunâtres, pâlots ou marron, ambassadeurs sûrs d'eux, cameraman prétentieux ou Lapons intrigués. Je suis obligée d'écarquiller les yeux pour y croire : cette fois-ci, ce sont eux qui m'apparaissent comme des extraterrestres. Je regarde Thomas. Sa bouche se tord dans un rictus étrangement comique. Il m'attendait pour éclater de rire.

Un jeune Blanc, la mèche blonde, le torse bombé et les pieds en équerre, s'avance vers nous. Son sourire crâneur me déplaît, d'office. Avec un fort accent américain, il gueule dans nos oreilles.

– C'est possible de faire venir les Himbas de l'autre côté de la rivière, pour faire quelques prises de vues ? Le soleil va bientôt se coucher.

– J'sais pas. Demande-leur, dis-je, interloquée par une telle entrée en matière.

Les membres de l'expédition s'acharnent sous les voitures. Ils ont sorti les pelles et les plaques, creusent, poussent, tirent en suant. Du haut de son Land Cruiser, Curt, qui vient d'arriver, les regarde faire avec une moue de mépris. Steve, le jeune cameraman, court nerveusement d'un groupe à l'autre, rappelant à tout le monde que le soleil ne va pas tarder à disparaître.

– Comment voulez-vous que je fasse mon film, si vous ne vous pressez pas ? C'est mon dernier coucher de soleil, et j'ai encore aucune bonne image !

Il trépigne, s'agite, vainement. Perte d'énergie. Personne ne l'écoute. Thomas et moi allons chercher les Himbas, de l'autre côté du lit de la rivière, et les menons vers le groupe. Katjira est encore vaseux. Ses conseillers, qui viennent miraculeusement de dénicher une nouvelle bouteille, montrent une hilarité un peu excessive pour les circonstances. Nous sommes obligés de les soutenir à la taille et aux épaules, mais, de loin, ils semblent marcher droit, et tout seuls.

Un à un, les Lapons, aborigènes et Bochimans s'inclinent pour les saluer. Ils leur parlent lentement, dans leur propre langue, avec grand respect, ou beaucoup de condescendance. Tout ce qu'il y a de plus officiel. Katjira les ignore, trop fatigué pour porter attention à ce qui l'entoure. Mais ses conseillers éclatent brusquement de rire lorsque les Bochimans entament leur discours de bienvenue.

– Hi hi hi ! Ils ont la taille d'une chèvre et ils parlent comme si leur langue était folle.

Les Bochimans sont en effet de très petite taille et parlent une langue *Khoisan*, constituée de divers claquements de la langue contre le palais. Les moqueries ne s'arrêtent pas là.

– Mais que vous êtes petits ! Vos femmes vous acceptent quand même ?

– Comment, vous n'avez même pas de bétail ?

Pour une fois, James ne se fait pas prier pour traduire. Les Bochimans restent sans voix, stupéfaits. Aux aborigènes, les Himbas font remarquer qu'ils sont bien grassouillets, qu'ils feraient mieux de courir après leurs chèvres s'ils ne veulent pas finir impotents. Un peu dépassés par les événements, Thomas et moi observons, le sourire aux lèvres. La tête me tourne légèrement, tout ce monde me saoule. L'impression d'être figurante d'une comédie au scénario trop exagéré pour être vraiment drôle.

Le cortège s'organise doucement ; Katjira, soutenu par Thomas, prend la tête de la procession. Suit le chef Kapika, auquel je sers de canne, le reste des Himbas, et les différentes minorités. Les ambassadeurs, la représentante du gouvernement et un vieux pasteur noir, directeur d'une ONG s'occupant des Bochimans, ferment la marche. Steve, caméra à l'épaule, court d'un bout à l'autre de la colonne, jurant et pestant contre le soleil qui se couche trop vite et les Himbas qui ne veulent pas rester dans son champ. Au sommet de la colline, alors que Katjira s'apprête à franchir l'enceinte du campement, Steve se précipite devant lui, manquant de le bousculer, et s'élance à l'intérieur du kraal. L'œil collé contre sa caméra, il fait signe à Katjira d'attendre un instant avant d'avancer. Kapika fronce les sourcils. Pour une fois, je partage son point de vue. Irrespect total. La procession avance, lentement. En passant devant la caméra, Kapika lance un regard noir de mépris à « l'homme dont l'œil est comme un fusil ». Steve, qui ne comprend pas un mot, continue à indiquer avec ses doigts le trajet à suivre. Il me fait honte. La couleur de sa peau, blanche comme la mienne, est une injure à mes origines.

Las, Katjira s'accroupit devant le feu sacré. Il prend son front entre ses deux mains et laisse tomber sa tête sur ses genoux. Les invités discutent entre eux. Steve filme. Les Himbas observent, sans trop comprendre. Personne ne pense à s'adresser à eux. Les Lapons et les aborigènes sortent de leur tee-shirt bariolé des appareils-photo jetables, et mitraillent Katjira. Ce dernier se laisse photographier quelques minutes, sans broncher. Un spasme bref agite ses muscles, il relève la tête, rassemble ses forces, et crie de sa toute petite voix, avec une intonation presque agressive :

– Vous nous avez fait venir ici, et vous ne nous parlez même pas. Alors pourquoi ? Qu'est-ce que vous voulez ?

Gênée, la troupe des minorités se regroupe autour de Katjira. Une femme, la porte-parole des aborigènes, entame les discours d'usage.

– Nous sommes très heureux d'être venus de si loin pour faire votre connaissance, et nous sommes très sensibles à votre accueil. Nous aimerions mieux vous connaître, et nous avons beaucoup de questions à vous poser. Tout d'abord, depuis quand habitez-vous dans ce village ?

– On sait pas, répond sèchement Katjira. Comment on

pourrait savoir ? Vous qui êtes éduqués, vous pouvez peut-être nous le dire ?

Le vieil homme ne pense qu'à aller se coucher, ça se lit sur son visage. Sans se départir de son sérieux, la femme enchaîne les questions :

– Il paraît que vous êtes pasteurs. Vous avez beaucoup de bétail ?

– Non, on n'a pas de bétail. On n'en a plus ! Vous voyez bien, il n'y a rien ici, tout le bétail est mort !

À l'intérieur du kraal, vaches et chèvres se promènent librement. La femme suit le troupeau des yeux, inquiète. Un souffle froid passe sur l'assemblée. Courageux, un grand gaillard lapon tente une nouvelle question :

– Et de quoi vous nourrissez-vous ? Quel est votre régime alimentaire ?

Katjira s'est assoupi sur l'épaule de Thomas. Kapika se lève, et prend la parole.

– On n'a plus rien à manger. On meurt de faim. Vous voyez cette enfant, dit-il en désignant une fillette malingre. Elle est maigre et malade. Notre bétail, c'est la même chose. Il meurt tous les jours. La pluie ne tombe pas, et notre maïs ne pousse pas dans les jardins. Le gouvernement dit qu'il va nous aider, mais il ne nous aide pas. Nous le connaissons bien, le gouvernement. C'est un menteur. Il ne nous aide pas. Personne ne nous aide.

La représentante du groupe « aborigènes » se montre compatissante.

– Nous comprenons très bien votre problème. Nous aussi, nous avons connu la même situation, c'est d'ailleurs pour cela que nous sommes venus vous rencontrer. Pour échanger des idées et envisager des politiques communes face à ces difficultés que nous subissons tous. Dans mon pays, nous n'avons pas de bétail. Certains d'entre nous pêchent, ou chassent. On se nourrit de fruits, parfois on mange des serpents...

Les Himbas sautent sur leurs talons. Un jeune homme crache par terre avec dégoût.

– Pouah ! Ça me donne envie de vomir. Il faut être un animal pour manger de cette chose !

Les organisateurs esquissent un petit sourire embarrassé. Le soleil s'est caché derrière les collines. Adossé contre l'enclos du bétail, Steve rumine sa déception. Des petits enfants himbas s'approchent de lui, et essaient de toucher « l'arme étrange » du Blanc. Il les repousse violemment, presque avec mépris. Quelques instants auparavant, la caméra au poing, il les faisait venir vers lui en tendant sa main remplie de sucreries.

La réunion tourne court. Toutes les tentatives de la réprésentante des aborigènes pour défendre l'atmosphère sont restées vaines. Tristement, la procession redescend la colline. Les minorités vont installer leur campement pour la nuit. Sur les visages, une grande fatigue.

Curt nous attend dans le lit de la rivière. Il n'a pas daigné monter avec nous pour assister au désastre. Il répond à notre salut par un rapide signe de tête, et nous fait signe de nous servir de café. Thomas et moi restons plantés debout, comme attendant quelque chose. Aucun de nous trois ne parle. Je plonge mes lèvres dans le liquide brûlant. Cachée derrière ma tasse, j'observe Curt. Il serre les mâchoires, buté. Un silence, lourd. Soudain, son menton barbu se tourne vers moi. En me regardant droit dans les yeux, il lance d'une voix faussement neutre :

– Vetamuna est mort.

La nouvelle tombe comme une massue. Les émotions se bousculent dans la cervelle, trop petite. Vetamuna est mort. Vetamuna : mort ! Ce ne devrait pas être une surprise. Je devais m'y attendre. Le Kaokoland tout entier n'attendait que cela. Pourtant, le choc est là. L'air déjà chargé d'électricité devient porteur d'un drame. Mort, le dernier grand chef des Himbas, le plus respecté, le plus sage, le plus ancien. Celui qui avait la plus grande connaissance de la culture himba. Mort !

Mes sentiments sont contradictoires. Je ne sais même plus comment réagir. Vu l'état de santé de Vetamuna ces derniers mois, j'avais cru que sa mort ne serait qu'une formalité. Égoïstement, j'avais même souhaité que son décès ne tarde pas trop. Ma curiosité ne voulait pas rater ce qui serait le dernier grand enterrement du peuple himba. Lors de nos longues marches, Hoveka et Vecumba m'avaient souvent raconté, dans les plus menus détails, les festivités qui accompagneraient la cérémonie. Puisqu'il doit mourir bientôt, et qu'il se traîne comme une loque depuis plusieurs mois, autant que je sois là quand arrivera le grand jour. « Pourvu que je sois là ! » me suis-je souvent répété. J'avais même arraché à Patt la promesse de m'envoyer un télégramme en France si j'étais rentrée pour que je puisse malgré tout arriver à temps. Et maintenant, je suis émue, et même triste. Surtout, un étrange sentiment m'envahit, qui me dit que tout est désormais fini. Je connaissais peu ce vieillard, mais à chaque fois que je traversais le kraal d'Etanga, il était là, assis sur sa chaise, et répondait à mon salut. Dans ces moments, qui m'apparaissent aujourd'hui comme magiques, j'étais toujours envahie par le respect. Je regarde Curt. Son visage ne laisse passer aucune émotion. C'était un grand ami de Vetamuna.

La disparition du dernier grand chef himba m'apparaît comme un présage évident. Comment ne pas y voir la fin des Himbas, de leur culture séculaire ? Le regard que je jette autour de moi ne fait que renforcer cette certitude : à peine remis de leur soûlerie, les Himbas errent comme des orphelins au milieu des Lapons et des aborigènes en tee-shirt fluo. Ils tournent en rond autour des voitures et cherchent maladroitement à attirer la pitié de l'équipe de télévision pour un morceau de sucre ou un mégot de cigarette. Cela fait peine à voir.

La nouvelle a bientôt fait le tour du campement. Katjira et Kapika ne montrent aucune réaction. Steve serre les poings et saute en l'air en criant : « Whooo ! C'est ma chance ! » Il arbore un sourire éclatant de niaiserie victorieuse. Je détourne les yeux. Cet homme me dégoûte, il pourrait me rendre violente.

– C'est pas possible, je le crois pas, souffle Thomas, écœuré.

Je sens les larmes me monter aux yeux. Je ne sais pas ce qui les a fait venir : la mort de Vetamuna, la joie révoltante de Steve, le spectacle des Himbas, ou tout simplement mon impression de solitude au milieu de tout ce monde. Je regrette l'absence d'Omuniangue. J'aurais voulu qu'il soit là, ce soir. Qu'il m'explique, avec ses mots de Himba, ses mots de père, ce cirque pathétique.

Un feu immense éclaire tous les visages. Les Himbas ont amené deux chèvres qu'ils comptaient offrir à leurs hôtes, mais personne n'y a prêté attention. Ils sont blottis derrière les flammes, les reflets de leur peau ocre jurent avec les pantalons immaculés de leurs visiteurs. Retirée sous un vieil acacia, j'observe la scène à distance. Les Lapons s'agitent autour du foyer. Dans leurs nombreuses casseroles, toutes sortes d'aliments, des mets que les Himbas ne peuvent même pas imaginer. Les boîtes de conserve s'entassent derrière les voitures. Le convoi a pris possession des lieux. Devant un tel déchaînement d'activités, les Himbas ne savent plus bien où est leur place. Ce sont eux qui ont l'air d'intrus.

Demain, sous les acacias centenaires, aura lieu la grande réunion qui rapprochera les minorités. Puis, si tout se passe comme prévu, Katjira, Thomas et moi retournerons sur les rives du Kunene, pour retrouver les huit gaillards, les huit guerriers au regard plus profond encore que ces inconnus vers lesquels ils doivent nous mener. Mais il y a cet enterrement... je ne peux pas ne pas y aller, je n'en ai pas le droit. Tous mes amis assisteront à la cérémonie : Hoveka, Vecumba, Omuniangue... Des dizaines de têtes de bétail seront sacrifiées. Que faire ? Le grand chef n'a pas choisi le meilleur moment pour mourir.

Malgré moi, les événements s'organisent, trop rapidement pour laisser libre cours à mes hésitations. Avec un vrombissement de moteur, le Land de Curt s'élance dans la nuit, emportant à son bord un Steve radieux. Je cours à sa poursuite.

– Hé ! Attendez-moi ! Partez pas comme ça !

Un sourire crispé de Thomas m'arrête.

– Te fatigue pas, ils t'entendent déjà plus.

Dans ses yeux, je lis la rage et la souffrance. D'un ton las, il résume la situation :

– Curt s'est barré à Etanga avec Steve. Comme ça, il va pouvoir avoir ses images, le coco. Curt m'a même pas demandé mon avis. J'ai pas le choix, il faut que je reste avec la délégation, ils ont personne pour s'occuper d'eux. Ils n'ont même pas d'interprète.

Soudain, sans prévenir, sa fureur le reprend. Il faut que ça déborde. Il se baisse à terre, ramasse une pierre, et la projette contre un arbre, devant lui. Un choc sourd.

– Il se fout du monde. Il amène cette bande de crétins ici, et au dernier moment, il se tire, sans crier gare, en nous laissant tout sur le dos. Sans même dire merci, non, il prend ça pour un dû ! Six mois que tu es ici, toi, Solenn, tu as vécu avec ces gens, ils t'ont adoptée, et ce salaud de Curt préfère emmener un niaiseux comme Steve qui ne pense qu'au fric qu'il va pouvoir en tirer !

Mais le spectacle qui se passe sous nos yeux ne nous laisse guère le temps de nous appesantir sur nous-mêmes. Les joyeuses minorités se sont regroupées autour des marmites, et s'empiffrent tant qu'elles peuvent. Au fur et à mesure que les casseroles se vident, les visages des Himbas s'allongent. Non seulement leurs invités ignorent les deux chèvres qu'ils leur ont offertes, mais en plus, ils refusent de partager leur nourriture avec eux. Inquiet, Kapika vient nous tapoter l'épaule.

– Qu'est-ce qu'ils ont, ces gens ? Ils croient qu'on cherche à les tuer, ou quoi ? Ils refusent la nourriture qu'on leur donne, ils refusent de manger avec nous ! Je croyais qu'ils venaient en amis.

Avant de partir, Curt, en grand connaisseur, a fait une dernière recommandation : « Non, non, ne vous occupez pas d'eux. Je les connais bien, ces gens. Ils ont leurs manières de faire. Faites comme s'ils n'étaient pas là. Eux, ils vont étrangler leur putain de chèvre. » Étrange manière de faire, lorsqu'il s'agit, paraît-il, de rapprocher les peuples minoritaires du globe.

Les Himbas commencent à râler. Ils ont fait tout ce chemin pour ces étrangers qui les laissent mourir de faim ? Ils ont quitté leur village, leur troupeau, ou leurs bouteilles pour être abandonnés dans un coin ? Depuis la tombée de la nuit, personne ne leur a prêté la moindre attention. Certains repartent, en pleine nuit, le ventre vide. On ne se rend même pas compte de leur disparition. Des récriminations plus fortes s'élèvent autour du feu. La représentante du gouvernement et le directeur de la fondation qui s'occupe des Bochimans tiennent absolument à assister au dialogue entre les minorités prévu pour le lendemain. Le leader des Lapons, un homme aux épaules larges et au menton décidé, s'est levé. Montrant du doigt les deux intrus, il les accuse de vouloir manipuler et censurer la réunion. Il brandit son poing en l'air, sa voix forte couvre les bavardages du campement. Le silence se fait.

– Cette réunion ne concerne que nous, les peuples minoritaires. Elle a été organisée pour nous. Vous n'avez aucun droit d'y assister contre notre gré. Depuis le début du voyage, vous nous imposez votre présence. Toi, le prêtre, tu n'as rien à faire ici. Les Bochimans n'ont pas besoin de toi pour dire ce qu'ils ont à dire. Alors ? Tu as peur, c'est ça ? Peur qu'ils disent autre chose que ce que tu leur a appris ? Peur que, sans toi, ils disent enfin ce qu'ils pensent !

Ses petits yeux perçants, durs comme l'acier, lancent des flammes. Thomas le connaît, pour l'avoir vu souvent sur les écrans de télévision de Norvège. Lors d'une sinistre affaire de barrage qui menaçait son territoire, il s'était enchaîné au milieu de la plaine et avait attendu devant les caméras l'arrivée des rouleaux compresseurs. Une forte tête.

Les réactions ne se font pas attendre. La représentante du gouvernement, une corpulente Ovambo, bondit sur ses fortes jambes, hors d'elle. Elle hurle, d'une voix aiguë, stridente.

– Je dois assister à cette réunion ! C'est un ordre de mon gouvernement. J'ai un rapport à rendre, moi. Si je n'y assiste pas, comment je ferai mon rapport ?

Le Lapon lui coupe la parole.

– On s'en moque de ton gouvernement. Ce sont des organisations internationales qui ont organisé ce voyage, ta Namibie n'a rien à voir là-dedans. Ton rapport? Tu écriras que nous ne t'avons pas laissée assister à la réunion. Voilà, l'affaire est classée!

Un petit Bochiman lève timidement le doigt et ose quelques mots :

– C'est vrai, nous aussi, on aimerait autant que cela se passe entre nous.

C'en est trop pour le pasteur luthérien.

– Alors là, vous allez trop loin. Je n'ai jamais cherché à vous manipuler. Je ne fais que vous protéger et vous prévenir de ce qui vous attend. J'ai tout à fait le droit de prendre part à cette réunion, et je prendrai ce droit.

Le pied du Lapon s'abat sur une des marmites. Celle-ci vole dans les airs, effleurant de peu le caillou chauve du pasteur.

Au milieu de ce chaos, dans un coin de l'assemblée, j'ai reconnu un visage ami. Donata, la jeune femme que j'ai épousée à Okangwati, se fait draguer par le consul de Suède. Pour amadouer la « négresse », l'homme profère des sons de primate et invente des grimaces ridicules. Donata tente de se dégager doucement, mais l'homme la tient par les épaules. Ses doigts s'approchent doucement de ses seins, effleurent les tétons. Regard complice. J'interviens.

– Hep, toi, là! dis-je en me plantant devant le consul. Que fais-tu avec mon mari? Mon mari et moi sommes un couple fidèle et nous ne batifolons pas avec des étrangers. Veux-tu bien ôter tes mains de sa poitrine! Non mais!

Donata sourit, mais le consul ne comprend pas, il ne me prend pas au sérieux. Son haleine empeste le whisky. Agacé, il me tend un billet de vingt rands, l'équivalent de quarante francs français, et me fait signe de le laisser en paix. Je prends le billet, remercie, le glisse dans la ceinture de Donata, et appelle Thomas. Les deux hommes s'expliquent pendant que nous allons nous mettre à l'abri.

Les récriminations du Lapon ont cessé. Les minorités

ont regagné leurs tentes, le campement a retrouvé le calme nocturne. Deux paires de phares blancs illuminent une dernière fois l'obscurité. Les moteurs rugissent, deux voitures disparaissent entre les buissons d'épineux. Le Lapon a gagné. En pleine nuit, le pasteur et la femme ovambo repartent pour Windhoek.

Le réveil du lendemain est difficile. Les Himbas ont la gueule de bois, et les relations sont encore tendues. La dispute de la veille a poussé les membres des ambassades à quitter le camp dès l'aube. Restent le groupe des minorités et quelques membres de l'équipe de télévision. Thomas et moi sommes les seuls intrus tolérés.

Sous les acacias, la réunion s'organise. Bochimans, Lapons et aborigènes s'assoient en demi-cercle sur le sable, les vieillards himbas s'installent sur les chaises. Les caméras sont prêtes. James, devenu interprète officiel, remonte son short moulant, envoie un sourire crâneur à l'objectif. La représentante des aborigènes ouvre la réunion avec les discours d'usage.

– Nous sommes venus de loin pour vous rencontrer. Nous sommes tous ici réunis, nous, peuples minoritaires, pour mettre en commun nos problèmes, nos succès et nos échecs. Une concertation est indispensable entre nous.

Un à un, chacun des groupes se présente, explique d'où il vient, comment il vit... James, très à l'aise devant les caméras, prend des poses de star en traduisant. Mais les Himbas n'écoutent pas. Kapika somnole, la tête entre les mains. Ses conseillers gloussent d'un petit rire moqueur. Manquant du respect le plus élémentaire, Katjira coupe la parole à un Bochiman.

– Écoutez-moi, maintenant. Le monde entier doit m'écouter, du monde le plus proche au monde le plus lointain, derrière la grande mer.

Il s'est levé. Solennellement, il étend le bras pour demander le silence. Sa petite voix aiguë s'élève avec autorité sur l'assemblée.

– Récemment, nous avons entendu des choses étranges. Nous sommes nés ici il y a très longtemps. Nous avons vu l'eau des pays que nous ne connaissons pas venir chez nous et traverser notre région. Et pourtant, aujourd'hui, nous sommes complètement perdus. Le monde s'est retourné contre nous, car le monde n'a pas de lois. Le gouvernement nous a annoncé qu'il voulait construire un barrage sur nos terres, sur le fleuve Kunene. Quand nous entendons cela, notre cœur pisse du sang. C'est notre mort qu'il veut là, le gouvernement. Mais même si nous devons mourir, nous ne le laisserons pas faire en paix.

La représentante des aborigènes fait une tentative pour ouvrir la bouche. Karamata, le deuxième conseiller de Kapika, ne lui en laisse pas le temps.

– Oui, ce gouvernement, il n'est pas bon pour nous, enchaîne-t-il. Il ne nous construit jamais de puits, et ceux qui sont cassés, il ne les répare pas. Le maïs qu'il nous donne, ça suffit juste pour un petit enfant. Et maintenant, il veut nous prendre notre terre, notre rivière, nos arbres, et même les tombes de nos ancêtres. Nous n'accepterons jamais ce barrage. Il dit que cela nous aidera. Comment pouvons-nous le croire ? Ce gouvernement, il fait sans arrêt des promesses, mais il ne les tient jamais. Il nous coupe la gorge. Maintenant, tout notre bétail est au bord du fleuve. Ce n'est pas ici qu'il peut vivre. Ici, il n'y a rien, ni eau ni herbe. C'est seulement près de la rivière.

Thomas et moi ne pouvons retenir un sourire complice. Tout le Kaokoland sait bien qu'en ce moment le bétail est dans les montagnes, et non pas au bord du Kunene.

Le conseiller continue à se plaindre. Il récite son arbre généalogique et répète, comme une litanie, tout ce que le gouvernement ne fait pas.

– Nous prendrons les armes, ce sera la guerre, si le gouvernement s'obstine à construire ce barrage, crie un jeune Himba.

– Mais vous savez, arrive à placer la porte-parole des aborigènes, aujourd'hui, la lutte ne se fait plus avec des armes, mais avec de l'encre et des mots. Nous aussi, nous avons eu à lutter contre des projets de barrage qui...

– Vous êtes venus nous rendre visite, la coupe Karamata. Vous vous intéressez à nous, les Himbas, nous vous en remercions. Quand vous retournerez dans votre pays, vous pourrez raconter comment le gouvernement nous maltraite. Maintenant, il faut que je parte, j'ai d'autres choses à faire. La vie des Himbas est dure. Mes vaches sont en train de mourir de soif. Merci, merci de nous aider, au nom de toute la communauté, merci pour l'argent que vous allez nous donner.

Le groupe des minorités est interloqué.

– De l'argent ! s'insurge le Lapon. Quel argent ? Nous ne pouvons pas vous donner d'argent. Nous ne sommes pas venus pour cela, nous sommes venus pour parler avec vous, pour échanger des idées, se mettre d'accord sur des stratégies communes.

Kapika, qui vient de se réveiller, a sorti de son pagne une petite boîte en métal. Il la fait passer.

– Oui, merci, merci vraiment d'être si généreux avec les pauvres Himbas. Merci de nous donner ces chaises pour nos dos malades. Nous avons eu raison d'attendre votre venue.

– Maintenant, comment vous allez nous ramener à Okangwati ? interroge un jeune homme. Vous nous avez fait venir ici, il faut bien nous ramener. Vous nous avez arrangé des taxis ?

Le cameraman a éteint sa caméra. Un souffle froid. Malaise. Ils sont allés trop loin. Les Lapons et les aborigènes se lèvent, désorientés. Eux qui se définissent comme peuple minoritaire, qui parlent tous anglais couramment et ont l'habitude de s'exprimer devant les instances internationales, n'arrivent pas à communiquer avec les Himbas. Trop de différences. Le leader des Lapons prend Thomas à part. Il lui avoue qu'il vient de réaliser ce qu'est une vraie minorité : un peuple qui n'en a même pas conscience.

Avant de sauter dans la voiture, un journaliste suédois m'emmène à l'écart. Il branche un micro sur une volumineuse boîte noire.

– Alors, Solenn Bardet, vous êtes ethnologue et vous vivez depuis six mois avec les Himbas.

– Oh non ! Je ne suis pas ethnologue, je suis juste...

Il me coupe net la parole.

– Si, vous êtes ethnologue et vous vivez depuis six mois avec les Himbas. Pouvez-vous nous dire quelques généralités sur ce peuple mal connu ?

Ma première interview commence avec ce mensonge.

La piste défile à toute allure. Droit sur Epupa. Thomas conduit comme un chauffeur de rallye, enchaîne les bosses et les crevasses, la voiture dérape dans les virages. Le poste hurle Pink Floyd, le regard de Thomas se fait plus lointain, il se vide, jette un éclair de folie. L'ivresse de la vitesse. Son pied appuie de plus belle sur l'accélérateur.

– Attention !

La voiture rebondit avec fracas au milieu du lit de la rivière. Dans un sursaut de lucidité, Thomas redresse le volant, daigne enfin toucher au frein. Le véhicule s'immobilise sur la caillasse. Je ne peux m'empêcher de jeter un coup d'œil sur le talus rocailleux d'où nous avons sauté. Nous l'avons échappé belle.

Katjira n'a pas réagi au danger. Coincé entre Thomas et moi, sur la banquette avant, il garde la tête baissée, ses yeux d'aveugle sont fixés sur ses genoux. J'entoure ses maigres épaules avec mon bras, et le secoue doucement. Il fait pitié à voir. Si frêle, si fragile, si impuissant. Son mutisme me remue le cœur.

– Hé ! *Tate* Katjira ! Reste pas comme ça. C'est pas grave, tout ça.

Katjira relève la tête, sourit, faiblement.

– Si, c'est un peu grave. Mais tu as raison, Solena, faut pas dramatiser. Tout à l'heure, quand on s'arrêtera, il faudra que je vous parle sérieusement.

Il a dû sentir combien les Himbas étaient décalés, lors de cette réunion. On dirait qu'il en a honte. Il est vrai qu'ils ne se sont pas montrés à leur avantage : égoïstes, exigeants et prétentieux. Pas une seconde, ils ne se sont intéressés à ces étrangers qui étaient assis en face d'eux. Pas un instant, ils ne les ont écoutés lorsqu'ils voulaient les faire profiter de leurs expériences. Mais comment être autrement lorsque l'on n'a aucune idée de ce qui existe en dehors de son propre univers ? Certains, j'en suis persuadée, ne conçoivent même pas l'existence d'un ailleurs. Je suppose que cette autosuffisance a été leur force au cours des derniers siècles. Elle leur a permis de traverser le temps sans se laisser influencer par le cours du monde. Les Himbas sont des résistants. Mais comme le disait justement la porte-parole des aborigènes, les armes ne sont plus les mêmes, aujourd'hui. Pour assimiler, sans se laisser détruire, toutes ces nouveautés qui viennent à eux et les envahissent, il faudrait peut-être aux Himbas un peu plus de souplesse.

Katjira s'efforce à sourire, mais son front reste soucieux. Pour la première fois sans doute, il a compris que le petit monde des Himbas ne serait plus très beau à voir, dans quelques années.

– Ce soir, Solena, tu dormiras peut-être en Angola ! dit-il en me faisant du pied.

Son rire sonne faux.

Thomas arrête la voiture au sommet de la dernière colline. Vue d'ensemble des chutes. Quelques photos, les premières du Kunene dans mon appareil. Avec le zoom, j'inspecte les palmiers de la rive, pour apercevoir les huit pirates aux yeux de braise. La pleine lune, c'est aujourd'hui. Je ne vois rien, aucune trace de présence humaine. Pas d'inquiétude encore, je suis trop loin.

Vues du ciel, les chutes sont encore plus impressionnantes. Avant de se jeter dans la gorge sombre que ses eaux ont creusée, le fleuve se divise en plusieurs bras. Une multitude d'îles enfouies sous une végétation luxuriante, que l'on n'aurait jamais pu soupçonner de la rive. Les chutes s'étendent sur plusieurs centaines de mètres, certaines ne sont qu'un mince filet d'eau ruisselant sur la roche, comme une caresse humide, une douceur. D'autres ont une force de titan, lourdes, violentes, elles se projettent, suicidaires, dans les profondeurs ténébreuses du canyon.

Je dégringole le flanc de la montagne, trop pressée pour attendre Thomas et Katjira. Le niveau du fleuve est très haut, plus élevé que je ne l'ai jamais vu. Il a dû beaucoup pleuvoir en Angola. Les eaux tumultueuses se sont chargées en sédiments et ont pris une teinte marron. Mais sur la plage, personne. Sous les palmiers, personne. Sur la colline, toujours personne. J'ai compris. Il n'y a même pas à attendre. Ils ne viendront pas.

Katjira m'a rejoint. Il hoche tristement la tête en écoutant les eaux du fleuve s'agiter à ses pieds.

– Ils ne viendront pas. Le fleuve est trop haut. On ne peut pas traverser.

Je regarde la rive opposée. Elle est si proche, elle semble si douce. Mais elle ne veut pas de moi, pas tout de suite du moins. C'est clair, il n'y a pas à se rebeller. Au fond, je commençais à m'en douter. Mes vêtements de peau m'attendent, ramassés en boule, dans le sable. Alors ? Tous ces kilos, toute cette énergie dépensée, pour rien ? Non. Ce rêve m'aura permis de me lever avec l'espoir, même dans les matins les plus sombres. Il m'aura donné une force que je n'avais plus pour regarder en avant et croire en moi.

Nous n'irons pas en Angola. Katjira s'est retiré sous un arbre. La responsabilité de cet échec lui revient, il a le sentiment d'avoir failli à sa mission.

– C'est pas ta faute, *Tate* Katjira, dis-je pour le rassurer. Sans doute est-ce mieux comme cela. L'esprit de mon grand-père Vetamuna veille sur nous. Il devait savoir qu'il nous arriverait quelque chose. C'est lui qui a empêché ce fantasme de se réaliser, pour notre bien. C'était un sage !

Le vieil homme sourit. Ses yeux d'aveugle, légèrement humides, pétillent. Il serre ma main entre ses doigts ridés.

– Omuniangue ne voulait pas que tu partes. Même s'il ne t'était rien arrivé, il ne m'aurait jamais pardonné de t'avoir embarquée dans une telle histoire.

Je rigole. Mon vrai père aurait sans doute laissé les

mêmes consignes, sans toutefois oser m'interdire directement de partir.

– T'aurais pu me le dire, quand même, qu'Omuniangue était pas d'accord!

– Pourquoi? Qu'est-ce que ça aurait changé?

– Rien, c'est vrai.

Un couple d'inséparables à joues roses, deux petits perroquets aux plumes vives, se pose sur une branche de mopane, à quelques mètres de Katjira.

– La prochaine fois que j'essaierai d'aller en Angola, il faudra pas que tu lui dises!

Thomas sort de l'eau. Il s'approche, pieds nus, à pas lents. Ses cheveux mouillés dégoulinent sur son visage. L'épuisement qui se lit sur ses traits me choque. La saleté atténuait les marques de fatigue.

– Tomasa, murmure doucement Katjira. J'ai réfléchi. Il faudrait créer une association pour représenter les Himbas devant tous ces gens des grands pays. Pour que nos voix et nos problèmes puissent se faire entendre.

Thomas hoche la tête, attentif.

– Nous, nous ne sommes pas capables de faire ça, continue Katjira. Nous sommes un peuple d'illettrés, un peuple sans éducation. Il faut que tu nous aides.

Katjira attend, la tête penchée en avant, pour gober les paroles de son fils adoptif. Thomas cherche ses mots. Il hésite.

– Je vais bientôt repartir dans mon pays, murmure-t-il finalement, comme un aveu. Là où je serai, je ne pourrai pas vous être très utile. Je pourrai écrire des articles, alerter l'opinion, mais tant que vous ne vous êtes pas décidés à vous prendre en main, ça ne servira pas à grand-chose. C'est de votre avenir qu'il s'agit. Il faudrait que vous arrêtiez de vous disputer entre vous, que vous acceptiez un porte-parole qui parlerait au nom de tous. Que vous arrêtiez aussi de vous en remettre toujours aux autres, aux Blancs. L'apartheid est fini. Il faut arrêter de croire que les Blancs sont supérieurs aux Himbas et qu'ils parlent mieux. Les Blancs ne sont pas himbas. Ils ne vous défendront jamais aussi bien que vous-mêmes.

Katjira hoche tristement la tête. Soupir fataliste.

– Je connais mon peuple. Les Himbas sont trop libres. Tant qu'ils ne se sentiront pas directement menacés, tant qu'ils pourront encore marcher librement, mener leurs vaches vers l'herbe jeune et tendre, ils ne feront pas tout seuls l'effort de s'organiser. Et quand ils comprendront le danger, il sera trop tard. Sans quelqu'un comme toi, ils ne pourront pas faire grand-chose.

– Il faudrait aussi que les Himbas arrêtent de se soûler comme ça, comme ils font...

Sourire fautif de Katjira. Le petit homme glousse, coquin.

– Je sais, c'est pas bon. Mais qu'est-ce que tu veux... Moi-même, je ne peux pas y résister. Pourtant, je sais que ça me tue. Les Himbas sont comme des enfants, parfois...

Nos ombres s'allongent. Pour la première fois, je m'interroge sur les conséquences de notre passage dans le Kaokoland. Qu'avons-nous été pour les Himbas ? Attendent-ils encore quelque chose de nous ? Nous avons partagé des éclats de rire, des instants de vie. Il y a eu des sentiments, des affections, de l'amour, même, pour certains. Pour moi, c'est ce qui a le plus de valeur. Pour eux ? Beaucoup d'aventuriers désabusés aiment à dire que le voyageur prend, il apprend, mais qu'il ne laisse derrière lui que du vide. Les Himbas resteront sans doute beaucoup plus pour moi que je ne le serai pour eux, c'est une évidence. Ils m'ont forgée, construite, sans doute plus encore que je ne peux le comprendre aujourd'hui. Mais je ne peux pas croire qu'ils n'aient rien appris à notre contact. Quoi exactement ? L'apprentissage de l'autre, de la différence ? Si cela pouvait les aider par la suite à mieux comprendre, et donc mieux se protéger de cet autre monde qui arrive vers eux, tel un raz de marée. Rien qu'une goutte d'eau, une larme à ajouter dans leur barrage.

Allongés sur le sable, tous les trois. Nos têtes sont trop chargées, nos cœurs trop lourds pour que les mots servent encore à quelque chose. Nous modulons notre respiration sur le souffle du vent. Nous imprégner de sa magie et de son élan, le laisser remuer notre corps, pour toujours garder cette force qui fait croire qu'on peut changer les choses.

Un grondement, différent de celui des chutes. Dans le ciel, un petit oiseau blanc. L'animal descend, grandit, ses ailes prennent une teinte argentée en traversant un éclat de soleil. Je l'observe, machinalement, sans chercher à comprendre. La chose s'approche, décrit des cercles de plus en plus serrés au-dessus de nos têtes, pique pour un rase-mottes à quelques mètres de la voiture. Dans un sursaut d'énergie, je bondis sur mes pieds :

– Hé ! l'avion ! C'est l'avion de Danny, le grand brun.

– Danny ? Qui c'est, Danny ?

– C'est un mec ! Il va atterrir, faut qu'on y aille.

Je traîne Thomas à la voiture, l'installe au volant, pousse Katjira sur la banquette. Pas assez rapidement, à mon goût.

– Du calme, Solena, je peux pas aller plus vite.

Sur la piste, le petit Cesna vient de se poser. Danny nous attend, nonchalant, les pieds en éventail sur un rocher. Il roule une cigarette, sourire radieux.

– C'est Patt qui m'envoie, explique-t-il après les présentations. Il m'a chargé de te dire qu'il ne pourra pas t'emmener dans la vallée d'Hartman avant deux ou trois semaines. Un léopard a été signalé dans les montagnes d'Otjihipa. Il a déjà attaqué plusieurs campements himbas et dévorés pas mal de chèvres. Patt a dû partir d'urgence pour l'abattre.

Katjira tourne autour de l'appareil, intrigué. Ses yeux malades doivent apercevoir les reflets métalliques de la carlingue. Avec ses doigts, il tapote doucement contre la carrosserie, se penche pour écouter la résonance.

La dernière fois que j'ai vu Patt, à Opuwo, il m'avait vaguement proposé un petit voyage dans les grandes plaines de l'Ouest, rien que lui, moi, et la nature. J'avais applaudi à cette idée. À condition, bien sûr, que je ne parte pas en Angola.

Deux ou trois semaines... Ça fait long. En cette saison,

difficile de trouver une voiture qui pourra m'emmener à Etanga, j'arriverai sûrement trop tard pour les funérailles de Vetamuna. Je pourrais quand même essayer d'aller rendre visite à Omuniangue, en attendant. Un rapide calcul dans ma tête. Si je prends cet avion, je peux être à Paris pour le jour de Noël. Une belle surprise pour mes parents.

– Tu m'emmènes à Windhoek?

– Pas de problème, j'y vais.

Thomas écoute, sans rien dire. Son regard me couvre, tout entière. Thomas, Katjira. Thomas, Katjira, Katjira, Thomas... Un lourd silence s'installe. Mes yeux glissent sur leur visage.

– Je m'en vais...

Une étreinte, si forte qu'elle en est douloureuse. Thomas se détache, brusquement. Sur son visage, tout l'amour qui nous lie, la complicité des souvenirs, la douleur de la séparation.

– On se voit bientôt, de toute manière. Je viendrai te voir en Bretagne.

– Aaaaargh! Je vais mourir...

Katjira a saisi sa canne à deux mains et fait mine de se l'enfoncer dans le cœur. Il s'écroule sur le sable, raide, son petit corps s'agite sous les convulsions, un râlement, rauque. Thomas et moi éclatons de rire. Un long rire, puissant, qui vient des profondeurs du ventre et dédramatise l'instant. Mes doigts cherchent une main à serrer. Mes yeux pleurent.

– Vous savez qui embrasser de ma part...

– Tu vas monter là-dedans? interroge Katjira ressuscité en pointant le menton vers l'appareil.

– Oui. C'est rapide.

– Fiuuuuuu! Si Omuniangue était là, il te laisserait pas. Il aurait trop peur.

Je grimpe dans la carlingue. Thomas, les bras ballants, les lèvres entrouvertes. Katjira, ses petits yeux plissés. Sa voix cassée.

– Quand t'auras salué ta famille, dans ton pays, tu reviendras!

J'acquiesce d'un mouvement de tête.

– Et fais attention à pas perdre ton vent !

Sa voix frêle résonne dans ma tête. La porte claque. Danny boucle ma ceinture, fait tourner le moteur. L'appareil tremble. Thomas hurle. Je n'entends pas. Le visage collé à la fenêtre, je fais bouger mes lèvres. Le souffle de l'avion fait pencher les épineux. Katjira s'agrippe à son béret. Du vent, du sable, mes oreilles bourdonnent. Thomas écarte les cheveux qui volent devant ses yeux. Danny appuie sur les boutons. L'avion recule, prend son élan.

– Pourquoi il t'a dit ça, le pépé, que tu devais pas perdre ton vent ? demande Danny d'un ton léger, pour engager la conversation.

Je souris, à moi-même. Pour Katjira, pour Thomas. Une secousse. Nous avons quitté le sol.

– Je crois que c'est parce que... Un proverbe himba dit que l'âme est comme le vent. Elle ne peut pas aller plus vite. C'est ce que les hommes se sont écriés quand ils ont vu le premier avion atterrir. Ils se demandaient si l'esprit du pilote avait eu le temps de le rattraper. Si tu ne prends pas le temps d'écouter le vent qui souffle en toi et te guide, si tu n'as pas la patience de l'attendre lorsqu'il traîne, tu risques de te perdre.

Petit nain rose et noir, Thomas, diminué par la hauteur, agite les bras en l'air. Je peux encore deviner les traits de son visage. Il suit l'avion du regard. Dans quelques jours, il quittera aussi le Kaokoland pour rentrer dans son pays. Katjira, la tête cachée dans les coudes, se protège du bruit et du vent.

– J'ai toujours été fasciné par ces gens, continue Danny, bavard. J'aimerais vraiment mieux les connaître. Toi qui as vécu avec eux, raconte-moi une histoire qui t'est arrivée avec des Himbas. Pourquoi t'es venue ici, d'abord ?

Le Cesna prend de l'altitude. Les silhouettes de Katjira et Thomas ne sont plus que deux brindilles qui se confondent avec les fourrés d'épineux. Un instant, entre deux montagnes, le scintillement des eaux émeraude. Le Kunene continue sa course vers la mer. Danny tire sur le manche, l'appareil vire, repart plein sud.

– C'est l'histoire d'une petite fille qui ne comprenait pas pourquoi la vie n'était pas comme dans les livres...

Les mots s'étranglent dans ma gorge. Devant moi, des courbes rose et beige, jusqu'à ne plus voir. Un kraal himba, si petit, il ressemble à un anneau de cuivre. Là-bas, derrière les montagnes, un point sombre. Sans doute Omuniangue et son troupeau. Hoveka et Vecumba ne sont plus là pour l'aider à creuser ses puits. Patt, dans son Land, la fumée de sa cigarette. Nous montons, encore. Ciel clair. Aucun nuage dans lequel se perdre. Nous survolons maintenant Opuwo. Entre les deux plateaux, un voile de poussière. Il se resserre, se réduit. Une tache de fumée. Plus rien. C'est fini.

Épilogue

Un bar de Windhoek, sur l'Independance Avenue. Juillet 1996. Comme tous les étés depuis trois ans, je m'apprête à retourner dans le Kaokoland. Mon sac est prêt. Dans ma veste, une lettre de Patt. Il m'annonce que Katjira est au plus mal. Omuniangue s'est installé dans son campement et veille sur lui. Je colle un timbre sur une enveloppe destinée à Thomas, Norvège.

– Alors comme ça, tu montes dans le Kaokoland? m'interroge mon voisin, une pinte de bière à la main.

– ...

– Faut être costaud, pour monter là-haut, tu sais. J'ai entendu parler d'une petite nana, elle devait avoir à peu près ton âge, peut-être un peu plus. Elle voulait vivre avec ces gens, les Himbas. Son ambassade a dû aller la rechercher après quelques mois. Elle était dans un état de santé lamentable. Sans eux, elle serait sans doute morte. Je sais pas exactement ce qui s'est passé, mais en tout cas, ça l'a traumatisée. Pendant trois semaines, elle est restée enfermée dans une pièce, prostrée dans un coin, sans manger, complètement paranoïaque.

J'écoute, l'oreille distraite.

– Remarque, elle devait déjà pas être très bien dans sa tête, au départ. Faut être vraiment taré pour partir comme elle l'a fait.

L'homme rit. Il commande une autre bière.

– C'est pas n'importe quoi, ce que je te raconte ! Je l'ai pas connue, mais tu peux demander autour de toi, tout le monde en a entendu parler. Il paraît qu'ils l'ont forcée à devenir la troisième épouse d'un chef local, celui qui est descendu à Windhoek cet hiver pour manifester contre le barrage. Mais je dis pas ça pour te faire peur. Toi t'as l'air plutôt équilibrée. Ça devrait bien se passer.

Je remercie, prends mon sac. Plusieurs fois que j'entends cette histoire. Je hèle un taxi et lui demande de me déposer sur la piste.

Bretagne, 1997.

Cet ouvrage a été réalisé par la
SOCIÉTÉ NOUVELLE FIRMIN-DIDOT
Mesnil-sur-l'Estrée
pour le compte des Éditions Robert Laffont
24, avenue Marceau, 75008 Paris
en décembre 1997

Imprimé en France
Dépôt légal : décembre 1997
N° d'édition : 38478 – N° d'impression : 40403